克里斯托弗·哥伦布肖像,由佛罗伦萨画家里多尔福·吉尔兰达奥绘制。

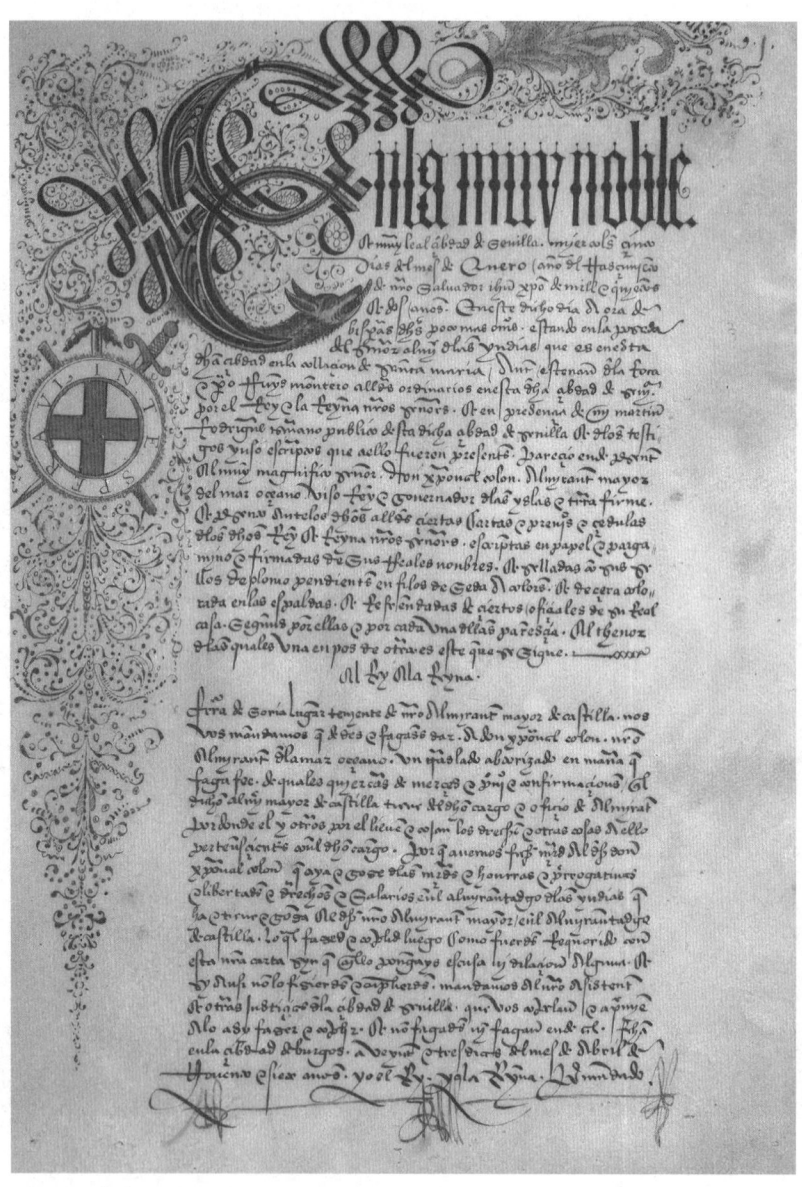

图为《特权书》第一页。本书在哥伦布的数次航海过程中逐渐形成,虽然引发了诸多法律问题,但仍是哥伦布殖民新大陆的正式依据。

在这幅1594年的版画中,司法调查员弗朗西斯科·德·博巴迪拉下令将哥伦布及其弟巴塞洛缪囚禁在伊斯帕尼奥拉岛,奉西班牙之命对这位探险家的管理进行问责。

在第三次航行中,士兵们跟随哥伦布远征,以追寻财富,但食人族的幽灵仍在他们心头挥之不去。泰诺人是其主要受害者。

早期关于"印度人"的报道中既不乏事实,也充斥着荒诞不经的想象。在这幅约绘制于1527年的版画中,长着狗头的食人者正对人类挥舞屠刀,准备食用。

随着欧洲人在伊斯帕尼奥拉岛和加勒比海其他岛屿停留的时间越来越久,各方的结盟和冲突也日趋复杂。在上图中,西欧士兵互相争斗,而三名印第安人——两男一女——划独木舟逃离。

据估计,约有五万印第安人自杀,以抗议欧洲人占领其祖先的家园。正如这幅1565年的版画所描绘的那样,有些人自缢身亡,有些人跳下悬崖,还有一些人干脆绝食自尽。

哥伦布下令绞死叛变的西班牙人,始终对赶来救援的神父不加理睬。这幅由特奥多尔·德·布里创作的版画足见作者对探险家残酷行径的谴责,画上画的是哥伦布正在对自己人施暴。

特奥多尔·德·布里的这幅版画约创作于1598年,视觉冲击力更强。画中西班牙人纵火焚烧印第安人的住所,其中一名印第安女性很可能是他们的首领,被吊死在旁边一棵树的树枝上。类似的画作十分引人注目,加深了哥伦布在欧洲的负面形象。

如特奥多尔·德·布里这幅作于 1594 年的版画所示,在第三次航行中,克里斯托弗·哥伦布发现了珍珠和采珠工。哥伦布依据普林尼的《自然史》,认为珍珠是由牡蛎开壳时坠入的露珠所形成。

意大利与西班牙在新世界展开竞争:在第四次航行中的危急关头,哥伦布集结心腹,对抗弗朗西斯科·波拉斯在牙买加岛上发起的叛乱。该版画由特奥多尔·德·布里绘制于 1594 年。

西班牙人在新世界对受害者施虐。

这是一片富饶的希望之地。1506年,哥伦布死后,他的名望与日俱增,对他的遗产的争论也愈演愈烈。这幅图画见于1750年,颇富寓意,把美洲描绘成一个坐在短吻鳄上的印第安女人。此人手持一个羊角和一只鹦鹉,身边的四个人物分别代表不同的美洲土著民族。在远处的海滩上,欧洲人竖起了十字架,美洲土著在一旁嬉戏。

1507年，马丁·瓦尔德泽米勒绘制了一幅壮观的世界地图。这是第一幅包括整个西半球和太平洋的地图，也是首次有人在地图上使用"亚美利加"这一名称。这幅地图有时被称为"美洲出生证"，其唯一的副本陈列在华盛顿特区的国会图书馆。

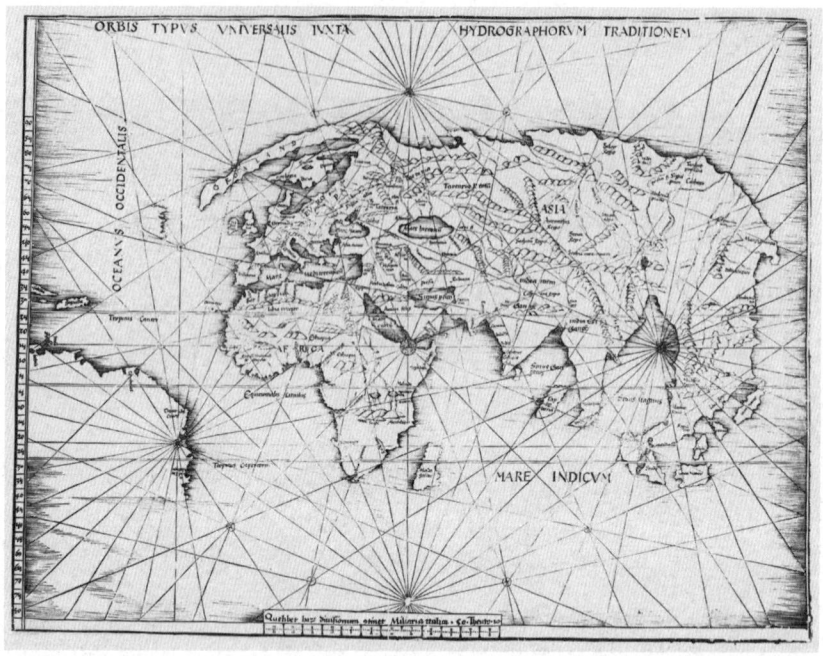

1513年瓦尔德泽米勒绘制的世界地图。图中包含了哥伦布发现的土地,有时亦被称为"舰队司令地图",但这里的舰队司令并非指哥伦布,而是另有他人。

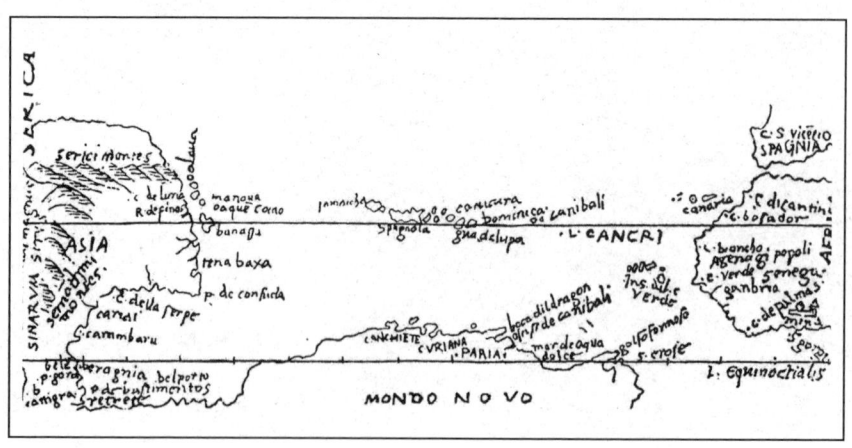

1503年7月7日,巴塞洛缪·哥伦布在写给克里斯托弗·哥伦布的一封信中,附上了这幅初步绘制的新世界地图。他写道:"每当忆及伊斯帕尼奥拉、帕里亚等地,我便会痛哭失声。"这幅地图包含了他在数次航行中发现的地理特征。直到晚年,这位探险家仍在努力将其发现纳入自己陈旧的世界结构当中。

图为探险家的幼子费迪南德·哥伦布 16 世纪在西班牙的油画肖像。他曾与父亲一起，完成了第四次航行。

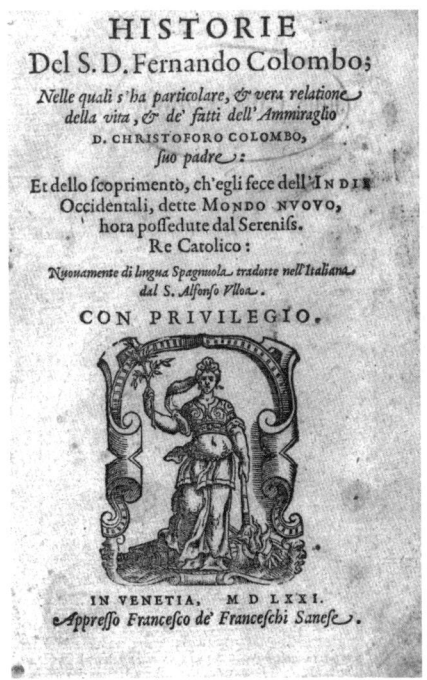

为了捍卫其父显赫的声誉，费迪南德·哥伦布出版了这本传记，图为传记的扉页。

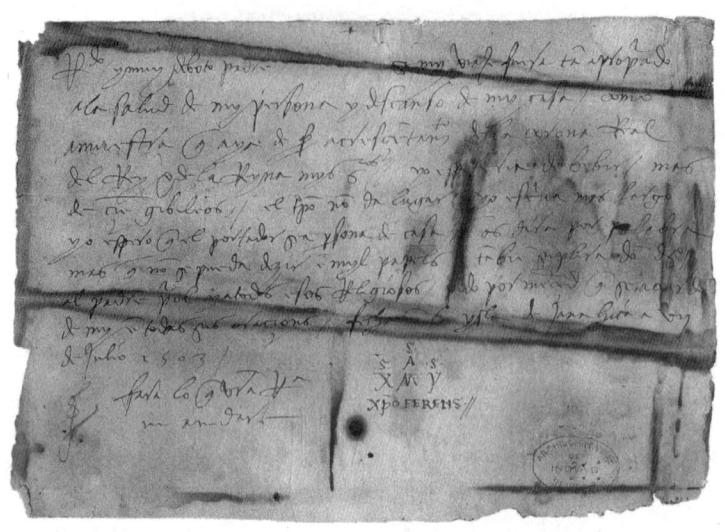

"臣自二十八岁起为陛下效命,如今须发皆白,老弱病残。臣及二弟一切随身之物皆被夺走售卖,就连臣弟之衣物也不例外……臣只能相信,此举并非王室之所作为。"

——1503年7月7日,哥伦布在牙买加致信二王

殖民主义者巴托洛梅·德·拉斯·卡萨斯早年追随哥伦布,后来成为一名修道士和历史学家,被誉为"印第安人的使徒"。他对哥伦布的批评刻薄而又无情。

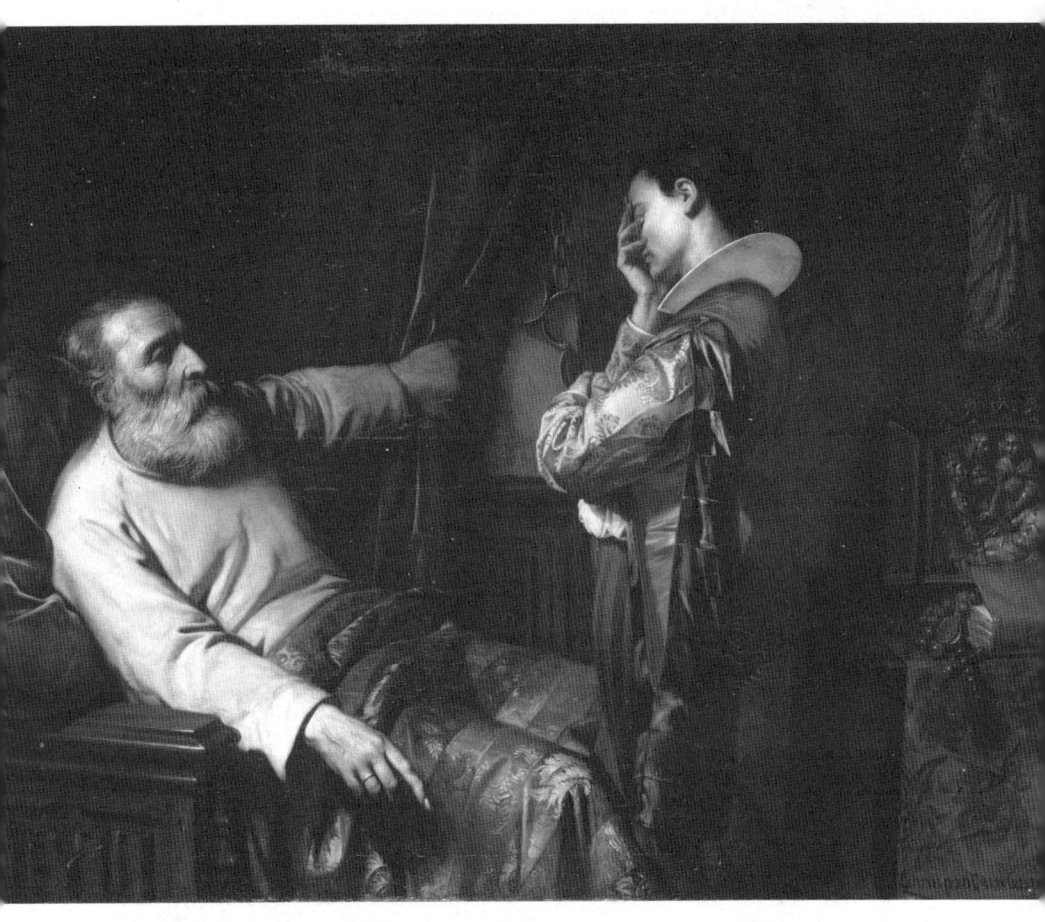

克劳德·雅康的《克里斯托弗·哥伦布的最后时刻》，作于 1870 年。这一幕颇富传奇色彩，哥伦布让一脸悲伤的儿子将自己被捕时所戴的镣铐放入棺材。哥伦布一生都喜欢故作姿态，表现得态度虔诚、举止夸张。

克里斯托弗·哥伦布肖像，由让·德·布雷绘制。

克里斯托弗·哥伦布肖像,此画突出表现了探险家的朴素。

印第安人普遍种植的木薯为他们的膳食提供了淀粉，但在将其烤成面包之前，需要经过小心加工，以去除有害的酸性物质。木薯根不能生吃，因为其中含有类似氰化物的物质。

甘蔗（学名：*Saccharum officinarum*）是哥伦布带到新大陆的最重要的农作物之一。新大陆的甘蔗种植园由奴工维持，最终导致整个加勒比海地区和美国东南部爆发了奴隶起义。

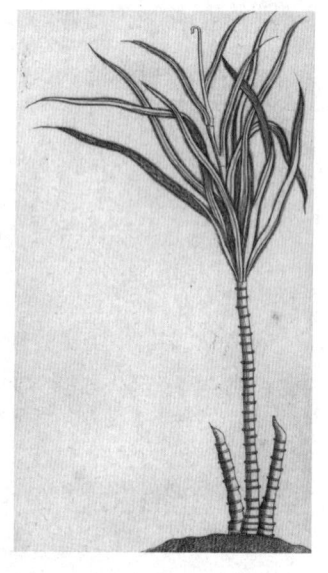

已知最早出现在印刷物上的烟草图片见于1574年。在首次航行着陆后不久，哥伦布的手下就遇到了吸食"药草"的印第安人。这种药草很可能是烟草（学名：*Nicotiana tabacum*）或烟草属中一种效力更强的变种。烟草是哥伦布在新大陆的另一个重大发现。

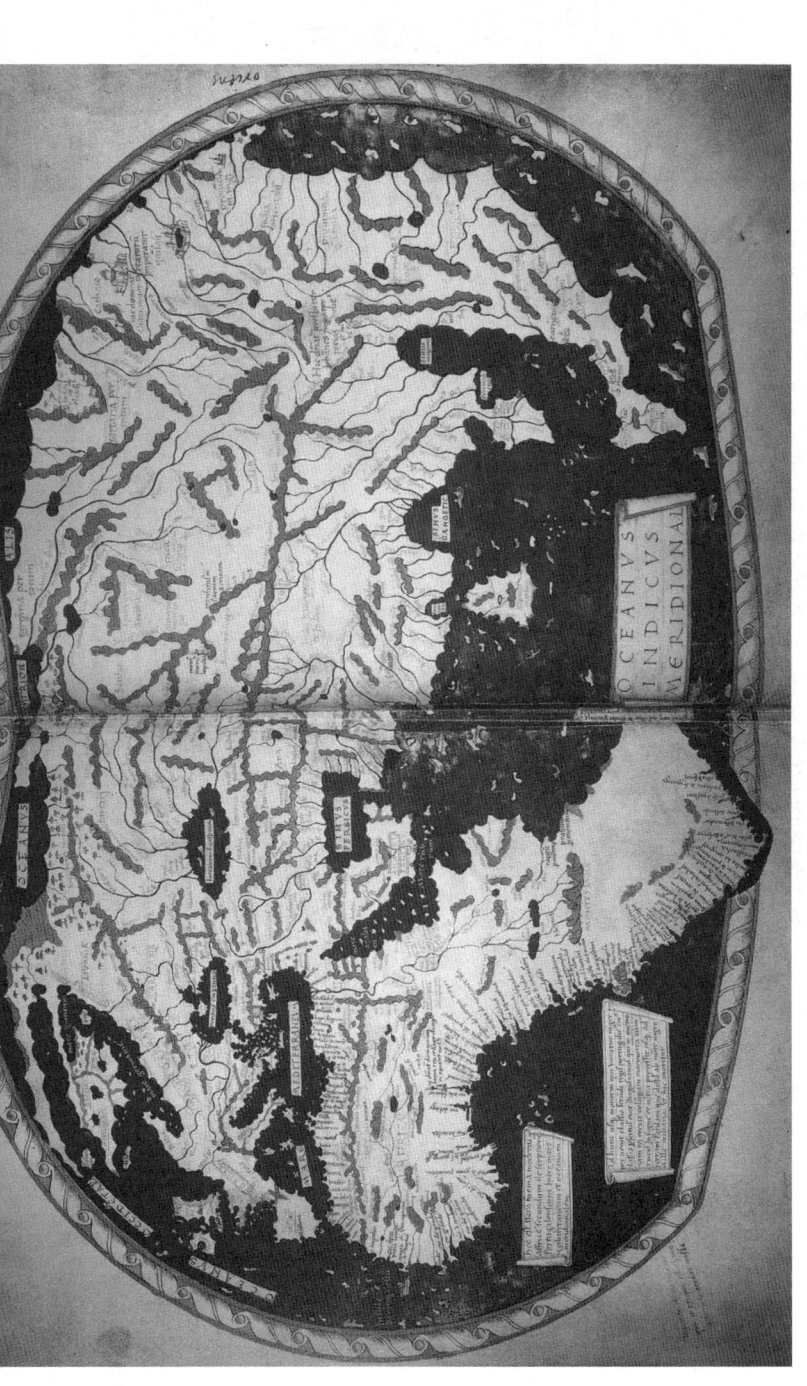

这幅世界地图约绘制于 1489 年，作者是亨里克斯·马提勒斯·日耳曼努斯（亨利希·哈默）。据信哥伦布的航海思想曾受到类似地图的影响。该地图有可能源自哥伦布胞弟巴塞洛缪数年前，即 1485 年设计的几幅地图。图中的绘制过于简单，致使哥伦布相信他已接近亚洲，而实际上却在加勒比海。正是依据上述地图及其他古典文献，他才坚持认为欧亚两洲之间的距离异常之短。

图为 1530 年阿莱霍·费尔南德斯绘制的《航海者的圣母》，是受到哥伦布发现新大陆启发的早期画作之一。在这幅作品中，探险家身着金色长袍跪在圣母左侧，平松三兄弟立于其右侧。这幅画作使人联想起哥伦布在航行途中所表现出的宗教神秘感，也反映了他自视高贵和肩负崇高使命的态度。

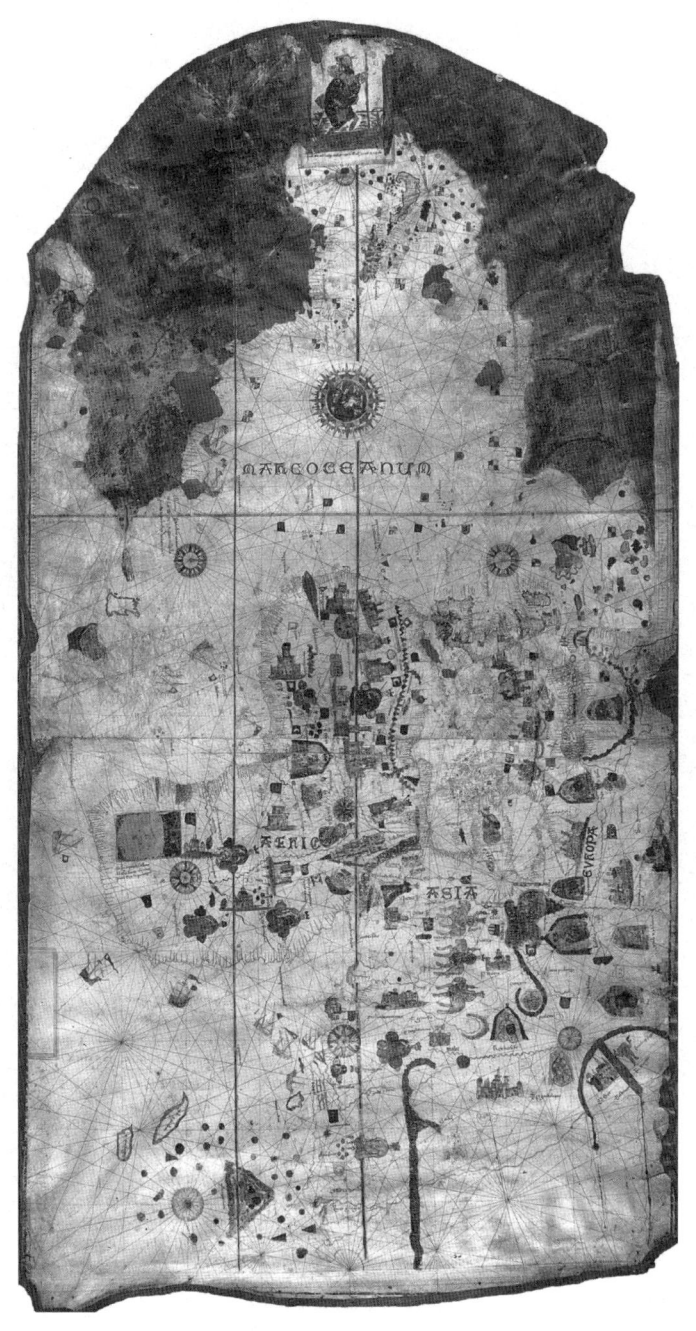

图为 1500 年胡安·德·拉·科萨的名作《世界地图》(*Mappa Mundi*),被公认为欧洲人绘制的首幅包含新大陆的画作。作为哥伦布的制图师,科萨被迫在一份宣誓书上签名,声称古巴不是岛屿,但实际上却对此感到怀疑。

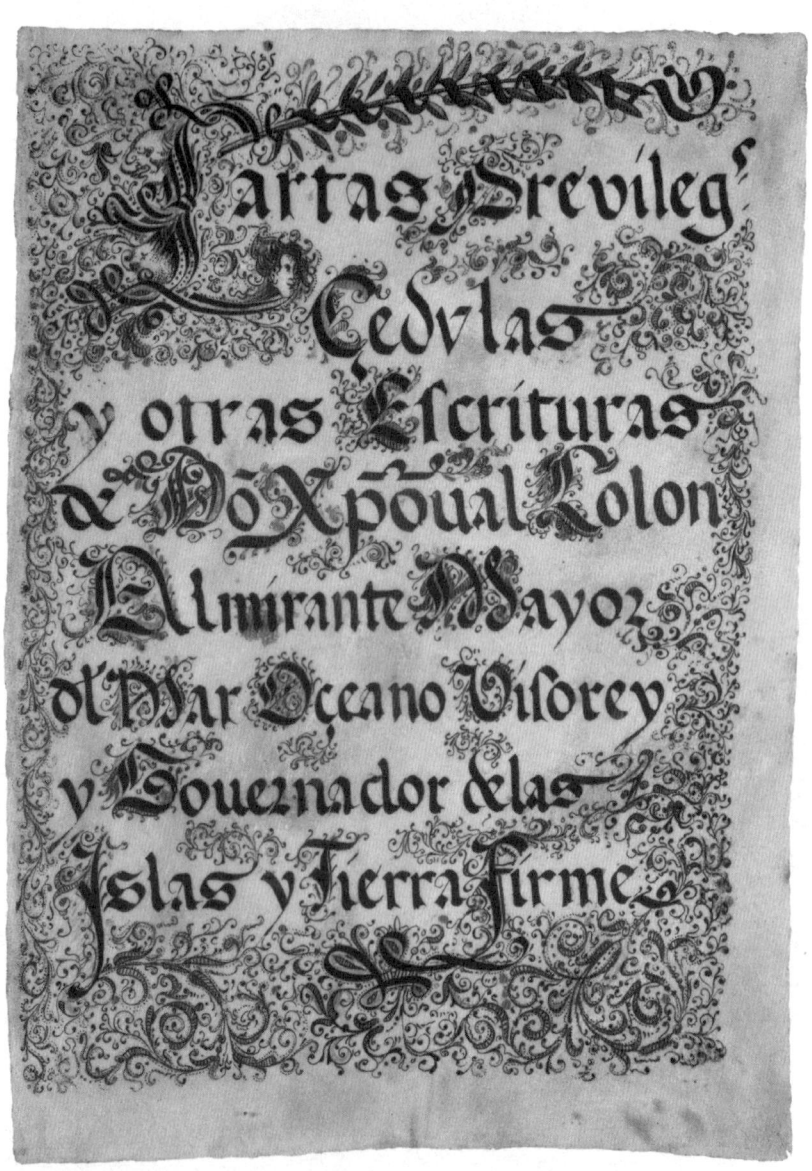

*《特权书》1

　　《特权书》装帧华美,卷首印有哥伦布的饰章。这份皇室文档编纂于1492年至1502年,列出了哥伦布自认为斐迪南和伊莎贝拉所应给予自己的头衔、权利、奖励和官职。当他开启第三次航行时,二王已不愿继续满足他的所有奢求。

*《特权书》2

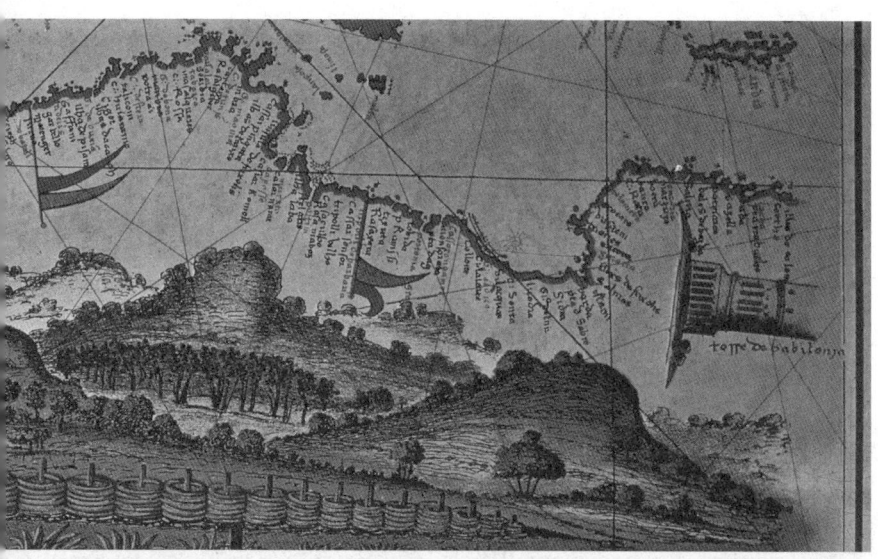

《圣乔治矿山图》。据信哥伦布年轻时曾经作为领航员,造访过这座位于西非沿岸的葡萄牙城堡。

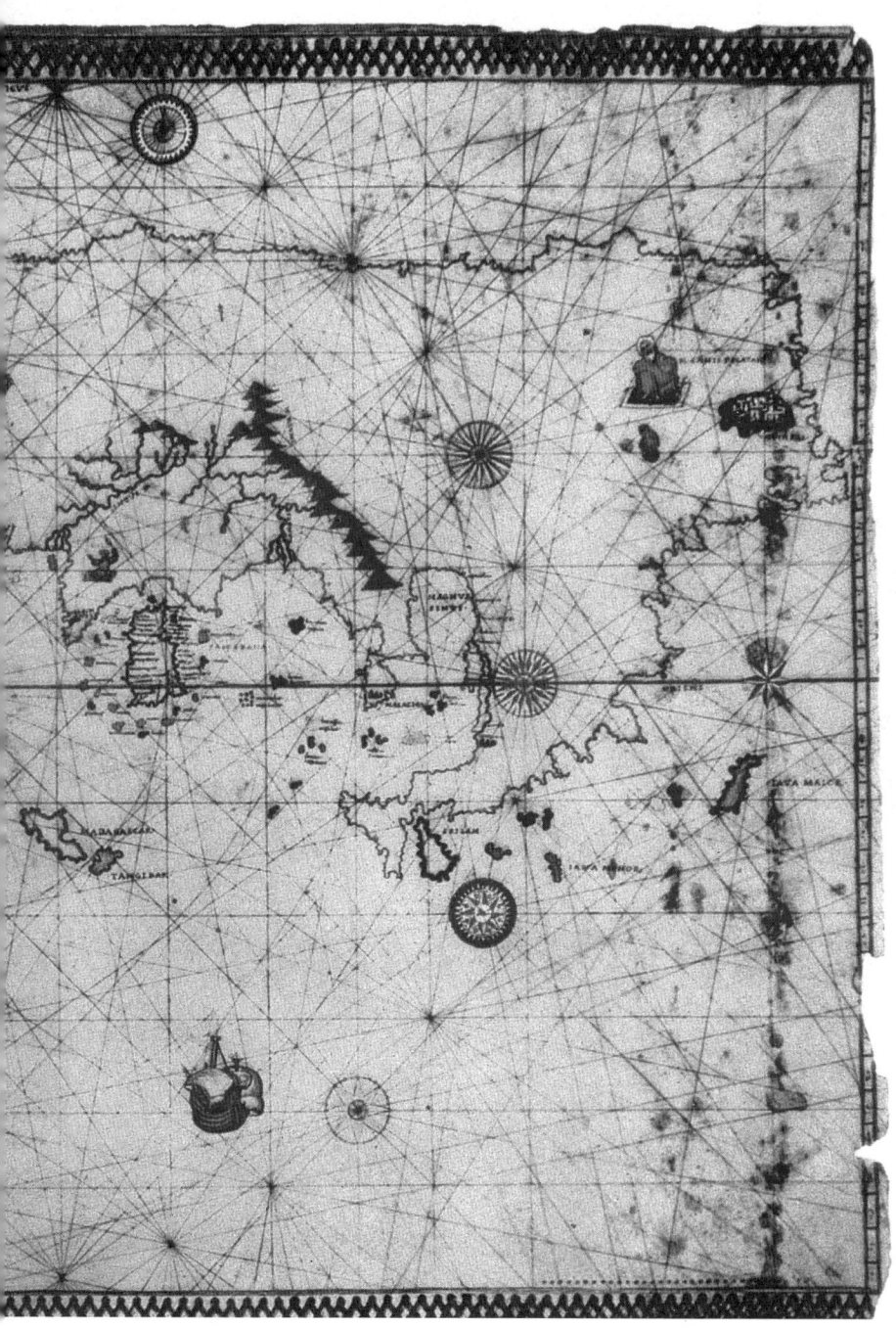

1502年的《哈米国王航海图》,公认出自亚美利哥·韦斯普奇之手,并以其后来的两位收藏者命名。

1502年的《坎迪诺世界地图》是现存最早涉及葡萄牙所发现地区的地图,其中包括非洲和巴西部分海岸。左侧的实线即教皇依据《托尔德西里亚斯条约》划定的领土分界线(以西归西班牙,以东归葡萄牙)。

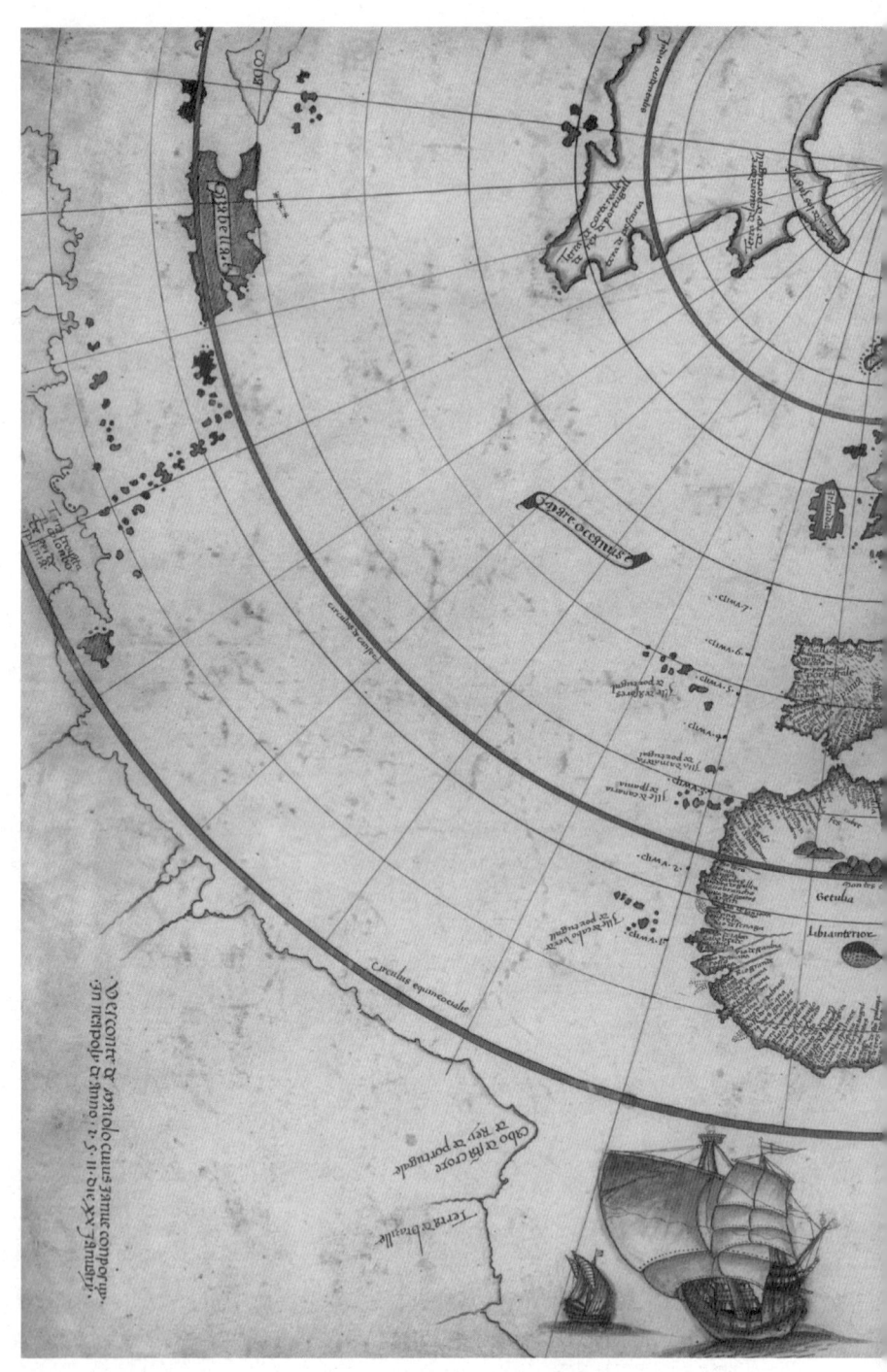

《马乔洛世界地图》约绘制于 1511 年，标出了巴西部分地区（最左侧）及哥伦布所发现的土地，包括古巴。

特奥多尔·德·布里的《加勒比海地图》，约绘制于1594年，包括北美部分地区、尤卡坦半岛、巴拿马和南美洲，但准确程度不尽相同。

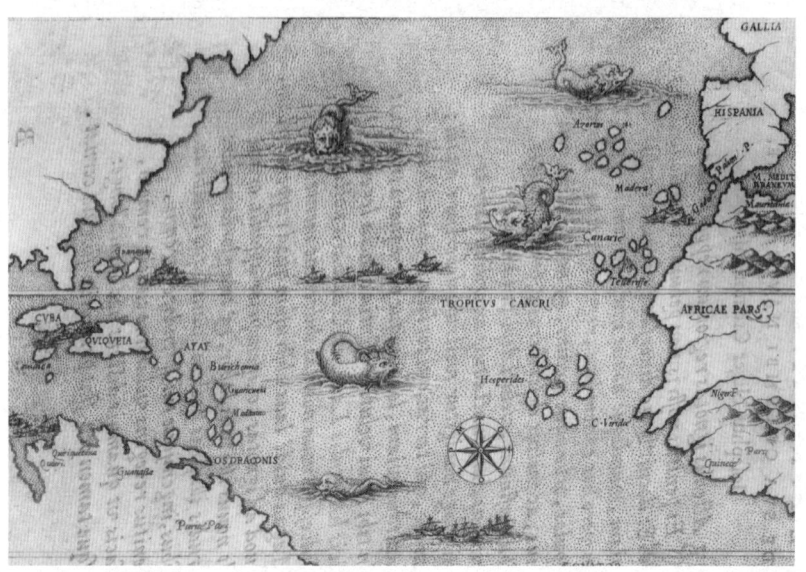

该地图绘制于 1583 年，描绘了哥伦布曾经到过的土地，图中可以看出欧洲、非洲、北美洲和南美洲分别位于大西洋两侧。

从宗教上对哥伦布航海所做的阐释赋予了这几次航程深远的意义。上图描绘了哥伦布发现新大陆的情景，由特奥多尔·德·布里于 1594 年雕成。后者对当时欧洲探险活动的刻画十分详尽，为人们所喜闻乐见，但他本人从未到过新大陆。

海洋征服者与新航路

哥伦布的四次航行

COLUMBUS

[美]劳伦斯·贝尔格林 Laurence Bergreen ◎著

王祖宁 ◎译

新世界出版社
NEW WORLD PRESS

Columbus : the four voyages
Copyright © 2011 by Laurence Bergreen

Simplified Chinese edition Copyright © 2022 by GRAND CHINA HAPPY CULTURAL COMMUNICATIONS LTD
All rights reserved including the right of reproduction in whole or in part in any form.

This edition published by arrangement with the Viking, an imprint of Penguin Pubishing Group, a division of Penguin Random House LLC.

No part of this book may be reproduced in any form without the written permission of the original copyrights holder.

本书中文简体字版通过 GRAND CHINA HAPPY CULTURAL COMMUNICATIONS LTD（深圳市中资海派文化传播有限公司）授权新世界出版社在中国大陆地区出版并独家发行。未经出版者书面许可，本书的任何部分不得以任何方式抄袭、节录或翻印。

北京版权保护中心引进书版权合同登记号：图字 01-2021-5549 号

图书在版编目（CIP）数据

海洋征服者与新航路：哥伦布的四次航行/（美）劳伦斯·贝尔格林著；王祖宁译 . -- 北京：新世界出版社，2022.10
ISBN 978-7-5104-7476-7

Ⅰ.①海… Ⅱ.①劳… ②王… Ⅲ.①哥伦布（Columbus, Christopher 1451-1506）—传记 Ⅳ. ① K835.465.89

中国版本图书馆 CIP 数据核字（2022）第 070266 号

审图号：G5(2022) 3333 号

海洋征服者与新航路：哥伦布的四次航行

作　　者：	[美]劳伦斯·贝尔格林（Laurence Bergreen）
译　　者：	王祖宁
策　　划：	中资海派
执行策划：	黄　河　桂　林
责任编辑：	贾瑞娜
责任校对：	宣　慧
责任印制：	王宝根
出版发行：	新世界出版社
社　　址：	北京西城区百万庄大街 24 号（100037）
发 行 部：	(010) 6899 5968　(010) 6899 8705（传真）
总 编 室：	(010) 6899 5424　(010) 6832 6679（传真）
http : // www.nwp.cn　http : // www.nwp.com.cn	
版 权 部：	+8610 6899 6306
版权部电子信箱：	frank@nwp.com.cn
印　　刷：	深圳市精彩印联合印务有限公司
经　　销：	新华书店
开　　本：	787mm×1092mm　1/16
字　　数：	420 千字　　印　张：31
版　　次：	2022 年 10 月第 1 版　2022 年 10 月第 1 次印刷
书　　号：	ISBN 978-7-5104-7476-7
定　　价：	118.00 元

版权所有，侵权必究
凡购本社图书，如有缺页、倒页、脱页等印装错误，可随时退换。
客服电话：(010) 6899 8638

权威推荐
COLUMBUS

《纽约时报》(*The New York Times*)

劳伦斯·贝尔格林笔下的哥伦布才华横溢、胆大妄为、反复无常、偏执无情。这本传记对有关哥伦布的文学作品来说是一个值得一提的补充，它是一幅令人惊讶且具有启发性的肖像，描绘了一个莎士比亚悲剧中的主角。

《今日美国》(*USA Today*)

本书为有史以来最复杂、最令人不可抗拒和最饱受争议的航海家绘制了一幅出色的私人肖像。作者经过严谨研究，不带偏见地描述了哥伦布前往新世界的四次无畏之旅，揭示了这位舰队司令自相矛盾的个性。

《沙龙》(*Salon*)

一本引人入胜的新书，详述了哥伦布的新世界之旅，其中包括三段你从未听说过的旅程。

《华盛顿时报》(*The Washington Times*)

　　劳伦斯·贝尔格林的新书，令人耳目一新，风格流畅，研究全面。本书图文并茂，地图清晰明确，主题错综复杂，内容引人入胜，又处处出人意料。

《书单》(*Booklist*)

　　在对哥伦布的四次"新世界"之旅的细致公正又时常惊心动魄的叙述中，贝尔格林揭示了哥伦布的才华、勇气、冒险精神和他身上深深的缺陷，这是一次对这位至今仍有争议的历史人物的性格和职业生涯的极好的重新审视。

《洛杉矶时报》(*Los Angeles Times*)

　　除了我们小时候学到的关于哥伦布航行"蓝色海洋"的知识外，有谁知道后来发生在他身上的故事吗？在本书中，贝尔格林将哥伦布描绘成一个有缺陷的悲剧人物，以此努力证明他的头衔和荣誉。

前 言
COLUMBUS

揭开全球化时代序幕
哥伦布的四次航行

1492年10月11日,星期四,发现新大陆的决定性时刻即将到来,克里斯托弗·哥伦布(Christopher Columbus)在航海日志中写道:"臣等向西南偏西航行,携带的水比以往任何时候都多。"哥伦布并没有马上看见新大陆,因为他的三艘船上的那些胆战心惊、不守规矩的船员即将叛变。虽然他自己也疑虑重重,但他还是试图提醒船员,不要忘记他们神圣的职责。

他"告诉彼等,无论如何,彼等务须完成天主教君主、西班牙的联合统治者——卡斯蒂利亚的伊莎贝拉(Isabella of Castile)和阿拉贡的斐迪南(Ferdinand of Aragon)所赋予之任务"。他不能冒险得罪自己的皇室保护人,为了获得这一委任,他曾游说了他们十年之久。

因此,他坚持表示:"臣出发实为寻找印度地区,而臣亦将继续在吾主之帮助下继续寻找,直至完成任务。"他告诉船员们,最好服从他的指挥,否则可能遭受残酷的惩罚。

霎时间，他的祈祷似乎得到了应验："臣目睹数处陆地的迹象。"首先，"有一大群海鸟自头顶飞过"。其次，一根细长的芦苇飘过他的旗舰"圣玛丽亚"号（Santa María），而芦苇是绿色的，说明它就生长在附近。"平塔"号（Pinta）上的船员们注意到了同样的情景，水面上还有一块"人造"木板，也许是有人用某种"铁器"切割而成的。

"尼尼亚"号（Niña）上的人们发现了一根木棍，这同样表明他们正在接近陆地。哥伦布鼓励船员们称，在这个紧要关头他们应该感谢上苍，而不是去搞哗变。于是，他不仅增加了负责瞭望的人手，并且承诺会对首先发现陆地的水手予以厚报。

然而，几个小时过去了，他们一无所获。

当晚10点左右，哥伦布焦急地来到甲板最上层，在艉楼上巡查。一片昏暗中，他觉得自己好像看到了什么东西，仿佛"一支细小的蜡烛在水面时隐时现"。这也许是外国渔民举着的火炬，或是陆地上的某个人正拿着火把"走家串户"，也许只是寻常的海市蜃楼而已。为此，他叫来两名军官，其中一个同意他的看法，另一个则对他嗤之以鼻。没有人看到任何东西，就连哥伦布也不相信自己的直觉。

根据以往的经验，海上生活需要面临严峻的选择。如果他成功地发现新大陆、为千里之外的西班牙帝国的伟业打下根基，他便会实现对其皇室赞助者的承诺，从而成为万众敬仰的英雄，得到难以胜数的财富。

在经历了种种怀疑和磨难之后，他的成就将证明他是最令人敬仰的英雄。然而，一旦行动失败，他将面临的就不只是那些桀骜水手的哗变，还有永久的耻辱，甚至可能死在远离家乡的荒凉大海上。

征服者的宏伟蓝图

在首次航行中,哥伦布从头至尾详细记录了自己的思想和行动,借此向西班牙的君主、上帝及他自己证明他是对的。他相信历史会倾听他的记录,在这些记录中,他首先从"收复失地运动"的角度解释了自己出海的前提。所谓"收复失地运动",即西班牙人从穆斯林手中夺回失去几个世纪之久的伊比利亚半岛。对哥伦布来说,这场军事行动的成功使他得以开启航程,而且由于他的神秘倾向,此次航行是不可避免的。

1492年,他致信"至尊至上、强大无比、笃信基督的君主,西班牙本土及海外诸岛的国王和女王、吾人之主宰"斐迪南和伊莎贝拉,回忆起西班牙人对摩尔人(穆斯林)的战争,尤其提到他们收复摩尔人的要塞"最伟大之格拉纳达城(Granada)"是多么令人难忘。据哥伦布称,他亲身经历了当时的盛况。

他"目睹陛下之皇旗"出现在摩尔统治者的居所阿尔罕布拉宫(Alhambra)之上。他甚至看见"摩尔王走出城门,亲吻陛下之御手"。早在那时,哥伦布就提醒西班牙君主,他准备大展宏图,与传说中的东方"大汗""万王之王"建立贸易关系。根据他史诗般的叙述,"视一切偶像和异教为敌"的君主恰恰决意将他——克里斯托弗·哥伦布——派往印度,以使那些身处遥远国度的人们改换门庭,将"臣等之神圣信仰"作为其唯一的信仰。为了逢迎斐迪南和伊莎贝拉,他对事实做了修改,声称君主"令臣勿由陆路东行"——那么,作为一名水手,他又该如何呢?应当"取道西方",也就是要走水路。

在讲述这段历史时,哥伦布特地提到了1492年3月31日颁发的、要求将犹太人逐出西班牙的圣旨。他十分赞同这道圣旨,认为这是促成自己出航的最后动力。"自所有犹太人在一月被逐出陛下之王国和领地，陛下令臣率足够舰只前往印度，并为此赐予臣诸多恩典。"这是怎样的恩典？他们"恩准臣自此可以使用'堂'（Don）之贵族称号，敕封臣为海洋舰队司令，以及帝国今后发现和占领的所有岛屿和陆地之总督和永久统治者"。"不仅如此，臣之长子将承袭臣之爵位，且代代相传"。他的这番自我夸耀显示出，促使他出航的种种因素中，世袭的头衔和财富占有相当重要的位置。

随后，他的语气变得更加实际和客观。

"臣于1492年5月12日星期六离开格拉纳达城，到达帕洛斯港（Palos），该地有三艘宜于此次航行的帆船，'尼尼亚'号、'平塔'号及其旗舰'圣玛丽亚'号。""在备足粮秣、募足水手之后，于同年8月3日星期五日出前半小时由帕洛斯港启航，驶向隶属于陛下的加那利群岛（Canary Islands）……再由该地前往印度地区，以便将陛下之诏书面呈当地诸位国王，履行君命。"

这就是他简单而宏伟的蓝图。

哥伦布的日志是其航海事业的一个重要组成部分，他在其中阐明了自己的目的："臣拟在航行中逐日志录所见、所闻、所做之事，以及可能发生之事。"像所有此类日志一样，哥伦布的日志中也有一些无意的歪曲和有意的省略。每当他认为有必要向对手隐瞒自己的路线，或者他的探险偏了原有的预期时，上述情况就会发生。这本日志不无缺漏，但它仍然是一本最佳指南，从中既能看到哥伦布的丰功伟绩，也能看到他的欺人之谈。

他计划借助日志"绘制一册新航海图，标清沿途大洋中各大海和陆地之方位。此外，臣还拟制彩图一册，标出海陆位置"。他知道，除了记录日志，他还要履行其他职责，这会耗尽他的全部精力。"尤为重要的是,"他提醒自己,"臣当废寝忘食、锲而不舍地从事航行,以期完成任务,而这将是一个极为艰巨的使命。"

在 10 月的那个夜晚,哥伦布在执行上述任务时,看到了一种意想不到的东西——光,而看到的时间也早于他的预期。假如他看到的果真是从遥远的海岸传来的光线,那就说明他正在接近陆地。临近午夜,月亮刚刚升起。这支小型舰队继续前进,航速约为 9 节(1 节 =1.852 千米 / 小时)。凌晨两点左右,一声炮响打破了宁静,惊动了所有人。炮声来自"平塔"号。在这三艘帆船中,"平塔"号速度最快,因此处在最前方。哥伦布立即明白了炮声的含义:陆地。"臣得知首先看到陆地的是罗德里戈·德·特里亚纳(Rodrigo de Triana)。"这片陆地在他们西面,相距仅 6 英里(1 英里 =1.61 千米)。

哥伦布度过了一个不眠之夜,船队快速平稳地向岸边驶去。他手下那些心怀不满的船员突然看见了一些"赤身裸体的人",而不是他原本以为的衣冠楚楚、老于世故的中国人。

基于他对《马可·波罗游记》(*Marco Polo's Travels*)的天真解读,这位航海家认为自己已经实现了对斐迪南和伊莎贝拉的承诺,来到了中国东海岸。

然而,为了努力实现这一承诺,他将耗尽余生,继续开展三次航行。许多欧洲人对马可·波罗的叙述不屑一顾,认为那是一些骗人的幻想,时而荒诞不经,时而博人眼球;但是另一些人(尤其是哥伦布)则认为马可·波罗旨在为众人提供一本实用的旅行指南。哥伦布试图实现一场海上版的"马可·波罗亚洲之旅",而他的尝试也缩小了充斥着巫术和强权的中世纪与弱肉强食、充满残酷掠夺的文艺复兴时代之间的鸿沟。虽然马可·波罗之旅早在两百年前就已结束,但哥伦布仍希望找到原来的蒙古帝国和忽必

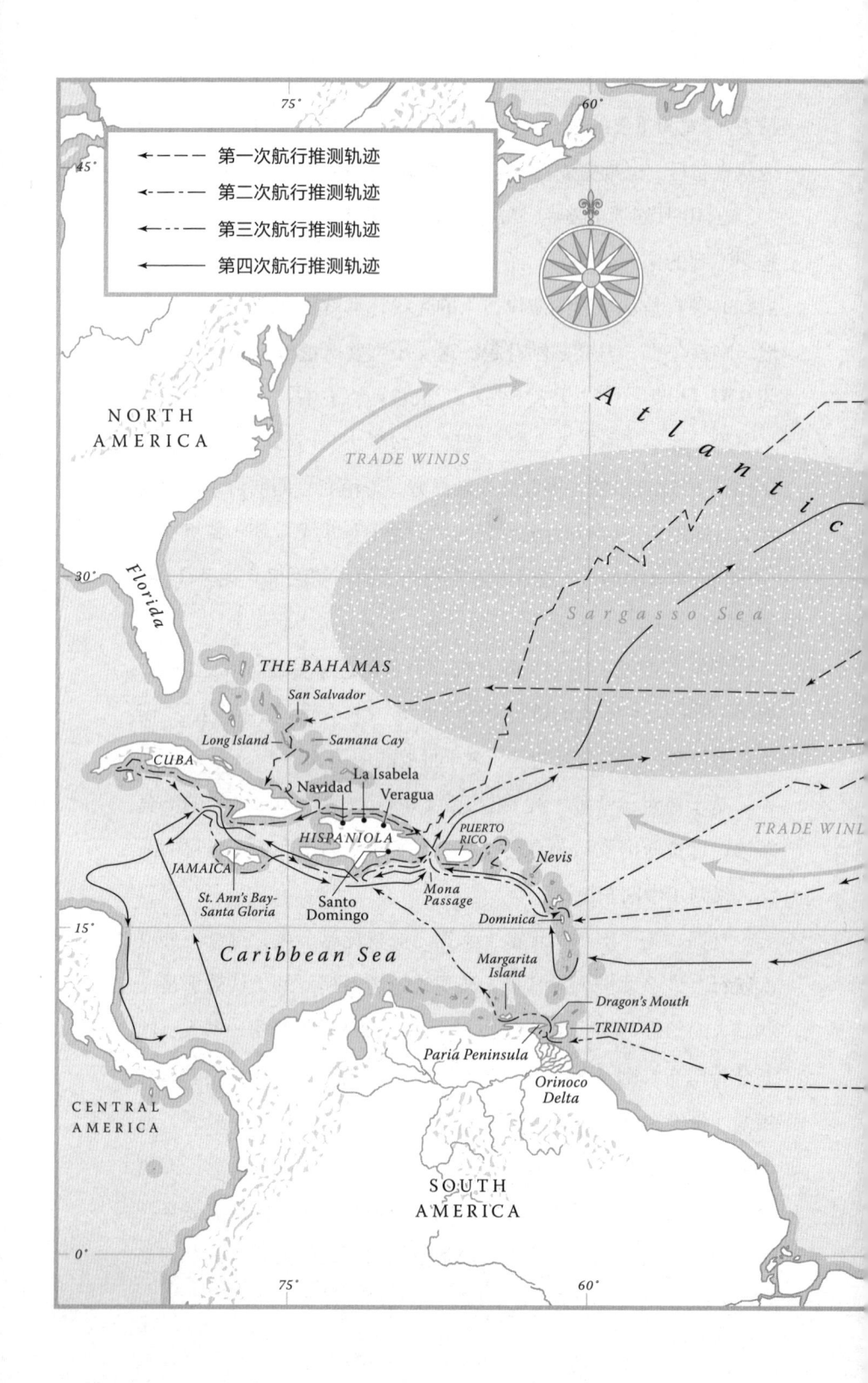

←----	第一次航行推测轨迹
←-·-·-	第二次航行推测轨迹
←-··-··-	第三次航行推测轨迹
←———	第四次航行推测轨迹

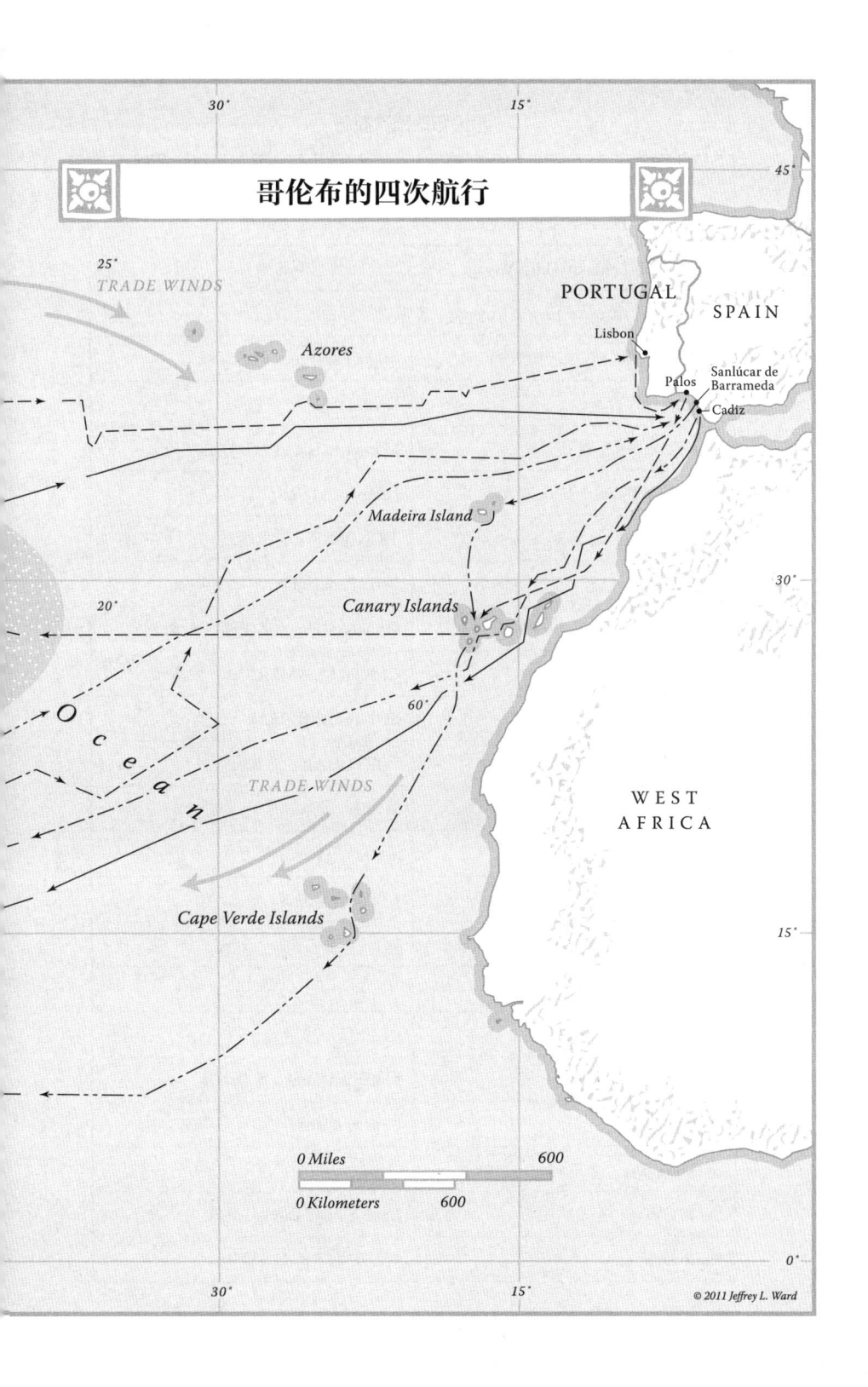

哥伦布的四次航行

哥伦布的四次航行

Conjectural Track of First Voyage　第一次航行的推测路线	
Conjectural Track of Second Voyage　第二次航行的推测路线	
Conjectural Track of Third Voyage　第三次航行的推测路线	
Conjectural Track of Fourth Voyage　第四次航行的推测路线	
NORTH AMERICA　北美洲	Mona Passage　莫纳海峡
Atlantic　大西洋	Dominica　多米尼加
Florida　佛罗里达州	Margarita Island　玛格丽特岛
TRADE WINDS　信风	Dragon's Mouth　龙口
Sargasso Sea　马尾藻海	TRINIDAD　特立尼达
THE BAHAMAS　巴哈马群岛	Paria Pennisula　帕里亚半岛
San Salvador　圣萨尔瓦多	Orinoco Delta　奥里诺科三角洲
Long Island　长岛	CENTRAL AMERICA　中美洲
Samana Cay　萨马纳礁	SOUTH AMERICA　南美洲
CUBA　古巴	PORTUGAL　葡萄牙
La Isabela　拉伊莎贝拉	SPAIN　西班牙
Navida　纳维达	Azores　亚速尔群岛
Veragua　维拉瓜	Lisbon　里斯本
HISPANIOLA　伊斯帕尼奥拉岛	Palos　帕洛斯
Sanlucar de Barrameda　西班牙圣路卡	
PUERTO RICO　波多黎各	Cadiz　加的斯
JAMAICA　牙买加	Madeira Island　马德拉岛
Nevis　内维斯	Canary Islands　加那利群岛
St. Ann's Bay　圣安湾	Ocean　大西洋
Santa Gloria　圣格洛利亚	Cape Verde Islands　佛得角群岛
Santo Domingo　圣多明哥	WEST AFRICA　西非

烈汗，或者另外一位像忽必烈那样的且愿意开展贸易往来的大汗。然而，忽必烈早已驾崩，他的帝国也已烟消云散。

哥伦布满心幻想，所以很自然得出结论：自己到达了中国大陆附近的一座岛屿或半岛。实际上，他的地理观念错误、扭曲，忽略了美洲和太平洋，因此才认为自己来到了中国。至于他曾经许诺的奖赏，本应属于第一个发现陆地的普通水手罗德里戈·德·特里亚纳，但哥伦布断定是自己首先看到了那些蜡烛一样的东西，因此把奖金据为己有。

探索的回报与代价

然而这又有何关系？人们普遍认为，作为一名探险家，这位海洋舰队司令只不过是一个投机分子。至于所谓的伟大发现，他根本不清楚自己发现的究竟是何地。他不仅奴役当地的百姓，怂恿人们进行种族屠杀，而且破坏了此前互不相识的民族之间的关系。人们甚至认为，是他把梅毒带回欧洲，而这种病毒在此后折磨了欧洲几个世纪之久。他为自己的行为和他带来的问题开脱，说自己只是充当了上帝的工具。

尽管如此，他还是恳请西班牙君主斐迪南和伊莎贝拉赐予自己和家人大量财富。长期以来，一直有历史学家认为哥伦布只是重新发现了美洲，而早在他小心翼翼地登陆之前，维京人、凯尔特人和美洲印第安人已经来到了这个"新世界"。

然而，从其发现的戏剧性及对生态环境的影响来看，哥伦布的新大陆之旅有别于此前的历次发现。在他之前，旧世界和新世界是彼此分离、相互独立的大陆，有着不同的生态系统和社会群体，但是从此以后，它们的命运就紧紧地绑在了一起，无论是好是坏。

直到晚年，哥伦布仍然坚信他航行的目的地及最终到达的地点是亚洲的边缘。他对中国不可动摇的幻想驱使着他后来的全部探险生涯。在那个地理大发现的时代，没有哪个航海家像他那样，对自己的去处错得如此离谱。假如让哥伦布为他发现的地方命名，他很可能会将其称之为"亚洲"（Asia），而不是"美洲"（America）。

哥伦布痴迷于发现亚洲大陆的"天命"。在十年里，他一共开展了四次航行，每一次都与其他三次迥然不同，但每一次都是为了证明他可以在短短几周内乘船到达中国，并且让当地人民皈依基督教。

然而，在哥伦布担任船长和总督期间，暴力事件频发，这与他对信仰的要求格格不入，随着航行中的情况变得越来越错综复杂，他也变得越来越缺乏理性、趋向极端。直到最后，他似乎更多地生活在自己美好的幻觉里，而不是航行所揭示的残酷现实中。如果说他的首次航行生动展示了探险活动的回报，那么接下来的三次航行无疑表明了探险活动在政治、道德和经济上所需付出的代价。

他的第一次航行（1492—1493年）可谓家喻户晓，既向世人形象地展示了他所发现的新世界及其带来的诸多希望，也预示着种种麻烦即将接踵而至。此次大捷后，他仓促集结人马开展了第二次航行（1493—1496年），但事态变得相当严峻。哥伦布想要巩固此前一年的航海成就，开拓新世界的殖民地，一劳永逸地找到中国。然而，由于他无法控制这支船队中数量庞大的船员，又未能解开"中国之谜"，他几乎耗尽了自己曾经获得的一切。

第三次航行（1498—1500年）异常可怕，性质也与之前完全不同，哥伦布来到了比以往更远的南方。尽管他一直故作英勇，打着寻找中国的幌子，但他不得不承认自己可能无意间发现了一个独立存在且有别于欧洲的"新世界"。与此同时，他对西班牙帝国的殖民地管理不善，对黄金的攫取也日益加剧，最终导致了对印第安人的残酷虐待。在陆地上，这位航海家反倒沦为了缺乏管理能力的牺牲品。

随着船队继续向前，哥伦布越来越脱离现实，沉溺在无限的神秘遐想中。有一次，他告诉自己，他找到了天堂的入口。在航行过程中，他的理性思想体现在航海专业知识上，它们间或会与他的神秘思想融为一体，演变为协调的行动，但这两者更多时候相互矛盾，导致的冲突也从自然世界延伸到超自然领域。

虽然哥伦布总是耽于幻觉，但他的确发现了大片土地。如果哥伦布能够成功地控制他所开拓的疆土，并且像斐迪南和伊莎贝拉承诺的那样，把自己的头衔传给儿孙，那么他和他建立的新王朝将统治一个比西班牙领土更广、实力更强的王国。因此，斐迪南和伊莎贝拉决定启用一个级别较低的官员取代哥伦布，但是为了继续利用他的虚荣心，两人恩准他保留诸如海洋舰队司令和总督之类的空衔。

哥伦布向来坚忍不拔，所以恳求君主赐予他一支船队，让他再次向新世界启航。他的愿望很快就实现了，为什么不呢？与其让哥伦布留在西班牙，还不如把他打发得远远的。

他的第四次狂热之行（1502—1504年）通常被称为"重要的航行"，是一次家族之旅。哥伦布让幼子费迪南德（Ferdinand）加入其中，以确保家族遗产有人继承。费迪南德对其父生平的叙述常常为人忽视，但其中包含大量重要的信息和观点。这当然不同于历史对哥伦布的评价，而是那些与他有过密切交往的人对他的看法，其中还包含着一对父子陷入帝国野心的故事。这次航行以维护个人荣誉开始，最后，人们却像鲁滨孙·克鲁索（Robinson

Crusoe）那样流落荒岛——船只失事后，哥伦布下令弃船登岸，令所有人都身陷险境。难怪在四次航行中，这是哥伦布最喜爱的一次。

从近距离来看，哥伦布的成就似乎并非预先注定或显而易见的。他的毕生经历和冒险活动都被某种混沌的光环所笼罩，但他的决心异常坚定，并且总是试图对这些活动施加影响。然而，正如其子费迪南德所言，哥伦布也常常受到其他因素左右，比如君主突发的奇想、潮汐、风暴及手下船员的情绪。

欧洲扩张如同一场高风险博弈，在这场博弈中，哥伦布被命运挟为人质。一次又一次，如果不是因为他那独特的远见，他的功绩可能远不会这么显赫。

关于距离和日期的注释

1 海里 =1.852 千米

1 英寻 =1.8288 米

1 里格 =5.556 千米

除了个别例外，本书日期基本采用儒略历。儒略历自公元前 45 年起生效，哥伦布使用的就是该历法。

1582 年，教皇格里高利十三世（Pope Gregory XIII）发明了一种新的历法，以弥补儒略历中日积月累产生的误差，这就是人们至今仍在使用的公历。该历法从儒略历中抹去了 10 天，因此儒略历 1582 年 10 月 5 日就变成了公历 1582 年 10 月 15 日。

因此，哥伦布于儒略历 1504 年 2 月 29 日在牙买加经历了日食，这个时间相当于公历 1504 年 3 月 10 日。

目 录
COLUMBUS

第 一 卷
发现新世界：哥伦布的第一次航行

第1章	踏上美洲新大陆	2
	印第安人：贸易对象还是奴隶？	2
	寻找大汗与黄金	12
	探索新世界	32

第2章	勇赴征途的热那亚之子	45
	永远的"新移民"	45
	贸易之都的商人和航海家	56
	争取西班牙双王支持	76

第3章	午夜搁浅	84
	探险家的天堂	86

xvii

　　　　圣诞夜的灾难与奇迹　　　　　　　　　　91
　　　　带着殖民计划返回西班牙　　　　　　　　99

第4章　印第安人眼中的"天上来客"　　　　　108
　　　　自我杜撰的传奇　　　　　　　　　　　113
　　　　在暴风雨中祈祷　　　　　　　　　　　120
　　　　海上的巨人，陆上的凡人　　　　　　　125

第 二 卷
征服印第安人：哥伦布的第二次航行

第5章　在建立商业帝国的企望中重返新世界　138
　　　　"海洋舰队司令"再次启程　　　　　　140
　　　　迷雾中的食人族　　　　　　　　　　　149
　　　　"黄金时代"的遗民　　　　　　　　　157
　　　　炮声中宣布抵达　　　　　　　　　　　169

第6章　迷失在群岛之间　　　　　　　　　　　185
　　　　地理发现与管理帝国的区别　　　　　　189
　　　　与印第安人的冲突与融合　　　　　　　196
　　　　探索与征服的代价　　　　　　　　　　209

第7章　"探索时代"的终结　　　　　　　　　219
　　　　失控的航程　　　　　　　　　　　　　219

xviii

	最后的手段——奴隶贸易	228
	印第安人陷入苦难深渊	233
	"金羊毛"探险	249

插　曲	哥伦布大交换	258

第 三 卷
从总督到囚徒：哥伦布的第三次航行

第 8 章	**充满怀疑的惊险之旅**	**264**
	"龙口"脱险	269
	永远无法抵达的天堂入口	283
第 9 章	**至暗时刻**	**293**
	最危险的叛乱者	295
	看得透大海，看不透人心	303
	哥伦布的领地被冠以他名	315
第 10 章	**被上帝和王室抛弃**	**324**
	命运的蓝图被剪断	326
	成为自己船上的囚徒	333

xix

第 四 卷
漫长的回归：哥伦布的第四次航行

第 11 章　朝圣与流亡　　　　　　　　　　　346
　　陷入帝国野心的狂热家族之旅　　　　　　347
　　偶遇玛雅文明　　　　　　　　　　　　　360
　　与宇宙的较量　　　　　　　　　　　　　367

第 12 章　天堂的弃儿　　　　　　　　　　　381
　　印第安人的报复　　　　　　　　　　　　381
　　大屠杀与海上风暴　　　　　　　　　　　388
　　流落荒岛后绝望求生　　　　　　　　　　394

第 13 章　最后的航程　　　　　　　　　　　404
　　控制天气的巫师　　　　　　　　　　　　407
　　基督的传承者，命运的人质　　　　　　　413
　　一代传奇落幕　　　　　　　　　　　　　430

后　记　哥伦布，英雄还是罪人？　　　　　　437

第一卷
发现新世界
哥伦布的第一次航行

第 1 章
踏上美洲新大陆

1492 年 10 月 12 日星期五清晨，哥伦布冒险上岸，身后跟着平松兄弟——"平塔"号船长马丁·阿隆索·平松（Martin Alonso Pinzon）和"尼尼亚"号船长文森特·亚涅斯·平松（Vicente Yanez Pinzon）。仅在几个小时前，这对好斗的兄弟还准备发动叛变，因为他们认为哥伦布肯定会让他们走向毁灭。但现在，他们却踏上了新大陆，那里居住着充满善意的人们。这是双方的第一次接触。

很快，这两群来自不同半球的人专心致志地开展了最基本的仪式——贸易。当地居民的皮肤呈黄褐色，他们拿出了喳喳尖叫、眨着眼睛的鹦鹉和一团团棉线，用它们从那些面色苍白的来客手中换取用于追踪猎鹰的铃铛和玻璃珠。随后，官员们展开了御旗。为了确认自己发现了新大陆，哥伦布找来船队秘书和监查官，以"见证臣为国王和女王占领这座岛屿"。它于巴哈马群岛，是一座不大不小的珊瑚岛，现在一般被称作圣萨尔瓦多（San Salvador）。

印第安人：贸易对象还是奴隶？

哥伦布在岛上见到的居民是泰诺人（Tainos）。该民族遍布整座岛屿，擅长种植玉米、山药和制作陶器。他们虽然态度安详，但在作战时十分勇猛。不过，这一次他们遇到了克星。西班牙人的到来预示着泰诺文化行将消亡，但就目前而言，这个部落既世故老到又天真淳朴，是两者的混合体。哥伦布试着在日志中描写道：

> 余所见均为青年男子，无一人超过三十岁。彼等皆身材健壮、体态俊美、面貌端庄。其短发粗糙似马尾者覆于眉梢，唯留一束长发垂于脑后而从不修剪。其中有人将身体涂成黑色（彼等肤色非黑非白，颇似加那利人），有人涂成白色、红色，也有人用任何能够找得到的颜料进行涂抹。有人仅涂面部，有人涂满全身；有人仅涂眼周，有人仅涂鼻子。彼等不携带武器，也不知武器为何物，因为吾等拿出利剑供其观看，其人竟愚昧无知，以手持剑刃以至自伤。彼等尚无铁器。其投枪不过是某种无铁制枪头的棍棒，也有些投枪顶端绑有鱼齿等物。

西班牙人漂洋过海，远道而来，满心期望能够遇到一种更加优越的文明，但是面对"一贫如洗"又"赤身裸体的人们"，他们感到十分不安。哥伦布及其手下必须小心翼翼，以免伤害当地居民，而不是相反。"我看到一些人身上有不少伤痕，就向彼等打手势询问。彼等对余表示，附近其他岛屿上的人想要抓住彼等，所以彼等进行了自卫。余相信，也会有人从大陆来到这里，把彼等抓去做奴隶。"

抓去做奴隶？哥伦布立即觉得这个想法似乎很合理，甚至很可取。"彼等能力极佳，应可成为良仆，"他接着写道，"因余看到彼等很快就能重复吾人所说之言辞。"同时，他还断言："彼等极易归化成为基督徒，因为据吾所见，彼等尚无任何教派。"

哥伦布计划将其中 6 个不知姓名、赤身裸体的人献给他的皇室保护人斐迪南和伊莎贝拉，称如此一来就可以"令彼等学会吾人之语言"。

当天清晨，成群结队的印第安人聚集在海滩上，目瞪口呆地望着三艘来自远方的帆船。还有 40 多个印第安人乘坐独木舟（"由一整根树干凿成"）来到帆船附近。他们用来划桨的东西十分奇怪，这些欧洲水手们虽然一辈子都在海上漂泊，却从未见过这种东西。哥伦布也不知道该如何描述它们，便将其称为"类似面包师的铲子"。这种桨叶外形宽阔，大部分是平的，一端与长柄相接，如今被叫作艇桨。

印第安人给哥伦布带来了很多礼物，但后者却不屑一顾，认为那只不过是一些"微不足道之物"。他和西班牙想要的是黄金，而不是廉价的饰品或鹦鹉。他瞥见他们穿孔的鼻下挂有小块黄金，便立即开始打听这种贵金属的来源。如果他的直觉没错，这些黄金应该来自"西潘戈"①。"余打算前往一观，以寻找西潘戈岛"，他强调说。他相信独木舟上那些温和良善的人们会把他带往该岛。

第一次遭遇印第安人后，哥伦布的船队沿着圣萨尔瓦多海岸行进。无论他们走到哪里，岸上的人们都会兴奋不已。惊愕的居民们有的给他们拿来食物和饮用水，也有的不论男女纷纷跳到船上喊道："快来看看这些从天而降的人呀！"在哥伦布看来，岸上的人们也在感谢上帝，因为他们全都屈身伏地。

哥伦布本可以在更多地点登陆，但航海家的本能告诫他切勿靠近这些"环绕整座岛屿的巨大岩礁"。令他气恼的是，"石滩间多有暗礁，但海水却如井水般平静。"于是他继续航行，不禁为加

---

① 马可·波罗在游记中将日本国称为 Cipango，即"西潘戈"。——译者注

4

第 1 章　踏上美洲新大陆

勒比海的壮丽景象所折服。这里有碧蓝的海水、绵软的白云，还有玫紫色的天空。为了取悦斐迪南和伊莎贝拉，他把这片土地比作四五月份的塞维利亚周围的乡村，但事实上，他发现自己所在的这片清澈的海洋更加绚丽多姿、令人心醉。哥伦布称："余发现这里岛屿甚多，以致无法决定首先驶向何方；被余俘获的土人打手势说，此处岛屿不可胜数，彼等能叫出名称的仅一百有余。"他最终决定前往其中最大的一座岛屿，并且估计该地与他所命名的圣萨尔瓦多岛大约相距 5 里格。

他兴高采烈、意乱神迷，没有在这个新的停泊地点继续逗留。"余见此岛以西有一更大岛屿，遂于白昼继续扬帆航行，直至夜幕降临，否则余将无法抵达此岛之西海角。"他为该岛取名圣玛丽亚·德拉·康塞普西翁（Santa Maria de la Concepcion），并于日落时分在海角抛锚。这座岛屿现今通常被称作朗姆屿（Rum Cay），听起来平平无奇，与哥伦布崇高的使命感格格不入。

为了寻找黄金，哥伦布听凭狡猾的俘虏把他带到这里，因为据称当地居民"双腿和双臂上都戴着巨大的金镯"。当船只靠岸后，俘虏纷纷逃走，哥伦布追悔莫及，才意识到自己上当了。他本可以一走了之，但盛怒之下，他却声称"吾下定决心，凡抵达一座岛屿，必占领之"，因此他以卡斯蒂利亚的名义占领了这座岛屿。不过，他还写道："只要占领其中一座（岛屿），便可以得到所有（岛屿）。"在他看来，这就是帝国及其探险活动的规则。

哥伦布派出数名水手，对逃脱的俘虏紧追不舍，一路追到岸上，但他不无遗憾地写道："彼等如小鸡般四处逃散。"另一艘独木舟毫无戒备地靠近他们，"一岛民欲以一团棉线换取吾人之物，因见其不想上船，几名水手们跃入海中，将其拉上船来"，然后抓住这个可怜的家伙，以代替逃跑的俘虏。此时，哥伦布正站在船尾甲

5

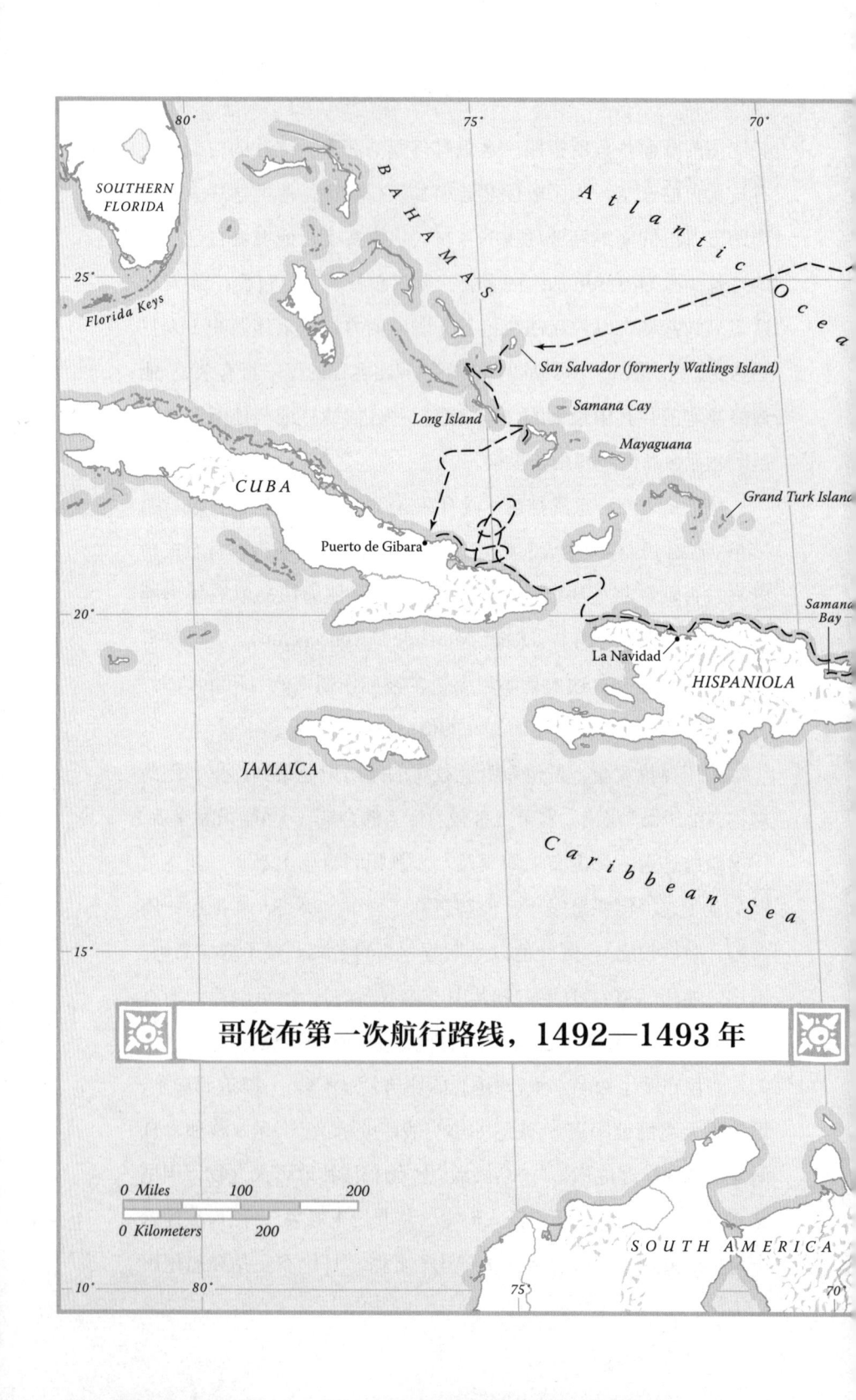

哥伦布第一次航行路线，1492—1493 年

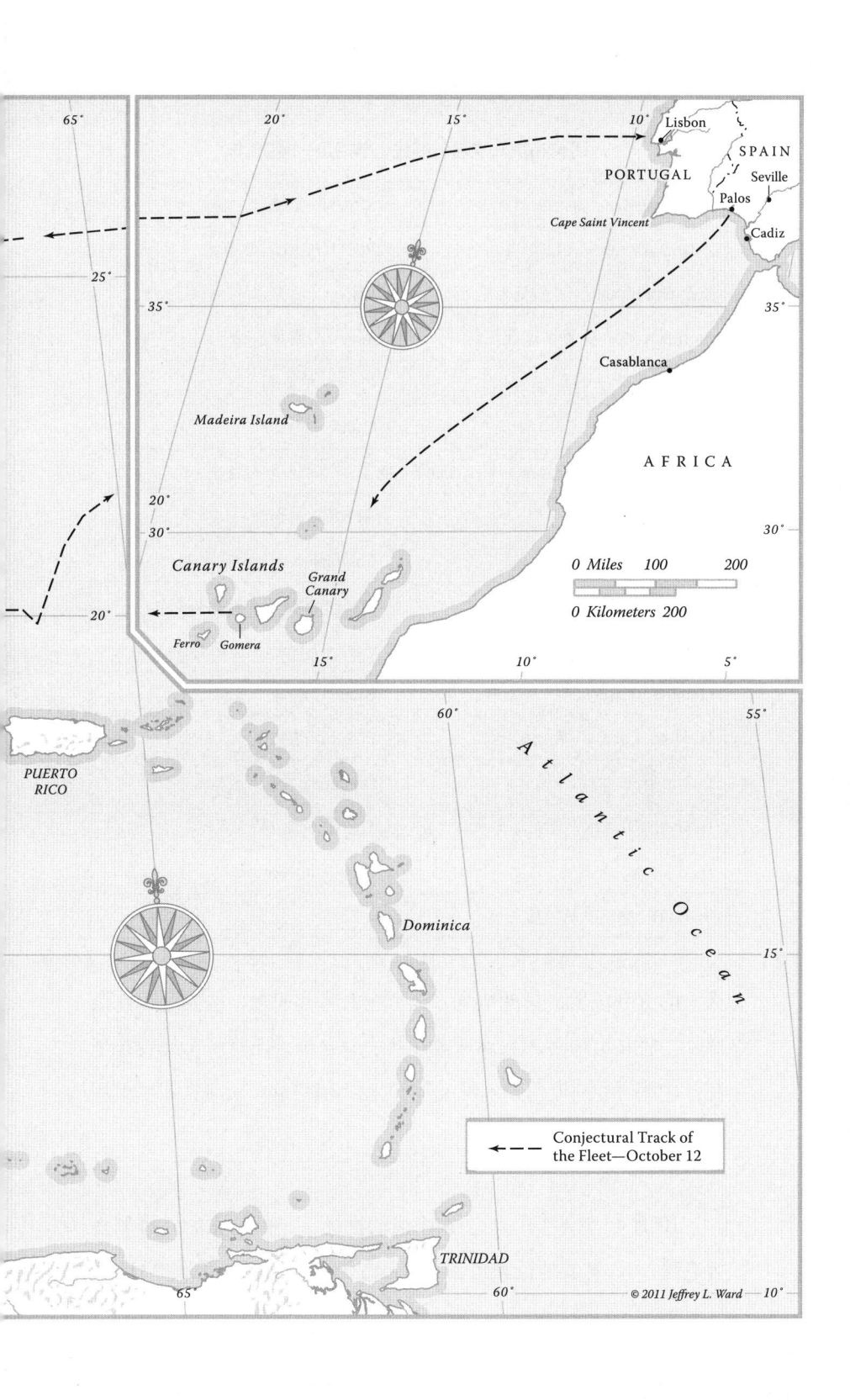

Conjectural Track of the Fleet—October 12

哥伦布第一次航行路线，1492—1493 年

Caribbean Sea　加勒比海	SPAIN　西班牙
Atlantic Ocean　大西洋	PORTUGAL　葡萄牙
Southern Florida　南佛罗里达	Lisbon　里斯本
Florida Keys　佛罗里达群岛	Seville　塞维利亚
Bahamas　巴哈马群岛	Palos　帕洛斯
Long Island　长岛	Cadiz　加的斯
San Salvador (formerly Watlings Island)　圣萨尔瓦多（原沃特岛）	
Samana Cay　萨马纳礁	AFRICA　非洲
Samana Bay　萨马纳湾	Casablanca　卡萨布兰卡
CUBA　古巴	Madeira Island　马德拉岛
Mayaguana　马亚瓜纳岛	Canary Islands　加那利群岛
Grand Turk Island　大特克岛	Grand Canary　大加那利岛
Puerto de Gibara　希瓦拉港	PUERTO RICO　波多黎各
La Navidad　拉纳维达	Dominica　多米尼加岛
HISPANIOLA　伊斯帕尼奥拉岛	TRINIDAD　特立尼达
JAMAICA　牙买加	Cape Saint Vincent　圣文森特角
SOUTH AMERICA　南美洲	

板上的有利位置。见此情景，他"命人将其叫来，送其一顶红色圆帽，将几串绿色小玻璃珠戴在其手臂之上，还将两个鹰铃挂于其耳，然后令其返回独木舟上"。这些不值钱的小玩意儿成了惯用的馈赠品。

10 月 15 日星期一，在东南风的推动下，哥伦布的几艘船扬帆启程，小心翼翼地行驶到另一座岛屿，即巴哈马群岛的长岛(Long

Island, Bahamas）。该岛长 80 英里，宽仅 4 英里，看上去仿佛是海面隆起了一堆参差不齐的沙子和岩石，它们色泽各异，从深紫色到亮白色无所不有，被一道浅蓝色的圆环包围。

哥伦布对眼前的景象感到惊异，但始终保持着清醒的头脑，并且不辞劳苦地记下了他接下来对导航员的指示："海水虽清澈见底，但抛锚时仍要仔细观察，切勿紧靠陆地抛锚以免危险。距离诸岛两炮射程处，海水皆深不见底。"这段航行建议不仅适用于几个世纪前，同样适用于今天。

迄今为止，哥伦布已经差不多到了这次航行所能抵达的最北端，因此他再次想到了印度。他本可以留下来欣赏这里的风景——"诸岛皆草木葱茏、土壤肥沃、空气芬芳，可能还有许多余所不知的情况"，无奈他有任务在身，要继续寻找黄金和大汗。

但这项任务并不容易，因为他进入了由众多岛屿和地峡组成的地球上最复杂的迷宫。从数百英里以上的空中看，这些岛屿仿佛一片片散落的树叶，上面缀满了黄金，漂浮在蓝宝石般的大海上，正缓缓地打着旋儿，闪着斑斑点点的光芒。从海平面上看，这里的景象同样摄人心魄，正如哥伦布及其手下所见到的那样。它们宛如幽灵般从波涛起伏的海面上浮现，又像是坠落到地球上的恒星或小行星碎片。

哥伦布遇到的土人似乎正在参加一场永恒的盛会，而哥伦布总是好奇地匆匆记下自己的印象。在圣玛丽亚岛和长岛之间的河道中，他偶然遇到一个人独自坐在独木舟里，从一座岛划向另一座岛。"此人带着一块大小近似拳头的面包、一瓢水、一个和水后揉成团的鲜红色土块及一些干树叶。这些叶子在彼等看来一定很值钱，因为彼等也送了余一些……作为礼物。"这些干叶恰恰是人类已知的最古老的作物之一，但当时在欧洲几乎无人知晓。显然，这些叶子被加工过，它们芳香的气味会在空气中萦绕，渗透到每一个接触过它和吸入其烟雾的人的毛孔之中。这些叶子属于烟草属，就是俗称的烟草。

"圣玛丽亚"号船旁的这名男子打了个手势，希望能到船上来。哥伦布答应了他，并且"把他的独木舟吊到甲板上，帮其存好所携之物，而后命人取来面包、蜂蜜和饮料款待"。舰队司令承诺会"原样归还其所携之物，好使此人将来为吾等说话"，并报告称此人所获得的一切都承蒙西班牙两位陛下的恩惠。

10月16日晚，哥伦布谦逊无私的姿态得到了慷慨的报答。船队正在寻找锚地，但珊瑚礁较软，无法作为停靠点以抵御海水的侵袭。那名得到哥伦布馈赠的男子注意到了这种情况。"此人为吾等说了许多好话，因此整晚都有独木舟驶来，为吾等带来淡水和其他物品。余吩咐手下对每人均需回赠，诸如十到十二个玻璃球一串的念珠和一些黄铜铃铛，其价值在卡斯蒂利亚不过一马拉维迪一个。"马拉维迪是西班牙古币，每个约合12美分。

哥伦布为此放弃了不下船的念头，在长岛登岸。他意外地发现这里的居民十分友好。"该岛民众更温顺、好交际、较精明。余发现彼等将棉花和其他物品带来船上进行交易时，颇善讨价还价。"令他感到宽慰的是，岛民们身上穿着衣服，这似乎说明他们具有一定的礼貌和教养。"余见彼等性情和善，身着之布片与短斗篷类似，而妇女体前亦挂有一小块棉布，仅能遮羞而已。"

深绿色的植被郁郁葱葱，覆盖了整个岛屿。岩脊上的红树林枝繁叶茂，遮天蔽日。尖尖的海滨李树挡住了通向岛内的道路。即使砍断树枝，穿过灌木丛，人们仍会遇到一个盆状的湖泊，湖水颜色深暗、摇曳不定，下方是一个极深的蓝色洞穴。该岛的另一边有许多岩洞,只有那些勇往直前、不畏艰难的人才敢进去一探究竟。这一切都与哥伦布等人之前目睹的景象迥然不同。"吾看见许多与吾国不同的树木,"哥伦布惊叹道,"同一树上竟能生出不同形状的树枝,且均长在一根树干之上,一条树枝为一种树木,另一条树枝为另一种树木,彼此完全相异,其差别如此之大,真乃世上之最大奇迹!"

他还偶然发现,这里的植物与欧洲植物的进化过程不太一样。他继续惊异地写道:"譬如,同一棵树上的叶子有的细长如藤条,有的宽阔如乳香,同一株树甚至能生出五六种不同形状的叶子,且枝枝各异。"这怎么可能呢?它们显然并非人工嫁接的,而是"可以说为自然所移植"。不管哥伦布描述的是什么植物,他显然十分诧异。他从鱼类身上也能看到这种恣意的繁殖,因为"此岛之鱼亦不可思议,与吾国的大不相同;有些像海鲂,色彩鲜明至极,如蓝、黄、红等;也有的色彩之斑斓,无人不为之惊叹,无人不为之驻足观赏;海上亦有鲸"。他惊喜欲狂、心醉神迷,以至于忘却了自己的宏伟目标,或许是这个世界设下了陷阱,故意把他引入致命的歧途?

一向潜心笃志的哥伦布在巴哈马群岛游荡了整整一个星期,仿佛置身于梦境。"余发现一处十分优良的港湾,港湾有一个入口,亦可曰两个入口,因入口处有一小岛,将其一分为二。两个入口均极狭窄,港内却很开阔,如水深且无暗礁,则可容百条船只停泊。"10月17日,在接近圣玛丽亚角(Cape Santa Maria)时,他记录道:"在此期间,余漫步于树林之间,其秀丽为余生平罕见,郁郁葱葱有如安达卢西亚之五月。所有树木均与吾国之树木不同,其差别有如白昼之于黑夜。"眼前的景象令他感到既陶醉又迷惑。

"无人能说出它们为何物,也无人能说出它们类似卡斯蒂利亚的何种树木。"在目睹如此多无法辨认的树木花草后,他感到"十分忧伤",仿佛自己成了盲人或哑巴一样。

不过,黄金能把他从沉迷中唤醒。他发现一人"鼻上挂有一枚黄金饰钉",钉上刻有铭文,于是立即想开展交易,而"彼等答曰无人敢以此物进行交换"。在他的直觉中,那枚黄金饰钉上的文字也许是中文或日文,但他始终没有机会验证。

翌日,"陆上飘来一阵花草树木之芬芳,其甘美无与伦比"。前方的岛屿面积更小,但一座接着一座连绵不绝。他绝望地认为自己不可能一一探索,"因为这项任务即使五十年也难以完成,而臣之本意是发现和视察其中大部分地方,以便来年四月,如蒙上帝保佑,回国向二位陛下面奏详情。"而他刚刚意识到,他发现的这片土地不仅广袤无垠,而且神秘莫测。这里的一切都很奇异,包括植被、居民及不时从附近岛上传来的如兰似麝的花香。如今仍是10月,他发现"新世界"仅仅一星期。按计划,他要在6个多月后返回西班牙,而在此之前,在这个未知的世界里,任何事情都有可能发生。

寻找大汗与黄金

哥伦布日志中的条目不断增加,他信心十足、滔滔不绝地讲述着自己在海上的经历。从表面上看,这本日志旨在记录航行过程中那些令人惊异和感到新奇的事情。每一件事物都是一个新发现,每一段经历和每一种感受都是首次被按照欧洲人的情感和敏感(更为具体地说,是哥伦布渴望效仿的卡斯蒂利亚式的帝王情感)加以表达。他试图将傲慢与智慧融为一体,在观察"新世界"时仿佛将其举到面前，同时保持一定距离。哥伦布这个来自热那亚的侨民既是一名商船水手，也是一位自学成才的航海家，对他来说，贵族般的语调是一种精心雕凿的模仿。值得注意的是，他忽略、淡化或误解的地方，与他记录的惊人发现一样多。

随着航行继续推进，这本日志不动声色地变成了一篇发现新大陆的宣言，也变成了一面镜子，从中可以照见他的自我及他的远见卓识、勃勃野心和建功立业的壮志。在哥伦布的心中，他的经历和观察力足以令人信服，然而在探险过程中，面对瞬息万变的现实，这种态度却影响了他的应变能力，让他被自己僵化的期望所束缚。

有人如果想要研究这本杰出的日志，必须依靠哥伦布首次航行日志的抄本，它的原件早已散佚，从而使事情变得更为复杂。目前，日志的来源主要有两个，其一是哥伦布的私生子、海员出身的历史学家费迪南德，其二是编年史家巴托洛梅·德·拉斯·卡萨斯（Bartolomé de Las Casas）修士。

费迪南德自然想恢复父亲受到玷污的名誉，而拉斯·卡萨斯则希望在地狱深处为这位探险家留下一席之地。但拉斯·卡萨斯对哥伦布的态度较为微妙，并非全然的批评指责。他既意识到了探险活动的复杂性，也是这项事业的见证者和参与者，而且能够从更宏大的历史背景中看待上述事件，在立足现实的同时保持客观。他没有哥伦布日志的手稿，而是采用了一个有缺陷的版本，因此偶尔会从学术角度对该版本发发牢骚。在拉斯·卡萨斯采用的版本中，除了常见的抄写错误，这位不知名的誊写员还往往会混淆"英里"和"里格"，甚至混淆"东方"和"西方"这些错误让拉斯·卡萨斯很难精确追溯哥伦布航行的路线。

作为印第安人尊严与人权的捍卫者，拉斯·卡萨斯收录了许多哥伦布称赞土人的段落。拉斯·卡萨斯有时会直接引用手中的抄本，哥伦布以第一人称发言；有时会进行详细摘录，哥伦布在其中以第三人称描述自己的活动，给人的印象是这位海洋舰队司令会像恺撒（Caesar）那样称呼自己。拉斯·卡萨斯十分严谨，为了区别这两种情况，他会为直接引语加上引号。

在提到潮汐、港湾、浅滩和航行策略时，哥伦布的奏报含糊不清，间或带有欺骗性，使问题变得更加复杂。由于这些描述中缺乏精确实用的航海信息，几个世纪以来，编年史家和潜在的探险家们为此恼火不已，而这正中哥伦布的下怀。作为一名领航员兼水手，他不愿透露自己的航海理论和实践，因为这与他那热那亚人根深蒂固的本性相悖。透露信息比隐瞒事实更危险，假如他不够谨慎，到头来就可能被困在塞维利亚或里斯本，眼睁睁地看着其他人利用他的发现，开展同样的活动。因此，尽管哥伦布希望这本日志能够流传千古，但在提到海滩、港口、潮汐和浅滩时，他只做了笼统的描述，以免去诸多后患。

他时而迷惑不解，时而过度自信，但始终需要解答探险活动最根本的问题，即他所在的位置。他描写的主题应当是发现"印度"，但他最关心的仍是自己，仍是他经历的苦难和他的英雄情结。每当哥伦布置身于重大事件之外，冷静地复述自己的经历时，其中一个重要的主题就是呈现上帝的意旨。当他为主服务时，没有任何事情是偶然发生的，一切都取决于他的虔诚程度。在侍奉上帝的过程中，他自视为一位不断探索的神父。

然而，当哥伦布的信念超越现实，或者当他的虚荣心和焦虑感战胜了自我时，他就会屈从于自己的阴暗本能。他似乎对他人的福祉漠不关心，但随时准备为某个无比崇高又难以企及的目标牺牲所有，无论这个目标是发现大汗的帝国还是解放耶路撒冷，这一点不能不令人担忧。在这些戏剧性事件中，他把自己看作一个饱受折磨的英雄。他的幻想越严重，他就越残酷无情。他的日志从某种程度上反映了他既充满激情又反复不定的内心，记录了他被恐惧感和压抑感折磨的部分经历，而这种折磨又往往会因为他对上帝的信仰而有所减轻。他不仅是新世界的发现者，而且是这几次航行的鼓吹者，同时不断在日志中凸显自己的内心斗争。哥伦布的探索之所以如此令人难忘，这种自吹自擂的倾向可以算是部分原因，而这也正是他的用意所在。

哥伦布为日志搜集的资料越来越多，成了这次航行的重要记录。日志既是这位海洋舰队司令的心灵之舵，也是他面对现实和心理打击时的精神支柱，然而它并不能给他带来多少安慰。舰队司令的发现并不总能令人信服，相反，他的话听起来更像是胡言乱语。他逐渐意识到，自己正在进行一场持久战，每一次胜利似乎都伴随着一次失误、某些难以预见的后果，甚至潜在的犯罪行为。随着他的权力和声望（在他心中）与日俱增，在面对印第安人和平松兄弟等对手时，他的弱点也变得更加明显。

人们隐约感觉到，这次航行得失难料，他押下的赌注要比他最初的设想更大、更模糊。他没有找到类似马可·波罗之行的航线，也没有找到通向富贵功名的道路，而是误打误撞，来到了一个后来被他称为"另一个世界"的地方。在那里，没有地图可以指引他航行。

实际上，他不仅迷失了方向，而且来到了错误的地方，但他不能对自己及参与这次航行的人承认。最好的办法是坚称他尚未找到目的地，但仅凭信念并不能让他获得多少宽慰。他发现的东西越多，他就变得愈加狂躁，因为他探寻的帝国正逐渐显现，而且比他想象中的更加庞大和多变。

哥伦布开始逐岛探索，不禁惊叹于这些岛上"小鸟啁啾"，"绿草如茵，如同四月之安达卢西亚"。在寻找黄金时，他从一位酋长处得知有一座"大岛"，于是这位探险家条件反射般地认为那"一定是西潘戈"。在探访该岛时，他"决心前往大陆和行在市（Quinsay）"，前者指中国，后者是马可·波罗对南宋都城杭州的称呼，那是中世纪时全世界最富庶、规模最大的城市。哥伦布想象，自己将在富丽堂皇的宫殿中将"陛下之诏书面呈大汗，再将大汗之复诏转呈二位陛下"。

虽然哥伦布当时身在巴哈马群岛之间，但他仍然坚信自己已经来到了亚洲附近。事实上，行在市位于他所在的加勒比海地区以西 8 000 英里之外，但这个距离与他对地球大小和各大洲位置的一贯设想相矛盾。这倒不是说当时欧洲的其他航海家或宇宙学家对上述问题有更准确的认识。至于哥伦布在研究时使用的是什么样的地球仪，我们至今尚不清楚，但是当时最有影响力的专业人士之一——马丁·贝海姆（Martin Behaim），一位效命于葡萄牙的德国制图师，确实在一份报告中表示西潘戈近在咫尺。哥伦布也不会承认这些地球仪及其所有假设是错误的。

当哥伦布不再沉迷于他对中国的错觉时，就回到了他的另一个幻想之中，那就是黄金。

他花了一个通宵和次日（10 月 22 日）一整天，"等着看当地的国王或其他居民是否会带来黄金或其他贵重物品"。的确有许多岛民前来观看。有些人赤身裸体，有些人把身体涂成红色、黑色或白色。他们拿来棉花或其他当地出产的物品，以换取一些简单的欧洲杯盘。唯一能够看得见的黄金是一些印第安人鼻子上挂着的珍宝。他们愿意用这些东西交换鹰铃，但是在检查所得之物后，哥伦布抱怨称："这些东西太小了，根本不值钱。"

第 1 章 踏上美洲新大陆

哥伦布的思绪又从寻找黄金回到了寻找亚洲。他认为自己和西潘戈之间仅有一日的航程，而不是遥不可及的 8 000 英里。10 月 23 日，他在离开当地、前往古巴寻找黄金时愉快地写道："余认为此必为西潘戈无疑。"他提醒自己："在余看到的地球仪上，此岛即位于该地区。"马丁·贝海姆的报告也是这样写的。

午夜时分，哥伦布的船队起锚，他制定了前往古巴的航线，但是直到黄昏，这趟英勇之旅却一无所获，因为"风势猛烈，余不知距离古巴岛尚有多远"。因此，他放低了前桅主帆之外的所有船帆，但雨越下越大，最后他只得收起了船帆。滂沱大雨接连下了 4 天，他们始终没能驶向古巴。

10 月 28 日，星期天，船队驶入一条畅通无阻的深流，可能是古巴的巴里亚伊河（Bahia Bariay）。他看到"沿河树木青葱秀丽，与吾国之树木不同"。他费尽笔墨描写当地的动植物，但又极为小心，仿佛大自然的恩赐会转移他的注意力，让他忘记迄今尚未找到的奇珍异宝——黄金、香料及大汗存在的实际证据，他远渡重洋，正是为了希望觐见大汗。但他没有意识到自己与这些奇珍异宝相隔两个大洋，与大汗相隔两个世纪。

他写到了鲜花和唧啾啼鸣的小鸟，还有一只悄无声息的狗，很可能是当地"因害怕而逃跑的渔夫"驯养的。在他们的小屋里，哥伦布看到的景象十分怪诞："棕榈绳编织的渔网、绳索、角形鱼钩、骨头鱼叉和其他渔具，还有许多火炉。"不过，这些阿卡迪亚①之乡的居民在哪里？他的手下屏住呼吸，提高警惕，迈着迟疑的脚步，缓缓穿过这座仿佛永恒存在的村庄。

哥伦布吩咐手下不得翻动任何东西，然后返回船上，继续向

---

① Arcadia，位于希腊伯罗奔尼撒半岛中部，是希腊、罗马田园诗及文艺复兴时期文学作品中描写的世外桃源。——译者注

17

上游航行。他搜肠刮肚，找了许多溢美之词来形容古巴："该岛系余所见岛屿中之风景最优美者，良港深流俯拾即是。"在遇到印第安人后，他们提到当地有10条大河。哥伦布写道："若乘独木舟沿岛绕行，二十日尚且不足。"他不愿接受古巴是一座岛屿。如果他所到之处不是亚洲的大门口，那么他究竟身在何方？这个问题从航行之初就一直困扰着哥伦布。

他告诉自己，当地居民（印第安人）曾经提到"金矿和珍珠"，并声称自己看到了可能含有珍珠的"贻贝"。基于这种误解，他推断"大汗之巨大海船曾先于吾人到达此地"。

他气势汹汹地驶向内陆，既感到困惑，又充满好奇。他一边欣赏着当地宏伟的住宅，一边冥思苦想，用自己熟悉的词汇加以形容。"它们的建造方式类似摩尔人的帐篷，房屋均极大，但散布各处，仿佛营地里星罗棋布的帐篷，街道也毫无章法；房屋内整洁干净，家具精良……由美丽的棕榈树枝编制而成。"屋内挂着很多面具，有男性面具，也有女性面具，用于装饰墙壁，但他不能确定"它们究竟是为了美观，还是人们崇拜之对象"。他再次强调称，"众人皆秋毫无犯"。

10月30日，星期二，船队再次启程，"平塔"号上载有数名印第安人向导，而哥伦布仍然一心希望能够遇见大汗。11月1日，他从古巴东北沿海的希瓦拉港（Puerto de Gibara）附近登岸，派遣船上的印第安人开展侦察和间谍活动。他们四处搜寻黄金，但还是像从前一样徒劳无功。这一次，哥伦布看到一名印第安人"鼻下系有一个打制银饰"，这一细节引起了他的好奇。他的手下通过手势与当地人交流，误以为部落之间的冲突是岛民与大汗之间开展的全面战争。"可以肯定，"哥伦布声称，"这里就是大陆"，而行在市距此不过 100 里格。他终于可以组织一支侦察队，前往传说中的中国首都了。

哥伦布派出"两名西班牙人：一个是阿亚蒙特（Ayamonte）的罗德里格·德·塞雷斯（Rodrigo de Xerez）；另一个是穆尔西亚（Murcia）的犹太人路易斯·德·托雷斯（Luis de Torres），据说此人通晓希伯来语和亚拉姆语，还略懂一些阿拉伯语"。他们由两名印第安人陪同，后者还"带有几串念珠，以购买食物"。他们奉命在岛上寻找国王，递交诏书，交换礼物，弄清他们所在的确切位置，并务必在 6 天之内返回。

哥伦布后来费尽心机地解释，路易斯·德·托雷斯近来刚刚皈依基督教，而且很可能并非心甘情愿。据信他原名约瑟夫·本·哈·利维·海夫里（Yosef Ben Ha Levy Haivri），意为"犹太人利维之子约瑟夫"。他即将成为第一个在新世界定居的犹太人。哥伦布之所以让托雷斯参加航行，既是因为他的政治手腕，也是因为他的语言能力，因为他可以与阿拉伯商人进行交易。如果遇到以色列失落部族的后裔，哥伦布就会让托雷斯与他们交流。事实上，哥伦布根本没有做好用当地语言与"印度人"沟通的准备，而是采用了临时发明的手语。这种做法导致了歧义和混乱，而哥伦布却认为这恰恰证明了他关于大汗的种种幻想。

11 月 3 日上午，哥伦布登船，在等待侦察队归来时，对一个"无礁之深水港"开展了勘查，发现这里的海滩倾斜，非常适合船只上岸检修。

马丁·阿隆索·平松自认为是这支探险队实际上的领导者之一。11 月 4 日，他上岸后发现一样他们最希望找到的东西——"两片肉桂"，实际上是白樟，即野生肉桂的花朵，散发出甜腻的味道。

他非常想要换取这种他们向往已久的商品，若不是因为受到了"舰队司令惩罚"，他或许已经完成了这笔交易。据"平塔"号的水手长称，附近还有一片肉桂林，但哥伦布在查看过后认为事实并非如此。当地人告诉西班牙探险家们，有个地方的黄金和珍珠"取之不尽"。这类故事他们听得越多，就越觉得可信。到了后来，甚至有人向哥伦布禀报，当地有一种犬头人，"皆食人肉，凡捉到一人，即砍下首级，吮其鲜血，割掉生殖器"。诸如此类的怪诞故事听上去和约翰·曼德维尔爵士（Sir John Mandeville）的游记差不多，他笔下那些异想天开的传说与马可·波罗的故事一样广为流传（至少在西欧）。此类事情不可能在这里发生，或者，也可能发生？

11月6日，星期二，罗德里戈·德·塞雷斯和路易斯·德·托雷斯侦察归来，讲述了他们看到的情况。两人称，在距此不到12里格的地方，他们发现了一座"村庄"，村子里有50顶帐篷和千余名居民。村民们"极为隆重地"接待了来客。两人还欢喜地禀报称，村民们"好奇地触摸彼等，亲吻彼等的手脚，惊讶地认为彼等是自天而降的"。两人就坐后，村民们就蹲伏在他们的脚下。一名随行的印第安人向众人解释说，这两位来客是基督徒，所以都是"好人"。

接下来，村民们热忱地表达了敬意。"男人们纷纷退出，妇女们随即进来，同样蹲伏在地，亲吻两人的手脚，触摸两人的身体，以验证他们是否像自己一样有血有肉。村民们还恳切挽留，让两人至少待上五天。"两人一边用商人精明的语气作答，一边拿出了他们希望寻找的香料，包括肉桂和胡椒等，询问众人在哪里可以找到这些东西，但是只得到了一些模糊的回复。"在东南方不远处。"他们没有发现中国人和阿拉伯人,也没有找到以色列失落部族的后裔,更不见大汗的踪迹。不过,他们已经与当地人结下友谊,成为潜在的盟友。500余名男男女女希望陪伴两人,共同回到他们想象中的"天国",但两人仅同意让几名村民跟自己一起返回。

在归途中,"两名基督徒见众多男女手持火把,从村里穿过,且不时去吸火把冒出的烟雾。"这则简短的叙述中提到的烟草,对西班牙人来说闻所未闻。他们看着这些印第安人制作卷烟,点燃烟草,然后深深地吸入烟雾。此时,哥伦布最向往的经济作物仍然是香料,他尚不清楚手下提到的那种散发着芳香的树叶有何商业价值,及其容易令人上瘾的特性。

听完禀报后,哥伦布并没有向斐迪南和伊莎贝拉详细叙述这次探险任务如何以失败告终,而是对身边的"印度人"做出了评价。这番评价经过了深思熟虑,而且细致入微,因为他逐渐开始认为,这里的人们显然心地纯良,有可能转而皈依基督教:

> 此民族善良诚实、不尚战争……且生性温顺,肤色不黑,比加那利岛民更为白净。最尊贵的陛下,依臣看来,虔诚的基督徒如能通晓彼等之语言,不用多久即能使其皆成为基督徒。因此,臣希望吾人之主、二位陛下……使彼等尽皆皈依基督,正如对于拒绝向圣父、圣子和圣灵忏悔者,二位陛下昔日曾将其悉数消灭。

在表达了上述真诚的希望后,哥伦布预言,如果真能如此,当斐迪南和伊莎贝拉"千秋之后",他们必将"受到永恒造物主之隆宠"。他一边夸夸其谈地鼓舞士气,一边准备让船队登程。一天后,刮起一阵大风,船队乘风而去。

在随后的两个星期中，哥伦布对自身航海技术和地图的缺陷越来越恼怒。尽管加勒比海的美景令他心醉，但他仍执迷于寻找伟大的东方文明。最终他返回了古巴，穿过一条又一条河流，开始继续耐心探索，并且想象自己"一定会发现大汗统治的城池"。

他记不清自己到过多少港口，见过多少棵棕榈树，看到过多少他叫不上名字的花草树木和野生动物。在他看来，这里群山巍巍，世界上再没有更高的山峰；峻岭秀丽，"既无浮云遮蔽，也无积雪覆盖"。这片土地广袤无垠，他认为这里"位于世界地图上远东的尽头"。他推测称，岛上"物产丰饶，蕴藏着宝石和香料，不仅向南方延伸出很远，而且向四面八方蔓延"。哥伦布对此感到"异常惊奇"。

无论哥伦布走到哪里，无论是"岛屿还是陆地"，他都会竖立起一个十字架来，这可是一项艰巨的任务。他在日志中提到，他把树木精雕细琢，做成十字架，并且声称"据说木匠也不可能做得更加美观匀称"。安放好十字架后，他和手下就会面对十字架庄严祈祷，仿佛他们是一群朝圣者，正在寻找那座难以捉摸的圣城耶路撒冷（Jerusalem）。

哥伦布渐渐发现古巴人口稠密，许多印第安人在此聚居。11月10日，星期六，一艘独木舟靠近船队。舟上有6名男子和5名女子，想要登船问候哥伦布。面对热情的来客，哥伦布"扣留"了他们，希望能够带着他们一起返回西班牙。接着，他又扣留了7名妇女和3名儿童。他解释自己的想法称："余之所以如此，是因为这些男子在西班牙如有同乡女人陪伴，会表现得更好。"

哥伦布表示，他的这一决定是基于自己以往的经验。他也曾"扣留"过非洲西海岸的居民，并将他们带往葡萄牙。"臣此前碰巧多次将几内亚男子带往葡萄牙，学习葡萄牙语，以期彼等回归故土后，依旧能为吾等所用,其原因在于余待彼等不薄,且有礼物相赠。"但哥伦布最终未能如愿。他断定,问题在于如果没有女人,男人们就不愿合作。这一次,结果定会有所不同。他刚刚俘获的土人"如有妇女陪同,无论吩咐彼等去做何事,均会乐意相从;此外,这些妇女还能教会吾等当地语言",因为在他看来"印度列岛均使用同一种语言"。

为此,他记下了一段小插曲,似乎是为了证明自己的观点,而这件事情在他的记忆中十分鲜明。"是夜,一男子乘独木舟来到船上……他是船上两名妇女之夫,亦是二男一女三名儿童之父。该男子力求臣允其与妻儿同行。"哥伦布同意让此人加入探险队。"其他人见此亦深感宽慰",舰队司令写道。但他又不无失望地禀告称,这名新队友"已四十五岁有余",年纪太大,不适合从事繁重的体力劳动。

11月11日,哥伦布在日志中写道,古巴居民似乎"不信仰任何宗教",但他们至少不"崇拜偶像"。他认为他们"非常驯顺,不知邪恶、谋杀与盗窃为何物;彼等没有武器,又十分胆怯,即使只是遭到吾等一人愚弄,上百人也会望风而逃"。他提议道:"祈请二位陛下早做决断,使彼等皈依基督,因为臣相信一旦开始,大批民众会在短时间内改信吾等之神圣宗教,二位陛下也将获得大片领土及财产,使其上所有居民成为西班牙臣民。"原因何在?"毫无疑问,当地黄金储量颇丰。"他指出,印第安人忙于开采金矿,"把黄金戴在脖子、耳朵、手臂和双腿上,而且手镯非常之大"。上帝与黄金——要在大洋彼岸建立起一个帝国,还有什么比这更好的理由吗?

当天傍晚,日落前不久,哥伦布扬帆向东南方的一个海角进发,这个海角后来被他命名为古巴角(Cape of Cuba)。

事实证明，自哥伦布出海迄今，11月21日这个星期三是最危险的一天，而这不只是因为他在航行过程中做出了一连串误判。他在日志中语焉不详地草草记录了当时的情况。按照日志上的说法，他似乎想用四分仪来确定自己的位置。四分仪的读数显示他处在北纬42度，但在他看来，他"不可能距离赤道如此之远"。他的看法是正确的。北纬42度线穿过纽约和宾夕法尼亚州之间的边界，而他实际上处于北纬21度。他至少意识到有些地方出现了严重错误。"很明显，如无特殊原因，在北纬42度，地球上没有任何地方会如此炎热。"他愤怒地抱怨称，一定是四分仪出现了故障，需要修理。

如果哥伦布仅凭天象导航，那么他本可能偏离航线，但他拥有另一种与众不同的天赋，即对海洋、风和天气的与生俱来的感觉。与当时的其他航海家一样，哥伦布没有以"真北"（地理意义上的北极）或"北磁极"（此处的地球磁场全都指向下方）作为参考。反之，他根据风向来确定自己的航向，而风向一共有8种，每一种都有一个传统的意大利名。

特拉蒙塔纳（Tramontana）代表正北，格雷科（Greco）代表东北，莱万特（Levante）代表正东，西罗科（Sirocco）代表东南，奥斯特罗（Ostro）或奥斯特（Auster）代表正南，利比西奥（Libeccio）或阿弗里科（Africo）代表西南，波南特（Ponente）代表正西，马埃斯特罗（Maestro）代表西北。

由于上述名称仅适用于他所熟悉的地中海一带，后来哥伦布和其他航海家将这一体系简化为8个基本方位——N（正北）、NE（东北）、E（正东）、SE（东南）、S（正南）、SW（西南）、W（正西）和NW（西北）。为了进一步完善该体系，他又增加了8个中间点或称"半风"(half wind)。这八个中间点分别是NNE（东北偏北）、

ENE（东北偏东）、ESE（东南偏东）、SSE（东南偏南）、SSW（西南偏南）、WSW（西南偏西）、WNW（西北偏西）和 NNW（西北偏北）。接着，他还继续进行了细分，每个点相当于 $11\frac{1}{4}$ 度，或一个罗经点（compass point）。

哥伦布有一个非凡的天赋，即航迹推算，但他对此秘而不宣。所谓航迹推算，就是依靠直觉航行，利用绳子、浮标或地标等简单的工具推测时间和距离，是一种极其古老的航海方式。哥伦布直觉很准，而且精通此道。他手中的地图、图表及他孜孜不倦地通过正规教育所学到的知识的确令人赞叹，但又很容易让人误入歧途，因此对他来说毫无用处。他依靠自己对潮汐与风的直觉和经验航行。在他看来，海洋的颜色和云层的结构要比当时杰出的宇宙学家的数学计算更为重要。这些宇宙学家从未当过水手，而哥伦布当过。事实证明，他的航迹推算十分准确，因此他首次从西班牙前往新大陆的航程中没有发生意外，而且令人难以置信的是，也没有任何人员丧生。从此以后，他每次出海都会依据经验而不是理论来修正自己的航线。

11 月 22 日，当哥伦布在"数学迷宫"中跌跌撞撞地前行时，一场突如其来的危机将他惊醒。"是日，马丁·阿隆索·平松"——他在此次航行中的头号对手——"未经舰队司令许可或吩咐，即随'平塔'号帆船离开。"当时天气很好，哥伦布不明白平松何出此举。也许是因为后者找到了黄金的下落，并且希望保守秘密。哥伦布语气不善地补充道，他已经在针对这位不服管束的船长搜集证据，并且指出，"他还亲口告诉余自己做过许多其他事情"。

马丁·阿隆索·平松未经批准便擅自离队，着实令人不安，因为这次航行得益于两位船长之间的专业协作。马德里海军博物馆中有一张"平塔"号船长的肖像画。从外表上看，他是一个勤奋好学的小伙子，看起来更像一位学者或侍从武官，而不像一名老练的水手或叛乱者。肖像画中的他目光忧郁，遥望远方，仿佛陷入了沉思。1441年，他出生在西班牙南部港口帕洛斯，如今虽然经验丰富，但已经年逾50，即使是作为船长也有些超龄了。

就在9月25日，哥伦布曾在航海日志中提到一份海图，称他似乎记得"图上标明该海域有某某岛屿"。马丁·阿隆索表示，这些岛屿就在附近，哥伦布也有同感。他们的船队之所以无法找到这些岛屿，原因可能是"海浪把船推向东北方"。为判断情况是否真的如此，哥伦布请平松将海图归还自己，以便他与舵手和水手们做进一步研究。

日落时分，"马丁·阿隆索登上其船之艉楼，极为兴奋地向舰队司令喊话，称自己望见了陆地，为此向司令请赏。"他看到的是什么地方？哥伦布故意隐去该岛屿的名称和位置，好让对手们无法加以利用。

在打赏之前，哥伦布"跪下向上帝谢恩，而马丁·阿隆索及其部下遂高声颂唱《光荣属于至尊之上帝》（*Gloria in excelsis Deo*）"。没过多久，"尼尼亚"号上的绳索嘎吱作响，因为水手们纷纷攀援而上，想要看清前方的陆地。据哥伦布判断，他们距离陆地仅有25里格，但他错了。船队行驶了整整两天，直到一个星期后仍在寻找陆地。哥伦布在日志中坦承，他对这段距离作了修改，好让船员们相信他们正缓缓接近目标。不过，这也可能是他编造的借口，以掩饰自己的计算有误。

哥伦布并没有记录马丁·阿隆索·平松是否反对上述策略，或者是否对船队选择的航向感到怀疑。这一挑战不仅为即将失去存在理由的航行平添了几分戏剧色彩，而且为哥伦布提供了展示魄力的机会。他全身心地投入到对危机的应对之中，仿佛为了表现上帝的旨意。迄今为止,他一直在不厌其烦地证明其他人做错了,这并不是因为他掌握着更好的理论或答案,而是因为他更加坚韧不拔。哥伦布相信他能让叛变的船长安分守己,但首先他必须抓住此人。

事实上,他面临的挑战来自平松三兄弟。

首先是文森特·亚涅斯·平松,他是"尼尼亚"号和"平塔"号的共有人。这两艘快帆船将西方的索具与东方的帆索(或称斜挂大三角帆)相结合,操作起来更为灵活。哥伦布的旗舰"圣玛丽亚"号被称为"nao",即中型帆船。它外观浑圆稳健,形体宽阔,很可能是巴斯克造船厂(Basque shipwrights)按照古老的方法建造的。胡安·德·拉·科萨(Juan de la Cosa)也曾担任过这艘船的船长,如今是其拥有者。排在第二位的挑战来自弗朗西斯科·马丁·平松(Francisco Martin Pinzon),也就是"尼尼亚"号的船长。

哥伦布的船队从帕洛斯出发后,当地及附近的韦尔瓦(Huelva)和莫格尔(Moguer)的水手们便满腹狐疑。想要打消他们的怀疑,平松兄弟的支持至关重要,但是现在哥伦布却陷入他们三兄弟的包围中。在那些务实的海员们看来,哥伦布是一个野心勃勃的梦想家和外国人。据他们所知,此前还没有人成功穿越这片汪洋(它有时被称为Mar Tenebroso,即"黑暗之海",几乎相当于死亡的代名词)前往中国和日本那样的神奇国度。除了在梦想家和学者们的脑海里,这些国家有可能根本就不存在,而现在哥伦布却要他们不顾生死,加入这场毫无希望的探索。

哥伦布遭到了众人的顽强抵抗,直到马丁·阿隆索·平松出言相劝。"朋友们,跟我们一起出海吧。你们在这里过着凄惨的生活。如果你们能够跟我们一起出航,我敢肯定,我们会找到覆盖着金顶的房屋,而你们所有人都会幸福地衣锦还乡。"平松的劝说、他的名声和榜样作用让水手们站到了哥伦布这边。一名水手表示："正是因为他保证能让我们发家致富，而大家又普遍信任他，所以才会有那么多人愿意跟他一道出航。"。

实际上，他为哥伦布所做的还不止这些。据其子阿里亚斯·佩雷斯·平松（Arias Perez Pinzon）所言，他的父亲碰巧有个朋友是一位宇宙学家和天文图绘制者，在梵蒂冈图书馆工作。此人把一张海图的副本交给了马丁·阿隆索·平松，而海图显示人们可以向西穿过大西洋，前往日本。（当时人们还不知道"新世界"与太平洋，所以此类猜测甚嚣尘上。）

阿里亚斯称，父亲决定集结队伍亲自出航，但在葡萄牙和西班牙均遭到拒绝。而哥伦布当时为了寻找避难所，寻求精神支持和学术建议，正在帕洛斯德拉夫龙特拉镇（Palos de la Frontera）的圣马丽亚修道院（Monasterio de Santa Maria）隐居。在那里，他遇见了马丁·阿隆索·平松，后者将海图拿给他看。当时，哥伦布正准备放弃西班牙，前往法国求助，但是在获得了这一重要文件后，他最终赢得了西班牙两位君主的支持。

因此，马丁·阿隆索·平松于11月22日无缘无故地突然失踪，不仅仅是一种桀骜不驯的行为。因为平松是这支船队的共有人，所以哥伦布既不能像对待普通水手那样对待他，也不能因为不忠而对他施以惩罚。他所能做的至多就是智胜平松，并且最终证明后者错了，但他仍有理由抱有希望。平松的两个兄弟有可能会起而效仿，但他们现在仍忠于哥伦布，而不是自己的兄弟。哥伦布猜不出他们的行为对马丁·阿隆索·平松的状态会有何影响，但他们的忠诚巩固了哥伦布的地位。事实上，他恰恰希望他们能够如此。

对马丁·阿隆索·平松而言，他认为自己和哥伦布一样，是这次航行的负责人,只不过与斐迪南和伊莎贝拉就航行条款展开谈判的是哥伦布,而不是他。条款中就他的权利和义务列出了一系列详细而明确的条约及协议。由于平松缺乏资历,他似乎不得不与这个名叫克里斯托弗·哥伦布的热那亚神秘主义者结成伙伴。如果哥伦布没有让同伴在遭遇风暴、海怪、暗礁或饥饿时全部丧生,那他一定会把功劳全部揽在自己头上。

迄今为止,哥伦布已经成功地完成了探险史上前所未有的壮举,在横渡大西洋时手下没有一人丧生。相形之下,马丁·阿隆索·平松则变得越来越喜怒无常。

11月22日,为了寻找印第安人所说的黄金,哥伦布驶向一座叫瓦内克(Vaneque)的岛屿。他在途中写道:"是夜,马丁·阿隆索沿航线继续向东行驶。"当天晚上,哥伦布一直向瓦内克驶去。令他惊异的是,平松似乎改变航向"吾等他驶来,由于夜间风轻气朗,只要他愿意,便能轻易返回"。这位舰队司令望眼欲穿,但最终意识到自己错了。平松也许的确曾经调转航向,但是后来改变了主意。他的动机和计划像谜一般,始终困扰着哥伦布。

与此同时,由于印第安人传言有座岛屿上的"人们前额长着一只独眼",还有令人毛骨悚然的食人族,哥伦布将这座岛屿命名为波希奥(Bohio),并且制定了航线。当印第安人得知哥伦布准备前往波希奥岛时,"皆噤若寒蝉"。哥伦布并没有完全不理会有关食人族的传闻,并且表示自己相信"其中确有非同寻常之处",因此决定稍后再前往波希奥岛。

11月25日,星期天,在黎明前的黑暗中,哥伦布在古巴东北岸的大莫亚岛(Cayo Moa Grande)登陆。虽然在主日当天开始探险有别于往常,但他凭直觉感到"那里一定会有一条大河"。他的预感也似乎得到了应验,因为他"走近河边,见河中有石头熠熠生辉,其内部纹理颇似黄金"。实际上,这只不过是黄铁矿,又被称作"愚人金",但哥伦布相信自己发现了真金。于是,"命人收集若干石头以献给二位陛下"。

在调查过程中,他很快找到了另一种东西。这种东西虽然没有黄金珍贵,但更具实用价值,那就是用来修理和加固船只的木材。"在那里,船上有几名水手叫了起来,称他们看到了松树。舰队司令举目向山脊望去,果然见有许多巨树笔直参天,粗细不等,形如纺锤。他知道,此树可为西班牙的上等舰船制造不计其数的甲板和桅杆。他还看到橡树和野草莓树"——或者更确切地说,看到了类似两者的树木——"此外,他还看到一条大河,以及制作锯木机的材料。在海滩上,他看见许多铁黑色石头,有人说它们来自银矿,被河水冲刷至此。他在此处为'尼尼亚'号快船的后帆砍下一根原木,以制作斜桁和桅杆。"

临近的海角十分开阔,"上百艘船只不用任何缆绳或锚具便可以停泊"。他设想在当地建立一座大型造船厂,砍伐结实的松木造船,"欲造多少皆绰绰有余",并且可以用现成的沥青密封。一想到有可能在这片新发现的土地上建立一座永久的基地,哥伦布便喜不自胜、夸夸其谈,仿佛随着他每一次登陆,殖民的条件都会有所改善,空气变得更加清新,风景变得更加宜人,再没有比这里(即古巴)更好的地方了。他声称,凡目睹此景者无不"充满惊奇"。当然,中国也已遥遥在望。

哥伦布继续对他新近发现的地方大加褒扬,声称他看到了"九个大型良港,所有水手均对其赞不绝口。还有五条大河……崇山俊美……深谷秀丽……巨树葳蕤,赏心悦目"。在这座人间天堂里,只有一件事让当地人饱受困扰,那就是人们对食人族的"极度恐惧"。有传言称食人族会发动突袭，俘虏当地胆小的居民。哥伦布曾将几名印第安人带到船上，作为乘客兼俘虏。当他们得知哥伦布竟然准备前往该地时，全都大惊失色，"唯恐自己被吃掉，而他也无法消除彼等的恐惧"。土人们纷纷表示，食人者只有一只眼睛，长着一副"狗脸"。"舰队司令认为此说不过讹言谎语，认为那些俘虏彼等的人准是大汗之臣民。"

11月27日，哥伦布在古巴最东端的巴拉科亚（Baracoa）对此行做了最全面的概括。他一直在修正自己对所发现岛屿的看法，但始终保持着积极的态度，这既是因为他相信该地区具有一定战略价值，即便这里不是中国；也是因为这样做可以转移各国的注意力，使国王和女王不会因为他未能履行自己的承诺而陷入窘境。

在谈到古巴及其临近岛屿时，他写道："纵使洋洋千言、妙笔生花也难尽述，因为这里仿佛被施了魔法。"难道就没有人质疑过他的观察是否属实吗？"可以肯定，君主陛下，如斯之土地，应能创造无数财富，但臣未在任何港口久留。"

至于他为什么冒着巨大的危险，付出极大的代价横渡大西洋，却对自己真正要寻找的东西避而不谈，他虽然做出了解释，但这一解释并不令人信服。"臣欲尽可能了解更多国家，以便向二位陛下奏报，"接着他顺便提道，"臣不谙当地语言，当地土人与臣互不理解，随船之印度人亦然。"

这一观察结果与他此前在日志中记录的与印第安人的多次交流不符，因为他曾经描述印第安人如何跟他讲起黄金、树木及港口。即使考虑到双方产生过重大误解，其中一些不可避免，另一些则是有意为之，然而从船队于10月12日首次登陆以来，哥伦布及其手下无疑一直在与其印第安东道主就贸易、宗教和当地地形进行过多次对话。双方都证实了对方神秘的宗教预言和幻想。印地安人认为哥伦布的舰队证实了当地一个长期以来广为流传的观念,即像哥伦布等人这样的神圣或天启之人会造访他们的岛屿,而哥伦布则相信他所遇到的一切都是上帝的旨意,尽管泰诺人与他之前的想象并不相同。双方既相互认可,又相互误解。哥伦布发现新大陆这件事背后潜藏的可能性对双方来说也各不相同。对印第安人来说,这意味着上帝显圣,他们将会升入天堂,而非堕入地狱。对哥伦布来说,这意味着他有可能对当地人进行剥削和奴役,并且获得取之不尽的个人财富。

探索新世界

为了与印第安人沟通,哥伦布只能依靠随行的翻译路易斯·德·托雷斯,但他很快发现此人并未掌握在上述岛屿开展交流所需的语言。作为替代,哥伦布诱使印第安人上船,为他充当向导和翻译,结果发现"臣常会误解被带上船来的印度人,错把此物当成彼物,而臣也不太信任彼等"——不是因为他无法理解这些土人,而是因为"彼等试图逃走"。哥伦布再次自相矛盾地写道,他毕竟正在"逐渐学习"印度话,而且也要"令部下学会此种语言。"接着,他透露说:"臣发现迄今为止,当地人只讲一种语言。"言下之意是他对当地的语言已经有所了解。

哥伦布提到的"一种语言"即阿拉瓦克语(Arawak),目前被归入麦普列安语系,在加勒比海一带和南美洲被广泛使用。他无意间对加勒比海盆地进行了彻底探索,在此过程中,他可能听到过两种阿拉瓦克方言,即古巴语(Cuban)和巴哈马语(Bahamian)。

哥伦布对印第安人的文化甚至农业都不感兴趣。在写给斐迪南和伊莎贝拉的一封信中，他提到自己所探索的地方在精神和经济方面仍是一片空白，而他的君主会在当地留下西班牙帝国的永恒印记。他预言道："二位陛下可下令在此修建市镇与城堡，如此这里就能成为基督教之领地。臣向二位陛下保证"——这种说法的效力不啻于当庭宣誓——"依臣看来，普天之下再无如此肥沃之土地、宜人之气候、丰富之水源和甘醇之水质；当地河流迥异于几内亚，后者的河水只会传播瘟疫。"他这番话就像是马后炮，因为西班牙朝廷上无人不知，几内亚已经完全落入葡萄牙的手中。

为了阻止葡萄牙人及法国或阿拉伯海盗前来干涉，夺走他刚刚发现的这座人间天堂，哥伦布敦促斐迪南和伊莎贝拉："除基督教天主教徒外，陛下不应准许任何异国人涉足此地或在此经商，因为发扬光大基督教乃吾人此行之初衷。"无论是西班牙君主，还是一代又一代教士，都会庄严地认同这一观点。这将始终是他的最后一个借口，也是他最具说服力的理由：即使其他所有事情都出了差错，即使他未能实现其他任何目的，他至少在其他世人之前把基督教带到了这里。

在评定过自己所取得的成就后，哥伦布也对部下的健康状况表示更加乐观。他吹嘘道："无人患有头痛之疾，更无一人卧病不起。唯有一老叟毕生为结石症所苦，不料到此两日便不治而愈。"三艘帆船上所有船员均状况良好。在这次史无前例的航行中，考虑到哥伦布扭曲的地理观、缺乏可靠性的天文导航术，以及他手下条件简陋、卫生状况不佳的船只，这不能不说是他福星高照。

哥伦布刚向君主奏报过自己的宏伟蓝图，就从手下的船员那里听到了一条令人震惊的消息。船员们告诉哥伦布，在侦察过程中，"彼等在一间屋内发现了一块蜡饼"，像是一件神物。哥伦布很好奇，

33

于是准备将它带回西班牙，当面呈给两位陛下。此外，"水手们还在另一间屋内发现房梁上挂着一只篮子，篮内有一颗人头，篮上另扣有一篮。"据他们的描述，这些干枯的头颅被装饰在四壁，令人毛骨悚然。哥伦布认为此物"一定是族内先人的头颅，因为村中每间房屋均十分宽敞，可以同时住下许多人，所以彼等应是同一祖先之后裔"。

尽管哥伦布语气沉着，他还是急于寻找一片相对安全的开阔水域落脚。但就在此时，乌云密布，大雨倾盆，西南风呼啸着向船尾袭来，船队根本无法启航。由于雨势太大，人们的鼻孔里都进了水。几阵暴雨过后，不时有薄雾飘过。一小时后，雨又下了起来，到处都是湿淋淋的。翌日，即11月30日，潮湿的海风转向东方，刚好与他的航向相反。

由于无法出行，哥伦布派出一支由8名水手和2名印第安人（作为翻译和向导）组成的侦察队，对该地区及其居住环境进行考察。"彼等走进了很多家户，但室内均四壁如洗、空无一人，所有人都逃之夭夭。"令他们难以理解的是，这个新世界里竟然不见人的踪迹。最后，他们终于看到"四个年轻人在刨地"，但是这些印第安人一旦发现入侵者，"立即转身逃跑，追赶不及"。惊慌失措的居民们还是留下了文明的迹象，而这些迹象令人印象深刻。他们看到了"许多村落、肥沃的耕地和多条大河。在其中一条河边，他们还看见了一只漂亮的独木舟，舟长九十五个手掌，由整根树干开凿成，足可容纳一百五十人"，前提是附近有人，但他们还是没有见到一个人。

3艘帆船在泊地摇摆不定，随时准备出航。随着雨势越来越猛，水手们担心狂风暴雨会摧毁船只，但哥伦布相信无论天气多恶劣，港口入口处的一块巨礁都可以保护他们，至少他是这么说的。然而，他们的处境要比他想象的更加危险，大家也开始议论纷纷。一旦风向改变，那块礁石便毫无用处。

最后，哥伦布虽然看到了几个人，但他们也仓皇逃跑。12月3日，星期一，哥伦布冒险登岸，沿着一条蜿蜒的小溪前行，无意间看到了"五只巨型独木舟……外观漂亮、精雕细琢"。作为一名航海家，他对这几只独木舟赞不绝口，认为它们的外形与功能结合得十分完美。随后，他继续前行，发现了一座"带棚的船库，里面井井有条，既能遮阳，亦能避雨"。他走进棚内，看到一只"独木舟与其他小舟一样，系由整根原木凿成"，大小相当于一艘大型划艇或"十六座的"游艇。精致的船身令他叹为观止，"无论工艺还是外观都让人赏心悦目"。

这对哥伦布来说是一种乐趣，但对西班牙的官员们来说却并非如此。朝廷派哥伦布出海是为了拯救众生的灵魂、与大汗开展贸易，并借此胜过狡猾的葡萄牙人，因此他们对当地土著的手工艺品毫无兴趣，他们想要的是黄金和权力。

离开船库后，哥伦布登上一座山，从山顶眺望广阔的田野，看到"土地上种植着许多作物"。作为一名水手，哥伦布不熟悉这些水果和蔬菜的名字。他认为其中有些是葫芦，西班牙语称作"卡拉巴札"（calabazas），是当地最早栽种的植物之一。

突然，众人发现了一些"村民"。但水手们刚看到山上那些奇怪的人影，他们便望风而逃。哥伦布派出印第安向导去安抚这些村民，并且向他们赠送了鹰铃、黄铜戒指和黄绿色玻璃珠等礼物。在提到那些胆小的印第安人时，哥伦布"向二位陛下保证，吾等十人便足以吓退彼等一万余众，因为彼等生性懦弱胆怯"。村民们虽然手持长矛，但水手们检查后发现这些长矛十分简陋，只不过是一些尖端被火烧硬的芦苇秆而已。

哥伦布想要拿到几支长矛，就采用了"一条妙计，按照以物易物的方式，换走了彼等所有的长矛"。如此一来，这群胆小的印第安人就被狡狯的舰队司令夺走了手上最原始的武器，而他们已经开始对哥伦布感到既敬且畏了。

就在哥伦布认为自己已经控制了这些村民，并且解除了他们的武装时，村民们纷纷向空中举起双手，开始大喊大叫。突然，哥伦布看到其中一名印第安人"面色蜡黄"，疯狂地对他打着手势，好像是说有人就要来了。现在看来，他所说的很可能是加勒比人。这名印第安人指着一个西班牙人手里一把装满箭矢的十字弩，表示危险即将到来，而"彼等都会被杀死"。为了强调自己的意思，他甚至抄起一人的剑鞘，抽出佩剑狂舞起来。

印第安人纷纷逃走，哥伦布沉着地紧追不舍。当他赶上他们时，他们正准备开战。"那里村民很多，人人面涂红色，赤身裸体，仿佛刚出娘胎一般。有些头戴羽饰，有些插着翎毛，所有人都手持一把梭镖。"哥伦布故技重施，用小恩小惠和分散注意力的方法让他们缴械。"余靠近彼等，递上几块面包，而后用一只鹰铃换取彼等之梭镖，又赠予其他人一只黄铜戒指和一些念珠，于是众皆欢喜。"作为回报，印第安人交出了珍贵的梭镖，因为"彼等以为吾等来自天上"。如果他们手里有哥伦布所寻找的黄金和香料，那么要想从他们那里得到这些宝物一定易如反掌。

日落时分，哥伦布走进"一幢漂亮的房屋"，发现天花板上挂着"奇特的工艺品"。他不知道如何描述自己看到的物品，但它们很可能是一些工艺复杂的编制垫，再用贝壳加以装饰。这些东西如此引人注目，以至于哥伦布认为自己无意间闯入了一座庙宇。他打着手势，询问当地土人此处是否为祈祷之地。"彼等说不是，其中一个爬上房梁，取下所有饰品相赠。"

第 1 章 踏上美洲新大陆

12 月 4 日清晨,一阵微风吹来,哥伦布终于可以扬帆启程了。他将此前占领的港口称为圣港(Puerto Santo),然后沿着岸边航行。在经过一个地标性的海角时,他为其命名为林多角(Cape Lindo),而这个海角如今通常被称为弗雷尔角(Punta Fraile)。

他还发现了一个"大湾",认为这可能是通往大汗帝国的一条海峡或通渠,于是星夜兼程,"意欲一睹通向东方之陆地"。然而,在印第安向导的建议下,他最终放弃了这一宏愿。他现在探索的这片有东方王国风味的海岸,实际上仍属于古巴。"在此之前,他一直认为那里地域广袤,一定是一片大陆,因为他已在沿岸毫不费力地驶出了一百二十里格。"

鉴于古巴有可能只是一座岛屿,而不是亚洲大陆的一个海角,哥伦布似乎放弃了他此行最重视的目标之一。他至今仍未找到亚洲,也没有找到大汗,但他也不愿承认自己发现的是其他地方。由于无法解决这一地理难题,他只能埋头于航行之中,并且再次回到伊斯帕尼奥拉岛,不停地探索下去。至于他探索的究竟是什么,连他自己也说不清楚。

天色渐暗,哥伦布让"尼尼亚"号快帆船打头,"趁天色尚未全黑,前去寻找港湾停泊",而"尼尼亚"号来到了现今的海地(Haiti)沿岸。这座港湾"如同加的斯湾一样,此时天色已黑,'尼尼亚'号放下小艇进港勘测,小艇点亮烛灯"在前方引路。哥伦布靠近烛灯,"希望小艇能发出入港信号。然而就在此时,"小艇上烛灯熄灭"。结果,"'尼尼亚'号只好离开岸边,向舰队司令燃烛示意,并且靠了过去,向其禀报方才发生之事。正值此时,小艇上有人重新点燃蜡烛,快船遂向其驶去,但舰队司令未能尾随进港,只得在港外漂泊一夜。"

37

由于风向多变，水流不定，火把的光线忽隐忽现，次日，即12月6日黎明，哥伦布"发现旗舰已在海港四里格开外"。他遥遥瞥见岸上有火光，燃起的烟雾"如灯塔一般"，也许是在警告陆地上有部落正在开战。对此，他向来觉得自己没有义务参与。

"黄昏时分，舰队司令缓缓驶入港湾，为该湾取名为圣尼古拉斯湾（St. Nicholas），因为当天乃圣徒尼古拉斯节，故取此名以纪念。"哥伦布写道，并且盛赞该港"风景秀丽、令人惬意"。无论走到哪里，他都认为自己有权力也有责任为当地赐名，而不用管这个地方过去叫什么。在很多情况下，他所起的地名会流传下来，从而抹去了该地区以往的历史。他的命名仿佛有种力量，就像他把自己所到之处都变成了基督教世界一样，因此命名无异于占有。

哥伦布认为，他这次发现的海港比之前到过的港口更加优良，并且查看了周边的情况，探测了海港的水深，想看看这里是否存在危险。最后，他满意地宣布："此地似乎全无浅滩。"其长度足以容纳"一千条大型帆船"，言下之意是向西班牙君主暗示，这个地方潜力巨大。"整个港湾微风习习，无人居住，且树木稀疏，"他写道。

岛上地势开阔、一望无际，岛屿在波光粼粼的海水中，仿佛是镶嵌在蓝宝石中的一块碧玉。"此岛虽地势颇高，但岛上均为平坦之旷野。"他朝另一边望去，看到"一马平川，风光旖旎"，还有一个大型村落和数条15座长的独木舟，但独木舟上的土人没有接近他的船只，而是仓皇逃跑。船上随行的印第安人突然表示，他们"非常希望返回家乡"，但哥伦布对他们的动机感到怀疑，而他们也同样对哥伦布的动机充满顾虑。

翌日清晨7时，当水手们开始放哨时，哥伦布扬帆起航，离开了圣尼古拉斯港。

第1章 踏上美洲新大陆

瓢泼大雨倏然而至，随后整整下了3天。"一股劲风从东北刮来，"他言简意赅地写道。事实上，这股强风足以拖动船锚，让"舰队司令惊诧不已。"他的侦察队再次看到了人类定居的迹象，但当他们上岸时，土人们早已消失在热带丛林之中。哥伦布满是困惑，一心想要向四散奔逃的加勒比海土人求助。

人们常常认为，哥伦布肩负天命、极度自信，力图将基督教和西班牙的统治带给尚未开化的民族，但这种英雄形象与实际情况格格不入。面对生性胆小、多半手无寸铁的印第安人，他希望学习他们的语言，并钦佩他们的航海技术；也有人认为，他有计划地对印第安人进行剥削、奴役、羞辱或屠杀，而这同样有悖于真实情况。此时的哥伦布与几个世纪以来的评论家和肖像画家所描绘的形象完全不同，他既没有制定律条，也没有传播疾病，而只是一个热诚、无畏、误入歧途的航海家，以及一个喜欢自吹自擂的日志作者，而他很难把自己的使命感和自负强加给他人，尤其是他手下的船员们。

那些以前从未见过此类人物的印第安人虽然对他钦佩不已，但他们的反应却是逃之夭夭。他们对哥伦布及其手下越熟悉，就越容易被这位探险家吸引，一方面是因为他善于利用小恩小惠收买人心，另一方面则是因为这两个迥异的群体之间仿佛存在着某种潜在而又难以言喻的共同命运。他们深受哥伦布吸引，就像铁屑被磁铁吸引一样。从中可以看出，尽管哥伦布对自己身在何方感到疑惑，尽管他经常犹豫不决，但他崇高的使命感还是感染了当地土人。与此同时，他也是一名狡猾的热那亚商人，时刻都在寻找可供交易与开发的资源。

随后，他继续对伊斯帕尼奥拉岛及其邻近岛屿进行探索，至于究竟是哪些岛屿，我们迄今尚不清楚，因为哥伦布的记录支离

39

破碎。他还接触到了更多泰诺人。哥伦布发现，他们对掠夺成性、嗜食人肉的加勒比人极为恐惧。"所有岛民皆生活在对加尼巴人[①]的极度恐惧之中，"他哀叹道，"因此吾需重复此前所言，即加尼巴人乃大汗之臣民。加尼巴人就住在附近，常驾船来此地抓人。由于被俘者有去无回，于是土人便认为他们已被加尼巴人吃掉。"哥伦布没有意识到他的上述言论充满了讽刺意味，而是继续写道："日复一日，吾等对印度人之了解逐渐深入，印度人对吾等之了解亦然，不过彼等仍常常产生误会。"哥伦布坚信自己已经抵达亚洲，来到了大汗的家门口，究竟是谁产生了误会，是印第安人还是哥伦布本人？

次日，即12月12日，哥伦布为自己相互矛盾的冲动找到了更多佐证。他首先让水手们在港口入口处竖起一个"大十字架"。完成这项任务后，3名水手前往内陆，"观察当地的花草树木"，结果遇到了"一大群人"。这些人全部赤身裸体，在看到入侵者后匆匆逃走。这一次，水手们按照哥伦布的命令，抓到了一名女子。这名女子恰巧"年轻美貌"，同样赤身裸体、天真无邪，被人带到舰队司令面前。哥伦布"让人为她穿衣蔽体，并赐其玻璃念珠、鹰铃和黄铜戒指，而后按照惯例极为体面地将其送上岸"。

哥伦布声称，这名年轻女子愿意和船上的其他女性待在一起，而他计划把她们作为新奇的礼物呈给斐迪南和伊莎贝拉。更让他感兴趣的是，"这名女子鼻上戴有一小片金子，说明此岛上一定有黄金。"无论这片黄金有多微不足道，对哥伦布来说，它都不仅仅是一个象征或一条线索，而是能够证明这些岛屿蕴藏着巨大的财富与力量，因此足以激励他继续探索。

哥伦布又派出一支队伍。这支队伍发现了一个大型村落，村

[①] 加尼巴是Canibal的音译，即食人者。——译者注

子里有"上千栋房屋和三千余居民"。当这些基督徒和印第安向导到来时，村民们纷纷逃走。印第安向导高声喊话，让他们不要害怕，说"这些基督徒并非来自加尼巴岛，而是来自天上，逢人便会赠送礼物"。大多数印第安人闻听此言，都不再逃跑，而是转身回来，"走到基督徒面前，双手置于头顶，以示崇敬和友好"。尽管消除了疑虑，"彼等仍在瑟瑟发抖"。

当泰诺人不再感到恐惧时，他们邀请基督徒来到家中，拿出"根茎"来招待后者，它们看起来"就像当地普遍种植的大胡萝卜"。根茎分为两种，一种是像土豆那样的块茎，还有一种是块根。这种褐色的根茎看起来普普通通，其瘦小、多节的红色嫩芽成了印第安人的主要食物，是一种淀粉含量丰富的木薯类植物。有时也被称作木番薯或树薯。

哥伦布的手下发现，泰诺人的农业技术远超其他热带部落，不仅限于刀耕火种。为了种植木薯，泰诺人辛辛苦苦建造起一道道"克努克"，也就是约3英尺（1英尺=30.48厘米）宽9英尺长的小土堆，以便在雨季抵御侵蚀、排出污水，还可以储存木薯的块茎长达3年之久，以应对饥荒。有了木薯，"彼等便可以将其做成面包，经过烹调和烘烤，其味如板栗。"没过多久，西班牙人就开始把这种其貌不扬的褐色块茎叫作"印度面包"。

除了热量很高，木薯几乎没有什么优点。若非将其煮熟，木薯尝起来也毫无味道。生木薯更需要精心加工，因为它含有微量氰化物（氰化物苷），必须通过刮擦和发酵将其去除。摄入未经加工的木薯会导致令人痛苦的慢性胰腺炎或胰腺损伤。40毫克木薯氰化物便能杀死一头牛。

为了让木薯可以食用，印第安妇女会磨碎块茎，将干木薯粉与水和成糊状，然后摊成薄薄的一层铺在篮子上。经过5个小时处理后，木薯中大部分有毒的生氰糖苷会被分解，向空气中释放出剧毒的氰化氢。直到此时，人们才可以安全地食用木薯。

木薯只是哥伦布及其手下所不知道的许多种植物之一。事实上，当时所有欧洲人都对木薯一无所知。舰队司令哥伦布、随船医生昌卡（Chanca）和水手们看到加勒比海肥沃的土地上生长着奇形怪状的辣椒、豆子、花生和甘薯，都感到十分奇怪。更吸引人的是这里还有几十种对欧洲人来说新奇罕见的水果。这些西班牙探险者第一次看见并品尝了木瓜、芒果、番石榴、星苹果、曼米苹果和百香果。

还有一种水果叫"皮尼亚"（piñas），也就是菠萝。它"如芦荟般生于蓟状植株上，叶繁而多肉，"其中一人着迷地写道，想要将其与自己更熟悉的欧洲植物进行比较。这种水果的果皮和果刺"厚度近于甜瓜"，需要一年左右才能成熟，但据说闻起来"比蜜桃更香"，只要一两个便能让满室芬芳。

他们看到的还不止于此。当印第安人得知哥伦布想要一只鹦鹉时，他们送来了各种各样的热带鸟类，而且不求任何回报。这些鸟儿色彩斑斓、美丽绝伦，身上有红色、蓝色、黄色，头上还点缀着黑白相间的斑纹。它们个个机灵警觉、活泼可爱，体长相当于成年人的手臂。它们有着强壮的下颌骨，能够啄开植物的种子，还能模仿人类的语言，甚至似乎可以理解人们的意思。除了人类以外，它们是哥伦布在岛上遇到的最聪明、最友善的生物。

这些鹦鹉固然漂亮，但哥伦布还是把目光转向了面前两位美貌的姑娘。她们几乎一丝不挂，也毫不为此感到羞怯，这让哥伦布大为诧异。他在日志中记录，自己看到的"两个少妇像西班牙人一样皮肤白皙"，而她们所居住的地区"土地均已耕种……谷地中间有大河流过，河水能灌溉所有耕地。当地树木苍翠、果实累累，百草丰茂、繁花争妍,道路宽阔平坦"。

自此以后,哥伦布在记录航海日志时一反常态,暂时将航行、潮汐和风向抛诸脑后,醉心于描写当地的风景。"此地气候宜人,"他写道,"如同卡斯蒂利亚之四月",处处回荡着醉人的声音,大自然的一切都如此和谐,让他觉得这是"世间最大之乐事"。"入夜后,小鸟婉转啼鸣,蟋蟀和青蛙的叫声不绝于耳,鱼儿也和西班牙的一样。据水手们称还有许多乳香树、芦荟和棉花"。但是,他不得不在这段美妙的遐想后突兀地补充道,"彼等未能找到黄金"。幻想被打破后,他开始忙于用沙漏测量当地白昼和黑夜的长度,但结果与他的预期不同。他不得不承认,"其中可能有些错误,要么是彼等未能及时翻转沙漏,要么是沙子没有顺利流出"。他无疑是在抱怨自己陷入了僵局。显然,他在使用这些有缺陷的工具时相当笨拙,远没有他的想象与直觉那样敏锐。

翌日,他离开了康塞普西翁港(Puerto de la Concepcion),即今海地的穆斯蒂克湾(Moustique Bay),朝着一座崎岖多山的岛屿驶去。这座岛屿由于中部隆起形似海龟,因此后来被称作龟岛,其西班牙名称"Tortuga"(意为海龟)尤为著名。哥伦布发现此地"海拔颇高但地势平坦,且景色秀丽,人口众多"。他决定在第二天,即12月15日,再次勘察龟岛,于是来到"半里格开外一处背风海滩,在宜于停泊的地点"抛锚。

哥伦布在日志中留下了诸多暗示,表明自己虽身处人间天堂,但仍变得越来越忧郁和迷茫。他来到了自己要去的地方,却迷失了方向。他渴望找到黄金,兑现他对君主和自己的承诺,完成自己崇高的使命。从他的日志中可以看出,由于迄今未能与大汗或其他强大富有的统治者取得联系,他的此次航行虽然雄心勃勃,但是缺乏正当的目的。

他目睹了葡萄牙探险家巴托洛梅乌·迪亚士（Bartolomeu Dias）4 年前从好望角返回里斯本时的遭遇。为了达到同样的目标，迪亚士在整整 2 年的时间里奋力挣扎、穷困潦倒，不惜牺牲自己和船员们的生命。然而，面对刚愎自用、反复无常的葡萄牙国王，他得到的只是不冷不热的接待。2 年之后，即 1490 年，迪亚士仍然希望赢得君主的青睐和自己应得的荣耀，于是再次踏上通向异国他乡的道路，最终葬送了自己的性命。

这位伟大水手悲惨的一生不能不令人警醒。哥伦布不愿在他发现的人间天堂、沃土福地中重蹈覆辙。他的心中有着某种更崇高的使命。

第 2 章
勇赴征途的热那亚之子

无论身在何方，无论地位尊卑，哥伦布始终都是热那亚之子。在这个古老的利古里亚[①]海港城市，勇赴海上开展探险只不过是一种平常的生活方式。

永远的"新移民"

1291 年，热那亚的维瓦尔迪（Vivaldi）兄弟——乌戈里诺（Ugolino）和瓦迪诺（Vadino）经过精心策划，筹集了充足的资金，组织起一支队伍，漂洋过海前往印度。当时，他们对地理及地球大小的认识过于简单，认为自己可以向西航行或者绕过非洲，抵达目的地。

他们拿到了地图及绘有详细海岸线的罗经导航图，而他们驾驶的船只类似于 13 世纪 70 年代以来热那亚水手们驾驶的单层甲板大帆船。假如他们成功抵达目的地，历史上也许只有维瓦尔迪日，而不再会有哥伦布日了[②]。然而，两兄弟的帆船过于笨重，不适合在远海航行，这支勇敢的舰队最后也消失得无影无踪。

---

① 意大利北部地区。——译者注
② 即 10 月 12 日，纪念哥伦布在 1492 年 10 月 12 日发现美洲。——译者注

1336 年，朗泽罗托·马洛切罗（Lanzarotto Malocello）乘船前往加那利群岛，将其中一座岛屿命名为朗泽罗托。仅仅 5 年后，尼古拉斯·达雷科（Nicoloso da Recco）抵达了亚速尔群岛。人们的目标变得越来越远大，一次次海上航行似乎不可避免。许多勇敢的热那亚航海家都曾与葡萄牙王国达成协议。1317 年，葡萄牙海军成立伊始，其统帅便是一名热那亚人。瘟疫和政治动荡逐渐减弱，人们发现新大陆的步伐从未停止。1441 年，安东尼奥·德诺利（Antonio de Noli）来到佛得角群岛，哥伦布及其他雄心勃勃的意大利航海家产生了强烈的兴趣，纷纷开始考虑从南部和西部出发，探索大西洋彼岸的更多岛屿。

大海上，悲剧事件频频发生，而这成了热那亚及其周边利古里亚地区文化的一个重要组成部分，后者曾是欧洲历史最悠久的居民区之一。陡峭多岩的利古里亚海岸土壤肥沃，但面积十分有限。由于耕地贫瘠，农民们不得不在山坡上开辟狭窄的梯田。这里最可靠的产品只有萨沃纳葡萄酒（Savona wine），产于热那亚西部。由于受到上述种种限制，利古里亚人只好转而去海上谋生。当地的水手、导航员、划桨手和索具装配工成了意大利最出色、最勇敢，甚至是最倔强的一群人。利古里亚有句谚语警告人们"海洋是险恶的"。然而，这险恶却不可或缺。

这片被称为利古里亚里维埃拉[①]的狭长海岸为那些冒险到海上谋生的水手们提供了避风港和避难所。其中热那亚港久负盛名，港口宽阔，从萨尔扎纳山（Sarzana）突出，形成一个半圆形区域。最显眼的就是当地的码头，过往船只常常在此停泊。1423 年，哥伦布的同乡艾伊尼阿斯·西尔维乌·比科罗米尼（Enea Silvio Piccolomini，即后来的教皇庇护二世）写道："该港呈圆弧形，为

---

① 里维埃拉即意大利语 Riviera，意为海岸。——译者注

了免使船只受海浪侵袭，此地建立起一道防波堤，据说造价不菲，简直就是纯银建成的。"

1451 年，哥伦布出生于此地。长期以来，关于哥伦布出生地众说纷纭，有的说是葡萄牙，有的说是西班牙，也有的说是北非。但包括 453 份法律和商业文件在内的大量证据显示，他无疑出生在热那亚。他的父亲叫多梅尼科·哥伦布（Domenico Columbus），当过纺织工、酒馆老板和地方政客。

巴托洛梅·德·拉斯·卡萨斯虽然对这位探险家进行了毫不留情的批评，但也曾明白无误地指出："众所周知，克里斯托弗出生于热那亚，因此是热那亚人。"在谈到哥伦布的先人时，拉斯·卡萨斯强调"其祖先地位颇高、家境富有"，似乎有意暗示哥伦布力图恢复其家族地位。拉斯·卡萨斯称，他们"可能在战争与内讧中丧失了财产，而在伦巴第（Lombardy）的历史上，每一次转折关头都会出现这种情况"。伦巴第位于意大利北部，是该国最主要的大区。

关于哥伦布的名字，拉斯·卡萨斯认为"Columbus"在古代被写作"Colonus"，但他却"选择自称科朗①"。拉斯·卡萨斯将这一变化归结为"上帝的旨意，因为上帝挑选他来执行克里斯托弗·哥伦布这一名字所传达的使命"。这也是哥伦布对自己姓名的解释。拉斯·卡萨斯写道："他被取名为克里斯托弗，这个词在拉丁语中意为基督精神的承载者或传播者。"

哥伦布开始用精心设计的花体字来签名，以此彰显自己的名声，因为他"被认为比其他任何人都更适合把基督的知识及对基督的敬奉带给诸多世纪以来生活在迷茫之中的民族"。拉斯·卡萨斯解释说，Colón 的意思是"新移民"，他认为"这个头衔很适合

---

① Colón，哥伦布姓氏的西班牙语。——译者注

此人，正是他的勤勉和辛劳让无数人有了新发现"。

1470 年 10 月，长大成人的哥伦布出现在热那亚一宗商业交易的记录中。"以我主之名，"上面写道，"多梅尼科之子克里斯托弗·哥伦布已年逾十九岁，当其父在场并自愿批准之后，经其父多梅尼科支持、建议及许可……愿意并在事实上公开承认，他须将热那亚货币四十八里拉十三索尔迪六第纳尔交予弗朗西斯科之子、毛里齐奥港（Porto Maurizio）的皮埃特罗·贝莱西奥（Pietro Belesio），该款项为皮埃特罗将葡萄酒售出并交付克里斯托弗及多梅尼科之余款。"多梅尼科承诺会确保其子履行义务，当时还有数人在场作证，其中包括比萨尼诺（Bisagno）的一个名叫拉斐尔（Raffaele）的面包师。

鉴于羊毛在当时属于贵重物品，而多梅尼科既是羊毛纺织工又是起毛工，他的这一身份无疑是在向其他热那亚同胞表明，他在热那亚的商业舞台上不容小觑。羊毛织工们组织起了自己的行会。这个行会不仅是一个行业协会，还会在生活上为其成员提供便利。哥伦布年幼时，该行会在"壮丽之城"热那亚就有 80 多名会员。他们负责解决贸易争端，代表会员向总督陈情，组织开展入会考试，为会员办理婚丧事宜，包括准备礼品和商定宗教礼仪的细节问题。

行会还为会员的孩子提供教育机会，克里斯托弗正是在行会的资助下学习了算术、地理和航海。学校开设两种课程。学习拉丁语课程的人需要支付 10 索尔迪，其他人则只需支付 5 索尔迪。拉丁语常用于文献、科学论文和其他正式场合，在其他场合人们更倾向于使用热那亚方言，而后者受到法语影响，音调变化更加悦耳。"Son zeneize, rizo ræo, strenzo identi e parlo ciæo"是当地人最爱说的一句话，意为"我是热那亚人，我 很少大笑，我咬紧牙关，我言出必行"。哥伦布便是这种态度的典型代表。当他离开热那亚时，他至少掌握了两种语言，即热那亚语和拉丁语，后来他又学会了葡萄牙语和西班牙语。

哥伦布的母亲苏珊娜·方塔纳罗萨（Susanna Fontanarossa）出生于热那亚附近比萨尼诺山谷一个富裕的地主家庭。她的父亲是雅各比·迪·方塔纳鲁比（Jacobi di Fontanarubea），后来被称作贾科莫·方塔纳罗萨（Giacomo Fontanarossa）。"苏珊娜"一名在该地区十分流行，因为罗马有座圣苏珊娜教堂（Santa Susanna）。她大约出生于1425年，结婚时的嫁妆包括一套房产和一块土地，但后来都被卖掉了。她和丈夫至少生有五个孩子：乔瓦尼·佩莱格里诺（Giovanni Pelegrino）、巴塞洛缪（Bartholomew）、迭戈（Diego）、比安奇内塔（Bianchinetta），还有克里斯托弗·哥伦布。苏珊娜在1480年左右去世。虽然她对孩子们的影响很大，但世人对她所知甚少。

海上贸易对热那亚的生存至关重要，因此当地政府对其精心管理。海洋办公室位于权力金字塔的顶端，对港口和海岸拥有最终决定权，而海关总署负责监管码头，以及为船舶开挖安全的港口。同样重要的是，卫生署会竭力防止携带鼠疫和类似疾病的船只返回。到港船舶上的任何人在没有获得许可的情况下均不得踏上陆地，而该许可证需要缴费后从热那亚斯皮诺拉大桥（Spinola Bridge）的卫生代表处获得。假如船上的船员在旅行途中可能接触过鼠疫，他们将接受严格隔离。乞丐一旦被抓，将被处以三鞭的刑罚，麻风病患者禁止入城，任何人不得为他们提供食物或庇护。

尽管热那亚出台了上述规定，可怕的瘟疫还是阴魂不散，每逢夏天会更加严重，到了冬天则相对温和。为了自保，家家户户都会焚毁那些有可能受到污染的衣服和其他物品。

热那亚的管理机构一直延伸到港口之外,对往来于地中海各地的船只进行监测。哨兵会从"灯笼塔"①上观察从热那亚出发的船只。一旦发现不寻常的迹象,譬如某艘船看起来岌岌可危或发生了海难,他们就会发出信号,白天用的是烟雾,晚上用的是火光。

1490年,哨兵发出烟雾信号,警告有尼斯海盗来袭。这座城市迅速进行反击,出其不意地抓住了侵略者,拯救了自己的同胞,从而为该城邦平添了几分凶猛之名。热那亚不仅会惩罚敌人,也会管理好自身。城邦向战略要地派驻领事,领事们会定期通过船只送信,或者在紧急情况下用烟雾信号进行沟通。这一情报网络使热那亚在军事和战略上技高一筹,而它的对手们则会发起还击,以发泄愤恨和不满。

如果情况允许,他们还会占领热那亚的船只,俘虏船上的所有人。(热那亚共和国的敌人成千上万,威尼斯的马可·波罗便是其中之一,也曾因此被捕入狱。)面对日益严峻的威胁,热那亚下令船只全副武装、结队而行,随时准备应对袭击。热那亚海盗向来以野蛮和贩卖奴隶闻名,并且经常与加泰罗尼亚人和法国人作战,而法国人最终通过武力和联姻的方式逐步接管了该城邦。

随着更加强大的新兴势力不断出现,热那亚共和国失去了昔日的影响力。过去通过轮船运到热那亚的各种货物(包括香料,尤其是胡椒和宝石)现在会被运往里斯本。后来,随着欧洲商业重心从地中海转向伊比利亚半岛,这些货物又被运往马德里。

由于生存空间日益萎缩,热那亚转而将重点放在与北非港口的贸易和货币兑换上。前者虽然利润很高,但极其危险,而在后

---

① 始建于12世纪,是意大利热那亚港的主要灯塔,也是当地的地标建筑之一。——译者注

第2章 勇赴征途的热那亚之子

一项事业中,热那亚的银行家们很快便在谈判中以敏捷和强硬著称。克里斯托弗·哥伦布就是在这个动荡的时代中出生和成长的。

克里斯托弗·哥伦布出生于1451年。当时,在意大利思想和艺术的鼓舞下,西欧正在缓慢进步,但热那亚却处于政治动荡的旋涡之中。两年后,随着君士坦丁堡沦陷,热那亚也遭受了沉重的商业打击,地中海贸易开始逐步减少。哥伦布幼年时,法国时来运转。1458年,克里斯托弗7岁时,热那亚总督将管辖权拱手让出,交给了仇敌法国国王查理七世(Charles VII),并因此得到了大笔财富。热那亚之所以会出现这一令人发指的转变,是因为其内部相互敌对的政治派系宁愿让外国势力来统治热那亚,也不愿让对方管理,因此热那亚一度徘徊在和平与战争的边缘。

这场"胜利"本可以促进政治上的统一,但是在此之后,热那亚的两个主要政治领袖皮埃特罗·弗雷戈索(Pietro Fregoso)和阿多诺(Adorno)又开始互相争斗。一场场暴动、暗杀和内乱接连上演,双方最终都自食其果,而哥伦布一家所处的环境也日益恶化。

1459年秋天,哥伦布即将年满8岁时,在距离他住所50码(1码=0.91米)的圣安德烈亚门发生了一场暴力冲突。当时,总督皮埃特罗·弗雷戈索在与法国展开的多轮战斗中失败后,又遭到对手阿多诺的进一步削弱。他被困在城墙之间,只有3名骑士保护,因为他昔日的劲旅已经所剩无几。为了脱身,他从一道城门向另一道城门飞奔,却遭遇了数名追兵。其中一个叫乔瓦尼·科萨(Giovanni Cosa)的人赶上前去,连续两次用铁锤击打他的头部。皮埃特罗总督虽然躲过了袭击,却被其他人从屋顶掷下的一堆乱石打中。由于无法逃离城邦,这位领导人漫无目的地骑马回到宫

51

中，但旋即昏倒，并于数小时后死亡。不久，他的尸体被拖上街头，惨遭政敌们肢解。与此同时，他的部属及兄弟马西莫（Massimo）在试图逃跑时，被以同样骇人听闻的方式处决。

哥伦布一家住在德里托迪庞蒂塞洛街（Vico Dritto di Ponticello）的一所房子里，房主是其父多梅尼科，而皮埃特罗被分尸的地点就在100码开外。当时年幼的哥伦布有可能亲眼看到了这一可怕事件——总督被投石击中并惨遭毁尸，听到了胜利者嗜血的叫喊。如果他知道这起暴行，他一定会因恐惧而颤抖，因为他的父亲多梅尼科曾与弗雷戈索派结盟，所以他的命运也将朝不保夕。

此时，一条摆脱死敌的道路出现在他们面前。

米兰公爵弗朗切斯科·斯福尔扎（Francesco Sforza）在热那亚公民的支持下，于1463年被任命为该城邦的统治者。他十分厌恶政治内战，因此，与之前无休止的冲突相比，斯福尔扎当政时期相对和平与繁荣，其统治也取得了巨大成功，但斯福尔扎家族对热那亚的优势——海上贸易毫无兴趣。热那亚的航运业被忽视，开始逐渐萎缩，曾经占领的几处殖民地也落入他手。原本就风雨飘摇的热那亚不断变小，最后就连科西嘉岛（Corsica）也不如。对于克里斯托弗·哥伦布这样雄心勃勃的航海家和探险家来说，他们的前途十分渺茫。

哥伦布长大后离开家乡，很早就开始出海谋生。他用尽毕生心力，想要重建昔日的帝国。最初，这种探索只是个人行为，后来变成了一种政治行动，并且驱使着哥伦布不断前行，他所到之处远超出他原来的想象。他走出意大利和欧洲，经过地中海、英国和冰岛，越过加那利群岛，一路来到新世界。唯有如此壮举才能配得上他的雄心，其他任何行动都无法令他满足。这场以重建

第2章　勇赴征途的热那亚之子

帝国为起始的探索最终演变成了一场地理大发现。

哥伦布年轻时，热那亚正处于快速转型的阵痛之中。商店、仓库、马厩和市场密密层层、杂乱无章，不仅喧闹嘈杂，而且气味令人掩鼻。中世纪典型的木屋被铺上了瓷砖，装上了巨大的壁炉，还在门口搭起了凉棚。大大小小的街道狭窄蜿蜒，被当地人称作"卡卢吉"[①]。新式房屋里有浴室，浴室内有脸盆、水钵、装满水的罐子，还有萨沃纳的象牙皂盒，皂盒里装着肥皂。在哥伦布时代，水手们在码头上登船后，抬头就能望见西面阴沉的灰色石砌宫殿，宫殿上棕红色的塔楼和陡峭的城垛异常醒目。

热那亚是当时西欧最大的城市之一，人口将近75 000，可与伦敦、巴黎和威尼斯比肩。在繁荣时期，港口挤满了来自各大旅游胜地的船只和旅客，他们的服装和语言各异，很快就能分辨出来。伦巴第人穿着大腿处宽松的马裤，与托斯卡纳人和利凡廷人截然不同。土耳其人戴着头巾，像希腊人一样喜欢成群结队，他们都穿着被称为"法斯特内拉"（fustanella）的短褶白裙，十分惹眼。加泰罗尼亚人总是戴着"巴里迪那式"（barretinas）帽子，而撒丁岛人喜欢头戴兜帽，身穿宽松白衬衫和黑色马裤，也都不难分辨。

从1439年起，热那亚人的穿着受到德行办公室的严格管制。该部门负责执行一系列倡导节制的法律，通过限制奢侈浪费和卖淫行为来规范人们的道德。

上述法律限定了热那亚人在奢侈品上的开销，甚至规定婚礼来宾也不得超过50人。由于狎妓是热那亚人夜生活的主要内容，法律还规定了妓女可以上街拉客的具体日期，并且要求她们点亮蜡烛，然后以半小时为单位来计算她们陪客的时间。这些妓女后来被称为"手持蜡烛的姑娘"。她们不得进入墓地或接近教堂，而

[①] carrugi，指意大利北部利古里亚地区，尤其是热那亚的小巷。——译者注

且必须佩戴表明职业的徽章。一旦有妓女行为越界，就将被处以剔刑，从而难以再谋生计。

德行办公室不仅负责规范人们的衣着和卖淫活动，还负责管理与婚姻有关的交易。浪漫的爱情并不在他们的考虑范围之内。已婚妇女理应操持好家务，因此要和丈夫一样面容严肃。只要一有机会，热那亚人就会大把花钱，尤其是在举办婚礼时，但当地出台了种种法律，连最小的细节也不放过。

这些法律规定男人要穿朴素的灰色服装，禁止穿红色和紫色的衣服。妇女们拥有珠宝和服装的数量受到严格限制，超出者将被罚款。罚款也适用于品行不端者。女子如果通奸，会被罚款30里拉；假如付不起罚款，她就会被砍掉脑袋。丈夫为了让情人进门而让妻子流落街头，会被罚款25里拉。妇女年满15岁（她们这时其实还只是少女）就可以结婚，而这桩交易只需要双方握手便可达成。即使新娘不在场，只要新娘的家人、公证人和媒人出面就行。在热那亚，买卖就是买卖，无论是为了金钱还是爱情。

奴隶制度已经深深融入热那亚的经济活动中，人们尤其热衷于贩卖十三四岁的女孩。每一个热那亚家庭都有一到两个女奴，即使最普通的家庭也不例外。尽管基督教禁止奴役他人，但这些非基督教奴隶却不在此列，因为她们来自俄罗斯、阿拉伯、蒙古、保加利亚、波斯尼亚、阿尔巴尼亚和中国。

奴隶贩子和海盗会定期在热那亚出售女奴。他们张网甚广，间或也会绑架一个基督教女孩，然后索要高额赎金。

所有这些交易都是正式行为，并且会经过公证和订立契约。大多数奴隶都是"原封不动"售出的。假如有奴隶虽然出具了健康证明，但后来出现癫痫或其他健康问题，该名奴隶的主人就会要求解除合同。也有买主相对谨慎，会将选中的女奴留下试用，

第 2 章　勇赴征途的热那亚之子

以判断她们是否能一直惹人喜爱，并且适应热那亚的奴隶生活。在被热那亚的主人买下后，这些女孩就成了他们的个人财产，从而理应满足主人及其朋友的性需求。在这座繁华的城市里，很多人都能买得起女奴，而那些买到女奴的商人会将她们安置在其他地方，与家人分开居住。因此，房主会与当地公证人详细敲定协议条款，在涉及非婚生子女继承权等敏感事项时更是巨细无遗。

然而，并非所有女奴都安分守己，偶尔也有人试图逃跑，甚至毒死主人。一旦被抓，这名女奴就会遭受长期折磨，直至她坦白罪行，并且承认自己犯有使用巫术和传播异端邪说等罪。随后，她会被处以火刑，即被绑在火刑柱上烧死。如果女奴所犯过错并不严重，则会经常遭到主人私下鞭笞。这就是克里斯托弗·哥伦布所熟悉的奴隶制度。

商人们聚集在热那亚的商业中心班奇广场（Piazza Banchi），银行家、兑换商和放贷人随处可见，纷纷拿着金银秤在"斯卡尼"（scagni，即货摊）前与顾客做生意。一匹匹骡子驮着大捆大捆沉重的货物，艰难地穿过蜿蜒狭窄的街道。有些骡子身体两旁各垂着一个类似驮包的口袋，这些口袋是用当地人称为"泽比尼"（zerbini）的黄麻编成的。它们在一栋栋房屋间穿行，许多房子遮天蔽日，高得令人难以置信，但偶尔也有阳光洒落到花园，或者照在满是鲜花的阳台上，打破了单调的浓荫。

在天气炎热或天寒地冻时，这些狭窄的街道上就会散发出阵阵恶臭，臭味的来源包括粪便、香料、用于填补漏水船只的焦油，以及制革工人用来保存和软化硬皮革的油脂。

在这种难闻的气味中，人称"巴斯塔吉"（bastagi）的搬运工们开始把骡子驮来的货物搬上船，或从船上卸下货物。他们的喧闹声在港口回荡。有人正用锤子在铁砧上打铁，有人在用木槌轻轻敲击桶箍，也有人扯着嗓子向水手们发号施令，而水手们则一边划船或盘绕绳索，一边齐声喊着口号。小贩们自卖自夸，称赞着自己货摊上的鱼、衣服、水果及任何能够换成钱的东西。在他们身后，店主们正耐心等待准备出海的顾客。造船工、填缝工、桶匠、木匠、制灯工、焊锚工、焊炮工等与造船和维修相关的行业的人都成立了行会，这些行会就聚集在码头上。

贸易之都的商人和航海家

这座城市的人民正像它的经济一样，把全部心智都放在了大海上。"热那亚人虽然爱家人胜过爱自己，但也会随时准备抛妻别子，漂洋过海前往异国他乡，"热那亚历史学家埃米利奥·潘迪亚尼（Emilio Pandiani）写道，"因为彼等首先是商人和航海家。"

在狭窄的港湾里，所有船只都在争抢空间，吸引顾客的注意力，因为航海是热那亚人最引以为傲的事业和最热衷的商业活动。这些船只主要是传统的帆船，两侧各有一排桨，每只桨由五六名桨手划动。风平浪静时，100名桨手会在"考米多"（comito，即领航员）的指挥下随时待命。遇到进攻时，他们会在甲板上一字排开，形成一道人墙，每人手持一面一人来高的盾牌，盾牌上还缀着闪闪发亮的盾徽。其他人负责携带弓箭及能够投掷"希腊之火"（很可能是被点燃的石油）的石弩，以及用于格斗和抢登敌船的工具。船首附近的前甲板上，还安装有被称作"投石机"的战斗武器。这种武器实际上就是一种巨型弹弓，能够将石块和燃烧弹等足以致命的物体成批投射出去，打击敌人。

单层甲板大帆船的长度远超100英尺，最宽的部分从12英尺到15英尺不等。其龙骨和甲板通常由橡木制成。帆船上有两根又高又细的桅杆，高度为 75 英尺。每根桅杆上都有一张三角帆，与桅杆形成一定角度。人们普遍认为，这种样式独特的、机动性强的大三角帆（也叫拉丁帆）起源于公元 3 世纪的罗马船只。不过，勇猛的阿拉伯水手及对欧洲或非洲脆弱的海岸线发起袭击的海盗们早已开始使用这种船只。哥伦布所熟悉的帆船主要是体型狭窄、容易操作、人称"岑齐尔"（zenzil）的帆船，以及质量较为低劣、船尾呈圆形、船体宽阔的帆船。前者一般用于作战，后者用于运输和贸易。

船上的人员包括船长、导航员、文书、军械工、负责船只维修的木匠和填缝工、理发师兼医生、负责看护储存着宝贵淡水的水桶的管理员、餐厅服务员和若干仆役、厨师、20 名样样皆通的水手、武器专家及杂工。在哥伦布的青年时代，大多数桨手都是自由人，但后来被奴隶或囚犯取代，因为后者被判服苦役。在这种严酷的制度下，那些充当桨手的奴隶会被人用铁链拴在划桨凳上。监工会用带刺的皮鞭抽打他们，并且用哨子为他们计时。哥伦布等热那亚航海家就是在这种船上学会了这一残酷的做法。

作为一名见习水手，哥伦布很可能参加了沿利古里亚海岸的海上探险活动。他们沿着波光粼粼、一片蔚蓝的地中海向西抵达尼斯（Nice），向东来到拉斯佩齐亚省（La Spezia）的维内尔港（Porto Venere），向南延伸至地中海的第四大岛科西嘉和热那亚一处重要的殖民地。

后来，哥伦布又驶出 1 000 英里，来到爱琴海上的希俄斯岛（Chios）。虽然该岛离利古里亚很远，但热那亚人仍牢牢掌控着它。在这里经商的热那亚人只占当地人口的 1/10，但他们始终掌握着对该岛的控制权。热那亚人允许当地居民享有宗教自由，同时建立起一个名为"玛乌纳"[①]的金融机构，由热那亚任命的"波德斯塔"[②]负责监督，以开发该岛的经济潜力。在这一体制下，热那亚人建立了贸易站和仓库，以存储那些回报丰厚的货物，如盐和沥青。此外，他们还会贩卖"希俄斯之泪"，这种象牙色的树脂会从散布于山坡上的黄连木乳香树上不断滴下。（乳香味道苦涩，略带烟熏味，时至今日仍有人将其当作口香糖来嚼。）

从希俄斯岛返回时，哥伦布的父亲已经从德里托迪庞蒂塞洛街搬到萨沃纳附近的山上，也许是因为曾与在热那亚的政治纷争中失败的派系结盟，所以他很可能想要换一个更安全的环境。

没过多久，哥伦布就登上了"贝卡拉"号（Bechalla），这艘货轮载着来自希俄斯岛的乳香，准备驶向葡萄牙、佛兰德斯和英国。时值1476年5月，哥伦布即将年满25岁。由于许多地中海国家都卷入了军事冲突，因此热那亚需要派船只护航。哥伦布所在的船队包括3艘帆船、1艘战舰和"贝卡拉"号货船，货船上的船员均来自利古里亚。虽然哥伦布当时年纪已不小，但他很可能还只是一名普通水手。

8月13日，一支由法国和葡萄牙船只组成的庞大舰队离开葡萄牙海岸，突然对哥伦布所在船队发起了袭击。前者的指挥官纪尧姆·德·卡萨诺瓦（Guillaume de Casenove）胆大妄为，是一名武装民船船长（即海军雇佣兵）。从理论上说，热那亚和法国处于和平状态，卡萨诺瓦没有理由对他们发动攻击，但他总能为自己的侵略行径找到借口。热那亚人虽然寡不敌众，但是勇敢地与敌人展开了搏斗。他们身披甲胄一字排开，竭力想在肉搏战中击败对手。夜幕降临前，3艘热那亚船只和4艘敌船被毁，数百人命

[①] maona，中世纪意大利投资者建立的某种联盟，可以通过包税制控制城邦的税收。——译者注
[②] podestaá，指中世纪意大利城镇的执法官。——译者注

第 2 章　勇赴征途的热那亚之子

丧黄泉。幸存的船只逃往安全港，但"贝卡拉"号不在其中。

"贝卡拉"号沉没时，哥伦布纵身跃入海中。当时很少有水手擅长游泳，而哥伦布最大的希望就是被人搭救。假如未能及时被救，他就必须抓住漂浮的沉船残骸。哥伦布做到了。他一边推着浮木，一边游向岸边，实在累得游不动时，他就爬到浮木上面休息。他受了伤，至于是如何受的伤及伤口在什么位置，他并不清楚，但伤势让他感到越来越疲惫和绝望。最终他游出 6 英里，来到了海边的古城拉各斯（Lagos），这也许是他一生中最漫长的 6 英里。

拉各斯位于葡萄牙东南边缘，距离萨格里什（Sagres）不远，而萨格里什在拉丁语中意为"神圣海角"，那些绕行过伊比利亚半岛最西端圣文森特角（Cape St. Vincent）的水手们常常到此避难。早在一代人以前，正是在萨格里什，航海家亨利王子（Prince Henry）曾经不拘一格，召集起一批追随者，包括水手、宇宙学家和造船工人。这是一座地势狭窄的向风高原，伸入大西洋之中，而哥伦布抓着浮木一路漂流，很难想象他会被海水冲到一个比这里更有利的地点。水手们天生迷信，惯于通过研究自然现象寻找事情的征兆，哥伦布也不例外。命运似乎以海难的形式把这位雄心勃勃的年轻水手从热那亚带走，再将他置于未知的边缘。

拉各斯居民对哥伦布等遇难船员伸出了援手。从这场劫难中恢复过来后，哥伦布动身前往里斯本，暂时住在当地的热那亚人聚居区。

翌年，他开始了一次更加危险的航行，这次是前往北方。"余于 1477 年 2 月驶出一百里格，越过提勒岛（Tile）。""提勒岛"很可能是一直与里斯本保持着贸易往来的图勒[①]或冰岛，"行抵一座与英格兰大小相当的岛屿，不少英格兰人带着货物前来此地，尤

[①] Thule，在古希腊语和拉丁语中指有人居住的极北之地。——译者注

以布里斯托尔（Bristol）的商品为最。余抵达该岛时海面尚未结冰，而潮汐甚猛。有些地方海水上升了二十六布拉恰（braccia），下降的高度亦同"。26 布拉恰大约相当于 50 英尺，但这只是哥伦布的估计。除非冰岛附近频繁爆发的火山引发了巨大的海啸，否则他不太可能看到高达 50 英尺的潮水。在接下来两次前往爱尔兰的途中，他遇到了"契丹人"，也就是中国人。在戈尔韦（Galway），他声称自己看到"一男一女相貌非凡，各乘一小舟随波漂流"。这两人是谁，又来自何方？他们究竟是亚洲人，还是属于某个不为人知的民族？

1477 年春，葡萄牙全力开展探索活动。由于劳动力严重短缺，该国急需寻找新的土地，征服并剥削其上的居民。早在 1439 年，葡萄牙远征队就曾在非洲西海岸附近的亚速尔群岛（Azores）定居，并向更远的南方进发。地理大发现的时代已经到来。

葡萄牙首都里斯本也是其国内第一大港，当时正如日中天。1476 年，阿方索五世（Alfonso V）将权力让给儿子若昂二世（Joao II），这一转变开启了该国历史上前所未有的扩张时代。在繁华富庶的里斯本，哥伦布看到了许多样式独特的轻快帆船。这种船只同时装有横帆和大三角帆，数十年前在航海家亨利王子的扶持下蓬勃发展，后来成了探险活动的主要船种。这些船只结构牢固、易于操纵，能够逆风行驶、不惧风暴和潮水，将葡萄牙的探险家们带到了很远的地方。

在码头附近，哥伦布能够听到多种熟悉的语言，如冰岛语、英语、西班牙语、热那亚语、佛兰芒语等，也能听到他一无所知的非洲土话。无论什么时候，这里都聚集着来自十几个地区的船只。它们先卸下货物，接着为下一次航行准备食物。在幕后为这些企业家提供资金的有意大利、葡萄牙和犹太金融家，若昂二世则安坐在附近的宫殿内，用赞许又贪婪的目光注视着这一切。

哥伦布对热那亚的严酷与地中海的险恶习以为常，因此完全有可能认为自己来到了一座探险者的天堂。他过去所看到的港口都相对封闭，但里斯本位于塔霍河（river Tagus）河口，塔霍河从这里流入大西洋。顺风会将船只吹过沙洲，送入浩瀚的大洋，向北通往冰岛和英格兰，向南通往亚速尔群岛和非洲。

没有人知道从这里向西航行会到达何方，但在当时的欧洲，按照各国国王、教士和宇宙学家们所推崇的学说，假如一支船队向西航行，它最终会抵达两个世纪前马可·波罗曾经造访过的遥远地方：中国、印度和亚洲其他国家。哪个欧洲国家首先实现这个目标，它就会拥有巨大的战略和经济实力，并战胜所有对手。

1481年，26岁的若昂（比哥伦布小4岁）登上葡萄牙王位，开始统治这个国家。父王留给他的江山十分稳固，但国家的经济却濒临破产，因此这位年轻的国王提出对外扩张。早在即位之前，他就曾与父亲并肩作战，清楚葡萄牙在非洲的利益正不断扩张。他领导的数学委员会人数迅速增加，积极配合国家在陆地和海洋上开展探索活动。他改革税收制度，恢复了葡萄牙王室的偿付能力，并仿效他的叔祖父亨利王子，再次让葡萄牙帝国踏上了扩张之路。

若昂二世遵循了尼科洛·马基雅维利（Niccolo Machiavelli）为君主行使权力开出的无情处方，被历史学家及葡萄牙君主制的研究者们视为"完美君主"的典型。更能说明问题的是，他还获得了"暴君"的称号，是一个受到手下贵族们鄙夷和嫉妒的残暴独裁者。他独断专行的事例不胜枚举，譬如他曾勒令所有居住在城堡的人将其头衔提交王室审核，而他有权批准或撤销。他还派遣王室使者监督贵族管理财产。他废除了协助贵族对辖区法律事务行使审判权的官僚机构,而这仅仅是个开始。他摧毁了葡萄牙最强大的两个世家——布拉干萨(Braganza)家族和维塞乌(Viseu)家族。布拉干萨家族是葡萄牙最大的地主,而布拉干萨公爵费尔南多二世(Fernando II)控制着一支由1万名士兵和3 000匹战马组成的私人武装。维塞乌公爵拥有众多称号、职位和地产,其中之一便是葡萄牙在马德拉岛(Madeira Island)和亚速尔群岛新建的海外贸易基地的领主,因此对王室对外扩张的抱负形成了障碍。

对于第一个威胁,若昂二世处决了潜在的王位竞争对手——布拉干萨公爵费尔南多二世,令举国震惊。在这起事件中,有信件显示费尔南多二世与西班牙君主斐迪南和伊莎贝拉相互勾结,图谋不轨。布拉干萨公爵很快被抓获,因叛国罪受审。毫无疑问,他在被判有罪后被枭首。随后,布拉干萨家族的庄园被充公,幸存的家族成员为了保命逃往卡斯蒂利亚王国。

此后不久,若昂二世把注意力转向另一个潜在的敌人。他认定维塞乌公爵迪奥戈亲王(Infante Diogo)蓄谋推翻自己。在这起案件中,他不仅没有进行审判,而且亲手刺死了迪奥戈。更令人瞠目的是,他们两家还是姻亲,因为若昂二世的王后是维塞乌家族的莱昂诺尔(Leonor)。

这就是哥伦布无意间进入的危险环境。虽然他已经逐渐掌握了航海技术,并且证明自己在驾驭船只时无所畏惧,但是在政治、权力和为人处世方面,他还有很多东西要学。他可以轻而易举地标绘航行路线,但缺乏逢迎国王的本领。他的儿子费迪南德在为父亲写传记时,将其中一章的标题拟为"海洋舰队司令提议寻找印度,遭葡萄牙国王拒绝后怒气填膺",这很能反映哥伦布自以为是的态度。

凡是熟悉葡萄牙宫廷的人都清楚这种说法大谬不然,即使他

第 2 章　勇赴征途的热那亚之子

对航海一无所知，因为谁也不敢对这位喜怒无常的国王怒气冲冲，也没有人会直截了当地提出"寻找印度群岛"。人们只能谦卑地恳请国王支持，以他的名义开展探险之旅。

当然，哥伦布从未实现自己提出的目标。他在海上机敏果断，在陆地上却笨拙又不善于交际。他力促国王按照他的方式看待此事，批准他从海上前往亚洲。然而，若昂二世固执地支持其他探险家，把目光投向了东方，而非西方。1482 年，迪奥戈·卡奥（Diogo Cao）赢得了国王的支持，前往中部非洲进行探索。5 年后，巴尔托洛梅乌·迪亚士以葡萄牙的名义绕过好望角。

哥伦布在里斯本待了 8 年，试图实现自己的探险梦想。他在当地的情况留下了记录，但十分粗略。1755 年 11 月 1 日，里斯本的一场地震摧毁了有关当地历史和哥伦布本人的记录和珍贵遗物。不过，仍有一些细节保留了下来。首先是哥伦布曾在第一次航行的日志中提到，他参与了葡萄牙当时繁荣的奴隶贸易。葡萄牙人是第一批到达非洲西海岸几内亚的欧洲人，探险家安唐·贡萨尔维斯（Antao Goncalves）是第一个在那里购买奴隶的葡萄牙人。葡萄牙人认为，根据教皇的法令他们有权拥有奴隶。1452 年，教皇尼古拉斯五世授权葡萄牙国王阿方索五世奴役多为穆斯林的"萨拉森人"（Saracens）及"异教徒和其他无信仰者"。3 年后，教皇又下诏确认了这项授权，以免有人不确定他的意图。

早期的葡萄牙奴隶贸易形式不一，有继承奴隶制，也有契约奴隶制，后者要求奴隶在一定时期内服劳役，有时还会支付微薄的工资。这就是哥伦布熟悉的奴役形式。哥伦布在日志中简要地提到，他曾尝试把一户人家（而不仅仅是男人）从几内亚带回国内，但令他失望的是，这种做法并不能确保奴隶的忠诚及主奴之

63

间的合作。在哥伦布看来，问题在于几内亚方言众多。由于有了在葡萄牙买卖奴隶的经验，他把途中遇到的印第安人看作潜在的奴隶。他们是否精力充沛？是否愿意合作？是否身体强健，足以忍受寒冷和穿越大西洋？他要怎样做才能创造更多价值，是奴役他们，还是让他们皈依基督教？

在里斯本的数年中，哥伦布的弟弟巴塞洛缪加入了他的行列，他比哥伦布小10岁。巴塞洛缪的旧相识、赛维利亚人安德烈斯·贝纳尔德斯（Andres Bernaldez）称他在安达卢西亚地区是一个"专卖印刷书籍的小贩"，"尽管读书不多，但天资聪颖，精通宇宙结构学和世界地图绘制"。

作为一名知识渊博的地图经销商，巴塞洛缪开始在里斯本开展业务，而克里斯托弗·哥伦布成了他的合伙人。两人之间的交谈很可能使哥伦布进一步完善了自己从海上前往中国的设想，但未能消除保罗·达尔·波佐·托斯卡内利①给欧洲人带来的根本误解。托斯卡内利的地图中既没有太平洋，也没有美洲。它之所以能够获得世人信任，部分原因在于它把世界描绘成当时的欧洲人（而不仅仅是哥伦布）所希望看到的模样。这个世界比实际上的规模更小，更易于掌控。在这份地图中，无论是印度及其香料，还是大汗及其帝国，都在欧洲人触手可及的地方。假如哥伦布和当时其他西欧人了解地球的真实尺寸，那么他是否还会提议绕过半个地球前往印度，以及是否还会有哪位国王支持这项行动，都颇值得怀疑。

热那亚人在里斯本的聚居区虽然不大，但其影响力不容小觑。有了巴塞洛缪的协助，哥伦布开始在这个圈子里来回奔走，很快成为人们眼中精明强干的生意人。长期以来，来自热那亚的侨民

---

① Paolo dal Pozzo Toscanelli，1397—1482年，佛罗伦萨数学家。——译者注

和投机分子一直在想方设法融入其他社会群体。他们与当地人通婚，更名改姓，学习当地语言，为地方当局效命。为了赢得社会地位和他人的尊重，他们不惜付出一切代价。

一个周日，哥伦布在里斯本的多斯桑托斯修道院（Convento dos Santos）参加弥撒时，注意到一位芳龄19的姑娘。他在描述两人相识的情形时增添了几分感情色彩，称他的虔诚引起了姑娘的注意。姑娘名叫菲莉帕·莫尼兹（Felipa Moniz）。其父巴托洛梅奥·佩雷斯特雷洛（Bartolomeo Perestrello）是一个富有的意大利人，曾积极参与马德拉岛的殖民活动，他的妻子名叫卡特琳娜·维斯孔蒂（Caterina Visconti）。当时的情况表明，哥伦布正在寻找一位出身名门的妻子。

多斯桑托斯修道院由修女们管理，她们还负责供养那些前往遥远异乡征战的将士们的妻子和女儿。在这里，哥伦布有可能遇到一名符合他雄心壮志的女人，因为当时单身汉们想找到合适的年轻姑娘，修道院是少数几个被人认可的地方之一。有关这段恋爱的记录留存下来的很少。哥伦布的儿子费迪南德也只对父亲的行为做出了惯常的保证："由于他行为十分高尚，且风度翩翩、为人诚实，所以二人相谈甚欢并结下友谊，后来她便成了他的妻子。"

据费迪南德后来的描述，他的母亲菲莉帕·莫尼兹当时看到一个"中等身材、体格匀称的男子。此人面容稍长，双颊略高，不胖不瘦。他眼睛颜色很浅，长着鹰钩鼻，白皙的皮肤在兴奋时会变作鲜红。他年轻时发色金黄"——也有人说他发色偏红——"但在三十岁时变成了白色。在日常饮馔和仪容修饰方面，他一向适可而止。在与陌生人交谈时，他和蔼可亲；在与家人谈话时，他十分友善，但又不失适度和宜人的尊严"。

费迪南德煞费苦心地指出，他的父亲极其虔诚。"在与宗教有关的事情上,他相当严格。他能说出所有教职的名称,还会按时斋戒,甚至会被视作某个宗教团体的成员。他十分憎恨粗言秽语,余从未听到过他口出不逊,他顶多只会说:'天哪,费尔南多!'"假如这一切都是真的,哥伦布对脏话的厌恶程度在水手中可谓绝无仅有。"当他因为某人做错事或说错话而生气时,他只会斥责说:'愿上帝把你带走!'无论写什么,他只要拿起笔,一定会首先写下'Jesus cum Maria sit nobis in via'[①]。哪怕仅凭这一笔好字,他也足以谋生了。"这段话是现存对哥伦布最详细和准确的描述之一,虽然费迪南德对父亲的虔敬不无理想色彩,但是颇有洞见。

对哥伦布来说,这门婚事显然是极为有利的天作之合。他的父亲当过纺织工、酒馆老板和地方政客,曾经与热那亚政坛上失败的派系站在一边。但转瞬间,他不仅与名门望族攀上了关系,而且跻身于葡萄牙贵族和探险家的高层圈子之中。尽管热那亚以反对皇室著称,但是当有人误以为他与热那亚权贵存在某种关联时,他却不置一词。(最终,这种神秘感让人们对他的出身产生了种种猜想,不知他究竟是葡萄牙人、犹太人还是加泰罗尼亚人。最早为哥伦布立传的是他的儿子费迪南德,后者纠正了人们的错误印象,而他的说法后来也得到了历史学家的证实。)

而菲莉帕的确与贵族有关联。她的母族早在12世纪就与葡萄牙王室建立了联系。她的祖父吉尔·艾尔斯·莫尼兹(Gil Ayres Moniz)在葡萄牙阿尔加韦(Algarve)地区拥有一座富庶的庄园。

1415年,在休达战役中,莫尼兹曾经与航海家亨利王子并肩作战,并且在与阿拉伯人艰难较量后夺下了这座庄园。作为来自热那亚的航海家,哥伦布无论是长着一头红发也好,还是留着一头金发也罢,他似乎能够取代莫尼兹的位置,在这个家族中占有

[①] 拉丁语,意为"愿耶稣和玛丽亚与我们同在"。——译者注

第 2 章 勇赴征途的热那亚之子

一席之地。他英勇无畏、精明强干，从其他地方（也许是希腊，也许是亚洲，也许是非洲）将新的财富带回家中，足以与妻子显赫的先祖比肩。哥伦布通过与葡萄牙精英联姻，确保了皇室对自己的支持。他无疑认为眼前的道路再明确不过：发现并占领遥远的国度，获得光宗耀祖的头衔，尽职尽责地建立一个大家庭，以传承他所得到的一切，并使他的名字流芳百世。

从菲莉帕父亲的家族来看，她的身份更复杂，也更耐人寻味。佩雷斯特雷洛家族不仅因其与政界和宗教界的交往而闻名，更因其有失检点和私生子女而尽人皆知。

巴托洛梅奥结过好几次婚，菲莉帕是他与第二任（也有人说是第三任）妻子的后代，她有一个叫小巴托洛梅奥（Bartolomeo junior）的弟弟，和一个叫维奥兰特（Violante）的妹妹，据说哥伦布与他们的关系十分融洽。

很久以前人们就盛传，航海家亨利王子曾将圣港赐给哥伦布的岳父使用，这座狭小的港口位于马德拉岛东北 30 英里处。对于自己的研究对象哥伦布，历史学家巴托洛梅·德·拉斯·卡萨斯既熟悉又深感矛盾。他推测佩雷斯特雷洛在圣港拥有的仪器、地图和海图最终都落入了哥伦布手中，而"他在观看和翻阅过程中得到了很大乐趣"。至于佩雷斯特雷洛是否具有任何航海经验或本领，人们不得而知。

即使上述说法经过刻意美化，我们从中也可以看出，亨利王子将小小的圣港交给佩雷斯特雷洛家族世代传承，不是为了让他们开展无畏的探索，而是为了对他们进行巧妙的操纵。哥伦布有可能把圣港视作一个踏板，等到时机成熟，他便可以自行开始探险。这仿佛是他雄心壮志的一个缩影：发现某座岛屿后，以国王和祖国的名义占领，并借此为个人和家族谋取利益。

67

婚礼结束后,哥伦布和菲莉帕搬进了岳父家。菲莉帕后来鲜为人知,也没有证据显示两人的结合是出于真心相爱。然而,对于在热那亚初露头角的水手哥伦布来说,佩雷斯特雷洛家族,尤其是他的岳母,为他施展抱负提供了一个新的环境。

拉斯·卡萨斯写道,她"发现哥伦布对海洋和宇宙结构学充满热忱,就像那些对某件事情痴迷不已的人们一样,不分昼夜地高谈阔论"。她告诉哥伦布,"她的丈夫佩雷斯特雷洛也对大海满怀热情,曾应亨利王子之邀,在另外两位骑士的陪伴下,一路前行发现了圣港,并于数日后在此地定居"。圣港奠定了佩雷斯特雷洛一家的财富和名望,也为新婚不久的哥伦布上了生动的一课。

哥伦布的岳母把已故丈夫的"仪器、文件和航海图"交给了哥伦布,仿佛交接代代相传的权杖。从此以后,哥伦布开始在岳父的领地圣港生活,并且与妻子生下了长子迭戈(Diego)。

在圣港及与之毗邻的、刚刚被发现的马德拉岛上,"许多移民乘船抵达,人们纷纷谈论着每天的新发现"。拉斯·卡萨斯写道,哥伦布曾经与那些从"西海"返回的水手们聊天,而他们到过亚速尔群岛、马德拉群岛和其他一些岛屿。

尤其值得一提的是马丁(Martin),一个"为葡萄牙王室效命的领航员",他为哥伦布讲述了一个有趣的故事。在距离文森特角以西约450里格的地方,"他看见船边漂着一块木头,于是将它从水中钓出,发现这块木头雕刻得十分精巧,不过据他判断,这不是用铁器雕成的。由于连日来一直在刮西风,因此他猜测那块木头来自西边的某座岛屿或群岛。"

令人向往的异域美景比比皆是。一位"独眼水手"称,在驶

第 2 章　勇赴征途的热那亚之子

向爱尔兰的途中，他无意间看到了"鞑靼"（即现在的中亚），"但是天气恶劣，彼等无法前往该地"。无论这个独眼水手怎么说，他看到的都很可能不是中亚，因为当时的欧洲地图上还没有这个地方。有一个来自加利西亚（Galicia）、名叫佩德罗·德·维拉斯科（Pedro de Velasco）的水手，他在西班牙南部城市穆尔西亚（Murcia）与哥伦布有过一次交谈，他"提到自己在前往爱尔兰时向西北航行了很远，在爱尔兰以西登上了陆地"。这个地方也许是冰岛，也许是新斯科舍[①]，甚至也许是某一片介于现实和神话之间的虚构出来的大陆。只有派出探险队，人们才能确定那里的实际情况。

哥伦布获悉，热那亚的一位富商卢卡·迪·卡扎纳（Luca di Cazana）在葡萄牙领航员维森特·迪亚士（Vicente Dias）的怂恿下，出资开展了三四次探险，以寻找某座神秘的岛屿。他们"行驶了一百多里格，最后却一无所获"。由于屡遭失败，迪亚士和卡扎纳均放弃了希望，认为他们不可能"找到那片尚且存疑的陆地"。另外两支探险队也公开宣布要寻找同一片陆地，但最终都消失得"无影无踪"。

水手佩德罗·科雷亚（Pedro Correa）后来娶了哥伦布的妻妹，他证实了领航员马丁的说法。拉斯·卡萨斯称，此人发誓"他也看到了一块以类似方式雕刻的木头，被风从同一个地方刮到那里"。不仅如此，他还看到过"粗大的竹竿，其中一节便足以盛下六升水或酒"。哥伦布也表示，他从葡萄牙国王那里听到过同样的故事。

在哥伦布看来，若昂国王"相信这些竹竿来自西方不远处的某座岛屿或群岛，甚至有可能是被大风和洋流从印度一路带来的，因为这些东西在欧洲闻所未闻"。他还听说有松树被冲上大西洋中的岛屿，而"整个亚速尔群岛上没有一棵松树"。更令人好奇的是，

[①] Nova Scotia，在加拿大。——译者注

69

人们口口相传,称有两具尸体被冲上亚速尔群岛。这两具尸体的"面庞十分宽阔,容貌也与基督徒截然不同"。

此外,还有一些故事令人神往。有人声称自己看到了木筏,而这些"印度轻舟上建有房屋"。这一切招来了种种猜想,似乎有待人们去发现。这些东漂西荡的木头就像从遥远太空落到地球上的陨石般奇异而神秘。那里一定有些奇怪的东西。"这些故事无疑激起了克里斯托弗·哥伦布对出海航行的兴趣,"拉斯·卡萨斯评论道,"仿佛上帝也在推动他朝着同一个方向前行。"

正如拉斯·卡萨斯所言,最后的"决定性因素"是另一起事件,几经争论后,哥伦布终于下定了决心。这一切要从一艘驶离西班牙的船只说起。它的目的地是佛兰德斯,也有可能是英格兰。在被狂风吹离航道后,船员们不知自己是置身童话还是噩梦之中,恍惚间发现了一座岛屿。

船员们好不容易熬过了这场磨难,结果在返回西班牙的途中全部遇难。"由于过度劳累,彼等中大多数人死于饥饿和疾病,少数幸存者在抵达马德拉岛后陆续病倒,先后死去。"哥伦布"从那些返回马德拉的可怜虫或者领航员本人口中听说了这起事件的风声"。有传言称他可能邀请领航员到家中做客,向后者打听当时的情况,领航员最后还是死在了哥伦布的家里。临终前,领航员有可能向哥伦布"详细讲述了事情的经过,并且留下一份书面记录,写下了船只前往的方向、航行的路线和距离、所处的经纬度及岛屿的确切位置"。由于当时人们尚无法确定经度,所以这座岛屿的"确切位置"并不可靠。

关于遥远之地的传说,最有说服力的记录之一出自佛罗伦萨医生"保罗大师"(Master Paolo)的笔下,他一直与葡萄牙朝廷

第 2 章　勇赴征途的热那亚之子

的消息人士有大量书信往来。哥伦布得知这一消息后,为了与医生拉近关系,通过住在里斯本的中间人洛伦佐·吉拉迪(Lorenzo Girardi)送去一个地球仪,因为吉拉迪也是佛罗伦萨人。

在传递了这一明显的信号后,哥伦布宣布了自己的宏伟计划,表示要进行海外探索,开展香料等贵重物品的交易。保罗大师对此印象深刻,并用拉丁语写了回信。他在回信中简要介绍了自己对中国及其富庶程度的了解,从而使哥伦布得以从逐渐浮现的全球视角对这个传说中的国度有了更深的理解。"勿要惊讶于余将该地区称为'西方',"他向哥伦布解释道,"虽然此地常被称作'东方',但任何人只要一直向西航行,就会在西边看到这些地方,正如从陆路向东出发,也会在东边看到这些地方一样。"他还在信中附上一张图表,以说明自己的意思。

保罗描述了中国及其不可胜计的商贾。"该地区如同世界上其他地区一样,船舶、水手和商贾如云。在刺桐①(Zaiton),每年都有上百艘大船装卸辣椒,更不必提运载其他国家香料之船只。"他所说的刺桐,很可能是指富庶的杭州。他还告诉哥伦布,"当地君主被称为大汗,这个名号在吾等之语言中意为万王之王"。这位可汗的祖先"非常渴望与基督徒接触和交往,大约两百年前曾派遣使团觐见教皇,恳请教皇向当地送去一批聪明博学者,以便教导彼等皈依吾人之信仰。不过,那些被派去的学者因为途中遭遇种种困难,最终被迫返回家乡"。

显然,保罗接下来讲述的内容与威尼斯人马可·波罗 1279 年至 1295 年在亚洲的游历,以及他奉命巡视中国各地时那些广为流传的故事高度雷同。在保罗的叙述中,两个世纪前的事件似乎仍

---

① 一说刺桐为泉州,因为泉州当时遍种刺桐,故外国人以泉州话"刺桐"为译音,称泉州为 Zaiton。——译者注

在发生。他仿佛把这两个时代交织在一起，编成了一幅织锦挂毯。挂毯上绣着皇宫、大河及两岸星星点点的"诸多城市"。（譬如，他曾提到仅在某一条河边就有多达200座城市。）"宽阔的桥梁完全用大理石建成，上面还装饰着大理石柱"，桥上，运载香料、宝石、黄金、白银和许多其他贵重物品的车马川流不息。

怎样才能到达那里呢？很简单。按照保罗医生的说法，"从该城出发，一路沿直线向西，经过地图上标出的26个空格（每个空格代表250英里），人们便可以抵达都城行在"。行在是马可·波罗对古都杭州的独有称呼，因此这一说法无疑泄漏了保罗大师的消息来源。"行在市方圆100英里"，人们也可以到达"西潘戈"——这是马可·波罗对日本的称呼。"该岛盛产黄金、珍珠和宝石，众所周知，当地的寺庙和皇宫均用纯金覆盖。"他再次申明，只要出发，到达目的地根本不成问题。"因为路线尚不清楚，所有事情均不为人知，不过即使走海路，人们也可以毫无危险和困难地抵达该地。"

哥伦布回信表示，他可以按照保罗大师地图上标明的路线，出海寻找这个奇特的王国。值得一提的是，保罗大师对航海一无所知。他对哥伦布的认可感到十分得意，并且回复道："得知余之地图能够得到如此深刻理解，加之此次航行不仅在理论上可行，而且即将成为现实，为汝在所有基督徒间赢得荣誉和令人仰慕之收获，以及无比崇高之声名，余深感快意。"

保罗大师承诺这次航行一定会抵达"强大的王国、宏伟的城市及最为富庶的行省，那里出产各种紧俏之货物"，包括香料和宝石，就像是他亲自派遣哥伦布出海一样。那里的统治者们渴望与西方接触的心情要比西方人渴望与他们接触的心情更为迫切，他们希望在智慧、知识和宗教方面与西方人进行交流。保罗大师在

第 2 章 勇赴征途的热那亚之子

给哥伦布的信中写道:"余毫不奇怪,身为一名勇敢之人,汝定会满心希望将这一事业付诸实践。"

哥伦布孜孜不倦,对"西方存在未被发现的岛屿"一事做了进一步考察。他研究了托勒密(Ptolemy)影响深远的《地理学》(*Geography*)。该书大约于公元 1400 年从君士坦丁堡传到欧洲。1406 年至 1409 年,雅各布·安杰利·达·斯卡佩里亚(Jacopo Angeli da Scarperia)将其翻译成拉丁语。

1477 年在博洛尼亚出版时,这本书成了第一本带有雕版插图的书籍,后来被翻译成数种欧洲语言。托勒密的制图学既启发了许多人的灵感,又存在很大的误导性。由于托勒密生活在公元 2 世纪,他对地球尺寸的估算比实际小了 1/6。他既不知道美洲大陆的存在,也不清楚太平洋是地球上最大的水体。他未能找到确定经度的方法,而这个问题直到 18 世纪末才被解决。鉴于以上种种原因,《地理学》虽然令人深受启迪,但也可能让人误入歧途。

无论是托勒密存在缺陷的地图,还是那些古老的传说,抑或是马可·波罗笔下的故事及水手们讲述的轶事,这些说法汇合起来,仿佛提供了一条又一条线索,等着人们做出重大发现。哥伦布已经制订了计划,现在他需要的是从王室找到一位强有力的支持者,并且为自己筹措资金。

哥伦布的妻子是葡萄牙人,而且两人都生活在这个国家,因此他自然向葡萄牙国王提出了请求。此时的哥伦布自认为是葡萄牙人,但其他人却宁愿把他看作一个暴发后在里斯本定居的热那亚水手,而里斯本正是热那亚人最大的侨居地之一。对于那些飞黄腾达的外来者,当地人始终保持着怀疑的态度。

哥伦布并不理会他们的态度。对于此前听到的种种说法,他深受鼓舞,因此继续奔走,请求国王为这次航行配备三艘轻快帆船,

73

准备一些装满货物的箱子，比如佛兰德斯的布匹、鹰铃、黄铜盆、黄铜板、不同颜色的玻璃念珠、小镜子、剪刀、刀具、缝纫针、别针、帆布衬衫、粗布和红帽子等。这些工具和小玩意儿不仅可以用来交换其他货物，而且可以用于收买人心。他要寻找的陆地不难发现，就藏在西方海域的某个地方。

这些物质上的问题很容易解决，但哥伦布又向若昂国王提出了一些颇为麻烦且难以实现的个人要求。他希望得到一个头衔，最好是"金马刺骑士"（Knight of the Golden Spurs）。

如此一来，哥伦布及其后代就可以拥有贵族称号"堂"。他还绞尽脑汁，为自己想出了一个极其尊贵的头衔：海洋舰队司令，并且"享有卡斯蒂利亚海军将军所享有之一切优惠待遇、特权、权利、收入及豁免权"。

即使对惯于夸大其词的葡萄牙人来说，这种说法也近乎荒谬。但哥伦布总是滔滔不绝、自吹自擂，从不知道什么时候该住嘴。他请求国王任命他为"亲自发现或航行所经的一切岛屿和陆地之总督及终身地方长官"。此外，他还提出"王室所得的一切钱财，无论是黄金、白银、珍珠、宝石、金属、香料和其他贵重物品，还是在其辖区所有土地上购买、交易、发现或在战斗中赢得的任何种类、属性、品种之货物"，都需将其中 1/10 赐予他。显然，哥伦布认为自己不仅是王室探险计划的合伙人，而且有可能统治一个比葡萄牙本土更广阔、更富有的王国。

在充斥着流言蜚语的小小葡萄牙王宫，他这种狂妄自大的表现并不合适。当朝历史学家若昂·德·巴罗斯（Joao de Barros）称，这位未来的海洋舰队司令"喜欢高谈阔论、大言不惭，满脑子都是幻觉和空想"，因此"国王对其所谈之事几乎毫无信任可言"。不过，若昂二世随后就哥伦布的主张咨询了三位专家：卡尔扎迪

第 2 章 勇赴征途的热那亚之子

拉博士（Dr.Calzadilla）、罗德里戈大师（Master Rodrigo）和何塞普大师（Master Josepe）。而"后者是一位犹太人"，拉斯·卡萨斯写道，"在关于对外探索和宇宙结构的问题上，国王给予这几人高度信任，而据笔者看，他们认为哥伦布所言纯粹是出于虚荣心。"如此看来，哥伦布必然会遭到拒绝，但国王似乎踌躇不决，让哥伦布等待答复。

葡萄牙国王请来的三位专家花了数日，对哥伦布的计划提出了诸多问题。哥伦布急于打动众人，因此和盘托出。他们询问完后，若昂二世用行动证明自己不仅胆大妄为，而且为人奸诈。他根据从热那亚水手哥伦布那里获得的信息，暗中组织起一支探险队。

然而，骗局并没有就此结束。若昂二世一边对哥伦布虚与委蛇，一边派遣一艘补给船前往佛得角（Cape Verde）和其他岛屿，同时迟迟不给哥伦布正式答复。当补给船带着撕裂的船帆和折断的桅杆，艰难地回到里斯本后，当地居民们纷纷向疲惫的水手们打听情况。幸存的船员抱怨他们在海上遭遇了暴风雨，并且宣称自己不可能从海上抵达陆地。这次航行的真正目的一旦暴露，若昂国王的诡计便会尽人皆知。

在这个紧要关头，哥伦布年轻的妻子菲莉帕不知何故香消玉殒，永远淡出了人们的视线。有怀疑者暗示，哥伦布在葡萄牙抛弃了菲莉帕，想去西班牙碰碰运气。妻子的家族关系虽然能在葡萄牙派上用场，在西班牙却毫无用处。人们尚不清楚她究竟卒于何故，甚至卒于何年，但哥伦布的突然离去并不一定意味着他抛弃了妻子。如果他在其他地方获得成功，他有可能会派人将妻子接去。但更可能的情况是，她没能活到那一天。从此以后，再也没有人提起她的名字。

为了实现自己的雄心壮志，哥伦布已经耗去了 8 年时间。然而，

75

除了遭到拒绝和陷入窘境，他没有任何功绩值得称道。他青春已逝，年近不惑。对于一名船长来说，这个岁数并不算年轻。经过多年漂泊，他始终未能实现自己的抱负，更没有什么可炫耀之处。他是一个身在异国的鳏夫，还有一个年幼的儿子需要照料，因此前途每况愈下。他飘拂的长发逐渐变得灰白。他似乎没有什么需要感激上帝的理由。不过，考虑到葡萄牙宫中和海上的重重危机，他能活着就已经很幸运了。

他百般不愿地调转目标，把目光转向了另外两个有可能支持他开展探险活动的资助者——西班牙的斐迪南和伊莎贝拉。尽管如此，他的内心还是希望有朝一日能凯旋归来，重返葡萄牙。但是现在，他决定前往卡斯蒂利亚碰一碰运气。

争取西班牙双王支持

遭到顽固的葡萄牙君主拒绝后，哥伦布灰心丧气地把出行任务交给了胞弟巴塞洛缪，但是也耍了一点儿心计，将后者派往英格兰，向亨利七世（Henry VII）国王求助。

了解哥伦布兄弟的人们一定清楚，两人间权力关系的突然转移事出有因。众所周知，巴塞洛缪"精明勇敢、深谙世事、极其机敏，比克里斯托弗·哥伦布更加狡狯"，拉斯·卡萨斯写道。巴塞洛缪不仅会说拉丁语，而且"在与人交往方面更有经验"。据说他几乎和克里斯托弗一样精通航海术，并且更善于制作海图和航海仪器。

亨利·都铎（Henry Tudor，即亨利七世）虽然不如其子及继承人亨利八世（Henry VIII）著名，但他曾在战场上打败了理查三世（Richard III），赢得了王位，开创了历时长久的都铎王朝。作为一位划时代的君主，他精明谨慎、恪尽职守。巴塞洛缪·哥伦

第 2 章　勇赴征途的热那亚之子

布又是阿谀奉承，又是巧言令色，终于得到了觐见国王的机会。为了赢得国王的好感，他向亨利七世呈上一张"世界地图"，上面标明了其兄克里斯托弗·哥伦布计划占领的土地。地图上有一段简短的拉丁文，注明了其所有者的身份："特拉卢比亚（Terrarubia）的巴塞洛缪·哥伦布出生于热那亚，于公元一四八八年二月十三日在伦敦完成了该图。无上赞美归于我主。"

与此同时，哥伦布还得到了佛罗伦萨数学家兼制图师保罗·托斯卡内利 1474 年 6 月 24 日的一封信的副本。托斯卡内利提到一条"从海上前往香料之国的道路，比汝等前去几内亚的路程更短"。他所说的"汝等"，指的显然是葡萄牙人。他声称，从里斯本向西航行 5 000 海里后，即可抵达马可·波罗笔下中国富庶的都城行在。但事情还不止于此。如果沿另一条海路出发，船只就能来到"壮丽的西潘戈岛"，也就是马可·波罗笔下的日本。

这名威尼斯人对该岛作了热情洋溢的描述。凡是读过他作品的人都知道，那里"盛产黄金、珍珠和宝石，当地的寺庙和皇宫均用纯金覆盖"。如果这番言论说的是实际情况，那么这个国家的财富一定多得难以想象，葡萄牙就可以设法与其结为盟友。

更妙的是，托斯卡内利声称，"虽然道路尚不清楚，但所经海域并不遥远"。这一简单的结论来自他对地球大小的严重误解。（当时的人们都知道地球是球形的，在这一点上几乎没有争议。）正如他的前辈托勒密一样，托斯卡内利遗漏了美洲大陆和太平洋，而正是这两者使船只无法到达亚洲。

然而，托斯卡内利对哥伦布的影响甚至比托勒密更大，他让哥伦布相信加勒比海是通往中国的大门。假以时日，总会有某个国家的某位君主会相信哥伦布兄弟关于开疆辟土的说法。

当巴塞洛缪向亨利七世求助时，克里斯托弗在继续进行研究，

77

并且重振旗鼓，前往西班牙游说斐迪南和伊莎贝拉，希望他们参与到自己的航海事业中来。但是最初，他在西班牙受到了冷遇。1487 年底，他写信给曾经拒绝和羞辱过自己的若昂二世，请国王允许他返回葡萄牙。

1488 年 3 月 20 日，葡萄牙国王出人意料地在回信中抚慰哥伦布，对他的"善意和感情"表示感激。令人诧异的是，他甚至表示"汝之杰出才干对朕将大有用处"。这句话无疑会燃起哥伦布的雄心。他还向哥伦布保证，"汝不会因任何理由依民事及刑事法典之法条遭到逮捕、拘留、指控、传唤或起诉，故朕乞请并敦促汝尽快归来，勿以任何理由推托"。

1488 年，哥伦布抵达里斯本时，若昂国王最钟爱的航海家巴托洛梅乌·迪亚士正从非洲海岸探险归来。因此，哥伦布不得不含垢忍辱，眼睁睁看着竞争对手取得更大成就并深得若昂二世宠信。哥伦布是不是中了圈套？国王召他回来，很可能是作为替补，以防迪亚士一去不归。哥伦布在野心、天真和虚荣的驱使下走进了陷阱。同年，他再次离开葡萄牙，前往西班牙。他下定决心，要在西班牙竭尽全力，为自己的出海探险赢得支持。临行前，他深感羞愧和失望，希望自己再也不用返回葡萄牙。

后来，哥伦布向资助他的西班牙国王斐迪南坦承："臣曾觐见葡萄牙国王。他比任何君主都更熟悉发现新陆地一事，但我主蒙蔽了他的双眼，堵塞了他的双耳，因此十四年来，他始终不明白臣的意思。"而斐迪南倾听了哥伦布的主张，伊莎贝拉理解了他的意思。在她看来，哥伦布的意思是他可以为她带来巨大的财富，让她统治一个超越其他所有欧洲国家的跨洋帝国。

1469 年 10 月 19 日，阿拉贡的斐迪南和卡斯蒂利亚的伊莎贝

第 2 章 勇赴征途的热那亚之子

拉在结婚前5天才第一次见面，地点是巴利亚多里德（Valladolid）的比维罗宫（Palacio de los Vivero）。斐迪南比伊莎贝拉小将近1岁。两人结婚时年仅十七八岁，而且是表亲。伊莎贝拉并不漂亮，斐迪南也不算英俊，但两人都是虔诚的基督徒。他们都是当时的著名人物，其先人均为特拉斯塔玛拉王朝的国君。12岁那年，斐迪南率军大败加泰罗尼亚人。1468年，其母后、野心勃勃的卡斯蒂利亚人胡安娜·恩里克斯（Juana Enriquez）死于癌症，斐迪南在致悼词后登基称王。数月后，伊莎贝拉的使臣找到斐迪南，一路将他护送到卡斯蒂利亚，与伊莎贝拉成婚。

从一开始，两人的结合就非同寻常，因为伊莎贝拉与年轻的丈夫权力相当，有时甚至更大。两人的顾问团达成协议，由她独自统治西班牙中北部的卡斯蒂利亚王国。他们之间的正式关系虽然错综复杂，但在此基础上的联姻却十分成功。斐迪南有数名情妇，伊莎贝拉则从宗教里寻求安慰。无论私下存在什么分歧，他们在公开场合都表现得彼此相爱、互相尊重，因为这是维持两人共治的必要条件。

斐迪南和伊莎贝拉的统治初期无异于对两人的考验。面对种种对其权力和财富的挑战，他们只能依靠经验更丰富的顾问和中间人来应对。在濒临财政赤字时，他们实施了新的税收方法，频频对售卖农产品征税，以筹措资金，实现自己的抱负。其中最严峻的一次考验发生在1476年。

当时，葡萄牙国王阿方索五世在卡斯蒂利亚贵族的帮助下入侵卡斯蒂利亚，面对挑战，西班牙双王挺身而出。同年3月1日，斐迪南国王在马德里北部的葡萄酒产地托罗镇（Toro）大败阿方索，开始艰难地巩固业已支离破碎的帝国。

斐迪南和伊莎贝拉后来被称为 Los Reyes Católicos，即天主教双王，这一称号贯穿了两人漫长的统治时期。

1479 年，斐迪南接替其父成为阿拉贡国王，斐迪南和伊莎贝拉的王国合为一体。这是西班牙自 8 世纪以来首次成为一个统一的政治实体。天主教双王并没有安于现状。他们开始从资产阶级和贵族手中夺回政治权力，并削弱了议会职权，议会中留下的官员仅仅是为了彰显双王的荣耀。两人的努力赢得了民众的支持，从而巩固了政权。犹太人和穆斯林本是西班牙商业、文化和贸易的重要力量，却成为下一个受到打击的对象。伊萨贝拉的皇家纹章是一束箭，锋利的箭头仿佛正对那些觊觎王位的潜在敌人发出警告，而斐迪南的纹章是公牛身上的双轭，象征着他对伊莎贝拉权威的默许。

由于异教在举国上下蔓延，双王的使臣于 1480 年设立了宗教裁判所，对被告进行审讯。有些被告虽得以逃脱，但是丧失了所有的财产；有些则被判处死刑。人们对斐迪南和伊莎贝拉的恐惧与日俱增。在他们的鞭策下，西班牙似乎部分恢复了昔日的雄风和虔诚。作为一个重要象征，圣城耶路撒冷仍然是各方抢夺的最终目标。双王很快便开始商议如何收回耶路撒冷，以完成十字军东征的未竟事业。

1480 年，基督教军队把穆斯林赶出了伊比利亚半岛。在 10 年的时间里，先后有 50 多座穆斯林的城池被攻陷，加入了基督教世界。随着一座座清真寺变为教堂，攻城略地仍在继续。基督教军队动用大炮和破城锤，对一个又一个城镇发起了围攻。为了筹集资金支援这场大规模军事行动，天主教双王向教皇求助。教皇允许西班牙王室征收什一税，以避免财政赤字。此外，税收和强制贷款也有助于充实王室金库，但最常见的办法是没收犹太人和穆斯林的财产。富有的塞维利亚尤其受到了宗教裁判所的严厉打击。

第 2 章 勇赴征途的热那亚之子

1485 年初，这场战争仍久拖不决时，哥伦布来到西班牙，向斐迪南和伊莎贝拉求助，支持自己寻找通向印度地区的海上道路。事实证明，这位 34 岁的热那亚水手与葡萄牙国王若昂的长期交往毫无意义，他试图游说法国和英国采纳自己的帝国战略，最后也无果而终。他甚至返回出生地热那亚，希望引起人们对出海探索的兴趣，但是人们的态度并不热情。

于是，他垂头丧气地来到西班牙。当他向国王呈上一幅绘有印度及大汗所辖区域的世界地图时，他的宏伟蓝图闪出了火花。他的密友安德烈斯·贝纳尔德斯称，这幅地图"唤醒了彼等内心了解这些地区的渴望"。斐迪南还找来托勒密的《地理学》，想要亲自看看哥伦布的说法是否正确。

收复失地的战争缓慢而无情。有些省份毫不反抗，接受了卡斯蒂利亚的统治并向其纳税，但也有些省份发起了顽强的抵抗。1487 年，西班牙南部海岸的港口城市马拉加（Malaga）在遭到长达 4 个月的围困后陷落。天主教双王将该城大部分居民作为奴隶卖掉，这无异于对那些胆敢违背他们意愿的人发出了正式警告。

在这场战争中，最重要的战利品当属格拉纳达，因为当地居民逐渐从穆斯林变成了基督徒。

1491 年 11 月，格拉纳达的苏丹在用尽浑身解数后，与斐迪南和伊莎贝拉秘密签订了投降条约。

1492 年 1 月 2 日，西班牙军队占领了阿尔罕布拉宫。这座 14 世纪的"红堡"曾是西班牙南部最后一批穆斯林酋长的住所。4 天后，斐迪南和伊莎贝拉大张旗鼓地进入格拉纳达。

哥伦布称他当天亲眼见证了这历史性的一幕。"臣亲眼见证陛下之皇旗随军力所至，高悬于阿尔罕布拉宫之上。臣还看到摩尔王走出城门，亲吻陛下——臣之主宰——之御手。"也许他只是听

81

说过摩尔王投降的经过。不管怎样，他希望双王知道，自己完全认同他们开疆拓土的目标。

虽然犹太人遭到了严厉惩罚，但穆斯林的待遇有所不同。后者可以拥有自己的财产，按照自己的意愿做礼拜，并遵循本族的法律生活。然而事实证明，双方的和解十分短暂。10年后，一场叛乱爆发，双王命令境内的穆斯林要么皈依基督教，要么离开西班牙。1个世纪后，他们将再次被驱逐出境。

攻占格拉纳达巩固了天主教双王日益血腥的统治。两人也从中获得了信心和经验，准备采取一系列行动，巩固基督教帝国，实现其最终目标，即夺回耶路撒冷。他们开始向非洲进军，一方面是为了广泛传播基督教，另一方面是为了攫取黄金。

1492年3月31日，斐迪南和伊莎贝拉签署了一项驱逐西班牙犹太人的命令。如果犹太人想继续原有的生活方式，保住家人和财产，就只能皈依基督教，否则必须在7月31日前离开这个国家。数年前，即1477年，伊莎贝拉要比现在更加天真和理想化。她曾将自己视作犹太人的监护人，并且签署了一项法令，为他们提供一定程度的保护。她曾经表示："这些犹太人属于朕，彼等归朕保护和统治。"后来，伊莎贝拉抛弃了他们。到了1489年，西班牙的犹太人甚至被以莫须有的叛国罪处以火刑。此时的舆论对犹太人十分不利，人们甚至认为早该把他们驱逐出境。斐迪南和伊莎贝拉当初播下了仇恨和内战的种子，现在他们只能努力跟上国内这股来势汹汹的旋风。

1492年，伊莎贝拉邀请哥伦布再次来到西班牙。在西班牙，双王频繁光顾支持者的城堡、宫殿和修道院。这种做法让他们始终与辖区及臣僚保持着联系，但也造成了一定的政治空白，从而使文件和诏令常常遗失。虽然哥伦布与双王的交涉及其数次出航

第 2 章　勇赴征途的热那亚之子

都有详细记录，但其中也存在不少严重缺漏，部分原因即在于此。

当克里斯托弗·哥伦布再次来到两人面前，请求他们支持自己出海时，他的计划和以往一样不切实际，但是受到了双王的欢迎，因为这既可以让他们从辛苦的宗教裁判事务当中暂时脱身，也能够从某种程度上实现他们建立基督教帝国的目标。

哥伦布与伊莎贝拉谈了很久，而后者渐渐相信哥伦布想要开展的活动可能对他们有益。他只需要3艘船，花不了窘迫的王室几个钱，而且出海的费用还可以通过征税和出售赎罪券来支付。为了表示自己的真诚，伊莎贝拉提出用她的珠宝作抵押。她当然只是故作姿态，并不担心真的有人会将珠宝拿走。在将犹太人逐出西班牙3周后，双王签署了如下诏令：

> 朕即派遣克里斯托弗·哥伦布率三艘快帆船出洋，前往印度地区，履行事奉上帝、光大天主教信仰、扩张朕之利益及影响之公干。

第 3 章

午夜搁浅

"是日晚间,风从东北偏东吹来",哥伦布在 1492 年 12 月 17 日左右写道,幸而龟岛可供小艇停泊。次日一早,他命令水手放网捕鱼。

此时,一直被他们称为"印度人"的土人们开始与他们嬉闹。更有意思的是,他们还献上了据说是神出鬼没的加尼巴人制造的箭。这种武器用细长的"芦秆制成,顶端被火烧得既硬且尖"。印第安人指着两名遇袭的同伴,表示"彼等系被加尼巴人咬伤"。印第安人或许是想与这些来访者结盟,以对抗令人闻风丧胆的仇敌,但疑心重重的哥伦布并不肯相信。这位热那亚水手一边用东西换取印第安人的黄金,一边称赞那些顺从的印第安人聪明机智。

哥伦布写道,傍晚时分,一只独木舟从龟岛划来,上面载有 40 多人。舟上的战士登岸后,当地酋长愤怒地命令他们返回原处,并且向来者撩水和投掷石块。来者乘独木舟离开后,这名酋长捡起一块石头。他并没有将石头扔向西班牙人,而是平静地把它放到西班牙舰队司令手中,以示和平。

独木舟驶离、威胁也随之消失后,酋长通过翻译讲述了龟岛上的生活。这里有黄金吗?龟岛的金子虽然比伊斯帕尼奥拉岛还多,但是根本没有金矿。然而,"那里土地肥沃,人们无需为吃穿过分操劳，因为彼等全都赤身裸体"。哥伦布对上述细节置之不理，认为这只能说明印第安人天生懒惰、罪孽深重。他执意继续寻找黄金，并且获悉船队离黄金产地不远，从陆上走4天即可抵达，"如果天公作美，一天就能走到"。

风停之后，哥伦布及其手下回到船上，准备庆祝12月18日的圣母领报节（又称天使报喜节）。当哥伦布在主甲板上的艉楼用餐时，200多人来到船边，年轻的酋长坐在一乘轿上。他再次注意到，这些人全都赤身裸体，几乎一丝不挂。酋长从轿上下来，"不待臣起身离桌迎接，便疾步来到臣身边落座，恳请臣继续用餐"。当印第安卫兵"毕恭毕敬"地在甲板上列开阵势后，哥伦布邀请年轻的酋长共同进餐，并且高兴地发现后者吃掉了所有"美食"，但是对于面前的饮料，"他只是举到唇边，随即赐予随从。此人仪态行止尊贵，然话语不多"。

饭后，一位印第安侍从呈上一件礼物，令哥伦布十分高兴。这条腰带"与卡斯蒂利亚之腰带形状相仿，而做工不尽相同"。舰队司令仔细观察着这件物品，仿佛要确定它在西班牙能卖到什么价钱。作为回报，哥伦布把"脖子上的琥珀念珠、几双红色鞋子和一瓶柑橘花水"赠予酋长。酋长对所获之物极尽赞美。

由于缺乏共同语言及可靠的翻译，哥伦布自作主张地认为，酋长的言行意在表明"臣可在此自由行动，全岛都服从臣之命令"。正是因为双方交流上的障碍，哥伦布才自以为是，坚信他正逐步建立一个属于自己的帝国。"天色已晚，当酋长准备离去时，舰队司令隆重地将其送往小艇，并命人鸣炮欢送。酋长上岸后，乘轿与两百余名随从离去。不久，这位可敬之人便消失不见了，人们只能看到抬轿者的背影。"哥伦布对当天的情况感到满意，心中充满了希望，但这种希望也许只是他自欺欺人的错觉。

探险家的天堂

一轮满月升起后,船只起锚向东行驶。哥伦布到达的地方很可能是今天海地阿克尔湾的隆巴尔多港(Lombardo Cove, Acul Bay)。这座港口相对封闭,景色宜人,不亚于加勒比海上的任何港口。哥伦布欢欣鼓舞地写道:"此港美丽无比。"

次日,舰队司令对自己的发现兴奋不已,他在日志中夸夸其谈,也很可能对手下炫耀称,在他23年的海上生活中,没有哪个地方能够与之匹敌。这座港口"举世无双,能够容纳世上所有船只",因为其海岸线长达4英里。

当晚10点左右,一艘满载印第安人的独木舟从岸边驶向哥伦布的旗舰,"来会见舰队司令和其他基督徒,并对彼等感到惊奇不已"。双方交换了物品,接着,哥伦布派出一支侦察队查看情况。队员返回称,他们看到了一个"大型村庄"。

哥伦布的传记作者巴托洛梅·德·拉斯·卡萨斯曾在西印度群岛生活多年,对这里的景象十分熟悉。"当地居民用木头和稻草建房,形状类似大钟,里面高大宽敞,每座房子可住十人以上,"他写道,"彼等将许多木桩密密钉入地下,木桩有小腿甚至大腿粗、半人来高,然后用某种名叫白粉藤的藤条在顶端将这些木桩连接在一起。"这些印第安人的住所令人赞叹,拉斯·卡萨斯的描写令读者身临其境。"彼等将这种藤条、黑色树皮及剥掉后仍然发白的树皮装饰成网格图案,而纹样各不相同,仿佛室内悬挂的图画一般……也有人用洁白的芦苇和纤细精美的藤条进行装饰。"

当地土人起初还有些腼腆,但后来渐渐"不再恐惧",有"不计其数男女老幼"拿着干粮冲上前去。"此物色白味美,"哥伦布惊讶地写道,"彼等还用葫芦和陶器为吾等送来淡水。"在他看来,

"这些陶器的外观与卡斯蒂利亚之水罐类似"。除了淡水，他收到的礼物里还有黄金——珍贵的黄金！而且印第安人在送给他们这一切时表现得十分虔诚。"显而易见，彼等之馈赠出自真心。"哥伦布总结道。

贪婪的本性暂时得到满足后，哥伦布对这些慷慨的印第安人表示嘉许，称他们"没有长矛梭镖等武器"。哥伦布认为没有什么可怕的，于是派出一支由6人组成的队伍，前往村中查看。这些人再次试图向当地人解释，他们并不是像印第安人认为的那样来自天国，而是卡斯蒂利亚天主教君主斐迪南和伊莎贝拉的臣子。哥伦布对此行充满了期望，因此最终决定下船一观。

他表明意图后，"许多人来到岸边，男女老少不计其数，高声叫喊着不让他离开，请他留下来和彼等待在一起"。为了安全起见，哥伦布仍留在大艇上，接受当地人送来的食物，这些食物越积越多。此外，还有人向他赠送鹦鹉等礼品，而他也回赠他们"玻璃念珠、黄铜戒指和鹰铃"。"这些东西并非彼等开口索要，而是舰队司令认为自己理应有所回馈。"再者，哥伦布的态度也发生了显著变化，因为"他已经将彼等视作基督徒了"。

无论走到哪里，哥伦布的反应都是既惊奇又自负，仿佛这些壮观的景象是为他而创造的。在中世纪，人们所能理解的人或事物的类别相对有限，因此哥伦布很难凭借自己的智力和想象力解释眼前令人惊异的景象。他所看到并生存在其中的世界既是自然的，又是超自然的。他只需要揣度造物主的意图，就能对一切加以充分利用。他认为，印第安人与自己的一贯设想完全一致——技术先进、相貌堂堂，有可能为他所用。他从未想过他们本来是什么样，或者有可能是什么样。假如他们的处境并不尽如人意，他会很乐意教导他们。

听说印第安人以为他的船队自天而降时，他并没有感到不悦，而是茫然不解，更何况这一误解给了他证明自己身份的机会。人们蜂拥而至，想要一睹他的风采。他们甚至带上了自己的女人，好供他观赏。哥伦布则对他们称赞有加，仿佛是在欣赏一匹野马或一只牧羊犬。它们虽然仍身处野外，但完全有可能，甚至希望被人类驯化。因此，哥伦布写道："唯一之遗憾是臣不通当地语言，无法对彼等下达命令，否则无论是何命令，彼等定会毫不反抗地遵从。"实际上，哥伦布如今身处困境，无论是在西班牙还是在欧洲其他地方，他都得不到如此尊重。

在"封闭深邃"的阿克尔湾，哥伦布周围都是"善良、温顺、没有武器的人们"。对他来说，这里不啻于一座探险家的天堂。港湾的入口十分宽阔，足以让来往船只安全通行，而且"停泊在此处的船只不必担心夜间有其他船只偷袭"。哥伦布决定将这里命名为圣托马斯港（Puerto de la Mar de Sancto Tomás），"因为当天系圣托马斯之纪念日"。

12月22日，星期六，哥伦布开始迫不及待地寻找黄金。黎明时分，船队悄然离开泊地，驶向汹涌的大海。在他的想象中，有一个地方黄金贱如泥土，不过这也许是受到了印第安人误导。哥伦布出师不利，由于"天公不作美"，他很快返回了伊斯帕尼奥拉岛的锚地。

当地的酋长瓜卡那加利（Guacanagari）向他进献了大量礼物，其中最值得一提的是一条腰带，上面饰有一副面具，"面具上的鼻、舌、耳均由黄金打制"。哥伦布凑近细看，发现"腰带做工精良，由棉线将如同巴拉克珍珠般的红白两色鱼骨散缀其间，宛如刺绣般精美。其绣工亦十分精致，正反两面均类刺绣，不过全是白色，

第3章 午夜搁浅

针脚细密如网,整齐如在画框中一般"。他戴上试了试,认为腰带"十分结实,就算火绳枪也极难打穿,或者根本打不穿"。火绳枪是一种带有枪管的便携武器,其准头十分有限,但近距离内足以致命。

星期天,哥伦布再次启航。像往常一样,他表示自己在主日出海"只是出于虔诚,而非出于迷信"。但无论如何,他最关心的还是黄金。

在他找到黄金之前,当地酋长就已经将黄金送上了门。哥伦布本打算和对方展开艰难的讨价还价,但实际情况让他大感意外。"因为当地人十分慷慨,而西班牙人却贪婪无度。"他和手下只需拿出"一小片玻璃和陶器或其他不值钱的东西",就可以换得黄金。

在双方交易的过程中,西班牙人发现他们甚至不需要拿出任何东西,就可以获得宝贵的黄金,但舰队司令明令禁止这种做法。在看到有印第安人慷慨地拿出黄金,以换取6颗玻璃念珠时,他命令部下"不得无偿从彼等手中拿走任何东西"。西班牙人手头有什么,就拿什么进行交换,比如玻璃念珠、棉花及大雁等。印地安人蜂拥而至,共有120艘独木舟划了过来。"每只独木舟上都坐满土人,每人手中都带着礼物,主要是干粮、鱼、装在瓦罐里的淡水及各种各样上好香料的种子。最后,彼等互相肩扛,蹚水过河,穿过泥沼,来到船边。"他们此举既是为了取乐,也是为了表达对西班牙船只及船上众人的敬意和欢喜。

人们欢天喜地,场面变得越来越热闹。哥伦布估计,有1 000余名印第安人来到船边,每人都随身带着礼品。"在离船尚有半弩射程之地,彼等从独木舟上站起身来,举起手中之物高声叫喊'拿着!拿着!'"于是,西班牙人纷纷接过礼物。另有500名印第安人索性游到"圣玛丽亚"号附近,站在离岸大约1里格的地方,向他们致以敬意。

89

晚上，数艘印第安船只驶入港口，前来探望西班牙人，并且声称他们来自远方某地。眼下，哥伦布及其手下对这种场面已经习以为常。他们用不着再四处寻找黄金，当地土人会带着黄金送上门来。因此，他们打算在这座美丽的港口过圣诞节。据哥伦布推测，该港所在岛屿应该"比英格兰还大"。他极言其大，而且在他看来，亚洲的面积也应大致相当。

一名印第安酋长在正式拜访时自称"卡西克"（cacique），这促使哥伦布考虑到身份问题，"舰队司令尚不清楚，彼等使用的这个词语究竟是指'国王'还是'总督'"。哥伦布也不明白，这个词作为头衔"到底是代表'贵族''总督'还是'法官'"。实际上，"卡西克"指的是当地酋长，其地位十分重要，仅次于国王。

为了彰显自己的尊贵，这名酋长带来了2 000名随从。这些人"对船上之人极为尊敬，当地所有百姓"纷纷送来食物、饮料、棉布，还特别为舰队司令献上了彩色鹦鹉。当然，他们还送来了更多黄金。最后，这些印第安人离开时，"扛着酋长和其他人交给彼等的东西，来到泊于河口的小舟上"。

圣诞节前夜，星期一，一阵微风从岛上刮来，吹动了他们的船帆。哥伦布立即下令起锚，并且带上了一个"最和顺、最虔诚、最愿意跟他讲话"的印第安人，充当寻找神秘金矿的向导。因为此人曾向舰队司令提到"西宝"（Cybao）一词。哥伦布认为，这个词听起来像"西潘戈"，即马可·波罗所说的日本。实际上，西宝指的是伊斯帕尼奥拉岛中部地区。但哥伦布仅凭这条微不足道的证据，便认为自己小小的船队已经抵达了马可·波罗笔下的亚洲，而那里连屋顶都是金子做的。

当地酋长注意到舰队司令兴奋不已，也曾指着后者手中的金箔片表示"那里有大量黄金",从而加剧了他的误会。哥伦布渴望以斐迪南和伊莎贝拉的名义,将这些金灿灿的财宝据为己有。

圣诞夜的灾难与奇迹

圣诞前夜 11 点时,哥伦布的船只在微风中畅行无阻,因此他"决定稍事休息,睡上一觉"。由于旅途艰辛,他和其他船员一样,都已筋疲力尽。为了庆祝圣诞,他还喝了不少酒。但麻烦恰恰在此时不期而至。"鉴于海面风平浪静,掌舵的水手把舵盘交给船上年轻的见习水手,也径自睡去。在航行过程中,无论是否有风,此类做法都为舰队司令严格禁止,即无论如何不能让见习水手掌舵。"尽管如此,现在指引着"圣玛丽亚"号前进的是一名十四五岁的小伙子。

"真是鬼使神差,子夜时分,诸水手见舰队司令已去休息,且到处一片死寂,大海如碗中之水般平静,于是纷纷睡去,只留下见习水手掌舵。此时,海流把船向一片海滩上推去。由于夜间万籁俱寂,这声巨响一里格外也能听到。"龙骨与沙滩摩擦,发出刺耳的响声。船猛地一停便搁浅在海滩上。这场探索经过数年酝酿,受到了欧洲最有权势统治者的支持,却在一个风平浪静的夜晚,被一名年轻无知的舵手彻底葬送。

"年轻人感到船舵震动,在听到异响后惊叫起来。舰队司令闻声而至,由于事发突然,谁也没想到船会搁浅。"他们没有看到,有 3 处珊瑚礁潜藏在海面之下,形成了一道危险的屏障。

哥伦布向"圣玛丽亚"号的船长及所有者胡安·德·拉·科萨大喊,要他把众人拖到船尾的小艇固定好,然后带上铁锚来到艇上。科萨和其他绝望的船员一起跳上了小艇。哥伦布本以为他

91

们会设法抢救"圣玛丽亚"号,但他们只是打算逆风而行,向半里格开外的"尼尼亚"号逃命。然而,"尼尼亚"号船上的人们不许他们登船,他们只好垂头丧气地回到了搁浅的"圣玛丽亚"号上。

哥伦布惊慌失措地察看了现场:他的手下已弃船而去,水流把船推到了坚硬的礁石上,海水变得越来越浅,船开始向一侧倾斜,仿佛正在痛苦地垂死挣扎。他"命人砍掉主桅,从船上卸下一切可以搬动的东西,试图让船漂浮起来"。尽管当时海浪很小,海水几乎不动,但"圣玛丽亚"号还是冲上礁石,直至"船身横向倾倒,一侧船板开裂"。

过度劳累的哥伦布一直躺到天亮。当他能从海滩上看到森林深处时,他立即派遣"船队司仪"迭戈·德·阿拉纳(Diego de Arana)和王室仆役长佩德罗·古铁雷斯(Pedro Gutiérrez),向曾经将西班牙人视作神明的印第安酋长瓜卡那加利求助。

与此同时,舰队司令"潸然泪下",做了一番非同寻常的忏悔。作为船长,他本应号令如山,赏罚分明,为他人树立榜样,但他却失魂落魄、不知所措甚至羞愧地流下了眼泪。他可是克里斯托弗·哥伦布,自视为基督精神的承载者。这场灾难怎么可能发生?

印第安人迅速赶来,伸出了援手。他们把"圣玛丽亚"号上的宝贵货物搬运下来。"酋长速度很快,而且小心翼翼,在很短的时间内将甲板上的东西全部搬下"。哥伦布在饮泣的同时发现,印第安人在向地上放置货物时同样小心翼翼。酋长对这些落难水手的帮助和关心还不止于此。"他时常派亲信前来,慰问凄然泪下的舰队司令,劝他不要为此伤心和生气,并保证竭尽全力予以帮助。"

太阳升起后,在船只搁浅和搬运货物的现场,哥伦布在检查了自己的财物后表示,即使在西班牙,这些东西也不会比放在这里更安全、得到更好的保护。哥伦布泪流不止,这也许是出于感激和宽慰,而不再只是纯粹的恐惧。他在日志中记录了这戏剧性的一幕。他再次发现"酋长和所有人都泪流满面",并且好奇地为此附上说明,做出了种种解释。"彼等心地良善,绝无贪婪之念,任何事情皆可放心托付。臣向二位陛下保证,世上再无更好之人民和土地。"斐迪南和伊莎贝拉虽与他远隔重洋,但似乎无所不知。"彼等爱他人甚于爱自己,且人人言语温和、笑容可掬,为世人所不及。"尽管他们全都赤身裸体,"仿佛初出娘胎一般",但他们全都"行为得体"。酋长尤其举止有度,令人肃然起敬、心悦诚服。

或许是因为船只突然搁浅,或许是因为酒后的反应,或许是因为节日引发的联想,总之不管是什么原因,在过哥伦布看来,"圣玛丽亚"号遇难及船上水手和物品获救的经历不啻于一个圣诞奇迹。在观念发生转变后,他想出了一个雄心勃勃的计划,以力挽狂澜,拯救这次失败的航行,挽回自己乃至西班牙的声誉。

圣诞节后次日,哥伦布擦干眼泪,向搭救他的印第安人及其酋长表达谢意。面对他们的无私之举,他的心头产生了一个想法——建立起一个横跨大洋的西班牙帝国,由忠诚的奴隶来维系。在哥伦布看来,印第安人很适合担当这一角色。事实上,他们全都俯首帖耳,简直就是在为这个角色进行试演。当然,这只是哥伦布的个人设想,而不是印第安人的主意。在他的家乡热那亚,奴隶制度长期存在,女奴的存在更为普遍,奴隶是当地经济和生活中重要和不可或缺的组成部分。在他看来,印第安人和阿拉伯人、亚洲人和东欧人一样,都是非基督徒,而后几种人一直在为热那亚提供免费劳动。

但是眼下,哥伦布并未透露自己的计划。翌日,印第安人照常表现得十分慷慨。瓜卡那加利含泪向哥伦布及其部下许诺,要为他们准备"两间大房,如若不够,还可再腾几间",并且答应提供足够的独木舟和人手,用以运输搁浅船只上的物品。在搬运期间,他们"没有拿走任何东西,连一口面包也不吃"。哥伦布想不出用什么来报答他们的好意,最后只好取出更多鹰铃。在看到这些叮当作响的小玩意儿后,印第安人纷纷喊道"恰克,恰克"(chuque, chuque),仿佛着了魔一般。

哥伦布很高兴自己"不费一钱",便得到了4块"手掌大小"的黄金。他的心情顿时好了起来,而"酋长见舰队司令面露喜色,也随之笑逐颜开"。当天晚间,两位首领先后两次共同进餐。第一次是在"尼尼亚"号上,西班牙人庆祝自己获救及贪欲得到满足,印第安人则为自己的慷慨而欢欣鼓舞。第二次是在岸上,众人狼吞虎咽,享用"甘薯、龙虾、其他野味及食物",还有被土人当作干粮的木薯。哥伦布愉快地发现,印第安人相当讲究餐桌礼仪。用餐结束后,他也像当地人那样来回揉搓药草,全当是在洗手。

随后,西班牙人在"千余名裸体土人"的护送下,大步走过当地人住宅边的树林,来到为他们准备的客房前。在这群人中,只有瓜卡那加利出于对来客的尊重,"暂时穿上了舰队司令赠予的衬衫,戴上了手套,而最令他高兴的便是这双手套"。接着,双方谈起了战事问题,尤其是印第安人的劲敌加勒比人。加勒比人携带的弓箭与西班牙人所带的武器类似,但箭头不是铁制的。

另外,他们还经常来此地捉人。哥伦布立即打着手势表示,"卡斯蒂利亚双王定会下令消灭加勒比人,并将彼等双手捆好带走"。为了展示自己的力量,哥伦布下令试射大炮和火枪,打破了加勒比海的宁静。由于印第安人尚不清楚它们的威力,枪炮声响,他们纷纷伏倒在地。片刻之后,他们便为保护者哥伦布带来了一个"大号面具,面具的耳朵、眼睛和其他部位皆用大片黄金制成"。此外,他们还送来其他一些金饰,并且隆重地将其挂在舰队司令的头上和颈间。

从此以后,在哥伦布的脑海中,在当地建设城堡的想法已不再是痴人说梦,而是成了他的使命,令他痴迷不已。如果命运之神吹起一丝微风,推动他继续前行,他便会将其视作一场狂风,然后顺势扬帆起航。因此,哥伦布的旗舰在圣诞前夜"有幸"撞上礁石,被彻底摧毁,反而成了"上帝的安排",并且实现了他的目标,因为"他可能会在当地留下人手",以建立殖民地,为今后驶向中国创造条件。

经过反复思考,哥伦布对船难事件的叙述做出了重大修改。他不再认为这起事件的原因是他在夜间睡觉时"圣玛丽亚"号遇见了肉眼难以分辨的礁石,而掌舵的见习水手又缺乏经验。现在,他坚持认为这是由于"船主等人抗命不遵,没有按照舰队司令要求,把锚从船尾拖到小艇之上"。至于临时掌舵的倒霉水手、他自己的倦怠及当天开展的节庆活动,哥伦布都绝口不提,而只是表示船主等人违背了他的命令。

假如他们能够服从命令,"这艘船本会得救"。他还想把责任推到"帕洛斯人"身上。帕洛斯是他们从西班牙出发的港口,哥伦布认为他在那里没有得到应有的"适宜航行之船舶"。

按照斐迪南和伊莎贝拉的命令,帕洛斯镇为他的船队提供了两艘帆船,即小型帆船"尼尼亚"号和不堪一击的"平塔"号,但这一解释很难说明遇难的为什么是哥伦布的旗舰"圣玛丽亚"号。抗命不遵和意外事故的解释更符合他的想法,即这一切都是出自一个更加宏伟、神圣的计划。他认为,自己是在"上帝的安排"下遇到这座岛屿和当地居民的。在此事发生之前,哥伦布写道，他"出行时始终致力于发现新陆地，故在任何地方逗留均不会超过一天"。除此以外，他没有再浪费笔墨。过去，他曾经吹嘘自己能从西班牙一路航行到中国，但在这番新的自以为是的言论中，他为自己确立了一个不同以往的目标。

"臣已下令，在此地修建一座瞭望塔和一座城堡，目前一切进展顺利，且开挖了一条大型壕沟。臣这样做，并非认为当地人需要此类建筑，而是，为了使臣等有效治理这座岛屿。臣确信此岛幅员辽阔，面积超过葡萄牙，人口约为葡萄牙之两倍。"他之所以提到葡萄牙，因为该国是西班牙对外扩张道路上的头号敌人。

在对世界秩序做出重新安排后，对于之前被他视作淳朴、慷慨、机智的保护者的印第安人，他的看法变得严厉起来。哥伦布认为，他们"赤身裸体，没有武器，十分懦弱，简直无可救药"。他的眼泪已经擦干，他的意图十分明确。他认为这些印第安人非常适合被利用，他们的缺点反而成了优势。于是，哥伦布决定开始执行上帝赋予他的建立帝国伟业的任务。"建造瞭望塔自有其原因，"他强调说，"虽然与二位陛下相隔遥远，但此塔能让彼等知晓陛下之臣民聪明过人，无所不能，从而令其服从吾等，无论是出于友爱抑或敬畏。"哥伦布的措辞不可谓不谨慎。

这座要塞的建筑材料来自"圣玛丽亚"号，从而使哥伦布的旗舰得以重新派上用场，"其木板被用于建造整座城堡"。众人勤勤恳恳，只用10天便完成了基本结构。在波涛起伏的大海面前，这座堡垒无疑是封闭与秩序的缩影。为了表明计划进展迅速，哥伦布下令留下"足够一年之用的面包和葡萄酒、用来播撒的种子、船上的小艇、一个修船工、一个木匠、一个炮手和一个桶匠"。

按照他的设想，一条满载黄金和香料的财富之河将从这座城堡直抵卡斯蒂利亚，用以开展新一轮十字军东征。他心中充满了

第 3 章　午夜搁浅

神圣的使命感,并且宣称"凡臣从此项事业所获之利,皆供陛下征服耶路撒冷之用",这是他曾经对君主许过的承诺。他还记得,西班牙双王听闻此言笑逐颜开。哥伦布虽然反复无常、自私自利,并且自以为受到了上帝的启示,但事实证明,他无疑是一位机智多变的探险家。

哥伦布发挥了精神和政治上的理想主义,突然擅自建造起一座城堡,而且留下了不少人手,此举显然最符合他的利益。在想出这个办法之前,他只是奉命开展一次远航,而从此以后,他就有理由打着西班牙的旗号返回此地,哪怕只是为了接回这些水手。

因为他的勃勃野心,这些人被留作人质,困在海地的岸上。除非他来把他们接走,他们将无法回到家乡。只有哥伦布及几位船长和领航员清楚这座城堡的具体位置,也只有他们才能再次找到这些水手。如果巴托洛梅乌·迪亚士能够想出类似的计策,他可能就不会被葡萄牙国王若昂二世抛弃。

哥伦布当然不能让斐迪南和伊莎贝拉这样对待自己。双王别无选择,只能派他再次出海,去往另一个地方。尽管人们对这次无畏之旅充满了期待,但它的目的已经不再只是发现新世界,而是为下一次规模更大的探险揭开序幕。届时,他将开疆拓土、攻城略地,传播基督教,并且希望借此名垂青史。

12 月 27 日,星期四拂晓,瓜卡那加利返回岸边,希望哥伦布推迟行期,并答应为他们带来更多黄金。为了拉近关系,哥伦布邀请瓜卡那加利兄弟及他们的一名亲信共同进餐,但他们突然转换话题,表示希望能够跟随哥伦布前往美好的卡斯蒂利亚王国。席间,他们的急迫之情溢于言表,但就在这时,几名印第安人突然赶了过来,带来了"平塔"号的消息:这艘船就停泊在"该岛尽头的一条河中"。哥伦布抓住机会，立即向喜怒无常、桀骜不驯的马丁·阿隆索·平松送去一封和解信，因为他需要平松。假如后者的部下发起叛乱，哥伦布在此地建造城堡的计划就会失败。

更糟糕的是，平松一旦返回西班牙，一定会四处散播流言蜚语，以证明哥伦布只是一个天真、自私的冒险家，而不是卡斯蒂利亚王国理想的臣子，从而引发一系列灾难性的后果。如果让平松的说法占了上风，那么双王很可能不会因为哗变对他进行惩罚，而是宽恕他的罪愆。

哥伦布一边在印第安人中间等待消息，一边指挥水手修建城堡并安排人员。与此同时，为了博得他的欢心，印第安人似乎在互相攀比。

据哥伦布所言，一名头人恳切地请他坐到一个用棕榈树皮精心制成的高台上，而另一名头人起初假装视若无睹，但紧接着跑到哥伦布身边，亲手将一大片黄金挂在他颈间，以胜过对手。他们的讨好一直持续到周日，最后还为哥伦布举行了一场正式的欢送仪式，而哥伦布不得不参加。

酋长极为隆重地接待了海军上将，搀着他的胳膊走到一个类似椅子的高台上。他请哥伦布坐下，然后取出一顶宝石王冠，戴在探险家头上。为了表达谢意，哥伦布摘掉自己的彩色宝石项链，戴在酋长颈间。他还脱下身上漂亮的大红斗篷，披在酋长身上，甚至送给酋长一双做工精良的靴子。

最后，他又把一枚大号银戒指戴在酋长手上，这让酋长想起自己曾经看到一名水手戴着的银耳环。

随着双方互赠礼物以示友好，哥伦布的航程已经接近尾声。他希望赶在对手平松之前觐见双王，而居心叵测的平松很可能已经出发了。

带着殖民计划返回西班牙

12月31日，星期一，哥伦布命人"将淡水和木柴装船"，终于准备返回西班牙。他计划"尽快向双王禀报，请求派船再来此地，或许会有新的发现"。他本可以继续探险，沿海岸向东航行，"对该国进行彻底观察"。但是，经过冷静思考，他意识到自己只剩下一艘帆船，"再冒险前进未免失之鲁莽"，并且抱怨"种种不幸及困难"皆由"'平塔'号擅自离队"酿成。哥伦布意在暗示他的对手马丁·阿隆索·平松一定会散布谣言，而他已经做好了准备发起反击。作为舰队司令，他最不想看到的，就是有人未经他的允许就将"圣玛丽亚"号的损毁、"平塔"号的神秘失踪、船队未能找到大汗及令人无地自容的船难事件禀报国王和女王。他希望双王最好把注意力集中在他临时起意、仓促修建的城堡，以及他准备在新发现的异邦建立殖民地的计划上。

1493年1月2日，哥伦布终于准备进行迟来的道别。他委任迭戈·德·阿拉纳、佩德罗·古铁雷斯和罗德里戈·埃斯科贝多管理城堡，在他看来，这就相当于负责管理当地的印第安人。由于印第安人始终对凶悍的加尼巴人心存恐惧，于是西班牙人向他们展示了大炮的威力，指出"（它们）能够炸穿船舷，炮弹能够射到海上很远的地方"。他还让部下和印第安人演习作战，以证明"即使加尼巴人来了，彼等也不必惧怕"。为了证明自己所言非虚，他留下了大量物资、足够的食物，指派包括通事路易斯·德·托雷斯在内的39人留在城堡，甚至还留下了一名医生，而这些人全都是出色的水手。

但即使有了上述保证，印第安人仍然感到恐惧，因此纷纷拿出诱人的礼物，竭力劝说哥伦布留下。瓜卡那加利的手下告诉哥

99

伦布，酋长已经"下令用纯金打造一尊与舰队司令等高的雕像"。还有什么能比这尊精心制作的无价雕像更能打动哥伦布的虚荣心呢？他们甚至承诺，将在10天内完成这项任务。

星期五黎明，天气晴朗，微风习习，哥伦布下定决心离开此地。他派出行动灵活的"尼尼亚"号对水道进行侦察，以确认其中是否有暗礁。沿途，他发现了不少小岛和海湾，但当天清晨的微风阻碍了他的行程。虽然哥伦布的信心已经不如以往坚定，但他仍然宣称，马可·波罗笔下壮丽辉煌的中国一定就在附近，只不过这个王国就像神话中的宝山那样难以寻觅。

星期天，沿着被他命名为伊斯帕尼奥拉岛的陆地北岸行驶时，他时刻担心周围有暗礁和浅滩。每个港口的海水颜色各不相同，而这些暗礁和浅滩仿佛隐藏在水面下的海妖，会用尖牙将帆船撕成碎片。此时，人们一度认为已经失踪的"平塔"号突然出现在地平线上，顺风向"尼尼亚"号疾驰。两艘船一起驶出10里格后，找到一处安全的停泊地点。接着，马丁·阿隆索·平松登上"尼尼亚"号，并没有按规矩向哥伦布行礼，而是"为自己辩解，声称他是不得已才离开（哥伦布）"。

哥伦布怒斥平松"一派谎言"，认为平松此举是受到魔鬼撒旦的影响，"纯系傲慢和贪婪所致"。印地安人则认为，平松离开船队后，遍寻黄金而不得，于是一路前往牙买加，即西班牙人所说的"牙马耶"（Yamaye）。这段路程乘独木舟需要10天才能走完。哥伦布宣布，平松擅自行动，真可谓"傲慢无礼，背信弃义"。

水是木材的大敌。第二天，即1月8日，船员对"尼尼亚"号进行了修理，抽出了积水，填补了缝隙，直到哥伦布认为这艘船可以下海。哥伦布等着黄金雕像的消息，但是一无所获。星期二,一场东南劲风再次推迟了他的行程。他始终对平松于11月21日抛下他离开的行为耿耿于怀。"彼等一再抗命,为摆脱烦恼,他只能装聋作哑(因为这些人无法无天)。虽然他身边不乏良善之辈,但眼下不适合施行惩罚,他决意不再耽搁,尽快返航。"

对哥伦布来说,黄金始终像一剂强力兴奋剂。只要有人提到黄金,就会分散他对其他问题的注意力。哥伦布从水手口中获悉,他们在为"尼尼亚"号取水时,在一条河(可能是亚克河)的入口处发现了金子。哥伦布幻想着这条宽阔幽深的河里"全是上等黄金,只不过形体较小"。他命令水手们"逆流而上,驶出一箭之地",以寻找黄金。他们在桶里装满水,回到"尼尼亚"号后,竟然在桶箍上"发现些许金砂"。黄金!于是,哥伦布将这条河流命名为"里奥德奥罗"(Rio de Oro),即"金河"。哥伦布的思想很快回到了现实,认为当务之急是尽快"全速返航,向二位陛下奏报,并尽早摆脱彼等可恶之人"。他经常表示,这是一群"有意反叛"的家伙。另一方面,这些人对他也充满了敌意。

经过数次耽搁和种种节外生枝的事件,哥伦布估计他目前距离城堡仅有27英里。由于海难发生在圣诞节当天,他将这座城堡命名为拉纳维达[①],以纪念西班牙帝国在伊斯帕尼奥拉岛建立的第一个殖民地。1月9日午夜,他再次启航,很快就因暗礁和看不清航道受阻。他发现当地风光旖旎,还看到了"个头大如木盾"的海龟和"三条美人鱼高高跃出海面",但又急忙补充道,"它们并没画上漂亮,不过其面部在某种程度上确实近于人类"。实际上,这种食草生物叫海牛,体重超过1 000磅(1磅=0.454千克),有将近10英尺长,外貌有些可怕,双眼间距较宽,表情十分哀伤,喜欢到浅水中啃食水生植物。

---

① La Navidad,西班牙语,意思是圣诞节。——译者注

次日，哥伦布乘坐"尼尼亚"号驶入一条大河，随后在入口处抛锚。他为这条河取名为格拉西亚河（Rio de Gracia）。他想到不远处一个"封闭的良港"停泊，但那里的船蛆让他不敢靠近，船蛆一旦进入木板就不再出来，它们会从内部摧毁船体。星期五子夜时分，他离开了这个令人不安的锚地。哥伦布自信地写道："由于风浪皆顺，船只驶出颇远。不敢在浅滩抛锚，夜间只好张帆停泊。"

天近拂晓时，"尼尼亚"号起锚，航线大致向东。哥伦布看到"两座大山之间有一巨大裂口，其间景色秀丽"，而且通向一处良港。他本想前往探索，但又担心"尼尼亚"号驶入港口后，风向可能会改变。

相反，他绕过一个又一个多岩的岬角，终于冒险在一个"非常之大的海湾"中抛锚，而海湾环抱着一座"非常小的岛屿"。哥伦布估计，下锚处水深约12英寻，随后派出一艘驳船，寻找淡水和人迹，但当地居民早已悉数逃走，那尊真人大小的黄金雕像也随之化为泡影。他停下脚步，深感四周一望无垠，而他一直在沿着这片大陆的海岸航行。难道他来到了一个新的海湾或岛屿？抑或这条绵延不绝、千变万化的海岸线仍然"属于伊斯帕尼奥拉岛"？如果真的如此，"他不得不为伊斯帕尼奥拉岛之辽阔感到惊奇"。

星期天，舰队司令抽出时间，对行星做了一番观测。他耐心地等待"日月相合"，并且预计四天后的1月17日，太阳与木星将连成一线，从而"引起大风"。

当哥伦布仔细观察天空、专注于能够预兆命运的天相时，"尼尼亚"号上的水手们放下小艇，下岸寻找食物，"发现数人手持弓箭，于是前往相谈"。

其中一名勇士希望登上"尼尼亚"号，与舰队司令会面。哥伦布与他对面而坐，发现情况十分令人不安。此人脸上被涂黑，哥伦布认为那是木炭,但更有可能是从当地水果中提取的某种染料。"此人头发极长,挽在一起系于脑后,以鹦鹉羽毛做成的小网兜起,且和其他土人一样全身赤裸。"哥伦布认为此人是加勒比人,但在拉斯·卡萨斯看来,这名使者应当是泰诺人,只是出于自卫借用了加勒比人的武器。这对舰队司令来说无关紧要,因为他关心的只有黄金。

此地有黄金吗?很多。印第安人指着"尼尼亚"号宽大的艉楼,意思是数量巨大。他把黄金称作"图奥布"(Tuob),从此以后,这种贵金属又有了一个新名称。此人表示可以在博里昆(Boriquen)找到黄金。博里昆是泰诺人的说法,意思是"勇敢之神的土地",也就是现在的波多黎各。

作为回报,哥伦布下令赐给这名乐于助人的泰诺人一些食物、"红绿布匹及若干小玻璃珠",并把他送上岸去,令他带些黄金回来。哥伦布看到这名泰诺人衣服上缝有黄金,所以认为他所言一定不虚。当驳船载着他驶近岸边时,至少55个男人从树后走出。他们手执弓箭,"仿佛卡斯蒂利亚的妇女般长发肩披"。那名登上过"尼尼亚"号的泰诺人转向自己的同胞,劝他们放下手中的弓,哥伦布也提出愿意买下他们的弓和箭。但气氛突然变得紧张起来。"卖出两把弓后,彼等不欲再卖,而企图袭击和捉拿基督徒。"

泰诺人纷纷抄起绳子冲了过来,准备捆绑基督徒,然后将其监禁、折磨和杀戮。"看见彼等冲上前来,基督徒们按照舰队司令平日教导,早已做好准备,向彼等发起反击,用刀砍伤一名印第安人臀部,又用箭射伤另一名印第安人胸部。"眼见此景,其余泰诺人纷纷逃离战场。

这场和平的贸易往来以血腥和凶残的场面结束,但是对于事态的意外发展,舰队司令并未感到恐慌,而是放下了心来。他在

103

日志中坦承，自己对冲突造成的伤害表示遗憾；但与此同时，他一点儿也不觉得愧疚，因为印第安人必须学会"敬畏基督徒"。尽管他对加勒比人的恶名漠不关心，但他转而认为西班牙人刚刚打败的不是泰诺人，而正是加勒比人——那些"吃人的坏蛋"。

现在他们受到了惩罚，但这也许只是哥伦布一厢情愿。如果印第安人在拉纳维达堡遇到西班牙水手，他们会"心存恐惧，不敢妄加伤害"。即使他们不是加勒比人，"也必定有同样之风俗"，因此也一样会被基督徒吓破胆。无论如何，印第安人与西班牙人之间的良好关系和同情心已烟消云散。尽管哥伦布试图将邪恶的加勒比人逐出脑海，但从他的日志中可以看出，他经常提到这些凶残的家伙，显然他们一直在他的脑海中，而对生性平和的泰诺人来说，他们始终都是一种威胁。

1月15日，也就是船难发生3个星期后，哥伦布仍未下定决心离开西印度群岛。如果不能完成寻找黄金的使命，他返回西班牙后必然要面临严重的后果。于是，他邀请了几名印第安人登上"尼尼亚"号，并派出一艘载有西班牙人的驳船上岸侦察。他坦言自己不可能在短短数日内了解一个国家，"既是因为语言不通，舰队司令只能猜测彼等所言，也是因为彼等不清楚他想要说些什么"。

为了弄清情况，哥伦布在"尼尼亚"号上扣押了4名印第安少年，用手语与他们交流。这些小伙子表示，他们对附近的岛屿十分熟悉，必要时可以充当向导和中间人。他们加入了西班牙人的行列，准备一同前往西班牙，但这几人并不知道他们将要漂洋过海，而即便侥幸活了下来，他们也已经身在欧洲、远离故土了。哥伦布从印第安人口中听说了另一座岛屿——马蒂尼诺岛（Matinino），据说当地盛产铜。他们还说，这座岛上"只有女性"。

哥伦布决定径直前往该岛，想要一探究竟，并选取几人随船带走。

这个故事不禁使人联想起马可·波罗笔下位于"大印度地区"某处的男人岛和女人岛。这个传说在经过威尼斯人半开玩笑地转述后，被哥伦布和其他欧洲人当成了事实。这位舰队司令终究还是在马可·波罗的世界里找到了自己的位置。"臣向陛下保证，在该岛之上，男人不与妻子或其他任何女人住在一起；所有妇女均居于另一岛上，人称女人岛。"按照马可·波罗的说法，男人会前往该岛取乐，并在3个月后离开。

哥伦布一边寻找词汇，磕磕巴巴地与岛上的居民交流，一边仔细观看他们用"芦苇新枝"制成的弓箭。印第安人还在箭头上嵌上鱼牙，鱼牙上往往涂有毒药。他还看到许多棉花和红辣椒，这种辣椒"比胡椒更辛辣"，但"人们每餐必吃，因为彼等认为这种食物益于健康"。传统的欧洲黑胡椒属于胡椒属，而绿油油和红灿灿的辣椒都属于辣椒属。当地显然盛产辣椒，哥伦布估计他可以"在伊斯帕尼奥拉岛装满五十船此物"。不过，这种辣椒在西班牙是否能卖得上价钱？

哥伦布发现，茂盛的海藻堵塞了港口。当他们无意间发现新大陆时，那里的海湾也有海藻。根据他的经验，海藻只在靠近陆地的浅水区生长。"如果真的如此，"哥伦布猜测，"这里应距离加那利群岛很近。"在前往尚无人探索的大西洋之前，他就是从加那利群岛出发的。"因此，他认为距离该岛不到四百里格。"事实上，抵达加那利群岛的航程是这个数字的两倍。

这种无处不在的海藻是褐藻，通常被称为马尾藻，巨大的马尾藻海（Sargasso Sea）便由此得名。不经意间，哥伦布的船队悄无声息地进入了一片独特的海域，这片海域从百慕大（Bermuda）向东，一直延伸出2 000英里。马尾藻海的海水呈深蓝色，清澈得可以一眼望到 200 英尺深，其深度可达 15 000 英尺，接近 3 英里。这片奇特的一望无际的海域由 4 股被称为北大西洋亚热带环流的洋流汇合而成。当哥伦布驶过马尾藻海时，他发现这片海域的风、水和以马尾藻为代表的植物形成了一种独一无二的组合。

像许多水手一样，他担心茂密的海藻会缠住船身并导致灾难。但实际上，马尾藻十分柔弱，不足以阻碍船只前行。它的微型气囊中包含氧气、二氧化碳和氮气，因此可以漂浮在水面上，而它的名字也来源于这些小气囊，因为这些气囊让葡萄牙水手们联想起一种名为"萨尔加佐"（salgazo）的葡萄，而这个单词后来又演变为"萨尔加索"（sargaço），即海藻。

后来，这种漂浮的海藻被归为马尾藻属。（马尾藻共有 6 种，最主要的两种是漂浮马尾藻和漂流马尾藻。）哥伦布将其概称为"杂草"。这种海草无处不在，覆盖了马尾藻海和大西洋上超过 100 万平方英里的海域。暴风雨常常会把马尾藻刮散，吹进加勒比海盆地、墨西哥湾及墨西哥湾流之中，再由它们将其带往北方的大西洋沿岸。最后，墨西哥湾流会把马尾藻推到岸上，或者卷入马尾藻海的漩涡之中。因此，哥伦布无论走到哪里，都会遇到这种如同羽毛般的马尾藻。

1 月 16 日，天亮前 3 小时，在海上微风的吹拂下，船只开始返航。在 4 名印第安向导的带领下，哥伦布向加勒比人所在的地区前进。"所有岛民均对加勒比人心存恐惧，因为据说彼等拥有独木舟无数，在这一带海域横行霸道，且会吃掉被掳掠之人。"

在驶出 64 英里后，哥伦布进行了航位推算。根据他的推算，印第安向导表示他们的目的地"位于东南方"。但是他却调整船帆，又向前行驶了 2 英里。此时，一阵海风吹来，"尼尼亚"号乘风而

第 3 章　午夜搁浅

行。哥伦布认为，这股劲风足以把船一路吹往西班牙。

他顿时信心大增。他不仅平安度过了这次航行，弭平了部分属下的叛变，而且发现了世界上一个从前不为人知的地方。他甚至还在这个偏远的地方建立起一座城堡，并且为城堡配备了人员。他的功绩不会就此结束。他已经向自己证明他的宏伟蓝图切实可行，而用不了多久，他也会向斐迪南和伊莎贝拉证明这一点。除非平松图谋不轨，或者神明有意阻拦，否则任何事情都不能改变他已经取得的成就。

两艘幸存的船只奋不顾身，一路驶向大海。"平塔"号就跟在"尼尼亚"号后面不远处。然而，比起哥伦布曾经在加勒比海平静的海湾中和洁白的沙滩上面对的一切，在伊比利亚半岛等待他的将更加不可捉摸和危险。

第 4 章

印第安人眼中的"天上来客"

哥伦布在日志中记载，自己曾经长期接触不到女性。他承认他对"马蒂尼诺岛"极为着迷。据印第安人说那里"只住着女人，没有男人"——这一描述满足了许多水手在祈祷时许下的愿望，甚至也吸引了一向持重的舰队司令。根据当地传言，新生女婴每年会被送到某个岛上，而新生男婴则会被送到另一座岛上。

哥伦布越是向印第安向导打听该岛的确切位置，向导的回答就越是含糊，这种回避态度反而增加了哥伦布对此事的兴趣，因为他一直以来都热衷于追求幻象。他本想摆出一副前往该岛探索的样子，但还是在日志中写道，他"不介意在此逗留"，更不在乎国内的敌人和竞争对手对他这种绕道猎艳的做法会作何评价。不过，由于天气晴朗、清风习习，哥伦布不得不将他对加勒比海美女的牵念搁置一旁，继续进发，返回西班牙。到了日落时分，他写道，"微风逐渐减弱"。

即便以航海的标准来看，哥伦布日志中的日期记录方式也十分古怪。水手们通常从中午开始航行，而不是在午夜出发，但哥伦布更喜欢在日出时起航。在归国的途中，比如现在，他会将从当天日落到次日日落算作一天。这种改变意味着他对船队每日航程的计算往往并不准确，甚至经常前后不一。

第 4 章 印第安人眼中的"天上来客"

在各艘船上,计时方式也同样缺乏规范并存在差异。哥伦布的领航员使用一种名叫"安波利塔"(ampolleta)的大型手动沙漏计时。天气晴朗时,他可以通过观察太阳到达顶点(即头顶的最高点)的时刻来纠正计时错误。在随后几小时里,每艘船上的计时器都会被校准。但是在海上,没有什么东西会长时间保持不变,天地万物都处于动态之中。

哥伦布从未完全摆脱中世纪的思维定势,甚至在海上也依赖传统宗教历法。初祷为黎明,即清晨 6 点;第三时为上午 9 点;第四时为正午;第五时为下午 3 点;晚课为下午 6 点;晚祷为晚上 9 点。这些时间并不固定,初祷通常是在破晓时分,但在其他时间开始初次祷告,也可算作初祷;晚课是在黄昏或傍晚,而晚祷则会在人们入睡前进行。在做晚课时,如果情况允许,哥伦布会召集所有船员观看祈祷者诵读,由夜班卫兵接替白班卫兵值守。

日薄西山之际,一样东西引起了他的注意。那是一只体态笨拙的鲣鸟,它的名字源于西班牙语"dunce",即傻瓜。它的这个外号在远洋水手中广为流传。很快,海上又出现一只鲣鸟,接着是海藻。这些迹象说明,他们即将抵达陆地。

1 月 18 日,星期五,海面上波浪翻滚,出现了大量鲭鱼,这是哥伦布及其手下能认出的为数不多的几种鱼类之一。众人为此感到振奋不已,因为这表明他们正在接近西班牙。哥伦布再次讲起了水手间的传说,表示他们会在护卫舰鸟的陪伴下,来到加的斯(Cadiz)附近一个叫科尼尔(Conil)的沿海村庄。或者像水手们所说,金枪鱼会把他们引向城中的姑娘,而她们向来以外表美丽和言语轻佻著称。第二天,他们看到了更多鲣鸟和远洋鸟类,但没有看到美丽的加的斯港。星期天,哥伦布开始思念家乡,当

109

海洋征服者与新航路
COLUMBUS

一阵轻风掠过波澜不惊的海面时，他想象着海风"像四五月间的塞维利亚一样轻柔甜美"。

哥伦布在北和东北偏北之间不断变换航向，"有时也会向东北偏北航行"。没过多久，"尼尼亚"号便借机直奔"平塔"号，"以便与之对话"。也就是说，哥伦布想了解一下平松近来的打算。由于天气突然变凉，他估计如果继续向北航行，气候会变得更冷。"此外，由于位置更靠北，夜晚也变得更长。"哥伦布所做的诸多观察都能说明，他完全清楚并且认同地球不是一个平面，而是球形，或者说接近球形。

海面上出现了更多鸟儿，包括海燕，还有更多海草，"但是由于水温变低，鱼类并不多见"。不过，他仍然没有看到陆地，对于自己在大洋中身处何方及接下来的航程并不确定。次日，众人仍然感到不安，海风也停了下来。由于无事可做，船上的印第安人开始在深海中游泳，而看管他们的欧洲人则站在"尼尼亚"号的甲板上，提心吊胆地在一旁观看。

晚上，海风重新刮起，但风向变化无常，"尼尼亚"号恢复了活力，但哥伦布及其手下并没有继续前进。他们等着"平塔"号赶来，而后者正颠簸而行。"'平塔'号只能迎风行驶，"哥伦布写道，"因为桅杆不稳，后帆几乎不起作用。"舰队司令将此归咎于他危险的对手。"如果其船长马丁·阿隆索·平松思虑周全，准备一根结实的桅杆，且当地又有众多此类木材，他现在就会快得多，"他指责道，"但他急不可耐地想要离开，一心只顾将船装满。"

令哥伦布感到欣慰的是，海面"始终像河水般平静"，他为此感谢上帝，因为相较于其他人，上帝显然对他更加偏爱。

从1493年1月底到2月中旬，这种情况一直在持续。一天，水手们"杀死了一只海豚和一条巨大的鲨鱼"。到了晚上，平静的

110

第 4 章 印第安人眼中的"天上来客"

海水缓缓流过船身，水面上星光闪烁，摇曳不定。

2 月 3 日星期日晚，哥伦布想用星盘和象限仪试试运气。几个世纪以来，在全世界许多地方，航海家一直在使用这两种仪器。最简单的星盘由一个标有度数的圆盘和一个指针组成。它被用来进行天文测量及计算纬度，特别是测量天体的高度。哥伦布的仪器十分简陋，他不是这方面的专家。象限仪是另一种传统的天文导航仪器，由 1/4 个圆形和一个瞄准镜组成，通常是用木头或黄铜制成的，可以用来测量纬度。

哥伦布希望通过北极星的高度来确定所在位置，但是没有成功。他将之归咎于波涛汹涌的海面，"由于波涛起伏，不适合进行测量"。哥伦布是一个老练的航海家，他能以令人不可思议的精度读取海流、云和风的参数，但他对这些仪器不够熟悉。因此，他很快放弃了象限仪和星盘，而是依靠自己的感官，尤其是敏锐的视力。尽管哥伦布不乏远见卓识，但他仍然是一位务实的热那亚船长，对最新的航海技术颇不以为然。

"尼尼亚"号乘着信风迅速前行。自 2 月 6 日起，该船在 24 小时内驶出 200 海里。领航员维森特·亚涅斯·平松在海员巴托洛梅·罗尔丹（Bartolome Roldan）的协助下让船员和船长相信，他们正在接近亚速尔群岛，这是欧洲势力在大西洋中所能到达的最西端。

不到 20 年前，欧洲人发现了弗洛雷斯岛，然后是马德拉岛。但在这一次，哥伦布的航迹推算产生了误差，使他弄错了这两座岛屿和"尼尼亚"号所处的位置。他认为自己在弗洛雷斯岛以南 75 英里处，而他实际位于这一假定位置以东 600 英里、以南 200 英里，但他仍然相信自己的解释，希望将丛生的海草作为证据，众水手也认为这些海草能够说明他们距离亚速尔群岛不远了。

111

海洋征服者与新航路
COLUMBUS

伊斯帕尼奥拉岛和古巴

Atlantic　大西洋	Gulf of Arrows/Samana Bay　箭湾/萨马纳湾
Tortuga　龟岛	REPUBLIC OF Dominica　多米尼加共和国
CUBA　古巴	HIGUEY　伊圭
Monte Cristi　基督山港	HISPANIOLA　伊斯帕尼奥拉岛
MARIEN　玛丽恩	BONAO　博瑙
La Isabela　拉伊莎贝拉	Ozama River　奥萨马河
La Navidad　拉纳维达	Navassa Island　纳瓦萨岛

第 4 章　印第安人眼中的"天上来客"

（续表）

THE CIBAO　西宝	Santo Domingo　圣多明哥
Santo Tomás　圣托马斯	Brazil(Yaquimo)　巴西（亚基莫）
MAGUA　马古阿	Saona Island　绍纳岛
REPUBLIC OF HAITI　海地共和国	Beata Island　贝亚特岛
Caribbean Sea　加勒比海	Alta Vela　阿拉胡埃拉

哥伦布在海上停留的时间越长，他实际到达的地点和他推测的地点之间的差距就越大，这意味着风险也越来越大。在航行过程中，对他航海能力的终极考验并没出现在他出国远航的过程中，那只是对他远见卓识的证明，不足以说明他导航的准确性，因为登上新大陆的任何一片土地，都会被视作"发现"新大陆。

在他返回国内的航行中，他的目的地不是马可·波罗的幻想中的国度，无法基于不精确的测量结果到达。开始返航时，他并不清楚自己身在何方，但坚信自己在"印度"海岸之外的某个地方，因此当他试图沿原路返回时，发现情况十分不利，而这个问题随着他不断前行也变得愈发严重。自从加那利群岛曼妙的轮廓消失在薄雾之中，他已在不知不觉间迷失了方向。

自我杜撰的传奇

在归航途中，哥伦布利用这段相对平静的时间做好准备，以便回国后应对来自平松、葡萄牙人和其他对手的挑战。他写信向女王私用金保管人路易斯·德·桑坦格尔（Luís de Santangel）总结了自己的功绩，再让他转达给双王。（可以想见，哥伦布曾分别致信双王和桑坦格尔，但只有写给后者的信留存了下来。）这封信

113

于数周后，即 1493 年 4 月发表，被后人视作第一份记载了发现美洲的文献，也许还是最重要和最有价值的一份。

哥伦布在关于第一次航行的信札中试图美化这次行动。他的日志读起来杂乱无章，常常自相矛盾，而他在信札中的表述却更为深思熟虑，并希望借此确保自己的地位。他自始至终都在强调航行积极的一面，以消除负面的影响。"臣深知，由于上帝保佑，臣此次航行大获成功，两位陛下一定深感欣慰，"他写道，"此信是想启禀陛下，臣是如何在三十三天内，率领陛下予臣之杰出舰队，穿越加那利岛到达印度地区。臣发现当地人口众多，当臣以陛下之名义告知众人占领该地并升起御旗后，无一人表示反对。"

虽然哥伦布并不知道他到底去了哪里，他还是继续描述自己发现的地方："臣将所发现之第一座岛屿命名为圣萨尔瓦多，以纪念神圣之耶稣基督，因一切都得益于主之馈赠，而印度人称之为瓜纳哈尼（Guanahani）；将第二座岛屿命名为康塞普西翁圣玛丽亚岛；将第三座命名为费南迪娜；将第四座命名为伊莎贝拉；将第五座命名为胡安娜。并以此方式为每一座岛屿重新命名。"他不仅凭空变出一个新世界，而且赋予了它新的名称，这着实堪称壮举。

但还有一个麻烦的问题，他补充道："当臣抵达古巴时，沿北岸向西，发现该地如此广阔，故臣以为一定来到了大陆，即契丹国之某一地区。"他在这里改写了自己的经历。哥伦布的航海日志显示，他最初认为古巴是一座非常大的岛屿，如果真是如此，它就不可能与契丹或者说中国相连接，这样一来，他便无法兑现对君主许下的承诺，此次航行的重要性也会随之下降，而且这有悖于他的宇宙观念。

这位探险家不想面对自己的发现带来的麻烦，于是借机杜撰。他在信中解释说，当他沿着古巴海岸航行时，看到"房屋寥寥无几，

第 4 章 印第安人眼中的"天上来客"

只要船只靠近，当地居民就会逃之夭夭"。因此他继续沿着这一航线前行，"认为无疑会遇见更大之城镇"。但糟糕的是，"洋流携臣沿海岸线北上"。

虽然冬天即将来临，但这里地处亚热带，他们不会遭遇冰雪，持续的高温和潮湿困扰着哥伦布和所有人，因为他们穿着羊毛和亚麻布做成的衣服，而当地的印第安人几乎全身赤裸。他佯装自己要躲避寒流（除非双王亲自来这里，否则他们不可能了解当地的气候），决定转向南方，但他并不想继续朝这一方向前进，而是停泊在一个"臣毕生所见最优良之港口"。当他讲完自己如何避开古巴的寒冬之后，双王及其顾问也许就不会再怀疑古巴是不是一座岛屿，而是更有可能认为它是"印度"的一部分。

他假装好奇，以避免继续沿着合理的航线前行，并且派遣两名部下寻找"大型城镇及其国王"，同时派出两名侦察兵去寻找该地区的贸易和文明中心。经过3天的野外侦察，他们只发现"几座小村庄和若干居民，但都不像是什么要人"。哥伦布很可能故意篡改了部分日志内容，以掩盖他的确切行踪。同样，他也有可能掩盖了对古巴的探索只完成一半的事实。

他没有继续探寻地理真相，而是转向另一座岛屿，并将其命名为伊斯帕尼奥拉岛。他声称，印地安人曾向他提起该岛。他的故事越讲越好，他也在不断对其进行修饰。不过，他的日志中却充满疑惑、模棱两可，与他杜撰的信札相矛盾。

在他的笔下，伊斯帕尼奥岛是西班牙帝国开疆拓土的绝佳地点。"此地港口甚多，比臣此前在任何基督教国家所见之港口更加优良。此外，许多大河亦令人叹为观止。"事实上，那里的一切都"十分令人感到神奇"，当地的花草树木、各种水果及伊斯帕尼奥拉岛本身就是"奇迹"。岛上遍布"良港"、含有黄金的"大河"

115

（并非事实）、"各种香料"（并非事实）和"巨大之金矿和其他矿藏"（过于夸张）。

就像他对古巴"严冬"的恐惧一样，上述内容也只有哥伦布本人才知道是真是假。他看到当地"崇山峻岭"连绵起伏，"其形态各异，景色优美，均可攀登，而山上巨树参天且种类繁多"。有的树木正在开花，有的已经结实，"直至十一月仍有夜莺和不计其数之小鸟婉转啼鸣"。他继续写道，当地土壤呈红色，十分肥沃（确实如此）；海滩上的沙砾细腻晶莹（确实如此）；居民性情温顺，与舒适的环境相处十分和谐（勉强算是事实）；水质极为清澈，为他平生未见（只有这句话绝对真实）。他赞叹道："如非亲眼所见，臣一定难以相信。"就连同样喜欢夸夸其谈的马可·波罗，也没有将自然环境描写得如此温柔旖旎、令人陶醉。哥伦布很想知道，他是否已在君主的保佑下，接近了天堂的入口。

在伊斯帕尼奥拉岛，"无论山峦还是平原、草场还是陆地，皆富饶美丽，适合种植，适合豢养任何家畜，也适合兴建城镇与村庄"。哥伦布继续写道，每当他想到自己即将荣归故里，大海的涛声也变成一种慰藉，而每当他想起途中所见的神奇岛屿，就不会畏惧一切风暴和困难。

当他把注意力转向"该岛"居民时，他变得更加坦率。对于那些没见过他所见一切的人来说，他的描写令人十分困惑：这些居民既仁慈敏感，又残暴危险；他们既向哥伦布开弓射箭，又准备为哥伦布打造一尊真人大小的黄金雕像；他们既把哥伦布当成预言的化身，又要将其逐出领地。哥伦布从一座港口驶向另一座港口，发现当地土人的行为各不相同。哥伦布表示，他很难对这些居民做出笼统的描述，但是他会尽力而为。

首先，他们"无论男女皆赤身裸体，仿佛初出娘胎一般，除

第 4 章 印第安人眼中的"天上来客"

了有些妇女用树叶或棉布遮住私处。他警告众人,这些居民与贪得无厌的热那亚人无异。"彼等没有钢铁和武器,也没有能力使用武器;虽然身材魁梧、相貌堂堂,但个个十分胆怯。"他们偶尔会携带尖利的木棍,但不会轻易使用。哥伦布登陆后,看到岸上土人"不计其数",但全都撒腿就跑。"即使父亲也不会为了儿子留下,虽然臣从未伤及任何人。"他们"胆小得无可救药",但又慷慨得不可思议。"无论向彼等索取任何物品,无论贵贱,彼等从不拒绝,反而会请人分享,并且由衷地热情好客。"

他接着写到自己为了使当地人皈依基督教所做的努力。"为了获得彼等拥戴,使之成为基督徒,臣将自己所带之上千件饰品赠予彼等。臣希望能获得彼等拥戴,以便使之为陛下与西班牙举国服务,并说服彼等为臣收集当地富有而吾等所需之一切",比如年轻的女子——如果他诚实无欺,就应该补上这么一句,但他并没有这样做。他夸夸其谈地表示,作为海洋舰队司令,"一旦当地人克服恐惧,臣所到之处无不受到热情款待……因为当地土人从未见过着衣之人或臣等之船只"。

他学会了"连说带比划"地与印第安人交流,但是不管他们比划些什么,后者都"坚信臣及船上之人皆自天而降"。这种观念不可动摇而且十分普遍。无论哥伦布走到哪里,受惊的土人都会"走街串巷,大声叫喊:'快来看哪!快来看哪!看看这些天上来客!'"

对于土人的赞美,哥伦布十分欣慰,并开始极尽浮夸之能事,描述自己为西班牙帝国建立的功勋。他声称自己已经找到了大汗的金矿,尽管他只是看到过几小块黄金。哥伦布骄傲地宣布他"占领了一座重镇,并将其命名为拉纳维达(La Villa de Navidad),且臣已在该地建起一座堡垒和防御工事,目前均已完工"。

事实上,正如他所暗示的那样,这里既不是什么重镇,也不

117

是什么要塞，而是由 39 名缺少建筑设备的水手用"圣玛丽亚"号上的木材拼凑出来的一座小型据点，以便让自己在陌生的环境中得以生存。

作为新大陆的第一个欧洲居民点，它的确是一个强有力的象征。在君主的想象中，它应该是一座遍布旗帜与墙垛的城堡，一座为异教徒们兴建的坚实的修道院。换句话说，有了这些被留在当地的人质，哥伦布就能够借此游说双王再次派他出航。哥伦布坚称他们没有遇到任何危险，并且受到了当地首领的保护，而后者"视臣待臣如兄弟，且以此为傲"。当地首领心地良善，"无论此人还是当地居民皆对武器一无所知"，哥伦布写道。

此外，他向双王保证，"臣未见到众人所言之妖怪，相反，岛上诸人均性情良善"。他承认曾听到过类似传闻，"某一民族被其他诸岛之民族形容为生性凶残且嗜食人肉"，他指的是加尼巴人，该民族会对其他不堪一击的岛屿进行掠夺，举行用活人献祭的宗教仪式，"彼等有许多独木舟，并在印度诸岛大肆掠夺"，但即便是这些武士"也并不如何丑陋，只是彼等习惯像女人般蓄起长发"。他们的残暴源于其他岛民的懦弱。换句话说，他们并非真正的士兵，西班牙人无须对他们过分担忧。

哥伦布为他发现的居民起了一个称号："印地欧"（Indio），即殖民地土著。这一名称源自他对他们居住地的误解，认为他们所处之地是印度。

不管怎样，当地拥有西班牙所需的丰富资源：不仅有黄金，还有乳香。"迄今为止，臣只在希腊的'希俄斯岛'上发现过乳香。"作为一名热那亚海员，哥伦布在艰苦的学徒期学会了分辨乳香，因此认识这种东西。除了乳香，当地还有大量芦荟、大黄、肉桂，以及其他"上千种贵重物资"。他所开列的清单的确令人赞叹，但

第 4 章 印第安人眼中的"天上来客"

是那些从一开始就对哥伦布表示怀疑的人们也许可以从字里行间发现，其中少了一些东西，尤其是黄金，那是双王派他出航寻找的最重要的物品。假如哥伦布发现了大量黄金，他一开始就会强调此事。当然，他也没有找到大汗或大汗的帝国，无论他声称这一帝国有多么辽阔。

他笔下的当地居民，也就是今天被称为原住民的人们，并不像马可·波罗描述的那样具有高度文明。他们连威尼斯人掌握的技术、艺术、算数和军事能力都不具备。哥伦布却试图对此加以利用，既然当地人没有复杂的武器，那他们一定性格温顺。但无论哥伦布如何美化，他们都显然不是成熟的贸易伙伴。

也就是说，他没有发现任何对双王及西班牙帝国有直接益处的事情。不过，他的航行无疑引发了后者对海外探索和开疆拓土的冲动与贪婪。

在哥伦布完成这封信时，无论是他还是其他人都很难想象这次航行带来的直接后果或长期影响。对他来说，这只是为了履行神意。对他的君主及其臣僚来说，这是为了掠夺土地和攫取黄金。但正是这次无意间引发的、他仅能含糊理解的因素促成了这场有史以来最重要的航行。这次航行是由哥伦布努力促成的，人们对它的理解很模糊，但它最终成了历史上最重要的一次航行。

哥伦布在信的末尾写道："1493 年 2 月 15 日，在加那利群岛一带写于船上。随时听候您的吩咐，舰队司令。"他所说的船就是轻巧结实的"尼尼亚"号。哥伦布清楚他当天在亚速尔群岛的圣玛丽亚岛附近，而不是在加那利群岛的圣玛丽亚岛附近。但他惯于掩盖自己所处的位置，因此，即使是在向双王奏报时也忍不住进行欺瞒。

这封信的墨迹还没干，他的小船就被另一场暴风雨吞没。

在暴风雨中祈祷

1493年2月10日星期日，舰队司令及众水手做好了出发的准备。即使有桑乔·鲁伊斯（Sancho Ruiz）和佩拉隆索·尼诺[Peralonso Nino，也被称作佩德罗·阿隆索·尼诺（Pedro Alonso）]两名领航员相助，"舰队司令仍发现偏离航线太远，并被远远落在后面"，哥伦布写道。也就是说，他们的航线过于偏西。他以为他们正在接近卡斯蒂利亚，"上帝保佑，众人突然看见了陆地，一旦有人确认这一地点，臣便能确定是否已经抵达"。

天空有飞鸟掠过，因此哥伦布相信他一定已经接近陆地。然而，星期二，他遭遇了"汹涌波涛和暴风骤雨，如果不是帆船非常结实，加之补给足够，一旦迷路，他必将担忧不已"。这大概是哥伦布在整个航程中遇到的最恶劣的天气之一。闪电划过天空，他立即下令收起船帆。大半个晚上，船只在汹涌的大海中前行时只有一根光秃秃的桅杆，船帆也被撕成了碎片。"海中波浪相互交叠，情况异常可怕，船只不得不拼命挣扎。"

星期四，他们来到位于葡萄牙海岸以西1 000英里处的亚速尔群岛的某个地方。由于大风一直持续到2月14日，偏离航线的"平塔"号成了人们担心的对象。正如哥伦布一段日志中所言："是夜，风力不断加大，海浪令人胆寒，两者相互撞击，因此船只既无法前进，也无法逃脱，只能任凭狂风暴雨扑打。"

即使经验丰富的水手也很少能看到巨浪冲向头顶的景象，船只仿佛被汹涌的海水吞没了一般。为了应对，哥伦布下令将主帆的帆码降到最低限度，船帆立即被甲板上咆哮的海水撕碎冲走。这一策略并未奏效，大海变得更加凶险，哥伦布"开始顺风疾行"，也就是说，在几乎没有帆的情况下驶向暴风雨，"因为除此之外别无选择"。接着，马丁·阿隆索·平松驾驶的"平塔号"也开始向前疾驰，并很快消失不见。虽然哥伦布当晚多次发出信号弹，对方也做出了回应，但是"平塔"号距离哥伦布太远，在暴风雨之中，他无能为力，只能等这艘帆船再次出现。这是哥伦布最后一次看到"平塔"号。在狂风暴雨中，船只经常消失在汹涌的大海和冰冷的雨水中，接着被巨浪打翻，最后永远沉入海底。

舰队司令无暇担心"平塔"号的命运，他最担心的是如何熬过这个夜晚。"日出时分，风力逐渐加大，海浪越来越高，海上极其危险。"他"只能压低船身，沿主航道行驶，使船只越过逆流，以免被其淹没"。6小时后，他向东北偏东驶出7.5里格（大约30英里），已经精疲力竭。哥伦布发誓，如果他们在这场灾难中幸存，他们一定要满怀感激地前往瓜德卢普的圣玛丽亚教堂（Santa María de Guadalupe）朝圣。这座位于西班牙埃斯特雷马杜拉（Extremadura）的著名教堂人迹罕至，供奉着人称"强大之沉默女神"的圣像，由亚洲运来的木材雕成。哥伦布等人"举起一支五磅重的蜡烛……并且发誓谁抽中了神签，谁就要完成朝圣之旅"。对他们来说，这个仪式生死攸关。

在无休止的风暴中，哥伦布也许是出于虔诚，也许是已经发疯，他说自己"下令让人按船上的人数拿来一些鹰嘴豆，在其中一颗上面刻一个十字架，再把所有豆子放进帽中使劲摇晃"。作为命运之神的宠儿，哥伦布首先走上前去，把手放进帽中，一下就"拿出了那颗刻有十字架的鹰嘴豆，因此成了中签者，并且自认为他应该履行誓言，前去朝圣"。惊恐的水手们想出了更多的办法来表示自己的虔诚，以增加生存的机会或死后进入天国的可能，或者只是为了分散自己的注意力，忘记眼前的困境。但是随着时间的推移，他们的困境变得愈发严重。

"随后，舰队司令及众人发誓，只要能抵达陆地，彼等会列队前往教堂，向圣母祈祷。除了通行的誓言，每个人还许下了自己的誓言，因为面对如此可怕的暴风雨，众人以为彼等一定会全体遇难、必死无疑。"哥伦布懊悔自己没有多储存些粮食、淡水和葡萄酒，哪怕只是为了增加小小的"尼尼亚"号的重量，但一切为时已晚。当时，他一心想要前往女人岛，认为自己可以在那里获得这些宝贵的补给。"唯一的补救办法，就是在必要时用海水将空水罐和酒罐装满，以增加船身的重量。"

哥伦布开始相信"上帝希望他葬身海底"。与此同时，他提醒自己尚有使命没有完成，而且还要向斐迪南和伊莎贝拉奏报自己的功绩。这个消息在他心中越是重要，他就越害怕自己无法传达出去，届时他所有的发现和牺牲都将化为泡影，"仿佛一只蚊子都可能会打断和阻止他的计划"。

他虽然缺乏信心，但必须凭着仅有的信心将自己带回西班牙，以赢得王室的庇护、战胜眼前的逆境、约束即将哗变的水手。迄今为止，在上帝的帮助下，他已克服了重重困难。他只需要再坚持一段时间，就能度过眼前的不幸。

为了使自己的成就不至被埋没，他需要留下一些记录，于是疯狂地抓起"一张羊皮纸，把他能够想起的一切都写在上面，并恳请发现这张羊皮纸的人将其送给君主。他将羊皮纸包进一块蜡布，牢牢密封后命人找来一个大木桶，将其塞入桶内。没人知道他在干什么，认为这只不过是为了表示虔诚。随后，他命人将木桶投入大海"。这就是他想要传达的信息，也是他留给子孙后代的遗言，等待着被海水冲上岸边，但这只木桶从未被人发现。

当"尼尼亚"号无助地在狂风中疾行、颠簸地向东北方向移动时，哥伦布热切的祈祷也不足以使他恢复信心、熬过黑夜，更

第 4 章 印第安人眼中的"天上来客"

不用说成功返回故土。正如哥伦布自己所写，他"身体虚弱，极度焦虑……心神得不到片刻安宁"。

日落后，"西方的天空逐渐放晴"。风向的变化给他带来了一丝希望，也许他终究能够挺过这场灾难。"海浪仍然较高，"他写道，"但势头有所减退。"几小时后，夜幕降临，船员们看见远处有一个幽灵般的幻影，之后渐渐变成了陆地。这一次哥伦布没有猜错，他们来到了亚速尔群岛附近，而"领航员和水手们则认为彼等已经回到卡斯蒂利亚"。

2月16日，在噩梦般的危机过去后，哥伦布写道："船只连夜逆风向陆地驶去，人们已经看清那是一座岛屿。"他先后向东北、东北偏北行驶，然后在日出时向南行驶，终于抵达了这座神秘的岛屿。这座岛屿仿佛被笼罩在"巨大的云团"中。接着，令他深感宽慰的是，他"发现了另一座岛屿"，与他们相距大约8里格，即50英里。那里很可能是圣米格尔岛（Sao Miguel），但一股强烈的逆风阻碍了他登陆。哥伦布毫不畏惧，一直逆风行驶到傍晚，直到"有人在背风处看到一丝光线"。这道光线也许是从他们首次发现的岛屿上发出的，但哥伦布没有在日志中详述。

"尼尼亚"号连夜逆风而行，此时此刻，哥伦布已经耗尽了力气。他已经三四天没睡觉了，而且精神极度紧张，几乎没有进食。"由于长时间暴露在寒冷和海水之中，他的双腿受到严重伤害。"

星期天晚上，当海浪变缓时，哥伦布打起了精神，绕着岛屿行驶。"尼尼亚"号抛锚后，"很快丢失"了装备，而舰队司令试着向岸上的人打招呼。他别无选择，只能张着帆在岸边停了一夜。次日清晨，他在岛屿北岸下锚，"确定这里就是亚速尔群岛的圣玛丽亚岛"。他终于安全了，至少目前看来是这样。

哥伦布安全地将船停泊在港口，并向众人解释了自己如何来到此地。他听到"岛上有人说起，过去十五天来的暴风雨前所未有"，他们想知道哥伦布是如何从这场暴风雨中逃生的。这个问题看似简单，其实是在表示怀疑：哥伦布对他们说的是真话吗？

为了给众人留下深刻印象，舰队司令迅速讲起他在西印度群岛的惊人发现。接着，他吹嘘道："这次航行非常准确，路线规划也十分完善。"这些当然不是事实，他不仅夸大了船队的航行速度，也夸大了他们行驶的距离。但至少他对亚速尔群岛位置的估计是正确的。为了保全面子，以免让众人看出他们是被海浪冲到了圣玛丽亚岛，哥伦布"佯装走过了目的地，以迷惑那些想要按照自己标记的海图航行的领航员和水手，从而将通往印度的航线掌握在自己手中"。

哥伦布的东道主虽然并不相信，但也没有表现出怀疑，而是热情款待了他们。岛上的长官胡安·德·卡斯塔涅达（Juan de Castaneda，也许是长官的副手）派使者向船上送去点心。作为答谢，"舰队司令命人好生对待使者，并为彼等腾出舱铺住宿，因为时值夜晚，回村里又路途遥远"。在使出各种手腕应付当前的局面时，哥伦布想起了星期四"身处暴风雨中时"许下的誓言。于是，他让"天使之后"修道院（Nossa Senhora dos Anjos）的神父上岸做一场弥撒，但这场弥撒引起了意外变故。当众人祈祷时，镇上的人们"纷纷冲了上来，将彼等全部俘虏"。

哥伦布对此毫无觉察，仍在不耐烦地等着手下归来。直到上午11点，众人还没有回来，他才怀疑他们可能已被扣留。因此，他下令"尼尼亚"号起锚，向教堂驶去。在那里，一队武装骑兵下马后，准备逮捕他。与此同时，岛上的长官"从驳船上站起身，

第 4 章 印第安人眼中的"天上来客"

请求舰队司令允许他安全通行"。哥伦布同意他登上"尼尼亚"号，并且表示"他可以按照自己的意愿行事"。

海上的巨人，陆上的凡人

在经历了海上的磨难后，哥伦布表现出了不同寻常的耐心和冷静，他"试图恭维并稳住这名长官，以便救出自己的手下。他认为自己同意此人自由通行、没有违背诺言，但后者曾经答应与彼等和平相处并保证彼等之安全，现在却出尔反尔"。

双方的对峙变得激烈起来，哥伦布质问当地长官为什么在他的部下做弥撒时扣押他们。他声称后者的粗鲁行为会"触怒葡萄牙国王"，而在西班牙，葡萄牙人"会受到礼遇，进入西班牙就像在里斯本一样安全"。他出示了斐迪南和伊莎贝拉的正式信函，上面写着任命他为"海洋舰队司令和两位陛下所属印度群岛之总督"，还有署名和印章。说完，哥伦布在安全距离内向对方挥了挥手中的信件。哥伦布争辩说，如果他的船员得不到释放，他将亲自前往塞维利亚。在那里，可以肯定的是，他会向双王禀报这名长官的暴行，其部下也会受到惩罚。

圣玛丽亚岛的长官回答，他对卡斯蒂利亚的君主一无所知，也对哥伦布的信函不感兴趣。在他看来，哥伦布应该考虑到自己在葡萄牙的处境。哥伦布在日志中记录，此人的态度"有些凶狠"，因此他怀疑在他航行期间两国关系是否破裂。两人各不相让，哥伦布一度扬言要把"一百个葡萄牙人带到卡斯蒂利亚，让岛上空无一人"。但哥伦布没有带走任何人质，而是自己回到了旗舰上。接着，又一场风暴来临。

这场风暴十分猛烈，足以扯断船上的绳索。哥伦布在船只修

125

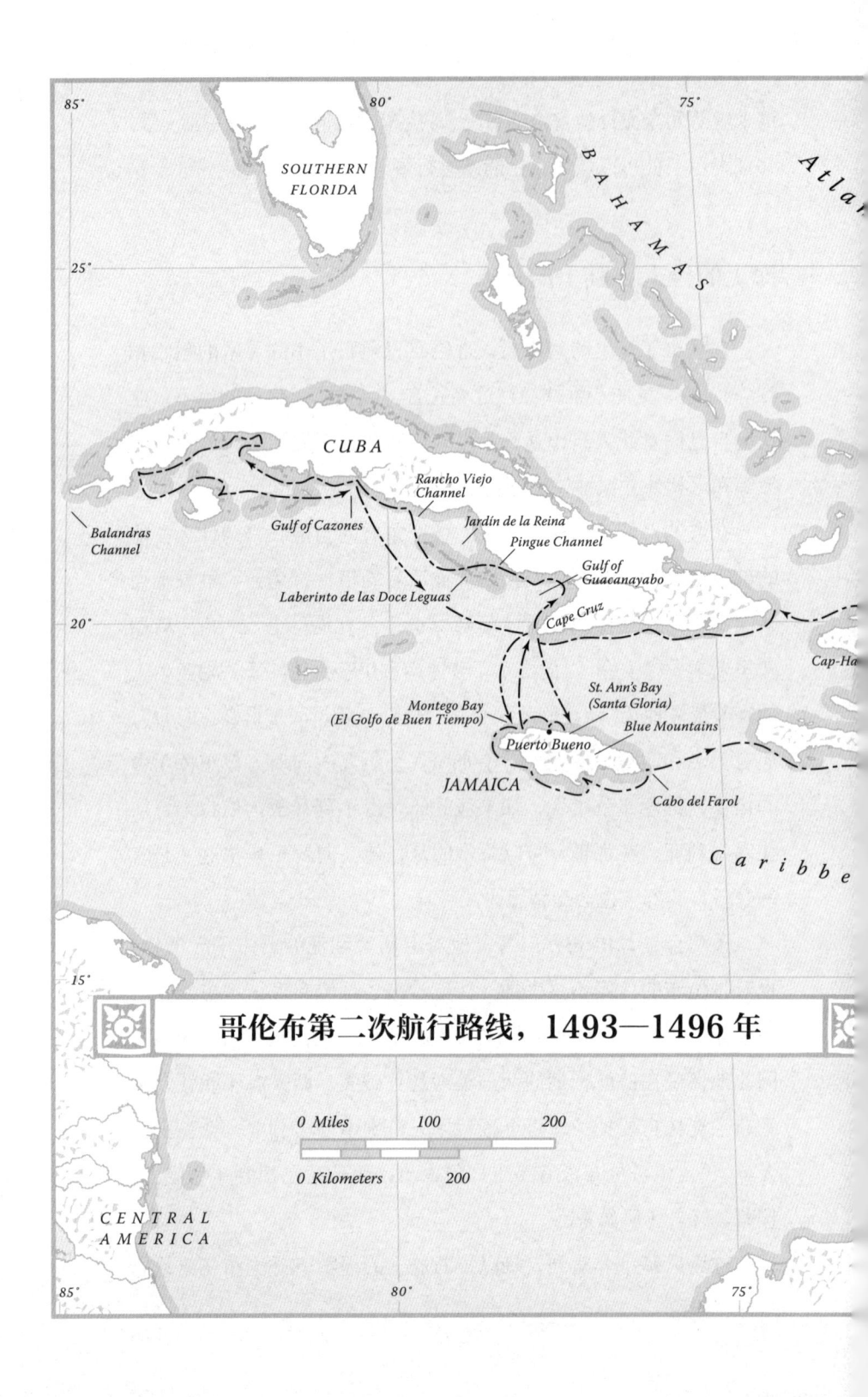

哥伦布第二次航行路线，1493—1496 年

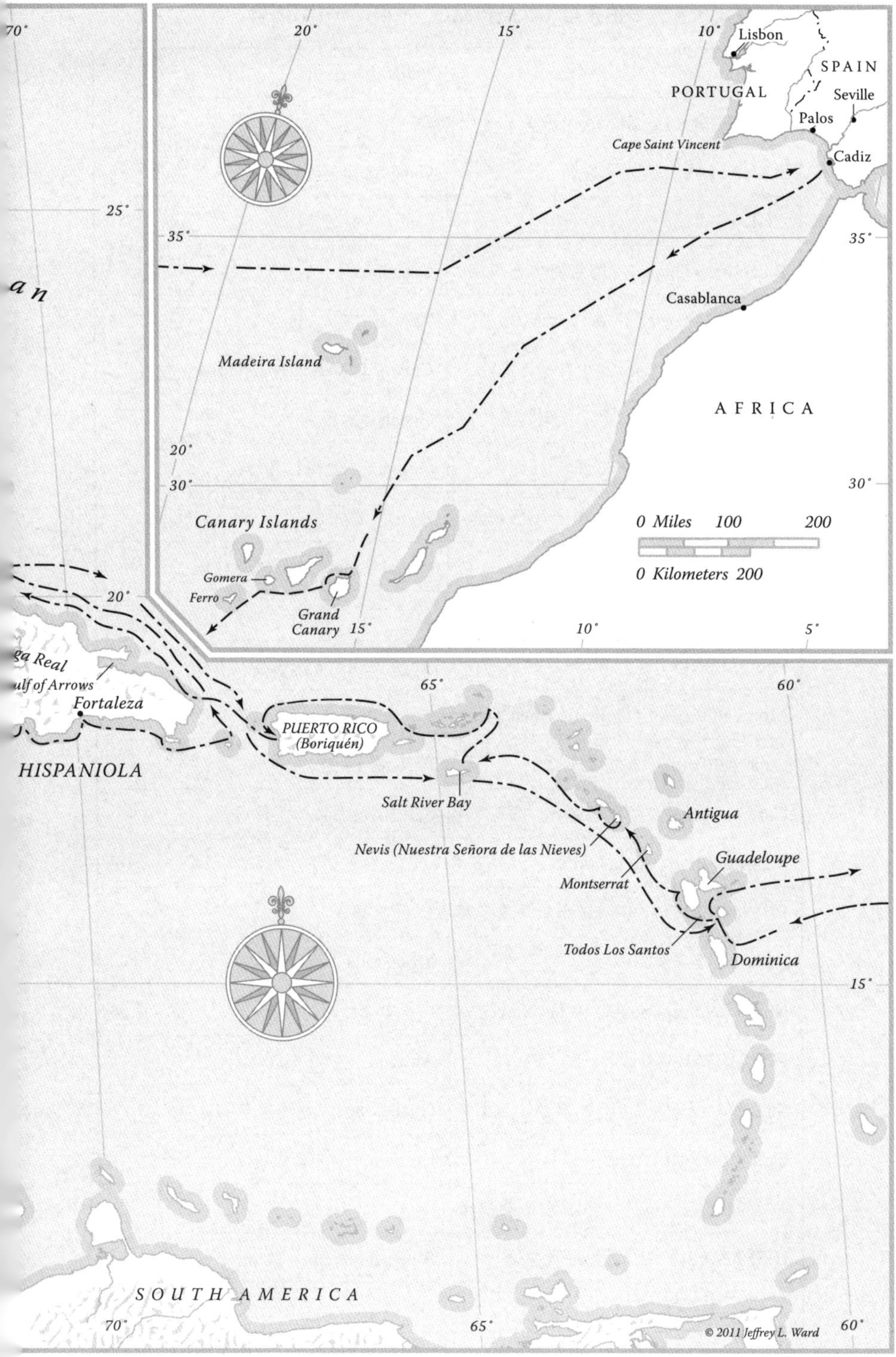

Lisbon
SPAIN
PORTUGAL
Seville
Palos
Cape Saint Vincent
Cadiz
Casablanca
Madeira Island
AFRICA
Canary Islands
0 Miles 100 200
0 Kilometers 200
Gomera
Ferro
Grand Canary
ga Real
ulf of Arrows
Fortaleza
PUERTO RICO
(Boriquén)
HISPANIOLA
Salt River Bay
Antigua
Nevis (Nuestra Señora de las Nieves)
Guadeloupe
Montserrat
Todos Los Santos
Dominica
SOUTH AMERICA
© 2011 Jeffrey L. Ward

哥伦布第二次航行路线，1493—1496 年

Atlantic　大西洋	Palos　帕洛斯
SOUTHERN FLORIDA　佛罗里达州南部	
BAHAMAS　巴哈马群岛	Cape Saint Vincent　圣文森特角
CUBA　古巴	Cadiz　加的斯
Balandras Channel　巴兰德拉斯海峡	Casablanca　卡萨布兰卡
Gulf of Cazones　卡索内斯湾	Africa　非洲
Rancho Viejo Channel　老牧场海峡	Canary Islands　加那利群岛
Jardin de la Reina　女王花园群岛	Ocean　大西洋
Pingue Channel　平格海峡	Gomera　戈梅拉岛
Gulf of Guacanayabo　瓜卡那亚伯湾	Ferro　费罗岛
Cape Cruz　克鲁斯角	Grand Canary　大加那利岛
Laberinto de las Doce Leguas　十二里格迷宫	
Puerto Bueno　波布埃诺	Vega Real　皇家草原
Montego Bay（El Golfo de Buen Tiempo）　蒙特戈贝（晴天湾）	
Cabo del Farol　卡波戴尔法罗尔	Fortaleza　福塔雷萨
Caribbean Sea　加勒比海	Salt River Bay　盐河湾
St. Ann's Bay（Santa Gloria）　圣安湾（圣格洛利亚）	
PUERTO RICO（Boriquen）　波多黎各（博里肯）	
Lisbon　里斯本	Montserrat　蒙特色拉特岛
Nevis（Nuestra Senora de las Nieves）　内维斯岛	
PORTUGAL　葡萄牙	Antigua　安提瓜岛
SPAIN　西班牙	Guadeloupe　瓜德卢普岛
Gulf of Arrows　箭湾	Dominica　多米尼加
Todos Los Santos　托多斯洛斯桑托斯	
HISPANIOLA　伊斯帕尼奥拉岛	Blue Mountains　蓝山
Seville　赛维利亚	

第 4 章 印第安人眼中的"天上来客"

理完毕,并向管道中装满海水作为压载物后,决定在第一时间起锚。很快,"尼尼亚"号就离开圣玛丽亚岛,驶向圣米格尔岛,但问题并没有解决。如果他在邻近的岛上找不到更好的锚地,或者同样受到冷遇,"他就别无选择,只能逃向大海"。

他在发现新世界时易如反掌,但在亚速尔群岛上谈判时却困难重重。对亚速尔群岛的葡萄牙居民来说,哥伦布更像一个闯入者,而不是一位探险家。假如他能从虎视眈眈的葡萄牙人手中逃脱,但愿他的资助人斐迪南和伊莎贝拉会重视并证实他的功绩。

2月21日,星期四,哥伦布再次在汹涌的大海上和肆虐的狂风中挣扎。他想要找到圣米格尔岛,但是没有成功,"因为云层过厚且天气恶劣"。"尼尼亚"号险些沉没。暴风雨的威力使他"惊诧不已",在绕亚速尔群岛和加那利群岛航行时,他从未有过类似经历。在西印度群岛,他行驶了"一个冬天也没有抛锚",至少在他记忆中如此。(事实上,加勒比海的风暴有时也会让他抛锚,直到风雨减弱,他才能再次起航。)

日出后,他仍未看到目的地,于是决定返回圣玛丽亚岛,"看看能否救回手下,找回留在当地的驳船、铁锚和缆绳"。哥伦布刚一抛锚,就再次遭到一通羞辱。一名官员踮脚站在岩石上,一边俯瞰港口,一边警告他不要离开。随后,一艘载着"五名水手、两名神父和一名书吏"的驳船靠近。水手们都带着武器。哥伦布除了允许他们在船上过夜之外别无他法。次日早上,他们要求哥伦布出示"卡斯蒂利亚君主"授予其权力的证明,随后双方发生了一场口角。哥伦布称,他说服众人承认自己得到了西班牙王室授权,而葡萄牙人也终于释放了他们逮捕的人。

星期天,变幻莫测的天气开始转晴。在带上食物、淡水和急需的压舱物后，哥伦布向正东出发，驶往西班牙，并盼望得到双王的赞誉。然而，距离故土越近，他面临的危险就越大。恶劣的天气使"尼尼亚"号偏离了航线。"众人已经接近家门，却在此时遭遇暴风雨，着实令人痛苦"，他在日志中坦言。3月2日夜晚，"一阵狂风撕裂了所有船帆，船队再次处于险境"。

像上次一样，被困的水手们通过抽签，挑选出一名朝圣者，前往胡尔瓦（Huelva）附近的圣玛丽亚德拉辛塔（Santa Maria de la Cinta）祈祷，结果"舰队司令再次中签"。人们没有时间争论，因风暴变得越来越猛。船队并没有像众人期望的那样被吹往西班牙，而是事与愿违，朝着另一个方向前进：里斯本。

暴风雨变得愈发猛烈了。

"昨天夜间，"哥伦布在提到3月4日的事件时写道，"众人经历了一场可怕的暴风雨，以为自己即将被海水淹没，因为海浪从两个方向进入船中。狂风似乎将船帆刮入空中，海水自天而降，空中电闪雷鸣。"不过，他没有时间考虑眼下令人尴尬的处境：他一路驶向西印度群岛，又从当地返回，却在欧洲的水域遭遇了最严峻的考验。后来，许多诋毁哥伦布的人指责说，这位舰队司令故意以躲避风暴为借口前往里斯本，以暗中寻求葡萄牙的支持。但根据哥伦布自己和其他人对当时恶劣天气的描述，他的目的仅仅是生存。

他"冒着巨大的风险，取得了一些进展，但由于只能待在海上，晚上全靠上帝保佑"。哥伦布称，这一任务十分艰巨，要遭受"无尽的辛劳与恐怖"。船员们均已精疲力尽，"尼尼亚"号勉强前行，终于靠近了一个哥伦布认识的地标：辛特拉岩（the Rock of Sintra）。该半岛位于塔霍河北部，而塔霍河流经里斯本。哥伦布

第 4 章 印第安人眼中的"天上来客"

有两个选择：要么返回暴风雨中，等待着被海水淹没而丧命，从而使他在西印度群岛的功业前功尽弃；要么驶入河中，而他选择了后者，"因为他别无他法"。于是，他向靠近塔霍河河口的卡斯卡伊斯（Cascais）进发。虽然风暴尚未停止，但他还是找到了锚地。

好奇的人们聚集在岸上，想知道船员们是如何在狂风暴雨中幸存下来的，并且纷纷开始祈祷。哥伦布听到其他水手声称，"此地冬天从未有过如此之大的暴风雨，导致二十五艘船在佛兰德斯失踪，其他船只连续四个月都未能出港"。船只离开里斯本后，大多会前往佛兰德斯。在这种情况下，"尼尼亚"号竟然得以幸存，似乎不能不说是个奇迹。

哥伦布首先想到了若昂国王，但他的出现只会证明这位曾经对他不屑一顾的葡萄牙君主的错误。然而，哥伦布提到了斐迪南和伊莎贝拉的话，说双王"命令他若有所需求，毋须避免驶入陛下之港口，而双王会对陛下达以酬谢"。天气转晴后，他急于驶向里斯本，"因为有些暴徒认为他带有许多黄金，正准备对他进行不法勾当"。这就需要他运用所有智慧和外交手段，让葡萄牙人相信他并未袭击他们在几内亚沿岸的保护国（因为西班牙曾经承诺会避开这些地区），而只是从"印度"群岛返回，但任何一种解释都会激起若昂国王的怒火。

更令人惊讶的是，"一艘葡萄牙船只"在他附近下锚，而船主竟然是巴尔托洛梅乌·迪亚士。1488 年，哥伦布最后一次见到此人。这位勇敢的航海家在发现好望角之后，胜利返回里斯本。当时，他深受国王宠信，拒绝支持哥伦布走水路前往印度地区的计划。但 4 年半后，情况发生了改变。迪亚士不再是一名船长，而是一艘中型御用船只的副指挥官及船主。而哥伦布已被任命为舰队司令，并成功完成了双王赋予他的使命。只不过这一使命被疑心重

131

重的葡萄牙国王误解，进一步损害了他与哥伦布的关系。

迪亚士厚颜无耻地来到"尼尼亚"号船旁，"要舰队司令上船，向国王的使臣和船长说明情况"。

不行，哥伦布回答，他不会这样做，"除非对方以武力胁迫"。迪亚士提出了一个折中方案：哥伦布可以派遣其副手，但哥伦布是一个固执的热那亚人，声称"作为卡斯蒂利亚舰队司令，他宁可一死也不会向他人屈服"。

面对哥伦布的逞强之举，迪亚士稍作让步，要求前者出示斐迪南和伊莎贝拉的授权书，而这也正是哥伦布一开始就要拿出来的东西。迪亚士检查了授权书后回到自己的船上，向船长解释了情况。船长"在高昂的鼓声、号角声和笛声中，登上了'尼尼亚'号，与舰队司令交谈，并表示愿意按照他的吩咐去做"。

第二天，即3月6日，哥伦布的事迹在里斯本不胫而走，人们对他的胜利充满敬畏之情。当然，他们（也包括哥伦布本人）传播的消息并不准确，也并不清楚他究竟取得了什么成就。哥伦布并没有到达亚洲，只是希望众人相信他到过。不过，后来的事实证明，他实际上的成就要比他虚构的事迹更加了不起、更加令人震惊，也更具变革意义。哥伦布不只是建立了一条新的贸易路线，更是发现了一个新的世界。

尽管如此，他还是向众人展示了他带回的"印度"乘客，以说服自己和众人相信他所言非虚，并证明他确实要前往中国。他说："今日，有许多人从里斯本前来看望他和印度人，着实令人惊异，而众人亦皆觉惊奇，感谢我主。"

哥伦布终于收到若昂二世国王的来信，后者决定在一座修道院接见他。为顾及面子和安全，这位受困的探险家宁愿留在船上，

第4章 印第安人眼中的"天上来客"

但他别无选择，只能"放下疑虑"，同意前往。为了吸引哥伦布，国王命使臣"为舰队司令及其手下和船只免费送去他所需之一切物品"。

哥伦布准备前往维图德斯修道院（Monastery of the Vertudes）时，突然天降大雨，直到傍晚才停。国王盛情款待哥伦布，以消除他的疑虑。哥伦布自豪地表示，国王"给予了他隆重接待和莫大的恩惠"。双方寒暄过后，开始了艰难的讨价还价。

众人都承认哥伦布的发现令人赞叹，但是他在此过程中违反了《阿尔卡索瓦斯条约》（the Treaty of Alcáçovas），难道他不知道吗？在这份葡萄牙和西班牙于1479年签定的条约中，双方规定，葡萄牙对非洲西海岸和佛得角群岛享有特权，而西班牙则对加那利群岛享有特权。因此，哥伦布的发现属于若昂二世，而不是斐迪南和伊莎贝拉，当然也不属于舰队司令本人。哥伦布突然发现自己陷入了谈判的困境，其危险程度不亚于刚刚经历的暴风雨。

哥伦布答道，他从未见过该条约，对其中的条款也一无所知。他听从了双王的命令，谨慎地避开了几内亚。若昂国王意识到，他也许无法核实哥伦布在航行中经过哪里，或没有经过哪里，并对舰队司令承认葡萄牙的权利感到高兴。

国王的态度似乎有所缓和，他接着表示自己相信此事无须找人仲裁，并竭力劝说哥伦布讲述航行的过程。他都到过哪些国家？当地的居民情况如何？他找到黄金、珍珠和其他宝石了吗？拉斯·卡萨斯写道，国王"总是和颜悦色，以掩饰心中的悲伤"。哥伦布只顾吹嘘自己的成就，却没有意识到他的主张对心生妒忌的国王造成了多大的影响。

葡萄牙宫廷历史学家鲁伊达·皮纳（Rui da Pina）有可能目睹了这次会面。他评论道："国王责怪自己疏忽大意，因为哥伦布

133

第一次前来为自己的探索活动请求支持时，国王予以拒绝。"这只是官方的记录而已。在谦和的面具下，若昂国王正思索着如何解决这位背叛了自己的探险家所造成的问题。他的办法令人不寒而栗，他可以处死哥伦布，或者更确切地说，他可以让哥伦布看起来像是遭到了其他人的杀害。他必须谨慎行事，并将其归咎于探险家自身的过失。不过最后，国王还是选择对他礼遇有加，接着突然将他赶出了国门。

1493年3月15日，"尼尼亚"号驶入1492年8月3日离开的港口，"平塔"号"乘着微风"紧随其后。

哥伦布自认为不辱使命，并期望得到君主最大的敬重。这次航程终于结束，他和西班牙即将迎来辉煌的未来。经过多年的等待，他在短短7个多月内便完成了发现任务，而且几乎没有经历任何流血事件，也没有任何人丧生，简直令人难以置信。只有一艘船遭遇事故，但所有船员都被救出，也只有叛徒马丁·阿隆索·平松心怀不满。

平松最终回到了家乡帕洛斯，虽然对哥伦布构成了威胁，但他从海上返回后身染重病，几天后就去世了。他的病因据说是梅毒，他可能早在与哥伦布一起出航之前就染上了这种疾病，而病毒在他的神经系统中潜伏了好几年，在这次航行过程中转为晚期梅毒，这也解释了他缺乏理智的挑衅行为。简而言之，他已经精神失常，不仅对他人十分危险，对他自己也构成了威胁。

眼下，哥伦布正为自己建立的功业洋洋得意。他发现的新大陆距离西班牙很近，而且据他所言，当地比马可·波罗描述的更加宜人。当地土壤肥沃，居民也不是他想象中的怪物，只是驻扎在伊斯帕尼奥拉岛的部下仍然前途未卜。

第 4 章　印第安人眼中的"天上来客"

他计划"乘船前往巴塞罗那，因为他获悉双王正在当地，以便向两人讲述他在航行中的所见所闻，而他是在执行神意"。他简略回忆了在计划航行之初所遭到的反对及"诸多权贵显要之意见……彼等皆对臣表示反对，声称这一行动愚不可及"。也许他的批评者们就像葡萄牙国王及其顾问一样，很快就会明白他们犯下了大错。

哥伦布精明强干又诡计多端，但最重要的是，他还非常幸运。他的决定对错参半，最明显的是他对航程终点的看法，但他也机智灵活，为了达到目的不惜颠倒是非。正如他在日志中记载的那样，他的言辞充满强烈的感情色彩，但是他的策略却灵活多变，不乏机会主义色彩。

哥伦布在第一次航行结束后致双王的一封书信如今家喻户晓。他在信中写道："臣深知陛下会为臣受上帝指引所开展之航行获得成功而感到欣慰，因此臣特意致信启奏陛下，臣如何率领陛下赐予臣之浩大舰队，在三十三日内从加那利群岛驶向印度群岛"（事实上，他只是到达了加勒比海中的一座岛屿），"臣发现当地诸岛皆人口众多，因此臣晓谕众人，并展开御旗，为陛下占领之。"

哥伦布声称，他最初与新大陆居民进行了试探性接触，他彬彬有礼，其结果令人鼓舞。他在信中写道："臣希望能赢得彼等对陛下和西班牙举国之爱戴与效忠。彼等既无宗教信仰，也不崇拜偶像，但彼等皆相信上天之强大与善良，并且坚信臣及船上众人来自天上……这并非因为彼等头脑愚蠢——事实远非如此，彼等头脑聪慧，能将一切事情讲述得十分清楚——而是因为彼等从未见过着衣之人或臣之船只。"

哥伦布仍然认为自己已经到达了印度，为此，他不断地对此行的另一个重大发现——古巴岛——改变说法。最初，他在日志

135

中明确将其称作"岛屿";后来,当哥伦布意识到他需要向斐迪南和伊莎贝拉证明他已到达东方时,他又把古巴说成了"大陆",认为那里就是中国,并将那里的居民称为大汗的臣民。斐迪南和伊莎贝拉任命哥伦布为上述地区的总督,却没有意识到他们赐予他的王国比欧洲任何一个国家都更加辽阔。

第二卷
征服印第安人
哥伦布的第二次航行

第 5 章
在建立商业帝国的企望中重返新世界

对哥伦布来说,返程时需要首先考虑一个问题:被留在拉纳维达城堡的 39 人该何去何从。他的做法使这群人的性命乃至西班牙的荣誉都岌岌可危。他将不得不返回"印度"营救他们,去看看这些在他勃勃野心下沦为人质的人们情况如何。

他的第一次出航可以说取得了有限的成功。他率领船队成功返回,所有人都平安生还,并且十分健康,甚至奇迹般地毫发无损。他声称自己的成就是受到了神的鼓舞。至于他究竟发现了或者探索到什么东西,人们众说纷纭,不一而足。

哥伦布声称,他所到过的几十座岛屿属于印度西部或中国,而他口中的大汗及与其开展贸易的机会就藏在北方和西方的某处,在他那支小小的船队曾经驶过的碧蓝大海之中。他拿出自己的日志作为佐证,随行者的叙述也为他提供了证明。他希望能够借此得到自己应得的甚至注定应有的财富、官位和荣誉。

为了满足斐迪南和伊丽莎白对他的期望,履行自己对两人的义务,他精心润色了自己的日志,以证明自己超额完成任务,甚至在前往印度途中所发现的岛屿上为西班牙建立了居民点。然而,那 39 个被留在岛上的西班牙人却命悬一线。

哥伦布为自己营造了一种凯旋而归的气氛,只不过一旦事情

第5章 在建立商业帝国的企望中重返新世界

出了岔子,他就会成为第一个被问罪的人。

从第一次出海起,哥伦布便开始幻想建立一个庞大的帝国,那座小小的城堡便是该帝国的一个组成部分。现在,这个计划已经在他的心中深深扎根。按照他的设想,将有2 000名移民在伊斯帕尼奥拉岛定居。他们会兴建"三四座城镇"、开采黄金并严加看守、建造教堂,"让修道院长或修士们来主持圣事,开展神圣的礼拜活动,让印度人皈依基督教"。哥伦布还解释称,他计划控制船舶,运送货物,为黄金等贵重出口商品提供保护。他的描述详尽无遗,以说服那些维持国家日常运转的西班牙官僚。他摆出一副对琐碎的日常管理事务极其熟悉的样子,以掩盖执行这项计划的难度。至于航海的问题,他本来最有话语权,而他却几乎未着一字。

哥伦布这份公报的言外之意在于敦促斐迪南和伊丽莎白,赶在葡萄牙人或其他竞争者打败西班牙之前尽快采取行动。这不仅会是一次前所未有的航海壮举,而且会把西班牙打造成全球首个最宏伟、最富有、最辽阔的商业帝国。

不过,这也许只是哥伦布一厢情愿而已。为了证明他的观点,他在文中简化了"印度地区"错综复杂的现实。他没有提到加勒比人可能对他们造成的威胁、重复实现这一航海壮举的困难、变幻莫测的天气,当然还有他对自己所发现地点的巨大误解。他的叙述过于精简,以至于变成了某种欺骗,但他要表达的意思再明显不过。他将负责管理西班牙新建立的帝国,并且在此过程中将富贵荣华世代相传。

这个计划的优势在于,它呼应了西班牙(其实还有葡萄牙)在非洲沿岸和伊比利亚半岛南部和西部的外国岛屿、马德拉群岛、戈梅拉岛和佛得角等地进行探索和殖民的做法。

对一个帝国来说,其面积虽然不够大,但其势力范围会不断扩展，最终连成一体。如果哥伦布的计划得以实施，这一帝国的疆界将向西推进数千英里。

"海洋舰队司令"再次启程

教皇亚历山大六世也在密切关注着哥伦布的发现，并且意识到这些发现会极大地增强罗马教会的影响力及其个人权力。但有一点至关重要：他必须把战利品在各个邦国之间进行分配，以管理当地和开发资源。作为各方之间的调停人，教皇发布了四道教谕，将新发现的土地及财富分配给两大竞争者西班牙和葡萄牙。这两个国家在信仰问题上是盟友，但在政治和贸易问题上是对手。（意大利为探索活动提供了大量人手，虽然国力也跻身前三，但其影响远逊于前两者。）这四道教谕的前提是，基督教国家享有神授的权力，对新发现的非基督教土地及其人民拥有所有权。

在每一道教谕中，教皇都将新发现的"印度群岛"交给了西班牙。（对于哥伦布令人垂涎的发现，教皇和整个欧洲的人一样，对新大陆所在的地点做出了错误的判断）。人们普遍认为，教皇的西班牙血统影响了他的决定。1493年4月，他划立了一条分界线，从北极直至"被公认为亚速尔群岛和佛得角的任一岛屿以西及以南一百里格处"，想要做出进一步澄清，但反而造成了混乱。这条线以西的一切（即所有重要的部分）归西班牙所有。如果哥伦布能够再开展一次航行，那么其中的部分土地也将归他所有。

哥伦布的儿子费迪南德后来解释说："鉴于天主教双王都清楚，舰队司令是教皇给予两人恩惠与资助之主要原因，是他的航行和发现使两人获得了一切土地之所有权，故双王决意对其予以嘉奖。"

1493年5月20日，两人任命哥伦布为总领队，派他再次出海

第 5 章 在建立商业帝国的企望中重返新世界

探索。8天后,他们在巴塞罗那下达了一道煞费苦心、措辞讲究的诏书,授予哥伦布诸多权利和特权,任命他为"海洋和印度诸岛总督兼舰队司令",也就是后来为人熟知的"海洋舰队司令"。截至此时,双王已多次下达正式命令,要求哥伦布尽快再次出海。由于哥伦布的首次航行曾遭到众人推脱并历经多年延误,他的第二次航行变得更加引人注目。

这道诏书赋予了哥伦布无上的权力,也反映了斐迪南和伊莎贝拉对外扩张的野心。两人决心把这位固执的水手打造成体现他们意志及推动帝国扩张的工具。对他们来说,哥伦布既是西班牙的海洋舰队司令,又是他们的臣属。无论周围情况如何变化,他们仍是典型的中世纪君主。

诏书赋予了这位新任海洋舰队司令诸多权利,如今他已经能够正式自称为"唐·克里斯托弗·哥伦布",他的子子孙孙也可以沿用这一贵族称号。他现在贵为舰队司令、总督、"所发现及获得的"一切岛屿和陆地之长官,而且这一头衔将世袭。这就意味着他可以"听审和判决民事与刑事讼案",还可以"惩处罪犯"和"收取税费"。时至今日,他走过了漫长的道路,已经不再是昔日热那亚商船上那名小小的水手了。

1493年5月29日,天主教双王赐给"唐·克里斯托弗·哥伦布"更多荣誉,也将更多责任放在他肩上。斐迪南和伊莎贝拉命令这位舰队司令、总督兼地方长官全权负责为他们获取和占有土地,在他为西班牙占领的大陆和岛屿上"竭尽全力赢得当地人心",也就是让他们"皈依吾等之神圣信仰天主教"。为了让哥伦布不出差错地完成这一主要任务,双王为他指派了一位名叫弗雷·布伊尔(Fray Buil)的神父(有时被称为博伊尔神父)和几名航行助手,"以确保向彼等认真传授吾等神圣信仰之教义"。但自此以后，这位神父就饱受争议，其身份也一直受到怀疑，部分原因在于他的姓名很不确切。他有可能是加泰罗尼亚人，后来加入了本笃会。虽然哥伦布十分虔诚，但两人却彼此憎恶。

有记录显示，西班牙双王曾经强调，"舰队司令在安全抵达后，需令所有航行至该地者……亲切善待印度人，不得加以任何伤害"。此外，哥伦布还应"从二位陛下命其携带、用于开展贸易之货物中，取出部分物品慷慨相赠，并给予对方极大尊重"。实际上，如有船队成员"以任何方式"虐待印第安人，哥伦布需奉命"严惩不贷"。事实证明，这道诏令虽然措辞严厉，但在实际行动中却毫无意义。

为了实现上述崇高目标，哥伦布以斐迪南和伊莎贝拉的名义组建起一支舰队。这一次，有了皇室的诏令，所有事情都一帆风顺。双王的指示全都经过深思熟虑，他们对哥伦布此次航行显然有着更深的理解，并且希望这次航行能为所有人的今生乃至来世带来回报。船队出海的费用名义上由王室负担。

事实上，麦地那·西多尼亚公爵（Duke of Medina Sidonia）曾为此拿出500万马拉维迪，其中大部分由宗教裁判所没收的犹太人财产和珠宝进行担保。

哥伦布在此次航行中的合作伙伴也是王室所熟知的：代表皇家审计官的胡安·德索里亚（Juan de Soria）和代表最高权力机构教会的唐·胡安·罗德里格斯·德·丰塞卡（Don Juan Rodríguez de Fonseca），后者曾任塞维利亚领班神父，时任布尔戈斯主教。

这位主教曾经反对哥伦布出海，也曾经监督组建船队，但无论如何，舰队司令哥伦布仍决心将丰塞卡视为自己在此次探索行动中的盟友。哥伦布得到的指示中弥漫着一种新的现实主义精神。他再也不提与大汗开展贸易一事，尽管这种可能性在整个航程中仍在他心头挥之不去。他仍然打算与马可·波罗令人目眩神迷的

第 5 章　在建立商业帝国的企望中重返新世界

游记中所描写的那些地方和人民和睦相处。实际上，这位威尼斯人卒于 1324 年，蒙古帝国也很快土崩瓦解。

哥伦布还奉命修建一座"海关大楼，用于存放两位陛下之所有货物"。这项计划从葡萄牙的模式中借鉴了大量经验，并且明确了这次探险行动的商业性质。斐迪南和伊莎贝拉几乎不假思索地批准哥伦布自行裁度，按照他认为合适的方式开展探索。"如果舰队司令在抵达群岛后，认为可以派遣船只和人员前往某处，或去寻找迄今尚未发现之地点，或去进行易货贸易……其手下所有船长和水手均须履行其命令。"双王甚至以此来驱使和鼓励哥伦布，同意将所获收入中相当可观的一部分赏赐给他。"从岛屿和大陆上所有黄金及其他物品中所获利润，其八分之一归舰队司令所有。"

在哥伦布的职业生涯中，再没有比这更令人兴奋的时刻了。他不仅拥有丰富的资源，而且还有皇室的声望可供利用。从一开始，他便掌握着 17 艘船只。其中 3 艘是宽身帆船。哥伦布将他的旗舰命名为"圣玛丽亚"号（在第一次规模相对较小的航行中，他那艘结实耐用的旗舰便以此为名），还为其取了昵称"玛丽亚加兰特"（Maríagalante）。这艘船的船主叫安东尼奥·德·托雷斯（Antonio de Torres），是唐·胡安王子（Prince Don Juan）的家庭女教师的兄弟。托雷斯与天主教双王之间的联系令人瞩目，也暗示了后者对他的认可。"科莉娜"号（Colina）和"加列加"号（Gallega）也是类似的大型帆船。

在另外 14 艘船中，有 12 艘是轻便灵活的快帆船。敏锐的观察者们会认出，"圣克拉拉"号（Santa Clara）就是哥伦布首次航行中的"尼尼亚"号，只不过换了一个新名字而已。其中几艘船是横帆船，也就是说，它们在主桅和前桅上安装了传统的横帆，而在主桅尾部的次桅上安装了三角帆。哥伦布从第一次航行所犯

143

的错误中吸取教训，坚持要求为新船队配备几艘吃水较浅的船只，因为这类船只即使在小河和浅滩中行驶也不会搁浅。

据其子费迪南德称，这些船只"粮食储备充足，载有前往当地定居所需之一切物品和人员，包括各类工匠、劳工及开垦土地的农民"。在为第一次航行做准备时，哥伦布只能东拼西凑搜罗船员，但船上仍然人手短缺。然而这一次，"许多人主动投名，因此只能对前往人数加以限制"。尽管如此，新船队的规模还是比上一次提高了近6倍。这些船上载有许多马匹——当时加勒比海地区的人们还没见过这种动物，以及其他有助于他们在伊斯帕尼奥拉岛定居的牲畜。哥伦布手下的1 000多名绅士、平民和罪犯不啻于西班牙的一个缩影。这一次，他们等待甚至希望在克里斯托弗·哥伦布的率领下，前往一个崭新的世界，享用当地无尽的财富。

许多人重新扮演了自己在第一次航行中的角色，这一情况无疑有利于宣扬哥伦布作为航海家的声名，因为人们相信他能够轻而易举地为大家带来财富。追随他的人中有既有热那亚人，也有几个出生在海边的巴斯克人，还有一些来自西班牙的帕洛斯、韦尔瓦和莫格尔的人们，水手们不出海时，常常住在这些城镇。惹人注意的是，影响力巨大的平松家族竟然没有出现在这份名单上。许多西班牙人相信平松兄弟的说法，认为哥伦布在第一次航行中无论取得了哪些成就，都离不开他们的功劳。这一次，当无情的风雨和潮汐使他的弱点暴露无遗时，这位舰队司令只能依靠自己，平松兄弟再也不会前来救援。

哥伦布手下的船长既有当局官员，也有政治领袖。例如，阿隆索·桑切斯·德·卡瓦哈尔（Alonso Sánchez de Carvajal）是巴埃萨（Baeza）的市长，而不是经验丰富的水手。另一位，佩德

第5章 在建立商业帝国的企望中重返新世界

罗·德·拉斯·卡萨斯（Pedro de Las Casas），是巴托洛梅·德·拉斯·卡萨斯的父亲，后者曾目睹哥伦布在首次航行后返回塞维利亚。[巴托洛梅的祖父迭戈·卡尔德龙（Diego Calderon）据信是犹太人，1491年在塞维利亚被处以火刑。] 巴托洛梅·德·拉斯·卡萨斯的三位叔父也在船上，从而与哥伦布建立起牢固的家族关系。

虽然船队医生迭戈·阿尔瓦雷斯·昌卡曾为伊莎贝拉女王治过病，但在西班牙医生并不怎么受人尊敬。不过，哥伦布对他十分信任，认为他是西班牙最出色的执业医师之一。

在参与此次航行的所有人中，受过良好教育者寥寥无几，其中便包括昌卡。他也许算不上聪明，但始终坚持记录航海日志，足见其深谋远虑。

船队名单上的另外两名成员也将名噪一时。海图制作者胡安·德·拉·科萨也登上了"玛丽亚加兰特"号。在哥伦布的首次航行中，他曾是旗舰的所有者和船长；在第三次航行时，他还将与哥伦布一起出海；之后，他又与哥伦布昔日的竞争对手亚美利哥·韦斯普奇（Amerigo Vespucci）共同出航。

胡安·德·拉·科萨于1500年绘制了著名的世界地图，这幅地图被公认为欧洲第一幅绘有新大陆的世界地图。在这几次航海的参与者绘制的地图中，只有这幅地图留存了下来。（哥伦布的地图目前仍在马德里海军博物馆展出。）

另外一位成员名叫胡安·庞塞·德·莱昂（Juan Ponce de León）。此人颇具魅力，一心向往财富，后来被西班牙政府指派为第一任波多黎各总督。作为一位有身份的绅士，他也参加了第二次航行。11年后，他自己出资组建起一支探险队，这一壮举哥伦布在其声望如日中天时也未能完成。1513年4月2日，庞塞·德·莱昂遇到一片陆地，但他误以为那是一座岛屿，并将其

145

称之为"La Florida"[①],因为时值复活节,当地草木丰茂、百花盛开,令人联想起西班牙的鲜花节(Pascua Florida)。他还曾在北美洲某地登陆,而这无疑是一项重大成就。哥伦布在4次航行中从来没有遇到过,甚至从来没有意识到北美大陆的存在。

当哥伦布声名鹊起时,葡萄牙国王若昂二世不顾一切地想要推翻教皇的诏令,这道诏令有可能削弱甚至消灭卢西塔尼亚帝国。西班牙统一后,即便没有任何来自海外扩张的资源也能生存下去,但人烟稀少的葡萄牙需要依赖殖民地的资源才能存活。若昂二世始终面临来自海上的威胁,并多次恳请伊比利亚与葡萄牙合作。1494年6月7日,若昂二世巧言说服斐迪南和伊莎贝拉派代表出席了在西班牙托德西利亚斯举行的首脑会议。这两个主权国家签订条约,将双方的殖民分界线移往佛得角群岛以西370里格处。

不过,这一改变使随后的情况变得更加混乱。这条分界线究竟在哪里,是穿过佛得角中央,还是位于该群岛西侧?谁也不敢肯定。此外,由于当时人们对地球的大小存在严重误解,因此即使所有人就这条线路的位置在理论上达成一致,也没有人能够确定其具体坐标。

对葡萄牙来说,这看似只是一次技术上的胜利,结果却至关重要。这一改变意味着悬挂国旗的船只可以沿非洲西岸的贸易航线往返。更为重要的是,这条重新划定的分界线将巴西这片广袤、肥沃且大部分尚未被开发的土地划给了葡萄牙。

然而,目前的新秩序仍对新兴的西班牙帝国较为有利。据说哥伦布曾对教皇的想法产生了影响,因此他有义务进一步开展行动。哥伦布时年43岁,作为一名水手这已是高龄,但他仍然受到皇室宠信,身体也十分健康,足以率领船队横渡大西洋,所以他

---

① 西班牙语,意为鲜花盛开之地,即今佛罗里达州。——译者注

必须在此时采取行动。他父亲的经历说明,一旦发生重大变革,他们随时都有可能被剥夺政治权利。

1493年9月25日,船队启航当天,加的斯港洋溢着一派节日气氛。"众人互相拥抱作别,船上挂满了旗帜,索具上缠着彩带,每艘船的船尾都绘有代表双王的颜色,"船上一个名叫吉列尔莫·科玛(Guillermo Coma)的西班牙贵族回忆道。与此同时,乐手们"有的吹起长笛,有的弹起里拉琴,那悦耳的旋律令海中的仙女和妖女也为之心动。海岸上喇叭和号角声大作,而海底回荡着大炮的阵阵轰鸣"。

一阵轻风吹来,17艘船向目的地驶去。"9月28日,离开西班牙一百里格后,舰队司令的船上飞来许多陆禽、斑鸠和其他小鸟。它们似乎准备飞往非洲过冬。"它们按照自己的固定路线向南飞去,而哥伦布也按照他的航线向南方和西方驶去。

10月2日,星期三,他继续沿原定航向行驶,来到了大加那利岛。这座岛屿仿佛从海上升起一般,一片葱茏。他定锚停船,但时间不长。子夜时分,他启程前往戈梅拉岛(Gomera),并于3天后抵达了这座郁郁葱葱的小岛。

戈梅拉岛自罗马时代起就有人定居。由于当地居民相隔遥远,彼此通常使用一种名为"席尔波戈梅罗"(Silbo Gomero)的奇特哨语,依靠音高的不同起伏进行交流。哥伦布无暇欣赏这种奇怪的方言。他正专心致志地为船只补充必要的给养,而且船上的动物也分散了他的注意力。这群即将横渡大西洋的动物包括公猪和母猪、绵羊和山羊、24匹种马、10匹母马和3头骡子。在漫长的几个星期里,如果将这些动物安置在臭气熏天的货舱中,它们肯定活不下来,因此它们占据了舰桥这一特殊位置。它们排成一排,脑袋不停地上下摆动，整个场景不禁让人联想起挪亚方舟。

在戈梅拉岛上，还有一个人分散了哥伦布的注意力，那就是多尼娅·比阿特丽斯·德·博瓦蒂利亚（Doña Beatriz de Bobadilla）。在加那利群岛，她被称作"女猎手博瓦蒂利亚，一位极其出色的女性"。

1492年9月3日至6日，哥伦布在戈梅拉岛的圣塞巴斯蒂安作短暂停留，这段时间足以使他与岛上的统治者比阿特丽斯·德·博瓦蒂利亚进行一次浪漫的邂逅。这位冶艳的美女时年30岁，继承了卡斯蒂利亚的高贵血统，17岁时曾为伊莎贝拉女王当过伴娘。当时，她迷上了斐迪南国王。（斐迪南国王虽然表示自己忠于女王，但还是多次暗中与博瓦蒂利亚进行联络。）

大约与此同时，埃尔南·德·佩拉萨（Hernan de Peraza）进宫请罪，向双王解释一名同行指挥官的死因。伊莎贝拉女王赦免了他，但作为交换条件，他必须保证以西班牙的名义征服大加那利岛。而且，如果他想赎罪，还有一个"不太麻烦的差事"，即迎娶年轻的比阿特丽斯·德·博瓦蒂利亚，从而使她远离斐迪南国王。伊莎贝拉一举两得，既赢得了佩拉萨的忠诚，也离间了丈夫与年轻美貌的情敌之间的关系。没过多久，比阿特丽斯·德·博瓦蒂利亚和埃尔南·德·佩拉萨就在成婚后返回了戈梅拉岛。为了反抗佩拉萨的暴虐统治，被称作关契斯人的当地土著将其杀害。

守寡后的比阿特丽斯·德·佩拉萨同样手段残忍。她将一些骑士和当地要人引诱到城堡之中。在与她见面后，其中一些人得以幸存，另一些人则未能活着出来。一名受邀进入城堡的人据说曾经散布传言，称这名寡妇的行为有失检点。于是，比阿特丽斯·德·佩拉萨邀请此人来到城堡，在与其稍事寒暄后叫来仆人，逮捕了这名来客。此人承认自己行为不当并道歉，但是徒劳无益。

比阿特丽斯·德·佩拉萨命令仆人用绳索套住他的脖子，将他吊在塔梁上，平静地看着他垂死挣扎，然后命人将尸体挂在一棵棕榈树上，以警告那些敢于对多尼娅·比阿特丽斯说三道四的人们。

虽然她的行为在当地引起了轩然大波，但她还是改嫁他人，并很快与政治对手费尔南·穆尼奥斯（Fernan Munoz）发生领土争端，后来下令将后者处以绞刑。最终，比阿特丽斯·德·佩拉萨服毒自尽。

上述可怕事件发生在随后几年。眼下，当哥伦布开始第二次航行时，这位女猎手想要他留在戈梅拉岛，与自己待在一起。哥伦布磨磨蹭蹭不愿离开，并想尽办法给她留下深刻印象。哥伦布的一个朋友、萨沃纳的米歇尔·德·库尼奥（Michele de Cuneo of Savona）喜欢搬弄是非，也参加了这次航行。"当地举行庆典和发射礼炮"次数之多令他目瞪口呆，而这一切都是"为了前段时间舰队司令曾为之神魂颠倒的那位女士"。也有人表示她希望哥伦布作为自己的丈夫永远留在当地，并且制止他继续出海探险。然而，无论是为了她还是其他任何人，哥伦布都不会放弃航海。

1493年10月7日，星期一，在结束恋情并结清戈梅拉岛的账目后，哥伦布率领手下这支由17艘船只组成的舰队，浩浩荡荡地向印度进发。

迷雾中的食人族

临行前，哥伦布将命令密封起来交给每艘船的船长，除非因天气缘故不得不改变航道，否则不得打开这些命令。他强调一定要保守秘密，因为他不想让其他人（尤其是葡萄牙人）弄清他的路线。

截至 1493 年 10 月 24 日，星期四，哥伦布已经向西驶出 400 多里格，但是并没有发现海藻。为此他感到十分担心，因为在第一次航行中，此时他已经看到了大量海藻。接着，"出乎所有人意料的是"，海上出现了一只燕子，而且在随后的两天里，众人再次看到了燕子。次日，"海浪滚滚而来，到处一片漆黑，唯有电闪雷鸣，黑夜笼罩着大海。在这种情况下，船只一旦失事，就再危险不过，"吉列尔莫·科玛回忆道。风雨猛烈地摇撼船身，以至"刮折了帆桁，扯碎了船帆，扯断了绳索。木板嘎吱作响，舷梯被水淹没，有些船只甚至悬于波峰之上，另一些船只看到海水分开，海底露出"。它们眼看就要互相碰撞，简直就像池塘里的玩具一样。

在一团混乱中，"圣艾尔摩之火"（St. Elmo's fire）在他们中间显现。这种自然现象得名于地中海水手的守护神、福尔米亚的圣伊拉斯谟（St.Erasmus of Formiae），亦称圣艾尔摩，指的是空气被雷暴电离或者被电激发后发出的蓝紫色光，通常伴有嗡嗡声或嘶嘶声。迷信的水手会依靠此类预兆来指引自己在海上的生活，他们将"圣艾尔摩之火"视作神灵保佑的象征。

11 月 2 日，哥伦布观察天空时，发现"前方乌云密布，从而确信陆地就在附近"。他放下船帆,始终保持警惕。11 月 3 日拂晓，一座巨大的岛屿出现在他面前。当地居民称之为查尔斯岛(Charis)，这里自古以来就与世隔绝，但是现在已经为世人所知。在星期天抵达该岛后，哥伦布将其命名为 Dominica[①]，仿佛让整座岛屿都皈依了基督教。

登陆的消息很快在船队当中不胫而走。

"拿赏赐来！"

"我们看到陆地了！"

[①] 意为"星期天"或"休息日"，即今多米尼加。——译者注

第 5 章　在建立商业帝国的企望中重返新世界

哥伦布接连发现的 4 座岛屿现在被称为背风群岛（Leeward Islands），是小安的列斯群岛最北端的群岛，位于大西洋和加勒比海的交汇处。（"背风"是指该地区的盛行风；这些岛屿处于迎风群岛的下风或背风，位于与信风相接的位置。背风群岛包括美属维尔京群岛、英属维尔京群岛、尼维斯岛、圣基茨岛、圣巴特勒米岛、安提瓜岛和瓜德罗普岛。）这些岛屿从海上出现，仿佛奇迹，让所有人都深受鼓舞。众人纷纷来到甲板上，吟诵祈祷文和赞美诗，以示感恩与宽慰。与此同时，船上随行的动物们，包括小鸡、公鸡，尤其是马匹，也兴奋地叫了起来。

哥伦布成功地完成了第二次跨大西洋的航行。这一次，他手下的 17 艘船只均未遭受严重事故，从戈梅拉岛出发后，仅用了 20 天就驶出 800 里格，大约相当于 2 400 英里。他凭借自己的判断和直觉，再加上有利的风向，找到了戈梅拉岛与背风群岛之间的最佳路线，并且向世人证明，他完全可以在没有平松兄弟的情况下率队横渡大西洋。事实上，在这场角逐中，哥伦布已经胜过了他们。当然，他距离上次在西印度群岛登陆的地点还很远，找到那些被困在拉纳维达城堡的水手也还要很长时间。尽管如此，他的部属无一丧生，第二次航行有了一个良好的开端。

哥伦布本想在多米尼加东海岸停泊，但没有找到适合下锚的地点。他后来向斐迪南和伊莎贝拉解释说："海上波涛汹涌，暴风雨和迷雾即将到来。"麻烦才刚刚开始。"余返回四散的船队，令其向一起靠拢。随后派遣装备最为精良之快帆船驶向北方某处。"但是，哥伦布没有留意这艘船的进展速度。"由于天气恶劣，余心事重重。"他收起船帆，召集其他船只，"向距离多米尼加十里格外的另一座岛屿驶去"。哥伦布忍住心头的失望，却没有意识到他刚刚与据称居住在此地的食人族擦肩而过。

151

人们传说，在随后数年中，抵达该岛的欧洲人吃尽了苦头。直到有一天，食人族在吞食了一位修士后病入膏肓，从此以后再也不会接触身穿修士服的人。因此，当西班牙船队在渡过大西洋后别无选择、只能在多米尼加寻找食物及饮水时，他们就会派出一名修士或者一名装扮成修士的水手来完成这项任务。

由于找不到安全的锚地，哥伦布下令船队前往附近的一座岛屿。嗜食人肉的加勒比人称之为爱知岛（Aichi），而他们的猎物泰诺人将其叫作图卢卡埃拉（Touloukaera）。哥伦布不管双方的争议，以他的旗舰为其命名，将这片迷人的土地称为玛丽亚加兰特。停好船只后，他冒险上岸。借用其子的话来说，"他以天主教双王之名义，庄严收回他在首次航行中从印度群岛所获之一切岛屿和陆地"。这位海洋舰队司令如今大权在握，重新回到了自己的领地。

船队医生迭戈·阿尔瓦雷斯·昌卡在写到这片土地时惊叹不已。"该岛林木茂密，令人称奇，当地树木多不为人所知，其种类之繁多尤让人瞠目。有的已经结果，有的仍在开花，到处苍翠欲滴。"而在每年这个时候，西班牙的树叶已经落尽，只剩下光秃秃的灰色枝条。这里的空气仿佛充满了魔力。

"吾等看见一树，其叶香气怡人，有如最为芬芳之丁香，"他赞叹道。有几名船员出于好奇，尝了尝树上陌生的水果。转眼之间，"众人面皆肿胀，且有强烈烧灼和疼痛之感，如患狂犬病一般，冰敷之法根本无用"。两个小时后，这些西班牙来客满嘴火烧火燎地乘船离去。

向北驶出 9 里格后，船队来到一座壮观的高耸岛屿。哥伦布写道："此岛形似钻石尖端，巍巍然不啻奇迹。其顶峰涌出一股巨大泉水，向山边四散开来。数条溪流从余所立之处对面注入，其中一条水大浪急、落差很高，溪水皆呈白色，若从桶中奔涌而出。

第 5 章 在建立商业帝国的企望中重返新世界

吾等皆不敢信其为水,而以其为白色岩石之纹理。"

水手们纷纷打赌,那究竟是岩石还是溪水?放下船锚后,他们得出了答案:那只不过是溪水。他们来到了一座遍布溪流的岛屿之上。"抵达此岛后,臣为其取名为圣玛丽亚德瓜达卢佩,"他写道,因为西班牙埃斯特雷马杜拉瓜达卢佩有一座圣玛丽亚修道院。当天是 11 月 14 日。

此时,风向突变,带来阵阵浓雾和滂沱大雨。整整一天,哥伦布都在狂风和巨浪中艰难前行。随着天气稍有好转,他拿出望远镜,发现了一片林间空地,而远处几乎看不清人烟。哥伦布下令抛锚,但慌恐的岛民早在西班牙人到来之前就逃之夭夭。"臣来到北面,因多数土人住在该地,"哥伦布写道,"随后臣靠近陆地,令整个舰队下锚。"

哥伦布派遣一位船长登岸。借用昌卡的话说,此人"发现了大量待纺的棉花、纱线和食品"。但是,当地人都逃到了哪里?

费迪南德写道:"吾等只发现一些儿童,并将鹰铃放在这些儿童手中,以便彼等返回后令其父母放心。"西班牙水手仔细观察了当地的建筑,发现"几只雌鹅,与吾国之鹅类似"。他们还看到一些外表奇特、公鸡大小的鹦鹉,鹦鹉头顶的羽毛十分鲜艳,有朱红色、蓝色和白色等。他们鼓起勇气,尝了几口类似甜瓜但味道更甜、气味更香的水果。他们发现不少弓、箭和吊床,但还是竭力遵守命令,不从这座荒芜人烟的小村庄里拿走任何东西,以增强"印度人对基督徒的信任"。

水手们走近细看,发现这些貌似平和的家户令人毛骨悚然。"在彼等房中,"哥伦布写道,"臣看到每个房间均悬挂有数只提篮、巨大的弓形人骨和人头。"他惊讶地发现,"其中一大块木头来自一艘西班牙船的船舣,臣以为此即臣去年留在拉纳维达之船。"这里四处一片寂静，愈发令探险者们紧张起来。他们觉得有人在监视他们，但那些是什么人呢？

"当地土人皆已逃往乡野，"哥伦布在给双王的信中写道，"臣等所见不多，所俘也很少。因树木茂密，臣等只捕得几名女子，不久将献于二位陛下面前。"这些人只不过是一些逃难者，是残忍食人族的牺牲品。"依臣看来，她们皆被掳去为奴或做妾。"这些女子打着手势表示，"她们的丈夫已被吃掉，其他妇女的儿子和兄弟也被吞食，而她们不得不跟着一起进食。"可悲的事情还不止于此。"臣还发现一些被带往此地的男孩，其阴茎均已被割去。"起初，哥伦布认为他们阉割男孩只是"出于对女性之嫉妒"，但是随后了解到，"彼等此举是为了将其养肥，如卡斯蒂利亚的阉鸡一般，以便在宴会上享用，而女人则不会被杀"。

拉纳维达的水手是否会与印第安人居所中恐怖的人类遗骨有着同样的遭遇？哥伦布是否会听凭他们以这种方式牺牲？出于内疚和恐慌，他打算逐岛查看。作为报复，他下令摧毁了途中遇到的每一只独木舟。"但臣仍心神不宁，欲救援此前被臣留在此地之人，故无暇细搜。"

在对瓜德罗普岛进行搜索后，哥伦布只发现众多无人的村落，但是在一个小村庄里，他的手下看到"有人抛下一名一岁大的婴孩，并且让其独自在小屋待了六天"。水手们每天经过小屋时，"总会在一束弓箭旁发现这名小孩，因彼常到附近一条河边喝水，然后返回屋中，且总是兴高采烈，心满意足"。

哥伦布看到这名幼儿独自留在野外，十分顾念，因此决定出面干预，希望他能"皈依上帝、一生好运"，然后将其托付给船上一名来自卡斯蒂利亚的妇人。至于这名妇人及与其类似之人在船上扮演着何等角色，由于资料匮乏，人们尚不清楚。在育婴保姆

第5章 在建立商业帝国的企望中重返新世界

的照料下，这名被遗弃的印第安幼儿茁壮成长起来。哥伦布向斐迪南和伊莎贝拉吹嘘道："眼下他表现很好，能够完全听懂和使用吾等之语言，此事甚妙矣。"哥伦布很想立即将其送往西班牙，"但臣又担心他会因年幼而夭折"。

正如同时代的其他探险家一样，哥伦布将自己的航行路线和地理发现都视作商业机密。当初为了获取这些秘密，他每天都要冒生命危险，所以才会对它们严加保护，以防被投机分子和竞争对手窃取。与此同时，哥伦布的心腹、海图绘制人胡安·德·拉科萨为新发现的列岛搜集了大量资料，并绘制了一幅正式指示图，但这幅地图并未保存下来，而在他于1500年绘制的那幅著名的世界地图中，对该地区几乎没有提供任何信息。在第二次航行过程中，他收集了"迄今为止所发现岛屿之图纸及去年所绘之地图，余在绘制时皆煞费功夫"，但即使这些地图保存了下来，它们的价值也可能十分有限。

在这次航行中，哥伦布为新发现地点所取的名称大都以缩写形式保存了下来，而这些名称为他的行踪提供了一些线索。

例如，以巴塞罗那附近一座修道院命名的圣玛丽亚蒙特塞拉特，后来变成了蒙特塞拉特（Montserrat）；以塞维利亚大教堂中著名圣母命名的圣玛丽亚德拉安提瓜，后来被简称为安提瓜（Antigua），因为据称哥伦布曾在这座教堂里祈祷。但哥伦布命名的圣马丁岛后来却把此名"让"给了西北方的另一座岛屿；后来，之前的圣马丁岛被称为"雪中圣母"（Nuestra Señora de las Nieves）。这一命名意在使人联想起一个与圣母玛丽亚有关的奇迹，而不是说岛上真的有雪，因为那里根本没有下过雪。

在为上述岛屿命名的同时，哥伦布正率领船队在这个每天都在变化着形态的新世界中穿行。巍巍群山在黎明时从黑暗中隐隐

155

浮现，到了中午直插厚厚的云层，傍晚时又逐渐消失在闪闪的夜空中。哥伦布的船队一路向西寻找印度，缓缓驶过不停变幻的海面，海面由灰色到深蓝再到靛蓝。他们的船只漂来荡去，仿佛在与四周的岛屿和洋流，甚至与现实本身玩捉迷藏一般。

清晨，哥伦布派出两艘小艇，命令手下抓回一个印第安人，好将他们带往伊斯帕尼奥拉岛和岛上的拉纳维达城堡。他的手下很快带回两个男孩，两人解释说他们来自博里昆（Boriquén），即今天的波多黎各，曾经遭到加勒比人掳掠。在第二次行动中，两艘小艇上的水手带回了6名女子。她们希望留在西班牙人的船上避难，但是遭到哥伦布的拒绝。他赐给她们一些鹰铃之类的小礼物，然后将其送回岛上。随后，加勒比人立即捉住这些妇女，并当着西班牙人的面厚颜无耻地抢走了她们的小礼物。

当小船第三次返回岛上装载木材和淡水时，当地妇女恳求水手们救救她们。"她们不仅受到善待，而且还有人慷慨地提供食物，因此她们认为一定是有神灵相救"，吉列尔莫·科玛写道。这些女子用腿勾住桅杆，"仿佛待宰的羔羊一般"，哀求哥伦布让她们留下来，不要将她们送回加勒比人那里去。

为了表示感激，这几名妇女向西班牙人透露了该地区岛上的所有情况，并暗中指出了加勒比人所在的方向。加勒比人在让妇女怀孕后，会吃掉她们的孩子。男性受害者的情况同样糟糕，一旦被活捉，他们会被立即屠杀并吃掉。昌卡写道，加勒比人"声称人肉是世上无与伦比之珍馐"。他还看到一堆光秃秃的人骨，足以证明加勒比人的嗜好。"所有能吃的部位均已经被啃食，剩下的部位之所以未被吃掉，是因为它们无法食用。"昌卡发现"一口锅中煮着……人的脖子"，那种情景和气味令他感到异常震惊。

更为糟糕的是，"年幼的男童一旦被捉，就会被切断与其他人的联系，并被充作奴仆，直至成年。待其长大后，加勒比人想要举行庆典时，就会将其杀死并吃掉"。有三名印第安男童从加勒比人手中逃脱，来到西班牙人处寻求避难。众人发现他们全都"遭到阉割"，足见这一习俗何其残忍。

"黄金时代"的遗民

当哥伦布准备驶向伊斯帕尼奥拉岛时，他得知手下有9人（1名船长和8名士兵）在上岸后没有返回。船上没有人知道他们的情况。茂密的灌木丛掩盖了他们的踪迹。

哥伦布左右为难，既不愿留下部属不管，又要赶往拉纳维达，因此只得派出一支救援队，并且为他们配备了火绳枪。此枪声响震耳欲聋，哥伦布希望，那些失踪的船员能够在听到枪响后回到安全的地方。但经过一周的等待后，"吾等只能认为彼等已被土人吃掉"，昌卡坦承。

在等待期间，哥伦布似乎对加勒比人毫不畏惧，命令手下上岸浣洗衣服，寻找更多木材和淡水。接着，他又派出一支由40人组成的队伍，队长是一位意气风发的年轻船长，名叫阿隆索·德·奥赫达（Alonso de Ojeda）。在他的指挥下，人们"前去搜寻失踪人员，揭开这个乡村的秘密"。

然而，在这座可怕的小岛上，他们既没有找到失踪的船员，也没有发现他们的尸骨，而是看到了大量玉米、芦荟、棉花、姜，以及猎鹰、苍鹭、乌鸦、鸽子、松鸡、鹅和夜莺，还有26条河流。"吾等曾数次登岸，探查所有民居和村落，"昌卡透露，"并且发现不少人骨和头骨悬于屋内，用作置物之容器。"尽管眼前的情景令人惊骇，"然在吾等看来，彼等似乎比其他岛上之居民更为文明"。

他们的木棚更加坚固,他们的纱线和棉花数不胜数,因此"对于吾国,彼等几无可羡之处"。

关于此次航行,更多证据来自皮特·马特·德安吉拉(Peter Martyrd'Anghiera)的笔下。这位编年史家说他曾与哥伦布"相交甚笃"。人们通常认为皮特·马特是意大利人,在西班牙宫廷任职。1493年4月,他结识了哥伦布。一个月后,他满怀激动,匆匆给朋友送去一封短信。"有个名叫克里斯托弗·哥伦布的热那亚人刚从欧洲以西的对跖地(也就是时人以为的印度)返回。此人曾费尽周折,说服两位陛下派遣三艘船只,随其前往该地区,而双王亦为他的言辞所动。他返回时,带回许多奇珍异宝,尤其是当地盛产的黄金。"

皮特·马特等人最早意识到了哥伦布发现的重要性。他还向教会最高层介绍了这位探险家的最新发现。"以下记述均摘自舰队司令哥伦布本人的原稿。"他写道。

接着,他向红衣主教阿卡尼奥·斯福尔扎(Ascanio Sforza)解释了印第安人住宅及家具的精美构造:"首先,彼等会用极高的原木作为木桩钉入地下,围成一圈;接着,将较短的原木支在里面,以防外面较高的木桩倾倒;最后,将高木桩的顶端像军用帐篷般连接起来,因此所有房屋的屋顶皆为尖形。此外,彼等会将棕榈树和其他树木的叶子层层叠叠覆于屋顶,巧妙地防止雨水流入屋内。在短木板和内侧木桩之间系有绳索,有的绳索为棉制,有的是将类似针毛草(这种植物多见于西班牙南部,其纤维十分坚韧)之草根缠绕在一起,而后在其上铺以棉毯。棉花系岛上自然生长,所以彼等用原棉或成堆的树叶制成吊床。此类普通住宅四周即为庭院,用于聚会与嬉戏。"

印第安人将这种庭院称作"贝提"(batey),是进行比赛的场

第 5 章　在建立商业帝国的企望中重返新世界

地。"贝提"两端各有 10 到 20 名运动员，球会在他们之间来回传递。男子和女子分别进行比赛。按照规则，运动员不得用手脚传球，只能用身体将球弹起，且不能超出界限。比赛时，普通观众席地而坐，统治阶层成员在长凳或小凳上落座。这种喧闹的比赛每天都会进行，酋长和球员还会为比赛结果下注。不同的球队通常代表不同的部落，这些部落在重要的集体事务上有各自的政治倾向。

西班牙的来访者们从未见过如此激烈的比赛，也从未见过这种用橡胶制成的有弹性的球。在两种文化单纯自发的交往中，美洲人的性格已初步显现，只不过当时的人们尚未注意到，而西班牙人最主要的动机是获得奴隶、香料和黄金，以及不怎么单纯的性交往。

此外，对于印第安人奇特的宗教仪式，哥伦布的手下也闻所未闻。在举行球赛的院子里，泰诺人也会举行敬奉当地神灵的复杂典礼，举办精心设计的婚礼、葬礼和宣战仪式，或者重演祖先的丰功伟绩，而所有这些仪式都有催眠音乐伴奏。

在仪式当天，泰诺人的鼓声和笛声令人血脉偾张，在院子里和远处的森林中久久回荡。在哥伦布等人可能听过的乐器当中，最引人注目的应该是"玛约瓦坎"（mayohuacán），又名"玛圭"（maguey）。这是一种用结实的树干雕刻而成的鼓，顶部有一个椭圆形或 H 形的缝隙。这种设计使鼓能够产生一种深沉强烈的共鸣。当鼓手用一根或两根鼓槌敲击悬挂在树上的玛约瓦坎时，周围几英里的人都能听到。泰诺人还有一种乐器是沙锤的原型，这种乐器就像一对大拨浪鼓，里面装着一个大球，侧面留有几个缝隙，从而使声音的节奏感变得很强。

这些乐器常被用在宗教仪式上，上面雕刻着"塞米"（cemí）的种种形象。"塞米"是泰诺族的宗教人物，形体虽小，但力量强

159

大。另外还有一种乐器名为"居伊拉"(güira),是用挖空的葫芦做成锉刀形状,两边刻有凹痕。时至今日,"居伊拉"、沙锤、现代版的长笛,以及被称为"古亚摩"(guamó)或"科博"(cobo)的泰诺口哨仍是拉丁美洲音乐不可或缺的组成部分。此外,泰诺人还有一种用海螺壳做成的吹奏乐器,类似喇叭,声音可以穿透森林,向远方的部落成员发出警告,表示危险即将来临。

泰诺人用上述乐器吹奏圣歌,举行名为"阿雷托斯"(areítos)的仪式,庆祝夏至、播种和收获。阿雷托斯仪式是为了庆祝酋长成婚、"尼泰诺"(泰诺人的统治阶级)重要人物的诞生及军事胜利。"自古以来,尤其是在酋长的府邸中,人们会命令'比希克'(behique,即智者)向其子传授所有知识,"皮特·马特写道,"通过这种教育,彼等可以实现两个目标:一是笼统地学习演奏关于其起源和发展(的乐曲),二是具体地学习赞颂其父亲、祖父、曾祖父等先辈在和平及战争时期的杰出事迹。"在所有情况下,他们吹奏的"旋律皆与主题完全契合"。

为了举行神圣的"阿雷托斯"仪式,泰诺人会进行精心准备。在仪式开始前,舞者要斋戒8天,其间只能饮用一种名为"迪伽"(diga)的花草茶。表演开始前,他们会在河流及神圣的"查尔科"(charco,即天然池塘)中沐浴,以净化自己的身体。

欧洲人逐渐明白,这种沐浴仪式是为了供奉"阿塔贝拉"(Atabeyra)。"阿塔贝拉"有时被视作淡水之神,有时被视作泰诺人的主神"尤卡胡"(Yucahu)之母。清洗完毕后,男人们会用植物做成的染料在身体上绘制"塞米"的形象。在净化仪式的结尾,他们会将用海牛肋骨精心制成的呕吐棒插入喉咙,排空胃部,准备接受神的启示。

仪式开始时,主持仪式的酋长坐在"杜霍"(dujo,一种四腿小凳，凳子上绘有五颜六色的"塞米"）上，接着，酋长会在每个鼻孔中插入一根细长的黑色烟斗，吸入"科霍巴"（Cohoba），即强力迷幻药粉。

"科霍巴"取自一种纤长的树木，植物学家称之为阿纳德纳特拉麻风树（Anadenathera peregrina），印第安人称之为"尤普"（yopo），这种树广泛分布于南半球。它的种子可以制作强效鼻烟，吸入这种鼻烟后，酋长会在三四个小时内陷入深度恍惚状态。他再次现身时，会向追随者们宣布从"塞米"口中听到的预言，而这些神圣的预言决定了随后的活动。鼓手和其他乐手开始敲击手中的乐器，醉人的旋律在广场上回响，然后飘向空中。

与此同时，"科霍巴"的粉尘会飘入其他印第安人的鼻孔，使他们对现实的认识模糊不清。300名舞者整齐划一，晃动着绑在胳膊、小腿、大腿甚至脚后跟上的蜗牛壳。

皮特·马特写道："彼等身上绑满了蜗牛壳，用脚击打着地面，载歌载舞，欢呼雀跃，向坐在门口的酋长致敬，而酋长用木棍打起鼓来，迎接上前的人们。"

人们在跳舞时手牵着手，或者互相抱着肩。男人们身上大红、黑、白三色的图案令人瞩目。"不过，女人们既没有特别的发型，身上也没有奇怪的图案，处女则一丝不挂。"皮特·马特写道。

在"比希克"即智者的示意下，戴着花环的妇女一边起舞，一边唱颂土人称之为"阿雷托斯"的圣歌，精心编成的篮子装满了用于进献的木薯。进门后，她们会围着坐在屋里的人们转圈，原本坐着的人们一跃而起，和她们一起唱颂神圣的"阿雷托斯"，赞美"塞米"。众人扮成伟大先辈的模样边讲边唱，感谢神明保佑，并谦卑地祈求未来的幸福。最后，男人们和女人们会双膝跪地，向神灵进献木薯。在智者祝福过后，人们会把木薯分成小块，送给每一个人。仪式结束后，每个参与者都会把部分木薯带回家中，作为神圣的纪念品保存1年之久。

11月8日，失踪的9名船员突然出现在哥伦布面前，解释说他们在森林里迷失了方向。"吾等为其回归欢呼雀跃，仿佛彼等是死而复生一般。"昌卡写道，这话的确在理。与他们一起回来的还有10名妇女和男孩，他们都是从加勒比人手中逃脱的。为了找到返回船上的道路，他们吃力地爬到树顶，"欲通过星星确定方向，但是根本看不到天空"。这群人在岸边徘徊时，无意间发现了仍在等待他们的船队。

舰队司令并没有为他们的意外归来感到高兴，而是十分恼怒。这些人虽然历尽磨难，但他们的故事未能打动执拗的哥伦布。他"对彼等之鲁莽举动做出惩罚，命人给船长戴上铁镣，并减少了其他人的口粮"，费迪南德写道。

11月10日拂晓，哥伦布率队从瓜德罗普出发，沿海岸线向西北行至蒙特塞拉特岛。船上的几名印第安人解释说，该岛已遭加勒比人蹂躏，他们吃掉了"所有土人"。哥伦布急忙赶往圣玛丽亚拉雷东达岛（Santa Maria la Redonda），该岛呈圆形，故而得名"雷东达"①。接着，他又来到圣玛丽亚德拉安提瓜，然后一直向西北方航行。哥伦布发现，这里的许多岛屿"地势很高，林木茂密"，因此极有可能派上用场。然而，正如其子所言，哥伦布"急于搭救被他留在伊斯帕尼奥拉岛上的船员，所以决定继续前行"。11月14日，由于风暴来袭，船队被迫来到今天被称为圣克罗伊（St. Croix）的岛上，在其背风面的盐河湾躲避。

---

① Redonda，在西班牙语中意为圆形。——译者注

第 5 章　在建立商业帝国的企望中重返新世界

一些船员登上该岛,"以了解当地生活的土人",昌卡写道,"同时也是因为吾等需要打听一下道路"。这里就像其他岛屿一样,"大部分女性……为加勒比人所房"。这一情况完全符合"船上那些女人的预测"。

哥伦布再次派出一支侦察队,命他们抓来一名印第安向导,但是他们只带回几名妇女和三个孩子。当侦察兵接近印第安人的独木舟时,他们与船上的四男一女展开了激战。这名女子显然是个神射手,因为她射出的箭竟然能够刺穿盾牌。作为报复,西班牙人开船撞向独木舟,印第安人纷纷落入盐河之中。等游到安全的地方后,他们抄起弯弓,射出带有致命毒药的箭。这种毒药据说是从毒番石榴的果实中提取的。

毒番石榴也被称作"海滩苹果",其枝叶茂密,果实累累。它的果实有剧毒,博物学家、学者冈萨洛·费尔南德斯·德·奥维耶多写道:"如果有人在毒番石榴的树荫下睡上一小时,其醒来后,面部和双眼均会浮肿,眉毛和脸颊也会胀得一般高。"西班牙人把这种水果称作"manzanilla de la muerte",即"死亡之果"。加勒比人还会将这种有毒的果实与毒蛇和毒虫的毒素混合起来,制成更加致命的毒药。毒番石榴的树叶也很危险,加勒比人会用它们给敌人的水下毒,唯一已知的解毒剂是海水。一旦被毒箭射中,五十个人当中,"连三人都活不下来"。

皮特·马特写道,在混战中,出现了一个女人,此人被其他印第安人尊称为女王。她的儿子就站在她身旁,"这个小伙子凶猛强壮,面目狰狞,像狮子一样"。彼等似乎准备干掉每一个西班牙人,包括那些身中毒箭、正痛苦挣扎的人。西班牙人集结起来,在食人族的独木舟旁站成一排,推翻了小舟。即使独木舟即将倾覆,印第安战士(无论男女)仍未罢手,而是一箭接着一箭射了出去。

163

最后，弓箭手们爬上礁石，准备奋战到底。直到这时，西班牙人才抓住了他们。数名印第安人在这场小规模冲突中丧生。西班牙人兴奋地发现，他们"两次打伤女王之子"。

幸存的印第安人精疲力竭，纷纷被俘。"即使被带上舰队司令的船只，这些土人仍像被困的非洲雄狮一般，面貌凶猛残暴。"皮特·马特写道。像许多西班牙人一样，受过传统技能训练的皮特·马特对印第安人抱有有两种看法。他站在安全距离之外，将印第安人与传说中特洛伊英雄埃涅阿斯时代的暴君相提并论，甚至不无嫉妒地描写了他们的生活：

"但余认为，伊斯帕尼奥拉岛的土著（这是他对印第安人的称呼）比前者更幸福，因为彼等赤身裸体，没有负担，没有限制，没有彼此争夺的货币，自由自在地生活在一个黄金时代，没有骗人的法官，没有书本，安于现状，且无须担心未来。假如彼等能够皈依真正的宗教，必然会比现在更加幸福。"

然而，哥伦布及其手下意识到，他们遇到的印第安部落经常生活在绝望与恐惧之中。为了争夺统治权和生存权，他们展开了无休止的斗争和掠夺，与欧洲国家之间的争斗如出一辙。皮特·马特虽然对印第安人依依不舍，但他也意识到，凶悍的加勒比人会不远千里寻找受害者。印第安人看似自由和单纯，实则"被统治他人的欲望所困扰，并且在战争中耗尽彼此的精力"。

哥伦布受到崇高使命感的驱使，但也偶尔会感到绝望。与他不同的是，他孩提时代的好友、热那亚士绅米歇尔·德·库尼奥既不会担心船队走到了什么地方，也不会为上帝给自己安排的角色所苦恼。

对于加勒比人阉割男童的骇人做法，库尼奥并没有感到恐惧，而是充满了好奇。库尼奥决心只管当前、不顾结果，而他这种态

第 5 章　在建立商业帝国的企望中重返新世界

度预示着"绅士海盗"[①]终将来到加勒比海。

在第二次航行中，库尼奥记下了自己对印第安人的仔细观察。印地安人会将沉重的盘子压在婴儿柔软的眉骨上，以塑造他们认为理想的面部轮廓。正如库尼奥所写的，"他们身材较矮，腿部匀称，面部扁平，皮肤偏厚，脸上有刺青，很少留胡须。妇女的胸部圆润坚挺，形态美观"。彼等会精心梳洗，用削尖的木棒将皮肤刮得十分光滑，还会"用手指拔除鼻孔中的毛发"。

库尼奥对印第安人的饮食惊叹不已。"彼等会食用各种野生及有毒的动物，比如每只十五到二十磅重的爬虫；其中有些爬虫体型巨大，彼等甚至会被爬虫吞掉。"库尼奥尝了一口这种食物，发现味道"极其鲜美"。但是犬类根本"不好吃"，还有蛇、蜥蜴和据他说会长到鸡一般大的蜘蛛也难以下咽。印第安人甚至还会食用"在沼泽中繁殖、体重从一磅到一磅半不等的毒虫"，而他对这些东西根本提不起胃口。

印第安人的行为完全是兴之所至，至少在库尼奥看来是如此。他们的寿命都不长。（"根据吾等判断，此地未见年逾五十之男子。"）他们"像野兽一样在地上睡觉"，让女人从事大部分劳作。他们用颜料涂满身体，以抵御当地"极其恼人"的蚊子。（相比之下，欧洲人只会待在水里，也没有找到更好的防治办法。）

印第安人饿了就吃，高兴了就性交，但是他们"性欲不太强烈"，库尼奥认为这是因为他们进食不足。"根据吾等在所到岛屿上看到的情况，无论是印度人（实际上是泰诺人）还是加勒比人，大都是鸡奸者，而且在余看来，彼等对于自己的行为并无是非之心。"

库尼奥冷静地记录了西班牙人的残忍行径及独木舟上的印第

[①] 亦称"皇家海盗"，尤指新大陆被发现后，有政府和国家在背后支持的海盗。——译者注

165

安人在敌众我寡时仍顽强奋战的情形。"一个加勒比人被长矛刺伤后，吾等以为他已经死去，"库尼奥在描写双方的对峙时称，"但随即看见他正在泗水。"西班牙人很快将其捉住，扭回船上，"接着用斧子砍掉了他的脑袋"。

据库尼奥回忆，他们俘虏了其他加勒比人，并准备把这些人全部送往西班牙，但其中显然有一个例外。"余在船上时曾捉住一名极为美貌的女子，"库尼奥吹嘘道，"舰队司令将其赐予我。我把她带到自己舱中，她一丝不挂，因为这是她们的习惯。我满心希望与她逍遥片刻，并试图满足自己的愿望。她却并不情愿，用指甲一通乱抓，让我顿生悔意。接着，我抄起一根绳子，狠狠抽了她一顿。她立即高声尖叫起来，那声音让你根本不敢相信自己的耳朵。她最终乖乖就范，我向你保证，你一定会以为她是从小被妓女调教长大的。"

同样，欧洲对新大陆的强暴也从此开始。

斐迪南和伊莎贝拉一旦得知上述劣迹，作恶者一定会付出可怕的代价。但即使哥伦布清楚自己同伴的无耻行为，他也只会秘而不宣。在参与哥伦布第二次航行期间，库尼奥对自己的日常生活做了书面记录，但他只把这些内容透露给了一位行事慎重的朋友。

费尔南德斯·德·奥维耶多更喜欢强调泰诺族妇女的忠诚和性感。"彼等非常喜欢西班牙人，当有西班牙人爱上她们时，她们会感到十分荣幸。在这些妇女中，许多人一旦在肉体上与基督徒结合，就会对后者保持忠诚，除非彼等走得太远并离开太久，因为她们不想成为守节的寡妇或修女。"

对许多人来说，贞操不是她们心中最重要的事情。虽然怀孕不可避免，但她们自有办法补救。"许多印度妇女会服用一种能够使其排出胎儿的草药，"他写道，"彼等认为年老的妇女才应该生

第5章 在建立商业帝国的企望中重返新世界

儿育女。年轻姑娘不愿放弃享乐，也不愿怀孕，因为生育会使她们的乳房变得松弛。她们都长着一对漂亮的乳房，并且为此感到非常骄傲。"

如果印第安女人不得不生下孩子，费尔南德斯·德·奥维耶多写道："她会到河中沐浴，流血和排污会立即停止。数日内，她不再从事任何劳作。印度女性的性器官收缩强烈，因此与她们发生过性关系的男性表示，其紧绷的程度让男人在满足激情的同时也要忍受痛苦。那些没有生育过的妇人看起来都近似处女。"印第安人这种富于弹性和柔韧的身体特征及性观念与传统西班牙和基督教的道德观念大相径庭，因为后者褒扬童贞、憎恶堕胎，并且常常以贞操的名义压制女性天然的性欲。

印第安男人会着重展示自己的性器官。酋长们"戴着金管，其他男人则戴着巨大的蜗牛壳，将彼等之雄性器官置于其中。彼等身体的其他部分都赤裸着，因为印度人不觉得身体会引起羞耻，"费尔南德斯·德·奥维耶多赞赏地写道，"在许多地区，男人和女人都不会遮盖性器官，彼等身上所有地方均一丝不挂"。哥伦布对印第安地区食人族和毒箭的奏报足以骇人听闻，而上述令人兴奋的描写同样给欧洲人留下了深刻印象。

在昌卡的记录中，他暗示西班牙人与印第安人之间的战斗并非出于挑衅，而是纯属意外。一艘载有两名男子和一个男孩的独木舟突然出现，他们看到庞大的西班牙舰船后惊骇不已，"整整一小时一动不动"。西班牙船只缓缓包围了他们。"当彼等仍在疑惑，想弄清楚究竟发生了什么事时，彼等不知道自己已经逃不掉了。"最后，当他们试图逃跑时，"船上的水手立即将其抓获"。

昌卡很同情这几个被俘的印第安人，因为他们寡不敌众，西

167

班牙水手共有 25 人。在被包围后,一个印第安人有两箭射中了敌人的胸口,另一个印第安人射中了敌人的肋骨。要不是西班牙人举着盾牌和木板,并且用船撞翻了他们的独木舟,他们会用箭射中大部分水手。在小舟倾覆后,他们仍顽强战斗。西班牙人躲过毒箭,打伤并俘虏了一名印第安战士,将他带回船上,但他不久便因伤势过重死亡。

在第一次航行中,人们只听说过凶残的加勒比人,但从未亲眼看见。眼下,昌卡在近距离观察后发现,他们"头发很长","脸上绘制的装饰图案多达上千种,有十字,也有彼等喜欢的其他样式"。西班牙人抓到了几个加勒比人,他们的眉毛和眼睛都涂得十分奇怪,"在余看来,彼等此举是为了让自己显得更加狰狞"。事实上,他们的确令人心惊胆寒。俘虏了发起袭击的印第安人后,西班牙人发现他们全部遭到阉割,而这是加勒比人的例行做法,用以在吃掉猎物前提高其口感。

随着加勒比人的残酷行径日益显现,哥伦布越来越心急。他继续向西北方向前进,"想要救援吾等留在伊斯帕尼奥拉岛的自己人",昌卡写道。船队乘风破浪,在蔚蓝的海面穿行,根本看不见陆地的影踪,陪伴他们的只有军舰鸟俯冲而下时瘦削的黑影。昌卡对这种类似鹈鹕的大鸟做出了准确描述,称它们是一种"不在水面停留或休憩的食肉海鸟"。

两天后,船上的人们终于发现了陆地,而那里可能是维尔京群岛。他们捕获了大量比目鱼、沙丁鱼、鲱鱼,甚至海马,接着沿波多黎各南部海岸继续前行,发现了一座印第安人的瞭望塔,"塔上能够容纳十至十二人"。11 月 22 日,星期五,满怀期待的人们终于看到了伊斯帕尼奥拉岛的北部海岸,这座岛屿坚如磐石、馥郁芬芳,又充满了神秘。

第 5 章　在建立商业帝国的企望中重返新世界

　　这是昌卡第一次造访西印度群岛，伊斯帕尼奥拉岛面积之大令他不知所措。"此地幅员辽阔，"他评论道，"凡是见过其海岸的人，都表示海岸线足有两百里格长。"他习惯了西班牙地广人稀的乡村和干裂的土壤，而 11 月的塞维利亚，虽然阳光明媚，但天气十分阴冷。在伊斯帕尼奥拉岛上，他还看到大量奇形怪状的植物。"这片陆地非比寻常，"他写道，"不乏崇山峻岭、大川宽谷，而谷内不生树木。余猜植物整年不会干枯，且此地没有冬季，因为在圣诞节期间仍能看到许多鸟巢，其中或有雏鸟，或有鸟蛋。"昌卡完全不认识这些鸟类。它们的出现是独立进化的结果，是他那个时代的人还不理解的力量造就了这些物种。

　　由于缺乏适当的分类法，对周围的动物群进行归类无疑是一项艰巨的任务，因此他只是踌躇地记下了"几条色彩斑斓的狗"和某种"像兔子般毛茸茸的动物……尾巴细长，前后腿像老鼠一样，而且还会爬树。许多吃过它的人都表示口感确实不错"。

　　此时此刻，他宛如置身另一个世界，这个世界难以捉摸，如谜一般神秘，既与欧洲相仿，又大相径庭，就像一门外语，他只能理解其中的一小部分。譬如，某种类似蛇的生物令他大惑不解，他声称印第安人"非常喜欢这种动物，就像吾国人喜欢野鸡一样，只不过其形状有所不同，大小与蜥蜴相仿"。

　　还有一头动物十分奇怪，其大小如牛犊，"形体如长矛"。西班牙人很讨厌这种动物，"尽管人们屡次尝试将其杀掉，但由于当地植被茂密，其可以在海边藏匿，很难被人捉到"。

炮声中宣布抵达

　　1493 年 11 月底，船队在荒凉的基督山港（即今多米尼加共和国北岸）暂停，"以考察当地地形"，昌卡写道，"因为舰队司令认为，他曾将手下留在此地，但此地不适合定居"。哥伦布直到事后才意识到，他在首次航行中选择落脚点时过于仓促，甚至没有顾及最基本的因素，比如这里难以获取饮用水和食物，以及距离侵略成性的加勒比人太近。因此哥伦布认为，他需要对这一带的地形及其危险详加了解，而他很快就会找到那些被他留下的人们。

他派出的侦察队在河边发现"两具死尸，一人颈间系着绳子，另一人脚上缠着绳子"。次日，昌卡写道，侦察队又发现"两具死尸，其中一人生前显然留有长须"。他们是谁？作为一名医生，昌卡冷静地以专业态度判断称："吾等当中有些人的悲观情绪大于乐观情绪，诚然是因为印度人皆不蓄胡须。"对于这个会引起手下恐慌的话题，哥伦布不置一词。眼下，他们距离城堡约有36英里。

两天后，即11月28日，哥伦布启程前往拉纳维达堡，去拜访瓜卡那加利酋长。此人曾受哥伦布之托，负责保护首次航行中被留在当地的39名西班牙人。去年圣诞节当天，哥伦布的船只中途搁浅，"圣玛丽亚"号撞上了沙洲。但是这一次，他的帆船在夜幕降临时安全抵达。"直至次日清晨，臣等待确定水深并确认能够平安通行后，才敢靠岸进港"，他回忆道。当一艘载有五六名印第安人的独木舟追上来时，他们离目标尚有3英里远，但哥伦布并不打算留在原地等待。

哥伦布开了两炮，以宣布他的到来。炮声不断回响并逐渐消失，哥伦布等着被他留下的基督徒们以同样的方式做出回应。然而，时间一分一秒地过去了，除了令人心酸的沉默，他们听不到一丝声响。"众人怀疑留在当地的同伴已被彻底消灭"，吉列尔莫·科玛回忆称。就连一向态度超然的昌卡也承认，船员们"异常担心"。"人们陷入巨大的悲痛之中"，他叹息道。西班牙人上岸后，既没

第5章 在建立商业帝国的企望中重返新世界

有发现生火的迹象,也没有找到他们的住所。

四五个小时后,一只独木舟驶近船队中的一艘帆船。印第安人示意他们要找哥伦布,然后登上了帆船。其中一人自称是瓜卡那加利的堂弟,清楚哥伦布对黄金的渴望,因此投其所好,向舰队司令馈赠了"黄金面具"等礼物。双方一谈就是好几个钟头,当太阳升起时,哥伦布感到"极为满足"。也许被他留下的基督徒们并未遭到毒手。这名自称是瓜卡那加利堂弟的人向舰队司令保证,除了那些死于疾病和"摩擦"者,其余的人全都状况良好。那么瓜卡那加利本人在哪里?此人称,瓜卡那加利由于腿部受伤,正忙于处理伤势,第二天便会前来。这名印地安人解释说,他们遇到了麻烦,另外两名酋长——考那波和马里尼联合发起袭击,纵火焚烧了瓜卡那加利的村庄。

印第安人答应次日与瓜卡那加利一道前来,然后返回独木舟中。"他们离开以后,当天晚上,吾等不再过于担忧",昌卡回忆道。天色放亮后,人们发现这座村庄"已被付之一炬,所有东西都被焚毁,只剩下印度人扔进房中的几片碎布。在场的印度人均行动可疑,不敢靠近吾等,甚至率先逃走……尽管如此,吾等还是试图讨好彼等,递给彼等一些拴马的铃铛和小粒珍珠"。

这是欧洲人在西印度群岛建立的第一座城堡,哥伦布上岸查看了城堡的损毁情况。自从踏上这片沾满鲜血的异国土地,他便想象着手下人所遭受的苦难,他的使命感从此完全改变。"在看到城堡和房屋的断壁残垣后",他感到"悲痛不已",哥伦布的儿子费迪南德称。"除了一些破碎的木箱和其他物品的残骸之外,这里已被彻底摧毁并洗劫一空。"哥伦布下令清理城堡的水井,搜集周围的黄金,但是人们没有找到任何金子,水井也已经见底。

哥伦布溯流而上,想找人解释这里到底发生了什么,但只看

171

到 10 具西班牙人的尸体。这些尸体"面目全非，均已腐烂，惨不忍睹，沾满尘垢和血污，看起来惨白可怖"，科玛回忆道。"彼等被曝尸野外，长达近三个月。"舰队司令率领部下为他们的灵魂祈祷，并按照基督教的仪式埋葬他们。"臣感到十分痛苦，"哥伦布写道，"虽然臣知此乃彼等自身之过错，但此等横祸着实令人唏嘘，故臣之痛楚不亚于其亲属，因为臣之本意乃望彼等无需冒太大危险即可赢得殊荣。"他认为，"假使彼等果能遵臣之指示"，他们定能获得无上荣誉。他当时的指示十分明确："首先，对于本国同胞及印度之妇女，尔等不得擅自打扰。"然而实际情况恰好相反，这些西班牙人不顾后果，"耽于美食与美妇之乐，因此自毁其前程"。

不久，有印第安人登船通知西班牙人，拉纳维达堡内的所有人均已丧生。哥伦布想要知道，他们究竟遭到了何人毒手？

瓜卡那加利的副手回答，考那波酋长和马里尼酋长要为此事负责，是他们烧毁了城堡，打伤了支持西班牙人的印第安人。实际上，他恨不得立即飞到瓜卡那加利身边，带他一起来见哥伦布。心急如焚的西班牙人放他回去了，但他们显然犯了一个错误。"吾等等了整整一天，才意识到彼等再也不会回来。"这些印第安人上船后，西班牙人曾赐其酒水，他们醉后爬上摇摇荡荡的独木舟，因此众人怀疑独木舟倾覆了，而他们已全部被淹死。

即然哥伦布奉行的是上帝的旨意，他似乎不可能遭受如此重大的挫折。拉纳维达堡本是哥伦布开拓殖民事业的关键，它的毁灭致使整个船队及 1 500 名船员陷入了险境。哥伦布一直以为，各路神明会齐心协力，保佑他完成任务。那么，这一次为何事与愿违，神明为何不再眷顾他？

第 5 章 在建立商业帝国的企望中重返新世界

哥伦布下令彻底搜查被摧毁的地点，当然也没有忘了寻找藏在地下的黄金。众人来到一个只有七八间小屋的小村庄。村民们一听到欧洲人的声音，就立即"带上所有能拿走的东西，把剩下的藏在杂草中"，然后弃屋逃走。房屋里的一些东西显然属于曾经留在拉纳维达堡的人们，"尤其是一件款式优雅的斗篷，众人不清楚为何会有人会把它从卡斯蒂利亚带到此地"。西班牙人找回了同伴的裤子、一块布，甚至还有"圣玛丽亚"号（"舰队司令在上次探险时损失的旗舰"）上的"一个船锚"。屋中的手工制品引起了西班牙人的注意，尤其是一个精美的小提篮，篮子里装着一颗人头。"吾等推测这是某人的父亲、母亲或其他至亲，不料吾等后来得知，人们还发现了许多以类似方式保存的人头。"

西班牙人认为印第安人实在难以理解，因为后者选择的居住地极为奇怪。"彼等十分野蛮，甚至不具备寻找居所的理性，"昌卡惊诧地写道，"彼等在海边建造的房屋极其简单，周边杂草丛生，湿气逼人，着实令人纳罕，真不知道彼等是怎样活下来的。"然而，只要西班牙人继续留在这些岛上，他们的居住环境也会如此——杂草丛生，湿气逼人，毒虫、毒蛇遍地，很容易患上热病。

哥伦布派出的搜救小队又来到一座印第安人的村庄。令人宽慰的是，村民们向他们敬献了黄金，并且进一步讲述了基督徒们遭到考那波和马里尼杀害的情况。昌卡记录称，"有迹象显示基督徒之间发生过争吵，因为其中有人带走了三名女子，也有人带走了四名"。这个故事有可能出自杜撰，以便为屠杀编造借口。

从表面上看，西班牙人接受了这种说法。"有鉴于此，吾等相信彼等之不幸系因嫉妒所致"，费迪南德也无奈地表示。他指出，他的父亲也从印第安人那里听到过类似的故事，而这几名印第安人"能讲几句西班牙语，知道所有留守基督徒的名字"。"这些人声称，舰队司令离去后不久，彼等即开始争吵，每个人都尽其所能，带走了许多女人和金子。"

根据费迪南德拼凑起来的信息，考那波的暴行令人瞠目。"一天夜间，考那波来到镇上，将基督徒与众妇女居住的房屋付之一炬。彼等惊慌失措，不得不逃向海边。其中八人溺水身亡，另外三个人在岸上被杀，但印度人无法确认其身份。"在这个可怖的故事中，如果说有什么值得称道的地方，那就是瓜卡那加利站在基督徒们一边，而他也向哥伦布表示，他曾在与考那波交战时负伤。

如果真的如此，哥伦布在印第安人当中至少还有一个盟友。他逐渐意识到，"臣相信部下之死亡并非由瓜卡加那利所致，相反，臣几乎应当对他表示感激"。哥伦布脑海中的钟摆仍摇摆不定，他认为印第安人过于胆怯，不可能杀害他手下那些行动鲁莽的西班牙人。"此亦符合臣之怀疑，即这场灾祸系由内讧引发。"

12月7日，即次日清晨，哥伦布派出一艘快帆船，以寻找兴建新城的合适地点。另一支队伍也带着同样的目标出发，其中就包括昌卡。最后，他们找到了适合定居的地点，那里是一处"非常安全的港口"，很可能是现今海地北岸的海地角。

侦察队的确找到了瓜卡那加利，当时他躺在"草垫上，装出一副受伤的模样"，昌卡措辞严谨地写道。哥伦布也曾对这位酋长在拉纳维达堡受伤的故事深感怀疑，但后者再次讲述了自己与考那波和马里尼作战时腿部负伤的经过。他还向众人展示了伤口上包扎的绷带，暂时打消了西班牙人的怀疑。此外，他还向每位来访者赠送了一枚"金饰"。当地人把这些精工打造的黄金"挂在耳垂和鼻子上……不是为了炫耀，而只是为了美观"。

翌日，瓜卡那加利派遣其兄弟邀请哥伦布亲自来访。"舰队

第5章 在建立商业帝国的企望中重返新世界

司令在众多首领的陪同下登岸，穿着十分考究，即使在大城市里，也定会引人称赞"，昌卡写道。哥伦布及手下都收到了印第安人的黄金，因此他特意携带了一些小饰品进行回赠。众人发现瓜卡那加利威严地躺在吊床上，陪伴他的妻子和12名婢女不是一丝不挂，就是几乎全身赤裸。此外，还有形形色色的护卫及警惕地斜倚在地上的卫兵。这里就是印第安人的王宫。为了迎接西班牙来客，他们已精心做好了准备。

"他并没有起身"，在提到这位狡猾的印第安酋长时，昌卡写道。"他尽可能地对吾等摆出友好的姿态，并对基督徒们的罹难深表歉意，甚至几乎落下泪来。在开始谈论此事后，他竭力表示，其中几人因病离世，而另一些人去到考那波的领地寻找金矿，并在那里遭到屠杀，其余的人是在自己的营地被抓后遇害的。"或许是希望这场悲剧就此结束，或许是为了补偿那些不幸殒命的人们，瓜卡那加利向哥伦布赠送了更多的礼物。他的礼物一贯是黄金，还有用次等宝石装饰的腰带和王冠。

哥伦布满怀感激、瞠目结舌地接受了这些礼物，只见珠宝璀璨夺目，王冠拿在手中沉重而结实，仿佛赋予了他幻想已久的权力，令他感到一切尽在自己掌握之中。他的儿子费迪南德称，瓜卡那加利又赠送了更多礼物，包括"八百颗白色、绿色和红色的小石珠，一百颗金珠，一顶黄金王冠及三个装满金粒的小葫芦"。

此时此刻，哥伦布与其说要一心为死去的部下复仇，不如说是感到惊讶和得意，并十分乐意与酋长合作。尽管他们还没有来得及悼念那些在拉纳维达堡丧生的人，与黄灿灿的金子相比，那些无名之辈顿时黯然失色。如果一位领导者把黄金看得比部下的安全更重要，那么为了建功立业，他一定不惜付出巨大的代价。

由于随船医生昌卡也在场，哥伦布令其为瓜卡那加利看病。

昌卡走上前去，发现屋里太暗，表示自己需要在日光下检查酋长的伤口。受伤的酋长依言而行，靠在昌卡的肩膀上，一瘸一拐地走到外面。"他坐好以后，医生走到他身边，开始拆除绷带。"瓜卡那加利解释说，伤口是由石制武器击打造成的。"拆掉腿上的绷带后，众人凑近仔细查看。显然，他的伤腿与另一条腿没有太大不同，但他仍然狡猾地装出很疼的样子。"哥伦布等人开始怀疑，他的部下并非死于鲁莽、疾病甚至饥饿（当地土壤肥沃，他们不太可能会被饿死），而是被印第安人杀害了。不过，酋长的说法虽然不太可信，哥伦布认为自己最好还是不要深究。当天晚上，他甚至盛情邀请瓜卡那加利到船上共同进餐。

瓜卡那加利可谓备受瞩目。"当他来到舰队司令的旗舰旁后，"吉列尔莫·科玛写道，"船上响起了哨声，只听鼓钹齐鸣、炮声隆隆，欢迎他登船。"他在甲板上的一张桌前落座，桌上的食物"极为丰盛"，有各式各样的蛋糕和甜点，还有来自卡斯蒂利亚的美味佳肴。当其他印第安人"惊讶地望着桌上的所有东西"时，唯独瓜卡那加利"讲究礼仪，表现得庄重得体，很符合他的身份"。

此外，他还将黄金送给心存感激的主人作为礼物，从而使他显得更加尊贵。在注意到船上的印第安女人后，他矜持的假象立即烟消云散。皮特·马特记录道："人们发现他转向那些吾等从食人族手中救出来的妇女，色眯眯地盯着一个被称作卡塔莉娜的女子。"瓜卡那加利本会继续对其示爱，但是在看到西班牙人带来的奇怪动物——马匹时，他惊愕不已。据科玛记述，"它们穿着色彩鲜艳的马衣，戴着精雕细刻的辔头和光滑锃亮的肚带。马儿威武的外表吓坏了印度人，因为彼等怀疑这些动物是以人肉为食的"。

在第一次航行中，哥伦布在当地雇用的翻译曾漂洋过海，跟随众人前往西班牙，现在他得以返回故土。哥伦布让他向瓜卡那

第 5 章 在建立商业帝国的企望中重返新世界

加利解释,他计划在后者的领地建立另一处定居点。酋长声称自己对于这一安排表示欢迎,"只不过此地气候潮湿,不利健康"。接着,哥伦布和受惊的酋长认真谈起了基督教。过去,这位印第安首领一直对此感到怀疑,但是如今却"允许将圣母玛利亚的银像戴在他的颈间,而他以前曾经拒绝这样做"。

瓜卡那加利登船后,皮特·马特写道:"有人向舰队司令提议将瓜卡那加利留在船上,如此一来,一旦得知是他下令杀害吾等的人,吾等就可以对他进行惩罚。但是,舰队司令认为目前尚不能激怒此人,于是任凭他离去。"哥伦布很快就会对这一决定追悔莫及。

次日,酋长的兄弟带着黄金返回,他们总是会送来黄金,一同前来的还有来自博里肯(即今波多黎各)的女人。如果西班牙人认为这些女人是为他们准备的,那么后来的事实就会证明他们错了,因为这名印第安人"以自己及酋长的名义"对她们实施了侵犯。这段风波过后,这名印第安人很可能精疲力竭,和西班牙人陆续睡去。趁此机会,那几名女子翻身跃入水中,准备逃回陆地。西班牙人反应迟缓,过了一会才反应过来,但此时她们"已经游出很远,吾等的人乘船追赶,只将三人捉回……其他人均已上岸"。

皮特·马特用同情的笔调描写了她们对自由的渴望。"尽管海面并不平静,卡塔莉娜和另外七个女人仅凭臂力便游出三英里之远,从船上游到岸边。"西班牙水手乘小船追赶,只抓到其中三人,而且没有捉住她们的头领卡塔莉娜。他们认为,卡塔莉娜已成功逃到了瓜卡那加利身边。

天亮后,哥伦布气愤地令追踪人员返回,并派出一支队伍进行搜查。搜查人员发现,瓜卡那加利本人已和这些妇女一道,携带所有财产逃跑。哥伦布再次指派一名部下,率领数百名西班牙人寻找逃亡的酋长。最后,他们走进"一座蜿蜒的峡谷,两侧都

177

是陡峭的山坡"。众人看到远处有一个大木屋，认为瓜卡那加利有可能藏身其中，于是便走上前去。水手们遇到了一名印第安人，此人"额头长满皱纹，眉毛浓密，身边约有一百人同行……彼等有的手持弓箭，有的拿着彩绘的长矛和木棍"。他们"气势汹汹"地奔向西班牙人，一边"高声呼喊彼等是泰诺人，即'高贵之人'，而非食人族"。

这群"高贵之人"虽然也会使用武力，但是并不好战。水手们如释重负，发出了"和平信号"，而印第安人也"纷纷放下武器，收起凶悍的面孔"。由于印第安人喜爱黄铜，西班牙人向他们赠送了鹰铃，以增进双方的友谊。虽然双方在野外达成了和解，但这些印第安人并不清楚瓜卡那加利的下落。西班牙人对印第安人神秘莫测的行为方式感到难以理解，只好返回小船上。

哥伦布率队向东行驶，在来到今多米尼加共和国西北海岸的基督山附近后抛锚。在这里，高崖上跌落的沙石与植被缠结在一起，经过风吹雨打后纷纷碎裂，宛如裙带般散入四周碧蓝的海水中。波光粼粼的水面下，所有鱼类、甲壳动物和珊瑚礁都显露无遗。此地空旷开阔、引人入胜，地势十分有利，但岛上的植被密密层层，难以穿越。哥伦布大为担忧，认为无论是临时登陆还是修建堡垒，这里都令人望而却步。虽然日历显示当时仍是 12 月，但费迪南德写道，这里"有夏天所有之景象，鲜花盛开，鸟巢遍布，有些里面还是鸟蛋，有些则已经孵出了幼鸟"。

由于信风持续不断，船队需要逆风而行，因此进展甚微。"因天气恶劣，吾等仅迎风驶出三十里格，其困难程度不亚于从卡斯蒂利亚远道来此"，昌卡抱怨道。直到 25 天后，他们才离开了这里。

最后，哥伦布看见，穿过岸边的树林，有一座印第安人的村

第 5 章 在建立商业帝国的企望中重返新世界

落。借用费迪南德的话说,"此地很适合修建堡垒",有平原、山涧,岩壁一直倾斜到水边。"此平原地势极好,不亚于卡斯蒂利亚任何地方,"哥伦布在写给君主的信中夸耀道,"且青草丰茂,绿荫遍野,较西班牙盛夏之麦田更为美丽。"哥伦布估计,这处被称为"皇家草原"的地方"足以使两万名居民在此种植谷物和蔬菜,并建造房屋"。于是,他率领全体船员带上食物和装备下船,准备修建一处定居点,以取代他在首次航行时建造的小小基地,驱散那段令人黯然神伤的记忆。哥伦布及其部下"皆以为此地极宜建立城镇,因此地有一巨港,只不过朝向西北;还有一良川经过,其宽约一箭"。这座港口位于一个冲积而成的海角上,两侧海浪轻拍,山丘绵延,将大河一分为二,河水注入海湾,直至潟湖。

哥伦布如释重负,佯装欢欣鼓舞。"此地气候稳定、温和宜人,不可思议,"他兴奋地表示,"树木茂密,山峦起伏,百花盛放,如同安达卢西亚之四五月间一般清新。"就连野生动物也如此赏心悦目,他写道:"麻雀等鸟类欢声啼啭,夜莺一直在歌唱。"这里鸟巢遍地,"一群群雏鸭随处可见,河中野鹅比其他任何地方都多,而且所有鸟类均形体巨大,有灰鸽、苍鹭等上万种之多"。其实,当地还有松鸡、白鸽及许多他不知道名字的鸟类。"鹦鹉则不计其数",人们仿佛觉得它们总是在不停地啼鸣。

沿海的景色也让哥伦布兴奋不已。"城镇(这座城镇目前仅存在于他的想象中)以西两里格处,有一片美丽的沙滩,海滩尽头有一良港,堪称世上一流,港口之大足以容纳臣现有之一切船只。"站在港口上,大海上的景象一览无遗,只要有船只试图靠岸,人们在安全距离内便能看清。这里的土壤呈红色,连空气中都散布着花粉。娇艳的凤凰树缀满了鲜红的花朵,树下绿草如茵,莹莹欲滴。对于没有受过训练的人们来说,这个地方似乎是西班牙人

179

在西印度群岛发现的首个理想的定居点,但后来的事实证明,这一切都是假象。发现西印度群岛虽然不难,在此居住却并不容易,甚至根本没有可能。

在更远的内陆,一片郁郁葱葱的草原吸引了哥伦布,这里风景迷人、安详静谧。据印第安人说,金矿就在不远处。哥伦布在当地发现了一座石灰岩采石场,感到十分满意。他以一贯夸大其词的口吻称,这里的石灰岩"比建造塞维利亚圣玛丽亚教堂的岩石质地更优良",还有"一条湍急的河流,比瓜达尔基维尔河更秀丽"。哥伦布所说的很可能是奥萨马河,这个名字源自泰诺语。事实上,这条不到100英里长的水道根本无法与宽阔雄伟的瓜达尔基维尔河相媲美,后者是西班牙的第二大河流。不过,与瓜达尔基维尔河一样,奥萨马河水深河宽,最终流入大西洋,足以让西班牙船只航行。

哥伦布用女王的名字,将建设中的城镇取名为"拉伊莎贝拉",而女王也赋予了这座小镇合法性。吉列尔莫·科玛预言:"这里地处战略要冲,加之气候宜人,数年之内必将人口稠密,常有移民往来,并一举超越其他所有城镇。"

接着,他言过其实地补充道:"当所有建筑竣工,所有围墙巍然耸立之时,它将不逊于西班牙任何一座城市。彼等已经盖起了房屋,眼下仍在修筑城墙,以为这座城镇增色,并为其居民提供庇护。"他还写道,一条"宽阔的街道"将城市一分为二,城市中道路纵横交错,一座城堡从海滩上拔地而起。

他对这片小小的殖民地展开了天马行空的想象。"舰队司令之府邸可称作王宫,因为在将来某个时候,如果上帝、造物主及无数福祉之赐予者愿意,二位陛下即可以从加的斯出发,造访这片备受爱戴之土地,视察远在异乡所获得之岛屿。"他们可以沿奥萨

第5章 在建立商业帝国的企望中重返新世界

马河逆流而上,宣布哥伦布新发现的土地归西班牙所有。到达岛上后,除了其他建筑,他们还会看到"一座宏伟的教堂……众多陈设皆由伊莎贝拉女王从西班牙运抵,以敬奉上帝"。尽管哥伦布对天主教双王在这片新大陆上做礼拜的设想似乎有些牵强,但他仍向双王奏称,基督教正在此地深入人心。他说,印第安人会跪地沉思,对基督教十分虔敬。他的幻想的确很美好,而这种思想尤其适合对外传播。

本着这种精神,科玛认为拉伊莎贝拉不仅是一个临时的贸易站或者对敌的堡垒,而是从西班牙向新大陆移植文明的初期表现。他提出了一个令人陶醉但不切实际的设想,即拉伊莎贝拉等新建城镇很快就将能与西班牙首都匹敌。如果说科玛表达了哥伦布手下众人的共同感受,那么这番言辞也表明哥伦布出航的理由发生了重大转变——他不再执着于寻找古代印度。他意想不到地发现了一个全新的王国,并且为建设这个王国找到了原材料、劳动力和土地。这个王国甚至比西班牙面积更大、环境更好,因为它更加单纯,而且(如果天气允许)从加那利群岛出发,只需3个星期即可抵达。

就连一向对哥伦布口诛笔伐的拉斯·卡萨斯也承认,这座新的殖民地至关重要。"当余被任命为拉普拉塔港多米尼加修道院院长时,余从当地(拉伊莎贝拉)捡起一大块石头,作为余即将修建的修道院的基石,"他写道,"在此声明,余将这块石头安放于一楼东侧的角落,它是修道院的第一块基石,紧邻正门和教堂。"如此一来,他便可以将哥伦布在伊斯帕尼奥拉岛的遗产保存下来。

哥伦布一心一意想要建造一座新的城堡,他决心吸取拉纳维达堡的教训,为手下修建一处更加安全的避难所。

181

费迪南德称，他的父亲忙得不可开交，因此他从1493年12月11日起就不再记日志，直到次年3月12日身染重病后才恢复这一习惯。"余在睡梦之中，感到身体右侧从头至脚奇痛难忍，如同瘫痪一般，"他后来写道，"眼下余之状况略有好转，亦从未停止竭尽所能为陛下做事。自此以后，无论白天黑夜，余所着之衣物绝不比在塞维利亚时更少。"与此同时，他始终要忍受当地阴冷、沉闷的天气，并称其类似"卡斯蒂利亚平常之冬日"。从表面上他看似完全康复，但他的病痛日后会再次出现，而且愈发严重。

尽管外观粗糙、结构不全、卫生条件欠佳，拉伊莎贝拉仍于1494年1月6日正式建成。这是基督教历法中最重要的日子之一，即主显节，是为了纪念上帝以耶稣基督的肉身形式显现在人间。十几名神父在岛上的一座简易教堂里举行了落成典礼。这是基督徒在新大陆举行的第一场弥撒，但是，由于状况百出，哥伦布没有时间去思考这一里程碑式的事件。

他的两名助手，阿隆索·德·奥赫达和吉尼斯·德·戈尔巴兰，率领20多名西班牙侦察兵和几名印第安向导，立即从拉伊莎贝拉出发，前去寻找盛产黄金的"西宝"。哥伦布仍留在当地，继续调养身体。在遭到风暴、泥石流和洪水袭击后，奥赫达的队伍来到一座印第安人的村庄避难。

在那里，奥赫达获悉雾霭迷蒙的山丘中储藏有大量黄金。为了证实他们所言非虚，印第安人拿出了3个硕大的金块。这一发现让奥赫达喜出望外，他决定一有机会就向哥伦布报告。1月20日，他带着黄金、礼品和数名印第安仆人返回拉伊莎贝拉。他的副手戈尔巴兰又花了一天时间寻找黄金，随后也回到了城堡。

康复后的哥伦布对他们的发现感到十分高兴，准备前往西宝采矿，以带回更多黄金。这一举动令他的部下非常沮丧，因为他

第5章 在建立商业帝国的企望中重返新世界

们早已渴望返回舒适安全的故乡西班牙。

突然之间,他的手下毫无征兆地纷纷染病。昌卡医生孜孜不倦,坚持要对每一种鱼进行取样,以免众人误食毒物。但是,有三四百名水手患病需要治疗,昌卡倾尽心血,几乎累到精疲力竭。最初,哥伦布认为是当地的气候引发了疫情,但是经过深思熟虑,他写道:"余认为更应将其归咎于玩弄女色,而此事在当地司空见惯,因此彼等如行为不检、过度纵欲,则理应自食其果,余对此并不以为奇。"他所说的"果"就是梅毒。这种疾病有很多表现形式,但往往会自愈,在一次突然发作后就会消失。

哥伦布在探视这些病患时表示:"感谢上帝,彼等会逐渐康复,不出四五日,疾病便会发作完毕。"然而情况并非总是如此,梅毒仿佛一颗定时炸弹,有时会在神经系统中长期潜伏,并在数年后突然爆发。

梅毒为欧、美两个大洲都带来了灾难,如今科学界对其传播模式已达成共识。费尔南德斯·德·奥维耶多是一位自学成才的博物学家,在反思了当时的常见观点后,他写道:"在舰队司令克里斯托弗·哥伦布发现印度群岛并回国之后,梅毒第一次出现在西班牙。跟随哥伦布踏上'发现之旅'(这是奥维耶多对哥伦布第一次航行的称呼)和第二次航行的基督徒将这种瘟疫带到西班牙,并且传染给其他人。"在一场战役中,西班牙士兵将这种疾病带到意大利,"患病的人们从那里将疾病向整个基督教世界传播开来"。

费尔南德斯·德·奥维耶多认为梅毒很容易传播,仅仅与病患共用杯盘或床单即可染病。"与印度妇女交往和共寝的基督徒中,极少有人能逃脱这种瘤疾",他警告道。"这种可怕的疾病来自印度",在当地的"土著中相当普遍",但是"不如在欧洲危险"。根据费尔南德斯·德·奥维耶多的说法,造成这种差异的原因是印第安人能够治愈自身的梅毒。他认为，伊斯帕尼奥拉岛（更为准确地说，是该岛附近的贝亚特岛）有一种名叫愈创木的果树，印第安人会取其树皮或木片在水中煮沸并大量饮用。"毫无疑问，许多人的梅毒都是通过这种疗法治愈的。"

面对定居地出现的种种困难，哥伦布决心对手下进行轮换。其中一部分人将乘船返回西班牙，由一支新的队伍接替他们。这支队伍中的人员既要充当水手，又要充当士兵，准备承担今后的艰巨任务，而那些返回国内的水手可以吹嘘，西宝有巨大的金矿等待开采。这一决定将改变此次航行的性质，使舰队再次产生分裂，并进一步削弱了哥伦布本已岌岌可危的指挥权。

1494年2月2日，安东尼奥·德·托雷斯率领一支由12艘船只组成的庞大舰队从拉伊莎贝拉出发，驶向西班牙的加的斯。费迪南德称，此人"德高望重，具有良好的判断力，深受天主教双王和舰队司令信任"。托雷斯计划向当局提供一份完整的航行报告，并申请获得更多补给，以维持西班牙在新发现岛屿上的开支。此外，他还要向王室奏报有关拉纳维达堡驻军惨遭屠杀及新的定居点前景未明的消息。

从全局来看，客死异乡的水手无足轻重，这远没有可能到手的黄金重要。

第 6 章
迷失在群岛之间

眼前的景象令人咋舌：这些金块直接取自西印度群岛，价值3万达克特①，算得上一大笔财富。斐迪南和伊莎贝拉盯着这堆奇形怪状、仿佛具有魔力的块状物。只要拿住它们，你就能感到财富的分量和威力。王室之所以始终支持哥伦布和他的活动，动机不一而足，但这些金灿灿的战利品无疑是最有力的诱因。尽管此人尚有不尽如人意之处，但他确实履行了自己的诺言。

为了将这些金块从西印度群岛运回，安东尼奥·德·托雷斯沿着哥伦布走过的路线折返，历时25天，于1494年3月7日抵达加的斯。除了黄金，他还带回了少量香料和26名印第安人，其中三人据信为食人族。但他们只不过被视作稀罕的玩物，最令人兴奋的还是那些值钱的金块。

托雷斯带回了一封哥伦布写给王室的信。在信中，这位探险家极尽夸张之能事，洋洋洒洒又颇为动情地渲染了自己在伊斯帕尼奥拉岛遭遇的困境。他解释说，"要不是多数人猝然抱恙"，他本可以让托雷斯的舰队运回更多黄金。他想到过让那些身体尚且健康的人来干活，但又担心他们会遇到"诸多麻烦和危险"。要想

---

① ducat，旧时在多个欧洲国家流通的金币，近似足金，重3.56克。——译者注

前往"二十三四里格①以外"的矿区,他们将不得不徒步穿越崎岖的乡村,并且"在漫长的途中泅过一道道水湾与河流"。

此外,对患病者不加保护、把他们留给印第安人,显然也不明智。即便他率领那些健康者来到金矿,他们仍有可能遭遇"一个名叫卡奥纳沃的酋长,而众所周知,此人穷凶极恶且胆大妄为",很可能会令众人陷入险境。再者,纵使找到了黄金,他们如何才能将其运到船上?"吾等只能随身携带些许,不惜染病每日往来,或仅派遣部分人手运送,而仍有可能将其遗失。"

还有一个问题几乎与传染病同样紧迫,即"所有有利于御疾的物资均极匮乏,如葡萄干、食糖、杏仁、蜂蜜和大米等,上述物资本应大量运抵,然吾等却所获无几。""包括药品在内"的其他一些物资已经耗尽。他们的处境正日益恶化。哥伦布让托雷斯向西班牙王室捎去若干清单,其中一份请求王室"为其子民"提供如下生活必需品:

小麦	扁豆	大蒜(五千串)
大麦	培根	食糖
饼干	牛肉	芥末
葡萄酒(约一万六千加仑)	葡萄干	蜂蜜(三十六加仑)
桶装醋	无花果	糖浆(十罐)
罐装油	杏仁,榛子,核桃	种子
干豆	咸鱼(三百桶)	绵羊和山羊
鹰嘴豆	洋葱	小牛(二十头)
鸡(四百只)	酒瓶	水桶
滤器,滤网,筛子		

---

① 古代长度单位,1里格相当于3英里,约合4.827公里。——译者注

第6章　迷失在群岛之间

另一份清单专门列出了"舰队司令及其家属"所需之物。除了既定的必需品外，他们还恳请王室提供糖果等美味，以减轻在当地生活的困苦，其中包括：

蜜饯柚子（二十个）	白糖	上好蜂蜜（十六加仑）
糖果（五十磅）	橙花香露（四加仑）	精炼油
各类果酱（十二罐）	藏红花（一磅）	新鲜猪油（十二加仑）
椰枣	大米（一百磅）	火腿（一百磅）
木梨果酱（十二盒）	阿尔穆涅卡尔[1]葡萄干	小鸡（一百只）
玫瑰糖（十二罐）	杏仁	公鸡（六只）

为了便于在西印度群岛逗留，舰队司令还开列了其他一些奢侈品：数张五码长的桌布、七十二块餐布、六条毛巾、六对手下人用的餐布、锡制餐具、两盏银杯、两个水罐、一个盐瓶、十二把勺子、两对黄铜烛台、六个铜水罐、四个圆锅、两个大锅、四个煎锅、两个炖锅、两个带盖铜锅、一个黄铜钵、两把铁匙、数个刨丝器、两把叉子、一个滤锅、一个大盆、各式蜡烛及一个"用于烤鱼的烧烤架"。

至于上述物品如何有助于改变当地人的信仰，又如何有助于寻找大汗和找到黄金，他没有进行解释，而是提出了一条有关岛上食人族的建议。他力劝国王和女王考虑"将其中一部分送往卡斯蒂利亚……因为彼等终将摒弃食人之残忍习俗。在卡斯蒂利亚，待通晓西班牙之语言后，彼等将旋即接受洗礼，以拯救其灵魂"。至于哥伦布开始逐渐依赖的泰诺人，"当彼等目睹曾对其百般折磨，令其惊恐万状、闻风丧胆之辈为我等俘虏后"，他们就会对西班牙

---

[1] 位于西班牙南部海岸。——作者注

人"产生极大信任"。他提议在该群岛和西班牙之间定期运送食人族，而"所运抵者多多益善"。

然而，国王和女王注意到运抵西班牙的印第安人或有死亡，因此在信纸边缘的空白处作答道："食人者抵达此地后结果如何，汝务须使其知之。"想到塞维利亚的码头会被快船挤得水泄不通，而船上满载着奄奄一息的食人族，斐迪南和伊莎贝拉感到难以接受。他们更希望哥伦布"如有可能应在当地着手，务要确保令彼等皈依天主教之神圣信仰，同时竭力保证岛上全体居民仍留在原地"。换言之，哥伦布最好在当地让印第安人改变信仰。

哥伦布除了忙于航海、探险、保养船只、寻找黄金和传播基督教，这位舰队司令还对敏感的财政问题发生了兴趣。他坚持认为，第二次航行的主要参与者，包括奥赫达和昌卡等人，理应得到更高的报酬，享用更优质的蜂蜜、食用油和玫瑰糖，以匹配其付出。

哥伦布表示他对"那些骑师"十分不满，因为他们曾在最后一刻用劣马替代了良马（"即使此等老马中最佳者，也不值两百马拉维迪"）。舰队司令声称"此种替换实乃居心叵测"，并且提到船上某些人妄图实施阴谋诡计。"那些骑师不仅拿薪水，彼等途中之费用及马匹之开销迄今仍有人支付，不过彼等但凡感觉不适或不愿做事，便会声称除非彼等在场，其他人不得动用马匹，此外彼等也不会从事任何与骑马无关之劳作。"于是，国王和女王下诏，命诸骑师留在当地，只要"舰队司令有所差遣"，他们就必须确保能够随时调用马匹。

至于那自愿参加探险的二百余人，他们一向不守规矩，惯于我行我素，哥伦布提议继续为他们发放报酬，以便对他们的行为进行管理。（双王对此表示同意。）此外，哥伦布还请求双王为他们送去一些必需品，比如衣服、鞋子、骡子、火绳枪和十字弩，以补充船队日益减少的物资储备。

地理发现与管理帝国的区别

尽管麻烦不断，但哥伦布还是派遣急不可耐的阿隆索·德·奥赫达率领15名水手前往西宝寻找金矿。

在野外搜寻数日后，奥赫达和手下一起返回。他解释说，在爬上一个险峻的山口后，他们受到附近一个村庄酋长的欢迎，仅用6天就到了西宝。抵达西宝以后，他发现印第安人正在溪流中淘金。奥赫达从他们口中得知，许多溪流中都有金块，因此认定该地区一定"盛产黄金"。这一说法虽然言过其实，但正中哥伦布下怀。其子费迪南德称，身体逐渐康复的哥伦布"喜出望外"，决定亲自前去视察。

临行前，哥伦布委任兄弟唐·迭戈保护拉伊莎贝拉堡，并监督小镇的建设。舰队司令下令，他不在时，所有武器均要存放于旗舰之上，"任何人不得使用这些武器发动叛乱，因为曾有人趁他抱恙之际图谋不轨"，费迪南德写道。人们并不缺乏叛乱的动机。据费迪南德称，在这次航行中，那些低级贵族和业余探险家们认为，"一俟登陆，彼等即可在身上装满黄金返回家中，从而发财致富"。然而，费迪南德没有意识到，他的父亲和其他船员一样，也被黄金蛊惑了，并且推波助澜，助长了人们的这种错觉。

遗憾的是，"彼等并不清楚，获取黄金是一件耗时费力、艰辛劳累的事情"。黄金是一种稀缺资源，不仅难以开采，而且将它们运往西班牙既费时又危险，因此人们一旦认清现实，很快就会产生失望和怨恨，从而为哗变埋下了伏笔。

为了对西班牙人和印第安人中的潜在敌手进行恐吓，哥伦布开始炫耀武力。3月12日，星期三，他率领手下，不顾湿热列队出征，印有王室徽章的旗帜随风乱舞，茂密的植被压低了他们的号角声。费迪南德写道，他们从拉伊莎贝拉出发，除了那些"需要守卫余下两艘大船和三艘帆船"的水手外，所有身强力壮者都参加了这次行动。皮特·马特声称，哥伦布亲自向他讲起过此事，而据他推测，这支前往西宝寻找金矿的队伍包括"其手下所有骑兵和四百名步兵"。

舰队司令登陆后，率领众人踏上了一段风光旖旎的旅程。当地景色"如此尽善尽美、清雅秀丽"，拉斯·卡萨斯写道，"如此苍翠欲滴、开阔斑斓、美不胜收，以至于彼等举目四望，顿觉自己宛如置身于天堂"。

哥伦布当场向斐迪南和伊莎贝拉撰写奏书称："'西宝'乃印度人所取之名，在西班牙语中意即'采石场'。该地区面积巨大、地势崎岖，山峰高耸，且大都十分陡峭。此地不生树木，但仍有植被，因其土壤极为肥沃。所有青草皆类野草，比盛夏之麦田更高且茂密，不足四十日即可长到与马鞍平齐。若不将其烧掉，草地将终年翠绿如茵。山峰之下遍布大块圆石，犹如河岸、沙滩上之卵石，而石皆近于蓝色。"令哥伦布感到高兴的是，西宝的水质纯净，"清冽甘甜，毫不粗劣，不会危害健康、使人患病，亦可溶解肾结石，很多人都曾被治愈"。更妙的是，"大小溪流中皆含金块，或将金块冲至溪畔。臣相信，或说臣可以肯定，这些黄金来自山峦之上的金矿，在雨季被水冲入溪流之中"。

无论是黄金，还是那些想要开采黄金的人们，都需要加以保护。哥伦布认为此时应当在西宝的中心另建一座堡垒。于是，众人在山顶修建了一处小型定居点，并且为它起了一个令人胆寒的名字——Fortaleza，即"堡垒"。但这里并不是他们最终的目的地。皮特·马特说："从镇上向金矿前行近七十二英里后，哥伦布决定在一座高山上的一条大河边再建造一座堡垒，以便后续对该地区的隐秘之处进行安全探索。他将这座堡垒命名为圣多马(Santo Tomas)。"这个名字源自圣徒多马，即"怀疑者多马"。他曾经表示，除非亲手摸到耶稣的伤口，否则他绝不相信耶稣复活了。由于许多人怀疑这座山谷能够出产黄金，哥伦布也许想借此对他们进行批驳。

印第安人被忙碌的西班牙人所吸引，纷纷来到西宝，希望能得到一些铃铛和其他小饰品，就像白人渴望得到黄金一样。只要有印第安人带来金子，舰队司令就会有小礼品相赠。有些金块非常之大，哥伦布认为印第安人很可能是将较小的金块熔化，制成了大块黄金。

哥伦布一边将这些金块握在手中，一边听一位印第安老人告诉他有些金块"大如胡桃"，甚至比胡桃更大。"臣从这位老人手中接过两个金块，"哥伦布写道，"臣非常高兴，表示这些金块质量上乘，并赠予其一枚铃铛。他满意地长叹一声，仿佛比得到一座城市更心满意足。"哥伦布表示，这两个金块与"那名老人手中的其他金块"相比，立即黯然失色。老人弯腰捡起几块石头，声称自己还有更大的金子。"它们大小不等，小若胡桃，大如柑橘，"哥伦布惊叹道。但事情并没有那么简单。

舰队司令相信他即将发现更多黄金，于是"派遣一位年轻的贵族，率领几名武装士兵，前往当地（西宝）探险"，费迪南德写道。此人回来后，讲述了自己不可思议的经历，称他"在河岸边发现⋯⋯一个人头大小的金块"。令人纳罕的是，哥伦布并未跟进此事，而是宁愿吊一吊君主的胃口,好让自己开展更多次航行。他早已想好了借口:船队距离西宝路途遥远;他缺少合适的采矿设备;即使他暂时离开,这些金子也还在那里。然而,尽管黄金对哥伦布和西班牙都至关重要,但他的说法仍很让人怀疑。他确实找到了黄金,只不过黄金的数量没有他吹嘘的那样惊人。

4月1日,就在复活节前夕,哥伦布回到拉伊莎贝拉,发现了一件令人难以置信的事情,只见一群不满的西班牙人聚集在船队审计官伯纳尔·迪亚士·德·皮萨(Bernal Diaz de Pisa)身边。此人在西班牙时曾是宫中的一名治安官,现在却突然反叛,于是立即被逮捕。

当迪亚士·德·皮萨被关在船上时,人们发现他编造了一份针对舰队司令的令人发指的指控信,并将其藏在一个用于标记船锚位置的浮标中。就连一向对哥伦布大加谴责的巴托洛梅·德·拉斯·卡萨斯也对迪亚士的背叛行为表示失望。"舰队司令抵达当地仅短短两月,余无法想象他何以犯下信中所列如此众多的罪过,造成如此严重的伤害。"

尽管哥伦布做出了解释,但有关他虐待部下的谣言还是传遍了卡斯蒂利亚。"余读过他写给国王和女王的信件,他在信中解释说,根据法律,他有义务实施他所施之惩罚,"拉斯·卡萨斯指出,"这表明他确实惩罚了一些人员。"这一次,这位牧师站在了哥伦布这边。"犯罪者总是希望不受惩罚,"他写道,"总是声称彼等的行为理所应当,并且表示自己才是受害者。"

截至此时,原先统一的探险队已一分为三。首先,一小队西班牙人仍在北部海岸辛劳地建造拉伊莎贝拉堡。其次,哥伦布及其追随者正在西宝搜寻金矿。他们在沿途中遇到了没有与瓜卡那

第 6 章 迷失在群岛之间

加利结盟的印第安人,水手中还有人密谋哗变。与此同时,第三支也是最大的一支分遣队在安东尼奥·德·托雷斯的指挥下,正驶向加的斯。

詹巴蒂斯塔·斯特罗齐(Giambattista Strozzi)在加的斯撰文,对船队从西印度群岛掠夺来的动植物进行了分类,包括黄金、香料、鹦鹉和其他家禽。斯特罗齐还兴奋地提到"许多皮肤呈棕色的男子,其面部像鞑靼人般宽阔,长发与肩齐,体型高大、行动敏捷、面目凶悍。彼等不仅吃人肉,还会圈养幼童和阉人,待其长胖后食用。彼等被称为食人族"。

与哥伦布同行的贵族吉列尔莫·科玛称,这些人擅长航海,常常划着独木舟在诸岛之间穿行,"甚至远赴千里之外掠夺财物"。他们还凶残无比。"彼等会将所掳之女子交给其女眷作奴仆,或者用她们来满足性欲。俘虏及其生下的孩子都会被彼等吃掉。"也许正是由于这个原因,印第安妇女怀孕很快就会自行堕胎。

尽管上述行径令人发指,但吉列莫·科玛认为,这些加尼巴人"聪明、机智又狡猾"。他希望有了这些品质,"当彼等意识到吾等之举止更温良文明时,就很容易受到引导,接受吾等之法律,遵从吾等之生活方式。因此,只要对彼等进行教导,并且偶尔加以恐吓——除非彼等放弃食人肉的恶习,否则就会被绳捆索绑,作为奴隶带回西班牙——彼等有望在短时间内放弃野蛮的做法"。当然,西班牙这个"文明"社会也有自己的恐惧,它一定会在数年内将食人族消灭殆尽。

为纪念抵达群岛 3 个月,哥伦布在日志中记录,西班牙人与印第安人虽然都没有放松警惕,但还是建立了友好关系。他们可以近距离对后者进行观察。"彼等皆如初生般赤身裸体,"昌卡写道,"唯有岛上妇女以布片或草叶束腰,遮住臀部。作为装饰,男人和女人皆用黑色、白色和红色涂满身体,其图案富于想象力,使人忍俊不禁。彼等所剃之发往往分为数块,且发式各不相同,难以形容。总之,在西班牙,吾等可能认为只有疯子才会如此侍弄头发,而这些发式在此地……却是人们精心关注的对象。"

此时,哥伦布的手下已经能够睡在干爽的地上,而不是拥挤漏水的船舱中,因此感到安全了许多。他们虽然也害怕再次遭到屠杀,但事实证明,当地居民能够与他们和平共处,甚至愉快相处。"吾等看到许多令人惊异的东西,譬如一种'会长羊毛'的树(棉花丛),这些'羊毛'质地上乘,手艺人称其能用此物做出漂亮的衣服",昌卡满意地写道。此外,他还发现"从乳香树中提炼的乳香甚佳"。哥伦布早年在爱琴海一带当学徒时就很熟悉这种树脂。

至于印第安人的饮食,昌卡医生不无夸赞地提到一种"用草根做成的面包"(木薯)和甘薯,他认为这些食物"营养丰富"。吉列尔莫·科玛也对它们赞不绝口:"它们可以像沙拉一样生食,口感接近防风草;也可以烤着吃,味道像板栗。如果与猪肉同煮,你会以为自己吃的是南瓜。再没有比这更美味的东西了。"不过,米歇尔·德·库尼奥更喜欢吃鹦鹉。"鹦鹉肉尝起来像椋鸟肉。还有一些野鸽,其中有些冠部纯白,味道也很不错。"但并不是岛上生长的所有东西都适合烹饪。昌卡写道,印第安人经常食用"随处可见的蛇、蜥蜴、蜘蛛和虫子",这种食物着实令人反胃,所以"以余视之,彼等更像是一群野兽"。

到了月底,拉伊莎贝拉已经趋于瓦解。对于那些过度劳累、未受过训练的人们来说,哥伦布所规定的劳动量即将耗尽他们的精力。定居点内的几乎所有居民都身染重病,忍饥挨饿。他们分得的食物少得可怜，还会在湿热的环境中腐烂。

哥伦布把责任归咎于船长，声称他们玩忽职守，未能采取必要的预防措施。他逼迫士气低落的幸存者们参加劳动，开挖运河和修建碾麦的水磨，包括那些低级贵族、仆役甚至神职人员，在这种安排下，就算贵族们能找到可吃的东西，也需要自己做饭。患病者可以分到一个鸡蛋和一锅炖鹰嘴豆，这样的一份粮食本已少得可怜，却要维持5名病患的生命。死亡的阴影笼罩着定居点内的每一个人，包括那些从未经历过贫困的贵族。

为了让众人服从自己的意愿，哥伦布不断以暴力相威胁。至于如何在卡斯蒂利亚的王宫里讲述这种不光彩的做法，他也大伤脑筋，因为那些嫉妒他的大小官僚早就等着对他进行诋毁。在哥伦布看来，成功首先意味着顺应神意，但眼下他却有可能迷失方向。拉斯·卡萨斯写道，人们纷纷指控哥伦布行为残暴和"仇视西班牙人"，而这些指责被王室采信，逐渐耗尽了他的精力，使他在余生中没有一天能够安享幸福，并为他的最终垮台埋下伏笔。

哥伦布及其支持者逐渐迎来了发现新大陆后的可怕结果。哥伦布虽然竭力表示，他此行的目的和所作所为都是为了服从神意，但他的追求显然带有强烈的个人色彩，尤其是当他面对部下的愤怒、疾病甚至死亡时。每逢此时，他似乎总是不惜让手下的船员受尽磨难，以换取自己的荣誉。

第一次航行虽然算不上成功，却使哥伦布进一步相信与中国建立贸易关系易如反掌，但目前看来，这种看法似乎毫无根据。他开始意识到，来到一个陌生的港口，抛锚停船，让船上的牧师祈求上帝祝福，然后趁风平浪静时扬帆远航，这是一回事；但建立一处能够自给自足、永久维持下去的定居点却是另一回事。这就是地理发现与管理帝国之间的区别。帝国的建立需要创新精神和一整套完全不同的技能,这种技能和他穷尽毕生才获得的航海技能一样重要。这就意味着他还要学会扮演军事指挥官、商人、政治家乃至精神领袖的角色,而他对这些几乎一无所知。参加这次航行的人员成百上千,尽管其中有人牢骚满腹,有人因为受到忽视威胁要发动兵变或进行报复,但其中没有一个人具备扮演上述角色的天资,也没有人愿意冒险承担这些责任。

然而,更糟糕的事情还在后头。

与印第安人的冲突与融合

"当舰队司令忧心忡忡、苦恼不已时",一名来自圣多马堡的信使带来了令人担忧的消息。西班牙人所能依赖的印第安人纷纷离开定居地。一个名叫考那波的武士扬言要杀光所有基督徒。哥伦布从一蹶不振的状态中惊起,立即召集70名精兵保卫城堡。此外,他委派阿隆索·德·奥赫达指挥另一支队伍,命令他们赶往圣多马堡,将那里作为集结地,为周围的定居点提供援助,"以展示基督徒的力量与威力,从而迫使印度人学会服从"。

奥赫达精力旺盛、反应敏捷,一向喜欢逢迎哥伦布及其副手,但事实证明此人年轻鲁莽,哥伦布决定让他掌权十分不妥。拉斯·卡萨斯称赞了奥赫达的人格魅力,也指出了他的致命弱点。"他形体瘦小,但身材匀称、相貌英俊、风度翩翩,眼睛很大,反应也极为敏捷,"这位历史学家叹息道,"从外表上看,他的身上似乎集中了男人所有的优点。"虽然"他对女王陛下忠心耿耿",但是"每当发生战事或争端时,他总是喜欢感情用事"。他的暴躁脾气很快就会为哥伦布招来麻烦。

1494年4月9日,奥赫达率领400人从拉伊莎贝拉出发,执行平定任务。对于印第安人在伊斯帕尼奥拉岛上的领地,他们至多只了解其中的一个部分,并且往往分不清敌我,而在有些情况下,印第安人对西班牙人来说确实亦敌亦友。

该岛被分为5块领地。距离西班牙人最近的是玛古亚(Magua),包括拉伊莎贝拉和由瓜里奥尼(Guarionex)统治的肥沃的皇家草原。在西北部,瓜卡那加利执掌着玛里恩。东部的伊吉(Higuey)归瓜亚科亚(Guayacoa)所有,当地的勇士以凶悍著称,甚至能击退来犯的加勒比人。南部的沙拉古瓦(Xaragua)是岛上最大的一片领地,属于贝希齐奥(Behechio),其姊妹阿纳考娜(Anacaona)是考那波之妻。凭借双方结盟的力量,考那波将伊斯帕尼奥拉中部的一座山脉也据为己有。

面对印第安人的联盟,奥赫达的小股人马遭遇了对方可怕的武力威慑。哥伦布在奏书中写道:

> 在场约有两千余名印度人,个个手执标枪,标枪用弹弓射出,速度比用弓箭射出快得多。彼等身上皆涂有黑色及其他颜色,头上饰以色彩艳丽之玻璃珠、镜子、面具、铜镜及金镜,同时发出骇人之叫声,此种叫声,彼等平日在特定时候亦会发出。其中一支队伍意欲在草地中埋伏,对马匹发起突袭,以使其倾翻……因彼等执行计划时挡住了马匹去路,众马从彼等身上踏过,将之撞倒在地,踩踏致死。

哥伦布认为这一转折不啻为"一个重大奇迹,数名基督徒竟能从大批死士手中逃脱"。

奥赫达抓获了三名印第安首领(一名酋长及其兄弟和侄子)

并给他们戴上镣铐,准备交给哥伦布,而后者正在拉伊莎贝拉焦急等待。为了让众人引以为戒,奥赫达命令手下押解一名印第安人进入村中,当众"割下其双耳"作为惩罚,因为在西班牙人泅水过河时,印第安人没有予以帮助。当其他囚犯抵达拉伊莎贝拉后,哥伦布变本加厉,命人将他们"带到中央广场上公开斩首"。

哥伦布的做法不仅令印第安人感到困扰,西班牙人对此更是大惑不解。"如此一来,有关这些基督徒的消息会在当地不胫而走,看看这些人有多么伟大和善良!"拉斯·卡萨斯惊呼。他认为,哥伦布所下的命令是一个战略性错误,而历史必将对这位探险家做出严厉的裁决。

对拉斯·卡萨斯来说,这种可鄙的手段意味着印第安人"完全有权考虑"对奥赫达"以及与之同行的基督徒们"采取暴力行动,因为奥赫达砍掉了一名印第安人的耳朵,仅仅是为了震慑他的同胞。

哥伦布应该比他更有头脑,因此他应当提前通知印第安人自己即将到来,并派遣使者"告知所有酋长及首领他意欲前往",好让他们知道他是"为了彼等的福祉"而来,并请求他们的允许。他应当"遵循国王和女王诏书上的指示命令",送上"代用货币"。他应当"按照福音书的慈悲教义,作为传播福音的公使和先驱,彬彬有礼……不遗余力地……向彼等保证,他是带着和平与友爱来到此地的,并且会避免做出任何会使那些温良无辜的人们忧伤及失望的举动。"

这一温和的外交政策固然很好,但是哥伦布及其手下对拉纳维达堡的大屠杀记忆犹新,因此对他们来说,邀请印第安人做客或请求他们许可的日子早已一去不返。

哥伦布留在了拉伊莎贝拉,准备继续进行航海探险。他在寻

第6章 迷失在群岛之间

找虚幻的大陆的同时成立了一个委员会,以管理伊斯帕尼奥拉岛,成员包括其弟唐·迭戈、弗雷·布伊尔、佩德罗·费尔南德斯·科罗内尔、阿隆索·桑切斯·德·卡瓦哈尔和"天主教双王家族成员、马德里绅士"胡安·德·卢桑。委员会成立后,哥伦布终于准备对古巴沿岸进行探索,而他当时仍不确定"这是一座岛屿还是一片大陆"。哥伦布的直觉告诉他,这是一个从大陆向东延伸的半岛,但是他对古巴海岸的探索及印第安人对它的描述表明,古巴实际上是一座巨大的岛屿。

为了验证他的假设,他从拉伊莎贝拉出发,驶向古巴沿岸。到达以后,他询问印第安人此地究竟是岛屿还是大陆,但后者不明白他的意思。他们感兴趣的似乎只有美食和女人,而不是对外探索,更不用说与外人交流了。他们甚至根本不清楚岛屿和大陆有什么区别。他们的世界遍布岛屿,所以在他们看来古巴一定也是一座岛屿,而且是一座无比庞大的岛屿。从古巴的一端驶向另一端(也许是沿古巴绕行一周)需要经过"四十次月出"。至于他们的确切意思到底是什么,哥伦布很难弄清楚。

这种不确定性引发了哥伦布最奇特的地理想象。他相信古巴与黄金半岛(托勒密时代的人们对马来半岛的称呼)近在咫尺。实际上,从古巴到马来半岛需要走陆路与水陆,距离超过 11 000 英里。但在哥伦布看来,他已距目的地不远。"臣继续沿原有路线行驶,乘顺风仅数日便抵达牙买加岛,臣为此向上帝致以无限谢意。随后,臣从当地返回大陆,沿海岸向西行驶七十天。"

哥伦布认为自己正朝黄金半岛驶去,但中途再次折返。"臣担心风向会改变,且航行条件不利,因此地海底较浅,而臣之船只较大。此地河道众多,从其间通过异常危险。由于三艘船只全部搁浅,不能彼此救助,臣曾多次停滞不前。"于是,他向北朝数百英里外的古巴驶去,因为"臣想确认胡安娜(Juana,他为古巴取的名字)不是一座岛屿",哥伦布写道。

由于哥伦布在地理方面的严重无知,"数艘船只先后搁浅,屡次几近开裂,因此被浸泡在海水之中",丧失了"大部分给养"。不过,"臣随船带有木匠及所有维修工具,如有必要可以将其翻修一新"。

哥伦布很可能是在此时驶入了古巴一个风景宜人的港口,以补充船上的食物。至于具体时间,他并没有确切记录。"臣上岸后,看见火上约有逾四公担(接近1 000英磅)之鱼、野兔和两条'蛇'正毕剥作响。"它们被绑在树枝上,"那番景象着实令人作呕,因为除了没有牙齿者,其他动物的嘴巴全被缝上"。那几条蛇一样的动物"色如槁木,浑身皮肤十分粗糙,尤其是头部四周、眼睛之上显得邪恶而狰狞。它们像鱼一样全身覆有鳞片,只不过更加坚硬,其身体中部从头至尾长着一些突起。这些突起又高又丑,如同钻石之尖端一般锋利"。

泰诺人把这种野兽称作"伊瓦纳"(iwana),该词后来演变为西班牙语中的"伊瓜纳"(iguana),即"鬣蜥"。这种蜥蜴遍布于中美洲和南美洲。令西班牙人惊异的是,印第安人认为"伊瓜纳"是一种美味佳肴。"吾等皆不敢下口,"皮特·马特写道,"因其外表丑陋,令人作呕甚至恐惧。"哥伦布的弟弟巴塞洛缪鼓起勇气,学着一位酋长姊妹的样子,"决定咬一口'伊瓜纳'"。出人意料的是,"当这种美味的肉食接触他的味蕾,进入他的喉咙,他便开始狼吞虎咽起来"。其他西班牙人起而效仿,先尝了几小块伊瓜纳,很快就"风卷残云","对这种美味佳肴交口称赞",纷纷表示"这席伊瓜纳宴要比吾等的孔雀、野鸡和鹧鸪宴更加丰盛"。

对哥伦布及其他欧洲人来说,食用鬣蜥标志着他们朝着这种既野蛮又精致的新文明迈进了一步。巴塞洛缪眼下正享受着伊斯帕尼奥拉岛上的种种欢乐，而这些欢乐却向来为哥伦布所不齿。为了款待巴塞洛缪，印第安人向他提供了数名一丝不挂或近乎裸体的、皮肤白皙的处女。他和同伴们也开始尝试在吊床上睡觉。他还热衷于观看印第安人的歌舞，其中一场作战表演失去了控制，演变成徒手格斗，最终导致 4 名印第安人丧生。

不久之后，巴塞洛缪亲自率兵出击，打垮了不肯就范的印第安人，并将其首领瓜里奥尼带到基督徒当中。令他高兴的是，瓜里奥尼表示愿意支持欧洲人，还赞扬了他们的仁慈与慷慨。演讲结束后，酋长的扈从们将其扛在肩上，兴高采烈地四处炫耀。然而，由于西班牙人与印第安人之间已经处于严重的对峙之中，这次和解只换来了几天的和平。

与此同时，哥伦布开始在伊斯帕尼奥拉岛和古巴之间的海峡中来回侦察，以寻找大陆的踪迹，但他看到的仍然只有海岛。据他统计，截至此时，他已经过了大约 700 座岛屿。这个数字可能有些言过其实，因为他会从不同方向多次经过同一座岛屿。

像过去一样，哥伦布始终没有弄清自己身在何方。他虽然表示希望返回西班牙，但不是横穿大西洋，而是"向东方航行，取道恒河、阿拉伯湾与埃塞俄比亚"。哥伦布的信念十分坚定，在他看来，东即是西，西即是东。

令人担忧的是，皮特·马特对哥伦布的幻想不加批判地全盘接受，并迫不及待地给乔瓦尼·博雷莫伯爵（Count Giovanni Borremeo）写信，称"舰队司令、热那亚人哥伦布寄来了有关新世界的消息，那里每天都会发生各种奇闻异事。"实际上，"新世界"一词在当时仍颇有争议。"此人表示他已从伊斯帕尼奥拉岛向西,抵达地球另一端的黄金半岛,即人类迄今所知东方的最远之处。"对于这一错误的发现,皮特·马特坚信不疑,并计划撰写一本关于此事的专著。

从地理上来讲,这十数艘西班牙船只不可能抵达亚洲大陆和非洲诸王国,但是在另一位学者安德烈斯·贝纳尔德斯(Andres Bernaldez)看来,这一点似乎完全合理。他认为哥伦布"可以通过陆路前往耶路撒冷和雅法,然后从当地登船穿过地中海,最后到达加的斯"。既然马可·波罗走过类似的路线,那哥伦布为什么不能?贝纳尔德斯承认,这可能是一条危险的道路,"因为从埃塞俄比亚到耶路撒冷,这一带所有居民都是摩尔人"。但哥伦布"确信",他可以直接从古巴出发,"寻找大汗统治下的地区与契丹城"。

贝纳德斯还援引了约翰·曼德维尔爵士的游记作为例证,而后者"曾经前往该地,亲眼看到大汗,并且在那里居住了一段时间"。事实上,曼德维尔的游记是由自古以来世界各地的奇闻轶事拼凑而成的,不过是一种纯属娱乐的杜撰。

哥伦布也许行为荒谬,但头脑并不愚蠢。他心中隐约意识到古巴可能是一座岛屿,而不是亚洲大陆的一部分。因此,由于他航行的地理前提存在致命缺陷,他距离印度仍相当遥远,反而出人意料、误打误撞地来到了当时尚未经勘探、现今被称作加勒比海的地区。

他在地理概念、政治和航海方面都大错特错,所以无法向全能的君主、向他的部下,甚至向他自己坦白。虽然他已经两次成功横渡大西洋,但这一成就无论有多令人欣慰,实际上仍旧否定了而非证实了他有关印度的理论。尽管他已经提出了必要的问题,但问题的答案意味着他必须承认,这个世界要比他乃至当时几乎所有欧洲人所认为的大得多,它还包含着不为欧洲人所知的大洋

第 6 章　迷失在群岛之间

和大洲。不过，上述现实听上去比他的种种幻想更不可思议，于是他选择了回避。

哥伦布无意间发现了一个更大的、他此前无法想象的真相，但他后退了一步，回到了传统认识的安全地带。他不是唯一一个这样做过的探险家。6 年前，巴托洛梅乌·迪亚士在非洲沿岸探险时，也曾坚持让手下起誓。哥伦布亲眼看到他返回里斯本，或许得知了他的这种做法，并利用它来进行自我保护，以表明这次航行正如最初设想的一样完整。世界的模样就是哥伦布所描述的模样。

为了证实自己的观点，他指示船上负责文书认证的官员费尔南多·佩雷斯·德·卢纳为船队中的所有人员录取口供。众人将忠诚置于真理之上，全部发誓称古巴比他们熟悉的任何一个岛屿都更长，所以它肯定是大陆的突出部分。既然如此，人们就没有必要再做进一步探讨。违背誓言者将面临惩罚：罚款 10 000 马拉维迪，并被砍掉舌头。哥伦布十分看重此事，要求所有水手都在供词上签名。任何人胆敢公开反对，都会受到 100 下鞭笞，而这种惩罚完全有可能致人丧生。就连制图专家胡安·德·拉科萨也签下了自己的名字。不过，在他后来于公元 1500 年绘制的地图中，古巴显然是一座岛屿。

在古巴究竟是不是岛屿这个敏感问题上，假如哥伦布希望能够通过立誓打消人们的争论，那他一定会感到失望。几个月后，当学识渊博的卢塞纳修道院院长抵达伊斯帕尼奥拉岛时，他宣称，众所周知，古巴"只是一座大岛，考虑到吾等航行的特点，大多数人都同意这一判断"。也许除了自己，哥伦布没有成功骗住任何人。更糟糕的是，人们开始对他渐生怀疑，认为他不惜篡改资料，以证明自己无法兑现的承诺。

4月24日，星期四，哥伦布"率三艘船起航"，驶向伊斯帕尼奥拉岛的基督山。次日，他来到附近的一个港口，希望在那里找到印第安盟友瓜卡那加利。

当三艘黑色帆船出现时，瓜卡那加利像以往一样反复无常，溜之大吉。不过，"他的手下佯称他很快就会回来"。哥伦布一直等到星期六，才意识到瓜卡那加利不太可能再次出现，于是向西边的龟岛进发。令人沮丧的是，海上不仅无风可乘，他们还要面对汹涌的波涛，因此整晚难以入眠。

第二天早上，哥伦布掉转船头向东驶去，在瓜达尔基维尔河的入口处抛锚，声称"要等待劲风来袭，好使他逆流而上"。4月29日，星期二，一阵大风突然刮来，将三艘帆船吹向古巴南部海岸。在那里，哥伦布发现了一个"入口极深、宽一百五十英尺"的海湾，将其命名为格兰德港（Puerto Grande），然后抛锚停船。当晚，他和手下享用着烤制的新鲜海鱼，还尝了几口"乌提亚"（hutia）。这是一种体型浑圆、长约18英寸的啮齿动物，"印第安人会大量捕捉"。

5月1日，哥伦布驶过杂草丛生的水域，"见到开阔之良港、秀丽之河流与高俊之山峰"，以及向他们挥手致意的当地土人。他们认为，这几艘黑船一定来自天堂。好心的土著向哥伦布等人敬献了鱼和木薯做成的面包，不求任何回报。哥伦布也像往常一样，向他们赠送鹰铃和玻璃念珠作为回馈，"希望彼等能够高兴而返"。他以这种无私的姿态，重新开始执行自己的重要任务，即寻找黄金。费迪南德不无崇敬地写道，父亲迅速离开，足以显示他的决心，但哥伦布本人的观点却更为务实。"海风乍起，余遂乘风而去，因海上之事永远无法确定，有时常常一天不得前行。"

在接下来的两个昼夜中，由于"天公作美"，哥伦布得以一瞥

第 6 章 迷失在群岛之间

岛上内陆的原始风光。在光影的变幻之下,远方的景色似乎近在咫尺,仿佛伸出手指就可以拂过山顶一般。哥伦布虽然对审美一窍不通,但还是被眼前的景象打动。"此地风景无与伦比,"他赞叹道,"地势平坦,宛如天地一线。其面积庞大,较西西里岛尤甚,周长约有八百英里。无论沿海内陆,皆土壤肥沃、人口稠密……"

随后,他再次驶向牙买加,准备寻找黄金。

船队在近海停泊至次日,"舰队司令开始沿岸巡游,探索该岛之港口"。周围静谧安详,但突然间"许多独木舟从岸边驶来,舟上之人皆带有武器,因此驳船不得不掉头返回大船,但这并非因为害怕印度人,而是为了避免与其对峙",费迪南德写道。为了避免冲突,哥伦布驶入另一个港口,这才发现自己直接撞进了埋伏当中。不过,印第安人也许并非有意如此?这些岛屿上的印第安人的愿望多种多样,有的想要挑起事端,有的想要开展贸易,有的只不过是在制造噪声。对于他们的真实意图,哥伦布只能凭空臆测。他自己的立场也同样模棱两可。

在短短数日内,他既可能把印第安人视作政治盟友、贸易伙伴、皈依信徒,也可能把他们视作奴隶或致命的敌人。在哥伦布的日志和信札中,他对印第安人的评价也反复无常,他们有时显得聪慧而淳朴,有时显得懒惰而狡狯。

哥伦布返回古巴,一边继续向西航行,一边思考着熟悉的问题:古巴究竟是大陆的一部分,还是一座岛屿?如果是前者,这一假设就与他的主张一致,即他已经到达了印度地区;反之就意味着他还没有抵达目的地。在他遐想之际,"可怕的风暴和雷电降临,加之途中浅滩与沟渠不计其数,使他历尽了危险与磨难"。

即使天气恶劣,哥伦布也常会出海航行,但他的船队有可能撞上小岛，因为在雾霭之中，岛上的枯树和海滩难以看清。天气转晴后，棕榈树和灌木丛苍翠欲滴。为了向伊莎贝拉女王表达敬意，哥伦布将这些小岛称为"女王花园"。"他驶出愈远，发现的岛屿也愈多。仅一日，他便发现了一百六十四座岛屿。由于天公作美，他在诸岛间穿行，而船只驶过水面时，皆若空游无所依，"贝纳尔德斯写道。

上岸后，他们对种类繁多的野生动物感到惊叹。"此地之鹤除浑身鲜红外，大小和形状与卡斯蒂利亚之鹤皆同。"不远处，"彼等又看见许多海龟和海龟蛋，其形状与鸡蛋类似，不过蛋壳极为坚硬"。

回到船上后，哥伦布的手下注意到，印第安人在独木舟中钓鱼的方式十分奇怪。费迪南德写道，当他们靠近时，印第安人"打手势让彼等等钓到鱼后再过来"。印第安人钓鱼，是用细绳系住某种鱼的尾巴，让它追捕其他鱼类，并吸附到它们身上。这种鱼就是鲫鱼，也叫吸盘鱼。虽然费迪南德对这种技巧充满热情，但西班牙殖民者不愿自找麻烦学习这种钓鱼方法，而是宁愿依靠印第安人的慷慨赠予。

5月5日，牙买加海岸逐渐从大雾中显现。哥伦布到达的地方现在被称作圣安湾（St. Ann's Bay），沙滩上的细沙呈粉末状，海水湛蓝，水流平缓，宛如一处永恒的乐土，他将此处命名为圣格洛里亚（Santa Gloria）。

哥伦布举目四望，发现"有许多大型村落彼此毗邻，相距大约四里格。此地独木舟比其他地方更多，其中一只乃余迄今所见最大之独木舟，仍是由一根树干凿成"。这些村落都繁荣兴旺，"每一位酋长都有一只大型专用独木舟，其精美宽敞之程度即便卡斯蒂利亚之绅士（哥伦布渴望已久的身份）也会引以为豪"。这些独

第 6 章　迷失在群岛之间

木舟全都做工精致，其中至少有一艘长度令人惊异。哥伦布对其进行了测量，以确保自己没有看错。该舟"全长九十六英尺，横宽八英尺"，他不无赞叹地记录道。工匠们会将原木烧焦，再用锋利的石斧将其中间挖空，制成独木舟。印第安人依靠木桨划动独木舟。在哥伦布的船队出现在地平线上之前，他们从未见到过船帆。

哥伦布及手下正有条不紊地对港口进行勘测时，眼前出现了令人惊骇的一幕。他们突然看到70艘巨大的独木舟，印第安人一边奋力划桨，一边高声喊叫，准备随时发起进攻。"臣定锚后，彼等成群结队来到海滩之上，浑身一丝不挂，涂满各种颜色，其中以褐色为主，皆头插羽毛，以棕榈叶覆盖前胸及腹部。彼等高声叫喊，作势欲投掷长矛，但并未对臣等发动袭击。"哥伦布佯装不理不睬，忙着向船上搬运木柴和饮用水，修理破损船只，以便间接让印第安人明白，他们果真挑起战斗，也只会一无所获。哥伦布提醒自己，逃跑只会促使印第安人前来追赶，而他们毫无经验，甚至会抓住西班牙人的剑刃，"根本不知道自己会因此受伤"。

费迪南德称，哥伦布决心"先发制人，将彼等吓退"，于是派遣弓箭手乘小艇迎战。据保守估计，他们至少打伤了六七名印第安人，凭借武力暂时解决了问题。

哥伦布的印第安翻译乘坐帆船附载的一艘大艇上岸，在当地土人中进行游说。在众人的忧虑之情得到安抚后，双方达成了协议，而协议的内容很快就变得明晰起来。"大批独木舟从邻近村庄前来，船上之人皆态度平和，欲以彼等手中之物及粮食换取吾等之小饰品。"除了没有找到黄金，哥伦布如愿以偿，但他认为黄金就藏在某地，只是有待他去发现。

哥伦布修好了战船在冲突中受到的损坏，准备返回古巴。就在此时，一场意外的叛逃耽搁了他的行程。"一名印第安青年来到

207

船上，表示他希望前往卡斯蒂利亚。"他身后跟着一艘小船，船上的亲属和随从纷纷恳求他返回，但未能说服此人。费迪南德记录了当时的场景。"他躲在船上众人找不到的地方，以免看到姊妹们的眼泪，听到她们的哀叹。"印第安人最终得以留在船上，彻底脱离了自己的同胞。"这名印第安人态度坚定，让舰队司令大为赞叹，并下令对其好好款待。"

当晚，船队停靠在圣格洛里亚风光旖旎的港湾。5月6日清晨，哥伦布扬帆启航，沿着牙买加海岸向西行驶了15英里，在一个马蹄形的海湾再次下锚，并将此地命名为布埃诺港（Puerto Bueno）。

岸上的印第安人戴着色彩鲜艳的羽毛头饰和面具，纷纷将有毒的长矛向哥伦布等人的船只掷去。哥伦布认为这只不过是印第安人展示武力的一贯做法，因此不为所动，而是派出一队人马，乘大艇登岸，寻找淡水、木材及适合修理漏水船只的地点，结果石头像雨点般向他们砸来。为了制服这些印第安武士，哥伦布又派出一队弓箭手乘大艇出战，最后射伤并杀死数人。贝纳尔德斯回忆说，为了给印第安人一个教训，西班牙人还放出一条恶犬"去咬彼等，给彼等造成了极大伤害，因为在对付印度人时，一条狗足以抵得上十个人"。

第二天，6名印第安人带着木薯面包、水果和鱼肉来到岸上，希望与西班牙人讲和。哥伦布及其手下毫不客气地接过印第安人的礼品，但是没有得到他们希望的黄金。5月9日，船只修理完毕后起锚，从布埃诺港再次向西，驶向今天蒙特哥湾（Montego Bay）所在的地方，哥伦布将其命名为"El Golfo de Buen Tiempo"，即"晴天湾"。但暴风雨还是不期而至。为了寻找黄金和大汗，哥伦布漫无目的地离开牙买加沿岸，返回神秘的古巴（胡安娜），并于5月14日抵达克鲁兹角（Cape Cruz）。

令哥伦布感到意外的是，他听到了一些关于自己的传闻。印第安人正等着他率领手下的黑色大船返回。

在克鲁兹角的一所印第安村庄里，哥伦布遇到了当地酋长。酋长通过翻译解释说，他与其他几位印第安首领会过面，后者曾经向他讲述过哥伦布上次航行时的情景。关于哥伦布的船队，这些印第安人所获消息之多实在令人惊讶。他们清楚哥伦布的印第安翻译已经皈依基督教。他们知道哥伦布的船队需要补充粮食，更需要淡水，知道他们所使用的火器虽然响动不小但作用不大，还知道他们对黄金痴迷不已。

哥伦布向克鲁兹角的印第安守卫重申了自己的好意，然后离开当地朝东北方前进，沿着现在的巴拉德拉海峡，来到瓜加那亚博湾。回到古巴后，哥伦布虽然重新进行了定位，但仍对自己身在何方感到困惑，并且一如既往地依赖那些错误的资料，尤其是约翰·曼德维尔爵士的游记。

探索与征服的代价

由于天气晴朗，放眼望去到处都安详静谧、苍翠欲滴。"第二天日出时分，"贝纳尔德斯写道，"彼等从桅顶远眺，只见四周尽是岛屿，到处都碧草如茵，绿树成林，风景殊胜，世所罕见。"哥伦布本想驶向群岛南部，但是他记得曼德维尔声称印度地区有5 000多座岛屿，于是决定沿"胡安娜"岸边航行，"以确定它是不是一座岛屿"。哥伦布始终认为，古巴是大陆的一部分。

船队继续前行，哥伦布小心翼翼，竭力避开锋利的珊瑚礁和危险的沙洲。5月15日，他从瓜加那亚博湾缓缓向西行驶，沿途很可能经过了圣克鲁斯岛附近的一个列岛，进入了如今的牧场桥海峡（Rancho Viejo Channel）和平格海峡（Pingue Channel），来到一个群岛环绕的海湾。该群岛有一个令人胆寒的名字："Laberinto de las Doce Leguas"，即"十二里格迷宫"。

迄今为止，哥伦布已经走进了许多迷宫，其中一些是地理上的，而另一些则是概念上的。这两者相互结合，让他得出了错误的结论，将他的探索引入了死胡同。当他的船队遭到暴风雨袭击、被困在河道中脆弱无助时，他非凡的航海直觉和自我保护的本能使他免于铸成大错或招致灾难。连日的风暴让他在狭小的空间里陷入了两难境地——究竟是该扬帆还是收帆，下锚还是不下锚，他经常会违反自己的基本原则，擦着河道的底部继续前行，其中最严重的一次错误致使"圣克拉拉"号在海滩搁浅。他忧虑不已，好几个小时都无法挪动船只。最后，他和船员们终于将船推入水中，得以重新在大海中徜徉。

哥伦布开始继续对古巴南岸进行探索，来到了现在被称作猪湾（Bahia de Cochinos）的地方。他始终相信自己即将抵达印度，所以认为自己终于找到了一条从胡安娜通向内陆地区的通道。但是作为一名航海家，他最终还是意识到，他正在探索的地方实际上只是一个宽阔的海湾。他后来对贝纳尔德斯描述道："海边有大片棕榈树林耸入云天"，遮住了两股喷涌而出的泉水。"其水质凉爽甘甜,世所罕有。"哥伦布还从未对周围的景色如此心醉神迷。他暂时忘却一切，开始全神贯注地思索起自己的前途。

离开猪湾后，哥伦布率领舰队经过皮德拉斯岛和卡索内斯湾。他告诉贝纳尔德斯，船队突然"驶入一片白色汪洋，其洁白仿佛牛奶,浓稠仿佛鞣制皮革之乳液"。接着，他们发现"水深仅两英寻,狂风吹动彼等继续前行，进入一条异常危险的河道，致使船只无法下锚"。船队在其间航行了30英里，来到一座小岛旁，四周"水

第6章 迷失在群岛之间

深仅有两英寻"。他们"在极其困难的情况下"定锚停船。哥伦布无意中驶入了萨帕塔半岛附近一些极小的岛屿间,每一次海浪涌起,危险都隐藏在其中。

哥伦布别无选择,只能寻找出路。这一次,他的航迹推算法没有派上用场。他此前从未见过如此变化无常的海面,时而呈白色,时而呈黑色、乳白色或靛蓝色。他在航海生涯中所熟悉的形态和水流仿佛都失去了意义。

在随后数日,他小心翼翼地沿着古巴闷热的南岸前进,并始终不离岸边,以免发生灾难。哥伦布派出一艘灵活的快帆船驶入河道,寻找淡水和人迹。这艘帆船很快便返回原地,水手们称当地植被"过于浓密,连猫都钻不到岸上去"。哥伦布试图穿过茂密的红树林,但他也抱怨这片土地"林木茂盛,如铜墙铁壁般一直延伸到海边",将他的船队挡在黄金、荣誉、探索和征服之外。

来到一个平凡无奇的海角后,哥伦布为其命名为塞拉芬角(Punta de Serafin)。当他沿着该海角平稳地航行时,海风乍起,他穿过横亘在眼前的岛屿,看到了开阔的水面和远处的群山。贝纳尔德斯写道:"舰队司令决定向群山航行,并于次日抵达。众人在一片美丽高大的棕榈树林旁下锚。"见识过那片铜墙铁壁般的红树林后,几乎所有棕榈树在他们看来都美不胜收。"当地泉水甘甜纯净,说明附近有人居住。"接着,一桩桩怪事开始发生。

随着女王花园群岛消失在地平线下,哥伦布精疲力尽,瘫倒了下来。探索活动造成的压力、稀奇古怪的食物、不利的天气,尤其是严重缺乏睡眠给他们造成了很大的伤害。费迪南德称,哥伦布"疲惫不堪,自从离开西班牙后,直到5月19日写下这篇日志之前,他从没有脱过衣服,也从未在床上睡过一整晚"。更令他忧心的是,哥伦布需要在"彼等行经的无数座岛屿间",或者更准确地说，在种种危险中选择路线，因为珊瑚礁会将船体划出缺口，沙洲会像䲟鱼吸附宿主一样陷住船只，风向始终变幻不定，而比风向更难以预测的是随时都有可能发起攻击的土著部落。

次日，即5月20日，哥伦布一共驶过71座海岛，"还不算日落时分彼等在西南偏西方向看到的许多岛屿"。这种情况着实令人担忧。"仅是看到这些岛屿及其周遭的浅滩便足以令人心惊胆寒，但更糟糕的是，每天下午，东方的天空中都有浓雾笼罩、雷电交加，似乎暴雨即将来临。月亮出来后，一切又都在风雨中烟消云散。"这种天气司空见惯，他写道，"每天下午都会出现。"

5月22日，船队再次向一座岛屿靠近，该岛比哥伦布近日驶过的其他岛屿都略大。由于急需粮食和淡水，他上岸搜寻，并将此地命名为圣玛尔塔（Santa Marta）。

印第安人纷纷离开村庄、逃之夭夭，饥肠辘辘的水手闯进屋中，但只找到了鱼肉。不远处，几条"像獒犬一样"的大狗一边用爪子抓着泥土，一边低声咆哮。西班牙人既没有找到想要的东西，又对眼前的情景感到困惑，于是返回船上继续前行。他们"穿过一座座岛屿，向东北方驶去"，沿途看见许多仪态高贵的仙鹤和色彩艳丽的鹦鹉，他们漫无目的地在"迷宫般的浅滩和海岛"间穿行。这种地形"让舰队司令费尽了心力，因为他必须根据航道的分布情况时而向西、时而向北、时而向南"。由于存在诸多限制，船只不能逆风行驶或灵活操纵。

皮特·马特称："在长达四十英里的航道中，海水呈乳白色，看起来浑浊黏稠，仿佛有人将牛奶洒在了海面上。"

尽管哥伦布及其手下不停地探测水深，并始终保持警惕，但船只的龙骨还是时常擦到水底。不过，船队最终通过群岛，驶入大海。在距离他们80英里开外的地方，巍峨的群山仿佛悬在半空。

第6章　迷失在群岛之间

他们正在接近古巴，显然已经脱离了危险。

船队靠岸后，一名西班牙侦察兵手持弓弩，上岸寻找急需的淡水。途中，他遇到了一个身穿白色束腰外衣的男子。起初，侦察兵认为自己看到的是舰队司令派出的修士。"突然间，他看到树林里又走出三十多个男人，都是同样的装束，"皮特·马特写道，"于是他一边大喊，一边转身用最快的速度向船队飞奔。那些穿着束腰外衣的人们向他拍手，想要劝说他不要害怕，但他并没有停下脚步。"奇怪的是，这些人的肤色似乎和西班牙人一样白皙。他们属于哪个部落？他们是迷路的欧洲人，还是传说中约翰长老[①]的使者？如果真是如此，哥伦布的船队是不是终于来到了印度？

哥伦布对这些奇怪的人们感到惊讶，于是派出一队使者，"想要看看能否与彼等沟通，因为据弓箭手所言，彼等并非前来伤害吾等，而是欲与吾等交谈"。然而，这些使者没有找到一个人。"臣为此闷闷不乐，因臣远道而来，欲与其相谈，却不见一人，亦没有看到任何村庄。"西班牙人试图开辟一条小径，以便前往内陆查看，但是"被缠在灌木之间，连一英里都没有走出"，更不用说前往内陆了。最后，他们只得疲惫不堪、两手空空地返回船上。

船队再次启航，向西行驶了10里格，经过一片"沼泽与湿地"，费迪南德写道，他们发现岸边有很多木屋，距离他们不过一箭之地。许多印第安人划着独木舟，靠近哥伦布手下的船只。他们都带着饮用水和食物，水手们当然不会拒绝。作为回报，西班牙人拿出小饰品相赠，但印第安人不愿接受，表示他们不需要任何回报。

哥伦布抓住其中一名印第安人，通过翻译"告诉此人及其他印度人，只要他愿意为吾等带路，并讲解当地之情况，他就会被

[①] 中世纪的欧洲流传着一个故事，说东方有一个强大的基督教国家，其首领是约翰长老。——译者注

213

释放"。但哥伦布得到的回答恰恰是他最不想听到的消息。古巴是一座岛屿，印第安人说。这就意味着船队并没有抵达印度地区。对于父亲在听到这一消息后作何反应，费迪南德没有提到，但哥伦布的困惑可想而知。更为糟糕的是，船只无意间驶入了一条极其危险的狭窄水道。为了转向深水区，哥伦布不得不"放开缆绳，将小锚抛过一个不足一英寻高，但有两艘船宽的沙堤"，以便将船从一处锚地拖向另一处锚地。

当天夜间，船队驶入大海，水面上似乎到处都是海龟。皮特·马特写道，为了从它们中间穿过，船只"只好放慢了速度"。黎明时分，"不计其数"的鸬鹚"遮天蔽日"，振翅起飞。翌日，"许多蝴蝶绕船飞行，连天空都暗了下来，直到下午一场暴雨突然降临，才将它们打散"。

由于体力不支和营养不良，为了安全起见，哥伦布准备返回拉伊莎贝拉，而船队离开那里已有3个月之久。但是船队驶入的航道突然变窄，危险再次来临。哥伦布尚未来得及做出反应，船只已经被卡住，动弹不得。当众人惊慌失措时，哥伦布鼓足勇气，在困境中表现得极其自信。"他机智地做出一副高兴的样子"，费迪南德写道。

事实上，哥伦布甚至赞美上帝让他选择了这条道路。假如选择其他航线，"彼等就可能会因为麻烦缠身或迷失方向而孤立无援，并且失去船只和粮食，无法返回原地"。为了安抚手下，他告诉众人可以随时折返。6月底，哥伦布历尽艰难，终于沿原路返回，然后忐忑不安地在一片"绿白相间的海面上"缓缓行驶，因为下方似乎隐藏着一大片危险的沙洲。最后，他来到"另一片乳白色的海域"。这里显然也是一片浅滩，水深仅有3英寻。

"以上种种变化和海面的情况在水手当中引起了极大恐慌，因

第 6 章　迷失在群岛之间

为他们此前从未经历过类似情况，所以认为自己注定要遭遇厄运"，拉斯·卡萨斯写道。他们焦急地在海上穿行，又驶入一片深约 5 英寻、色如墨汁的海域。但船队最终抵达了古巴，令哥伦布大感宽慰。他掉头向东，逆风而行，以寻找淡水和安全的港口，想要在艰辛的发现之旅中稍作喘息。

哥伦布的所有船只都付出了代价。由于多次擦到水底，它们的龙骨均已磨损。缆绳和船帆也已腐烂。食物在经过海水浸泡后长满了寄生虫，全部发臭变质。

然而祸不单行，6 月 30 日，哥伦布在日志中写道，他感到旗舰突然触底。"其力量甚大，人们使用船锚或采用其他办法都无法拉动船尾。不过上帝保佑，众人拖动船首，将船拉回水中，但是这次撞击使船遭到严重损毁。"经历过这惊险一幕后，哥伦布立即乘风启航，以最快的速度离开。前方的"海水仍是白色，水深只有两英寻"。他继续前行，每天日落时分，船队都会遭遇"狂风暴雨，耗尽了人们的精力"，拉斯·卡萨斯接着写道，"舰队司令极为担忧"。

此时，就连拉斯·卡萨斯也开始对哥伦布表示同情，认为"舰队司令在这趟发现之旅中所遭受的痛苦无以言表"。在回顾了困扰这位大西洋舰队司令的种种不幸后，编年史作家拉斯·卡萨斯不无夸张地宣称："他的一生是一次漫长的殉教，足以使他人……得出这样一个结论，即在这个世界上，那些不能时刻与上帝沟通的人们，永远不会有太大收获，也不会享有多少安乐。"拉斯·卡萨斯是唯一一个认为哥伦布不够虔诚的人。从另一个角度看，这位舰队司令的不幸及他给其他人带来的灾难都与他坚定的信念密切相关，这既是他动力的来源，也是他失败的原因。

拉斯·卡萨斯历数了他们遭受的种种苦难，它们仿佛从天而

215

降。"狂风突然袭来,他的处境岌岌可危",因为"旗舰中部被波涛淹没,完全是凭借上帝的恩典,他才得以用最重的铁锚将帆收起,并牢牢固定起来"。这场危机过后,"船上大量进水",船员们精疲力竭。由于缺少食物,众人只能"设法钓上一些稀奇古怪的鱼"来作为补给。哥伦布认为他要为自己和其他人负责,这种沉重的责任感使他更加痛苦。难怪他痛心地向斐迪南和伊莎贝拉呼喊:"臣无一日不面临全员死亡之可能。"

舰队司令返回了"古巴岛"——提到岛屿一词时,费迪南德仿佛压低了嗓音。无论古巴是岛屿还是半岛,"空气中都弥漫着鲜花的芬芳"。哥伦布的手下狼吞虎咽,吃掉了许多类似鸽子的飞禽。这种鸟儿不仅体型更大、口感更好,而且还散发出阵阵香气。人们剖开它们的食道,发现里面还残存着尚未被完全消化的花朵。

7月7日,哥伦布稍事休息,在监督手下修理船只的间隙,上岸到海滩上参加弥撒。皮特·马特从哥伦布口中得知,一名"八十岁的老者走上前来,他显然是一位受人尊敬的首领,尽管赤身裸体,但身后有许多随从。在举行弥撒期间,此人站在原地,满面诧异,脸庞和眼睛都一动不动。随后,他把手中装满水果的篮子递给哥伦布。当地人打着手势,与他谈起彼此的宗教信仰"。

在迭戈·科朗(Diego Colon)——一名皈依基督教后改名(他的姓氏是"哥伦布"的西班牙语拼法)的印第安人的帮助下,印第安老者"发表了演讲"。演讲内容相当令人惊讶,涉及道德问题和来世的生活。据费迪南德·哥伦布称,这位酋长表示自己曾经到过伊斯帕尼奥拉岛。事实上,他不仅认识当地的首领,还去过牙买加,甚至"造访过古巴西部各个地方"。

如果真的如此,这名要人就能为哥伦布提供附近岛屿的可靠信息。他甚至还对数周前侦察兵看到的奇怪人物的身份做了解释:

第6章 迷失在群岛之间

"当地酋长的打扮像是神父。"也许约翰长老早在西班牙人之前就到过此地,而这里的确有一部分居民信仰基督教。既然他来过这里,那么就像马克·波罗所写的那样,大汗也有可能来过这里。如果哥伦布对酋长的手势理解正确,那么他们历尽艰辛之后,总算是抵达了印度群岛。他的幻想不仅没有破灭,而且一如既往、坚定不移。为了寻找印度,当然还有寻找黄金,他会继续心怀志忑,无限期地航行下去,不管途径多少美丽的伊甸园,见过多少正在孵化的海龟和缤纷的蝴蝶雨。

但是酋长还没有说完。他谈到人类的灵魂有两条道路可走,一条是黑暗的,另一条是快乐的。他劝告哥伦布自己选择要走的道路,以及他会在死后因自己的行为得到奖赏或受到惩罚。酋长的话翻译过来大致如此,哥伦布只能听懂其中的部分内容,并对老者的智慧表示惊讶。他解释说,他很清楚人们在死后受赏罚的观念,但是他想知道,酋长赤身裸体待在家中,是如何了解到这种观念的。

哥伦布解释说,西班牙国王和女王派遣他"为世界上未知之地区带去和平"。按照他的思维方式,这就意味着征服食人族、对所到之处的罪犯进行惩罚,因此善良的人们无需对大西洋舰队司令感到害怕。

哥伦布认为,酋长似乎对他的话深感欣慰,若不是妻儿阻拦,这位老者一定会加入西班牙人的行列。但是,这位达观的印第安人感到不解:舰队司令看似拥有无上的权力,竟然也会向他人臣服?借用皮特·马特的话来说,"双王的气派、权力、排场及其所发动的战争,以及西班牙的城市之大和堡垒之坚固"更让这位老者感到不可思议。哥伦布所描述的盛况如此壮观,酋长的妻儿们不禁匍匐在舰队司令的脚下哭泣起来。

酋长竭力保持镇定,"多次询问能够生出如此伟人的国度是否就是天堂",皮特·马特写道。哥伦布认为,在印第安人看来"土地正如太阳和水源一样,都是公有财产……而你我之分并不适用于此地,因为这种观念只会导致恶行丛生"。酋长解释道,他的人民"不需要太多东西就会很满足,而当地可耕土地的数量超出了人们的需求"。

哥伦布后来回忆称,这是印第安人的黄金时代。"彼等不会用壕沟、围墙或篱笆来保护自己的财产;彼等住在旷野之中,没有法律、书籍和法官;彼等天生举止正派。那些以伤害他人为乐者会被彼等视作邪恶之徒。"

对于探险家哥伦布对西班牙以外世界的设想,这位老者的观点不啻于一种挑战。无论这种观念有多亵渎神明,但也许并非只有教会才能决定人的来生。也许并非只有西班牙才能成就帝国伟业。也许哥伦布的出海只是一种救赎,或者一种诅咒,而他终将探明其中的究竟。

第 7 章
"探索时代"的终结

7月16日,船员在古巴科鲁兹角起锚时,电闪雷鸣"突然降临,瓢泼大雨倾盆而下,甲板片刻间淹没于水下",哥伦布写道。众人收起船帆,把最重的锚抛至船外,在闪电的亮光中固定好船只。一切就绪后,大量的海水已渗入甲板。"船员们无法用水泵将水抽出,主要是因为彼等食不果腹,且疲惫虚弱。"为维持艰辛的劳作,"船员每日仅靠一磅变质的饼干和一品脱(1品脱=568毫升)葡萄酒充饥",而他们依然在拼劲全力,阻止船只沉没。

哥伦布面对恶劣天气畏缩不前,他在日志中承认:"臣与部下配给均等。愿上帝保佑,臣将尽心侍奉我主及陛下。因臣等每日都要面对险境,倘若仅顾及自己,臣便无需再忍受苦痛和危险。"他别无选择,唯有继续坚持。

失控的航程

风暴终于散去。7月18日,历经磨难的舰队回到了位于牙买加正北的克鲁斯角。欢呼雀跃的印第安人代表给虚弱饥饿的西班牙人送来了木薯面包、鱼及丰富的水果。身体恢复后,哥伦布原本打算驶往伊斯帕尼奥拉岛,但是由于风向相反,他选择了牙买加。

4天后，舰队驶入波光粼粼的牙买加海域，那里仍有不少印第安人，向船员们招手致意，并送来美味的食物。"较之其他岛上的给养，彼等更喜欢这里的食品。"

一天清晨，一艘独木舟驶近，上面载着一个印第安人。除哥伦布外，在场的西班牙人都收到了此人赠送的小礼物。"臣在一旁默诵经典祷文，臣以为此举十分有益"，他写道，但他"没有立即看清那些礼物，也不明白此人之来意"。最后，他终于看到酋长摆足了排场来到此地。

哥伦布后来告诉朋友贝纳尔德斯："此人与两名妻妾、两个女儿乘坐最大之独木舟来到此地。长女约十八岁，端庄谦逊，十分美貌，像其他印度人一样一丝不挂；次女年纪较小，还有两个结实的儿子、五个兄弟和眷属；其余均为其侍从。"两三个男人的脸上都画着相同的图案，每人头上戴着一顶大羽毛头盔，前额上戴着碟子大小的圆盘。手里都拿着一个叮当作响的东西。酋长脖子上绕着用"古安因"（一种金合金）制成的饰物。

在哥伦布看来，这些饰物像是"八开金"。"其中有些如盘子大小，还有着形状像鸢尾花的纹章"，他写道。酋长身上除了做工精美的腰带，其他部分都裸露在外。他的妻子除私处"用橘子皮大小的棉花覆盖"，全身赤裸。大女儿腰间系着一串黑色的小石子，上面挂着一些布片，"布片上系着红绿石子"。

酋长和随从登上哥伦布的快帆船，向海洋舰队司令致敬。在对西班牙大加称赞过后，他宣布："余决意和您共赴卡斯蒂利亚，以遵奉全世界之国王和女王。"

哥伦布认真考虑了他的要求。"酋长之言如此合情理，令臣极为惊讶。"由于风向不停变化，哥伦布邀请酋长及随从当天在船上逗留。众人"留在开阔的水域，但海上突然涌起巨浪"。在恶劣的

第 7 章 "探索时代"的终结

天气中,这艘船吱吱嘎嘎地摇荡不定。哥伦布发现,"此时女人们尤其害怕,她们哭着恳求丈夫和父亲赶快回家。从彼时起,彼等认识了大海,也了解了身处大海之危险"。

对哥伦布来说,身处大海就意味着掌控自然的力量,进而扼住命运的咽喉,而对惊恐万分的印第安人来说则意味着在面对自然力量时的心惊胆战、无能为力。"众人希望酋长明白,对彼等来说,这种经历苦不堪言,因为最渴望前往卡斯蒂利亚之人正是彼等。"酋长念及自己的妻妾、女儿,还有"始终抱在怀中"的六七岁的幼子,只好放下自尊,承认最明智的选择是回到陆地。为表示尊重酋长的决定,哥伦布与他交换了礼物,并慷慨承诺也会向酋长的兄弟及随从赠送礼品。

他把目光移到酋长的孩子身上,他们与父母一样赤身裸体。哥伦布希望他们"为长女穿上衣服,但她母亲说没有必要,因为彼等并没有这种习惯"。事实上,大女儿一直躲在父母身后,环抱双臂,遮住自己的胸部和脸庞,"只有在感到惊讶时"才会松手。当天在船上,她虽然一直在讲话,"但行动总是坦诚而纯洁"。安全靠岸后,哥伦布依依不舍地与印第安贵客道别。印第安人"分别时十分伤感,臣亦不例外。臣非常希望带此人拜见陛下,因为他洞悉岛上之一切秘密"。他们最终还是下了船,否则就要经历艰辛的跨洋之旅,还要面对抵达西班牙后未卜的前程。

数日后,哥伦布开始探索牙买加岛南部。也许他在这里可以发现足够的黄金,以满足自己的贪欲。

舰队在茫茫大雾中穿梭,恍惚间看到了一条巨大的青龙。这就是牙买加的蓝山,是加勒比海地区最大的山系之一,最高处海拔超过 7 400 英尺。郁郁葱葱的植被覆盖着 500 多种开花植物,其中一半在地球上的其他地方都难觅踪迹。各种蝴蝶扇动翅膀,在树林中翩翩起舞，其中包括巨大的荷马凤蝶，这是西半球最大的蝴蝶品种，翼展长达6英寸，双翅闪闪发亮，多呈黑色和金色。数百种鸟儿在一旁观望，伺机寻找下一顿美餐。该地区多彩缤纷的生活也许只有在马可·波罗异想天开的游记中才能见到。

8月19日，当蓝山映入眼帘时，哥伦布在仔细查看了印第安人的篝火后，带领船队经过一个海角。他将其命名为法罗尔角，即"烽火角"。随后，船队乘风驶向伊斯帕尼奥拉岛。

在大自然的旖旎风光中，船队又航行了3天，直到一艘载有印第安人的独木舟朝他们驶来。

"舰队司令！"他们认出了哥伦布。

哥伦布在这些地区已成为传奇人物，既令人敬畏，又受人欢迎。

他们沿着杂草丛生的海岸行驶，下午不时有阴沉的暴风雨来袭，远处雷鸣电闪，直到8月19日，"他看不见该岛后，径直驶向伊斯帕尼奥拉岛"。此时，他已将牙买加抛在脑后，知道自己的愿望不可能轻易得到满足。迄今为止，如果说他在这次航行中发现了什么东西，那就是如果没有上帝的帮助，他很难甚至不可能实现自己的目标。

一两天后，哥伦布在阿尔塔维拉小岛停靠，这才意识到他已经和船队中的另两艘船失去联系。这已不是他首次与其他船只失联。他似乎失去了对航程的掌控，也失去了对自己的控制。他命令手下登上小岛的最高点，但众人看到的只有无边无际的天空和大海。水手们饥肠辘辘、烦躁不安，于是来到海滩上熟睡的海豹前。杀死这些动物易如反掌，只需要挥动木棒便可将其打死。

6天后，两艘失联的船只终于出现。船队会合后驶向12里格开外的一座岛屿，哥伦布将其称作贝亚特岛。哥伦布本以为他们会像过去那样受到盛情款待，但是突然间诧异地看到印第安人"带着弯弓和毒箭,手里还拿着绳子,一边从村里跑来,一边打着手势,意思是要用这些绳子将基督徒捆绑起来"。但西班牙人并没有被这种阵势吓倒。他们登陆后,经过短暂的交流,印第安人"放下武器,为基督徒们送来面包、淡水及彼等所需之一切物品"。更令人欣慰的是,他们早就听说过克里斯托弗·哥伦布的大名,并渴望一睹其尊容,今天终于得以实现。随后,船队继续前行。

在经过一座岛屿时,哥伦布决定以同伴米歇尔·德·库尼奥的名字命名这座岛。此人来自意大利的萨沃纳,他解释说:"司令大人出于对余的厚爱,将该岛称为拉贝拉萨沃尼斯,[①]作为礼物赠给余,在公证人签署文件后……余接受了这份礼物。"通过这种方式,古老的土地转入了当代人手中。库尼奥查看了自己的新王国后,"拔除杂草,砍伐树木,安放了十字架和绞刑架"。这里景色宜人,共有37座村庄,"至少有三万人口",让库尼奥深感欣慰。

9月14日晚,哥伦布"观测到月食,并且确定当地与加的斯的时差约为五小时二十三分钟",费迪南德写道。

几个世纪以来,费迪南德的说法引发了人们对哥伦布当时所在位置(难以确定)、他的天文导航能力(存在局限)甚至记录信息真实性(有待商榷)的质疑。这些欺骗和失误暴露了他作为一名航海家在能力上的缺陷,而当他认为自己已经超过"印度"的边界时,他本能地想要隐藏自己所处的位置。

斐迪南和伊莎贝拉的恩诏使哥伦布在"印度"拥有至高无上的地位,有权获得巨大的财富和崇高的威望。如果他不经意间误入歧途,来到另外某个未知的地方,他的发现和他所获得的一切

[①] 西班牙语,意即"美丽的萨沃纳"。——译者注

223

就会受到公开挑战，甚至变得毫无价值。因此，与其试图弄清自己在地球上的实际位置，不如希望最终一切都会好转。这位探险家思维习惯中最大的矛盾之一，就是面对航行过程中尚未解决的问题时，不愿去考虑其他答案。他不想"发现"任何"未知之地"。他相信所有的事情都要由神来预言和指引，但事实并非如此。

对于那些像哥伦布一样具有神秘主义倾向的人们来说，月食承载着重大的意义。当月球从地球后面经过时，地球会阻挡阳光照射到月球上。太阳、地球、月球会形成一条直线，而地球位于中间。上一次月食发生在1453年5月22日，恰逢君士坦丁堡陷落，现在月食再次发生，仿佛为哥伦布的航行赋予了重要的意义。

哥伦布计划返回拉伊莎贝拉时，这场航行的性质突然发生改变，记录中出现了令人不安的空白。在狂风中漂泊了5天后，船队再次分散，最终，两艘失踪的帆船重新出现。9月24日，修理过后的帆船驶向伊斯帕尼奥拉岛东端的另一座岛屿，这座岛屿被印第安人称为阿莫纳。哥伦布没有返回他在西印度群岛的母港，而是"打算在修好船只后，踏平食人者之岛屿，焚毁彼等所有独木舟，以免这些贪婪的豺狼再去伤害羊群"。然而，打击食人族的行动未能如愿开展。

"从那时起，舰队司令停止记录航行日志，"费迪南德写道，"他也没有说明自己是如何回到拉伊莎贝拉的"，因为过度劳累和精神紧张损害了他的健康。"有时他会一连行驶八天，其间睡眠不足三个小时，"费迪南德解释道，"如果不是他自己在记录中提到，这种情况似乎难以置信。"最近，哥伦布在拉伊莎贝拉饱受磨难，并且为此付出了沉重的代价。"他身体过度透支，四肢无力，饮食不足"，最终积劳成疾，"在从阿莫纳驶往圣胡安时病倒"。

事实上，哥伦布已经处于昏迷状态。他"高烧不退，昏昏欲睡，视力下降，记忆衰退，意识模糊"。他已经"奄奄一息"，但仍挣扎着求生，皮特·马特写道。"臣以为此疾是因航行期间过度疲劳和历经危险所致，臣在海上航行已有二十七年，为此付出了沉重代价"，哥伦布后来在给双王的信中写道。"即使最勇敢之人亦有一死，因此臣唯一之心愿是将船队和船员安全带回。"在过去的30天里，"臣睡眠不超过五小时，在最后八天中仅睡了一个半小时，因此成了半盲之人，每天都会有一段时间完全失明"。在哀叹结束后，他祈祷说："愿我主仁慈，保佑臣尽快痊愈。"

哥伦布的手下意识到，没有任何副手可以代替他的位置。因为受到惊吓并且迷失方向，这群失去统帅的船员决定前往拉伊莎贝拉，并于1494年9月29日来到这座处于困境的城堡。船队在此下锚后，"圣克拉拉"号迎来了哥伦布家族的另一个成员——走失的巴塞洛缪。他一直生活在兄长的阴影之下，而他现在迎来了重返光明的机会。

巴塞洛缪·哥伦布一直试图模仿兄长，出海开展探索。在英国，他曾请求亨利七世资助他前往西印度群岛，但是没有成功。在法国，他拿出同样的计划游说查理八世，结果同样令人沮丧。虽然巴塞洛缪的地图绘制技巧对他帮助不小，而且他还是一个既称职又可靠的水手，但他缺乏哥伦布的人格魅力和强烈的神秘主义倾向。

拉斯·卡萨斯说过，"余曾多次与他交谈，此人给余的印象是不苟言笑、冷酷无情，不像舰队司令那样性情温和、和蔼可亲。"另外，他虽然有些令人生畏，但"五官端正，体魄强壮，性格坚毅"。在这位编年史家看来，巴塞洛缪还"博学多才，为人谨慎"，且在"商界"经验丰富。在西班牙流亡时期，他始终是"舰队司令的有力支持者，而哥伦布无论有什么想法，都会征求他的建议"。

在学问方面，拉斯·卡萨斯认为巴塞洛缪与兄长旗鼓相当，甚至略胜一筹。"他是一名引人注目的水手，在很多书籍和航海图上都写满了旁注和评注。不管这些书籍和地图属于舰队司令还是他，在余看来，巴塞洛缪在海洋方面学识渊博，他的兄长几乎不可能再传授给他任何东西。"事实上，巴塞洛缪"字迹清秀，比舰队司令的书法更佳，因为余藏有很多两人的手迹"。

在事业陷入停滞时，巴塞洛缪趁机研究兄长的手稿。当时，哥伦布刚完成首次航行凯旋归来，曾写信给巴塞洛缪，劝他也到西班牙来。假如巴塞洛缪能及时赶到塞维利亚，两兄弟相聚后就可能并肩航行。但新的舰队很快组建起来，在巴塞洛缪抵达前，克里斯托弗就已经从加的斯开启了第二次航行。

被困在塞维利亚的巴塞洛缪收到了哥伦布的来信，承诺给予他所谋求的地位。巴塞洛缪将护送哥伦布的两个儿子迭戈和费迪南德到巴利亚多里德的朝廷，为国王斐迪南和女王伊莎贝拉唯一的儿子，也就是16岁的王子唐·胡安充当侍从。1494年初，巴塞洛缪将两位侄子送到宫中后，双王恩准他使用"唐"的贵族称号，并赐予他觊觎已久的职位，让他率领三艘船只前往拉伊莎贝拉，因为那里急需给养。尽管这片土地十分富饶，但定居点的人们的生存仍然依赖西班牙。

1494年春，时任"阿德兰塔多"（El Adelantado）的巴塞洛缪正指挥船队前往拉伊莎贝拉。"阿德兰塔多"即"先遣官"，是当时西班牙的一个军事头衔。他在6月下旬到达拉伊莎贝拉，与仍在航行的舰队司令会合。

虽然他十分努力，但与兄长不同的是，他无法激起他人的信心或恐惧。"在热那亚，从来没有人在航海时像舰队司令那样勇敢而机敏，因为在航行期间，只要在夜间观察一片云或一颗星星，他就可以判断接下来会发生什么。假如天气不好，他会亲自站在

第 7 章 "探索时代"的终结

舵旁指挥。风暴过后,当其他人仍在酣睡时,他已扬起了船帆",哥伦布的朋友米歇尔·德·库尼奥惊叹道。他的观点与拉斯·卡萨斯截然不同。库尼奥怀疑巴塞洛缪连一支小小的船队都驾驭不了,更不用说管理西班牙的殖民地了。但这就是裙带关系,无论是库尼奥还是船队中的任何人对此都无能为力。

为了在组织散漫的帝国边陲建立起一定秩序,斐迪南和伊莎贝拉又派出一支由 4 艘船只组成的补给船队,并且带去一道 1494 年 8 月 16 日下达的诏书。虽然诏书语气自信、不乏感激,但还是揭示了哥伦布与王室之间日益扩大的裂痕。

双王希望舰队司令能更加坦率地禀报实际的发现。"朕已读完卿所书之一切,卿极尽详细之能事,阅读卿之书信令朕感到欣慰和愉悦,因此望能获悉更多相关情况,譬如迄今为止,卿已经发现并命名多少座岛屿。"在要求哥伦布禀报更多情况后,双王补充说他们还希望知道"这些岛屿之间相距多远及卿所发现之一切"。此外,"卿等所播种之谷物一定已收获,朕希望了解当地之季节情况,以及一年之中每月天气如何,因为从卿之书信看来当地似乎与国内截然不同"。两人提出要求,"若卿能念及朕躬,望详细记述有关情况"。

这些要求都很合理,而且有一个共同的主题,即向他们介绍新获得领土的情况。

对于哥伦布对拉伊莎贝拉堡的关注,双王表现得十分敏感。两人承认他对该地负有责任。"至于在建之定居点,国内无人会就此提出建议,或对卿之计划做出任何改变,由卿自行定夺。即使朕躬在场,也会听取卿之意见,采纳卿之建议。"

令哥伦布感到惊愕的是,双王虽然措辞客气,但威胁要将他调任他职。他可以回到西班牙协助解决西班牙与葡萄牙在贸易航线及《托尔德西里亚斯条约》上的争端，而不是继续在形势急剧恶化的西印度群岛留守。"倘卿难以回国"，伊莎贝拉写道，就请他派遣其弟"或其他了解此事之人，尽快乘船返回"。鉴于西班牙帝国羽翼未丰，其边界时刻都在受到挑战，女王需要听取他的想法，"以便再次与卿商讨在与葡萄牙国王签订协议前，应当在何处划定分界线之问题"。

最后的手段——奴隶贸易

但哥伦布无视王室的上述请求，选择留在了拉伊莎贝拉，试图一展宏伟抱负，却迟迟不能如愿。"随着时间流逝，"拉斯·卡萨斯解释道，"舰队司令越来越清楚地意识到，整个地区的人都已拿起武器揭竿而起，只不过彼等的武器形同虚设，人们对基督徒的仇恨与日俱增。"

事实证明，西班牙人很难让印第安人改信基督教，即使有人愿意皈依，往往也只是暂时的。哥伦布提到，为了说服印第安人皈依，他从未停止努力。"至于吾等神圣之信仰，臣相信如果今日召来该岛酋长和居民接受洗礼，彼等定会趋之若鹜，但臣认为彼等不会理解或懂得与此相关之任何事情。"印第安人往往愿意接受洗礼，甚至愿意多次接受洗礼，仅仅是为了获得西班牙人的礼物。

当地的棉花和香料要经过采集才能运往卡斯蒂利亚，因此价值十分有限，考虑到途中所耗费用和风险，似乎没有必要继续维持这个遥远的居民点。尤为重要的是，在西宝的每条河中和每座山坡上，闪闪发光的黄金似乎已被采尽。哥伦布及其手下早已把金矿与河流中的金子扫荡一空。他本以为伊斯帕尼奥拉岛上的黄金会取之不尽，但事实上岛上有限的储备已大幅减少。为了确保

第 7 章 "探索时代"的终结

自己能够继续留在这里享有种种权利,哥伦布想出了最后一招——奴隶贸易。

从 2 月开始,哥伦布计划在西印度群岛和西班牙之间定期开展奴隶贸易。奴隶主要是凶恶的加尼巴人,好让性情温和的泰诺人留在原地,而这一贸易将一直持续到金矿能够开始运作为止。由于黄金供应短缺,奴隶贸易逐渐变得炙手可热。即使哥伦布对这一决定心存疑虑,他也不会向任何人透露。

葡萄牙和热那亚已经在开展奴隶贸易,西班牙为什么不可以?双王虽然向来手段残酷,但是对这种想法敬而远之,担心这会触怒教会和政敌,甚至有损于自己的道德观念。"这一问题可暂时搁置,待下次航行开始再行定夺,但卿不妨先尽述想法。"哥伦布无视双王的回复,开始从事包括加尼巴人和泰诺人在内的奴隶贸易。尽管他偶尔也会关心较为温和的泰诺部落,但他还是会把他们都送到塞维利亚繁荣的奴隶市场,以从中牟利。

根据米歇尔·德·库尼奥的说法,哥伦布下令扣押伊斯帕尼奥拉岛上的 1 000 名男女。其中有 500 人被认为适合充当奴隶,于是被卖给了 4 艘前往西班牙的商船中的一艘。他还让手下从留在岸上的土人当中挑选奴隶,因此约有 600 名印第安人被囚禁起来。剩下 400 名印第安人设法逃脱,其中包括正在哺乳的妇女。在描述这一令人震惊的景象时,库尼奥写道:"为了顺利逃离虎口,彼等丢弃婴儿,绝望地狂奔,因为害怕会被再次捉住,有些人离开了拉伊莎贝拉堡,跋山涉水,走了七八天。"

为了报复,西班牙人抓获了瓜迪瓜纳酋长及其手下的两名首领,并将其捆绑起来。他们认为前者曾经杀害过西班牙人。可在被枪决之前,两人咬破绳索成功逃脱。

1495 年 2 月 24 日,那些不幸的土人与米歇尔·德·库尼奥

229

和哥伦布之子迭戈一起随舰队航行。库尼奥已经目睹了新大陆上发生的种种劣迹，而迭戈负责回国维护舰队司令的名誉，因为一群哥伦布的反对者在布伊尔神父和佩德罗·玛加利特的领导下，准备对他进行指控。

当时，哥伦布为他们无中生有的指控及"一些卑鄙小人向陛下进献之谗言"恼怒不已，他谴责那些指控他的人不值得信任，是一群无知堕落的家伙，根本没有资格与他共襄盛举。"彼等因沉迷于赌博及沾染上种种恶习而失去继承权，找不到任何可以赖以生存之土地，因此通过欺骗和谎言参与此次航行，一心想要不经辛苦劳作而在此地一夜暴富，并重返过去衣食无忧之生活。此种事情在神职人员和俗世信徒之间皆有发生，因为彼等被邪恶和贪婪蒙蔽了双眼。在卡斯蒂利亚，臣曾告诫彼等必须参与劳作才能有所收获，但彼等不肯相信，因为彼等过于贪心，以为臣在撒谎。"

无论他们的性格多么低劣，他们的故事多么恶毒，但哥伦布在航行中的所作所为有时甚至更加可耻，然而他在西班牙却没有受到质疑和追究。

如今，安东尼奥·德·托雷斯已经成为横渡大西洋的行家，但事实证明，他在率领船队迅速回国时，表现得远不如哥伦布。舰队司令出于疏忽，忘了告诉他最佳航线，即向北航行到接近百慕大岛的某个地方，然后向东前往葡萄牙海岸的加那利群岛或圣文森特角。由于船上俘虏人数太多，托雷斯在小安的列斯群岛漂流了好几个星期，最后一路向北，恰好赶上开展奴隶贸易。随后，他用了3个多星期才抵达马德拉岛。

这是一次凄惨的航行。"途中有大约两百名印度人死亡，臣认为是因为当地天气较彼等之家乡寒冷，"米歇尔·德·库尼奥写道，"吾等会把死人扔进海中。"剩下一半幸存的印第安人在加的斯上

第 7 章 "探索时代"的终结

岸时已病入膏肓。库尼奥对当局表示："彼等非常怕冷，也活不了多久，不适合充当劳力，敬请知悉。"

为了证明他送回西班牙的货物——那些气息奄奄的奴隶价值可观，远在异国的哥伦布将自己的顾虑搁置一旁，向斐迪南和伊莎贝拉盛赞他们的品质。"臣相信无论是在黑人当中还是在世上其他任何人中，彼等都无与伦比，""彼等非常聪明，尤其是在年幼之时，请陛下考虑可否从中挑选六至八名男童，教其写作和学习，因为臣相信彼等会很快超过其他人。在西班牙国内，彼等定能更好地进行学习。"但这项计划根本没有付诸实施，相反，船队的总负责人胡安·德·丰塞卡把这些幸存者送到塞维利亚拍卖。

哥伦布的心腹贝纳尔德斯目睹了印第安人在西班牙人手中的惨状。他们"如初生时一样赤身裸体，而且像禽兽般对此不以为耻"。在经过冷酷无情的观察后，他抱怨道："这些奴隶利润不高，因为彼等在西班牙国内水土不服，几乎所有人都死掉了。"

由于哥伦布在西班牙开展奴隶贸易的计划造成的巨大破坏，伊斯帕尼奥拉岛上的印第安人开始与西班牙军队作战，尤其是在拉伊莎贝拉附近。逃犯瓜迪瓜纳在摆脱束缚后重整旗鼓，杀死了大量西班牙侵略者，迫使他们回到自己的船上。印第安人的优势在于人多势众、熟悉自己的故乡，但瓜迪瓜纳无法在此过程中将各个不同的部落团结起来。一些印第安首领希望与他保持距离，而另一些人，尤其是瓜卡纳加利，仍然向西班牙军队效忠。

哥伦布精疲力竭、虚弱不堪，需要船员把他从船上抬到岸边。从当年冬天直至 1495 年 2 月底，他在那里度过了数月之久的康复期。他受到好几种疾病的折磨，其中有些症状尤为明显。拉斯·卡萨斯根据可靠资料判断他患有关节炎，因此才常常感到疼痛，并且处于虚弱状态，看来哥伦布已经心力交瘁。在听到印第安人反

231

抗佩德罗·玛加利特的消息后，哥伦布感到尤为痛心，因为此人受他委托到西宝监督采矿。玛加利特独断专行，搞砸了西宝的一切。他"对舰队司令的意愿置之不顾"，费迪南德写道，他似乎一心想要成为这次探险的新领袖。

哥伦布和他的3艘船只刚刚离开，玛加利特便无视他让自己占领该岛的命令，带领手下将近400人，来到了10里格外的皇家草原。在那里，他"精心策划，想让舰队司令设立的委员会之成员服从自己的命令，并向彼等寄去言辞傲慢的信函"。在取代哥伦布的计划受挫后，"他必须对自己的所作所为负责"，因此搭上首班开往西班牙的船只离开，既没有做任何解释，也没有安排其他人来管理留下的376名水手，因此这些人很快开始进行掠夺。"彼等来到印度人当中，掠夺财产，抢夺妇女，使后者饱受伤害，所以当地土人决意只要见到任何单独行动或三三两两的西班牙人，就会进行报复。"

因此，"舰队司令发现该岛处境可悲，大多数基督徒任意横行，而印度人对此深恶痛绝，拒绝俯首听命"。怒火中烧的瓜迪瓜纳屠杀了10名西班牙卫兵后，偷偷放火烧毁了一处居所，而里面住着40个病人。

皮特·马特痛苦地记述了哥伦布离开期间西班牙人的"不义之举"，称他们"在岛上妇女的父母、兄弟和丈夫的眼皮底下绑架她们……进行强奸和抢劫"。

随着玛加利特的离去，哥伦布别无选择，只能逮捕瓜迪瓜纳，但是未能如愿，只抓住了一些他的追随者，把他们当作囚犯，押往安东尼奥·德·托雷斯的船上，准备送回西班牙。这4艘船于1495年2月24日启航。

然而，西班牙人与印第安人的冲突只不过刚刚揭开序幕。

第7章 "探索时代"的终结

印第安人陷入苦难深渊

在拉伊莎贝拉，哥伦布后来得知，印第安人的4位首领分别是考那波、希瓜纳玛、贝希齐奥和瓜里奥尼，每个首领都指挥着"七十到八十位酋长，这些酋长不必向彼等进贡，只需听从召唤，协助彼等作战和耕种土地"。

其中一个酋长尤其引人注目，他就是哥伦布在伊斯帕尼奥拉岛上偶遇的盟友瓜卡那加利，而此人恰好掌控着拉伊莎贝拉所在的地区。得知离去很久的哥伦布返回，瓜卡那加利立即前来表示自己的清白，声称他从未怂恿或帮助当地土人屠杀西班牙人。

为了表达自己长期以来的善意，瓜卡那加利回忆称他一直对基督徒招待周到且十分友善。

他认为，由于他对这些远道而来的客人过于慷慨，激起了其他酋长的仇恨，尤其是臭名昭著的贝希齐奥。此人杀死了瓜卡那加利的一个姬妾，而偷盗成性的考那波抢走了他的另一个姬妾。他恳请舰队司令帮他夺回姬妾，并实施报复。在讲述这个悲惨的故事时，瓜卡那加利"每次回想起在拉纳维达堡被杀的人们，就会潸然泪下，仿佛彼等都是他的孩子一般"。

瓜卡那加利的眼泪征服了哥伦布，舰队司令和酋长之间恢复了往来。

在斟酌上述情况时，哥伦布意识到这位感情用事的酋长为自己提供了许多关于印第安人之间冲突的宝贵情报，而他可以利用这些情报，对两人共同的敌人进行惩罚。如果他与瓜卡那加利结盟，他就可以解决所有的问题。

康复后的哥伦布"从拉伊莎贝拉出发，与战友瓜卡那加利并肩前行，而后者急于将仇敌打垮"，费迪南德写道。时值1495年

3月24日，哥伦布抵达此地已近6个月。但是在敌众我寡的情况下，他们的胜算不大。哥伦布和瓜卡那加利手下只有200名西班牙士兵、20匹马和20只猎犬。对于当地土人来说，猎犬比欧洲士兵更令人感到恐惧，但是印第安人数量庞大。有"十几万印度人"拿起武器，保卫自己的领土，抵御这一小群入侵者。由于印第安人对西班牙人的愤怒与日俱增，哥伦布似乎注定要率领手下的士兵和舰队背水一战。一场大屠杀仿佛正在酝酿之中，人们头上笼罩着厄运的阴影。仿佛哥伦布作为一名出色的航海家不可能在海上丧生，却有意选择让自己和部下在陆地上殉难。

哥伦布认为他现在已对"印度人之性格与习惯"有所了解，因此准备采取行动。他率领小部队从拉伊莎贝拉出发，进行了为期10天的行军。他将部队分成两组，一组由他率领，另一组由他兄弟巴塞洛缪指挥。两兄弟依靠战马能给敌人造成的恐怖杀伤力，试图采用钳形攻势，将集结的印第安军队包围起来。哥伦布认为"印度人会被同时从四面八方传来的喧闹声吓坏，并且在失守后惊慌失措地逃跑"。

一开始，被费迪南德美其名曰"步兵中队"的西班牙士兵用石弩和火绳枪对付印第安人，将他们击退。接着，"骑兵和猎犬"加入战团，在敌人中制造恐慌，把印第安人赶进丛林，对他们穷追不舍。西班牙人"杀死了许多土人"，费迪南德写道，"然后将俘虏悉数杀掉"。

西班牙士兵将印第安人赶进热带丛林，当后者走投无路时，他们又放出20只猎犬。拉斯·卡萨斯写道，这些饥肠辘辘的野兽在听到"上！"的命令后，纷纷向印第安人袭来。"不到一小时，它们就捕猎了一百多人。由于印度人惯于赤身裸体，所以很容易想象这些凶猛的猎犬会对彼等造成怎样的伤害。猎犬在士兵呼喝

第7章 "探索时代"的终结

下扑向彼等裸露的身体，撕咬其比野猪细嫩得多的皮肤。"

西班牙军队成功地活捉了考那波及其妻儿。虽然印第安人的数量远大于西班牙人，但费迪南德无疑夸大了参战土著的人数。西班牙人的胜利得益于马匹和先进的武器，也激发了哥伦布自首次踏上西印度群岛以来一直缺乏的信心。"吾等用来对付印第安人的武器，没有一件不是威力强大"，拉斯·卡萨斯在现场写道，而印第安人的武器"只不过是玩具而已"。

战斗结束后，考那波"承认当舰队司令发现印度群岛后返回西班牙时，他杀死了留在拉纳维达堡的二十名西班牙人，而这些人当时归阿拉纳指挥"。原来罪魁祸首竟是此人，假如他的供词可信，他接下来讲述的情况更加糟糕。他随后"佯装是朋友"，造访了拉伊莎贝拉，但是"真正的目的是进行侦察，计划如何发动攻击并将其摧毁，与他对拉纳维达堡的做法如出一辙，而吾等的人已经对此有所怀疑"。

据皮特·马特记述，哥伦布的助手阿隆索·德·奥赫达冷酷无情，起初试图促成考那波与哥伦布达成某种"友好协定"，最后威胁这位酋长称"如果他选择战争，而不是与基督徒和平共处，他将杀光他的手下"。

这位意大利编年史家认为，这位酋长身处政治困境，不过是在虚张声势，而这也是哥伦布的看法。"可以想见，此时的考那波仿佛大海中央的一块暗礁，被各个方向的激流冲刷，也为他所犯下的罪行感到痛苦，因为他依靠欺骗杀害了二十名守卫。虽然他似乎渴望和平，但他显然不敢去见舰队司令。

最后，当机会来临时，他精心策划了一场阴谋，打算杀死舰队司令和其他人，并装出一副想要和解的模样，带着所有随从和众多手下，全副武装后出发。"经过一番努力，奥赫达诱使精疲力

235

竭的考那波来到哥伦布面前讲和。作为奖励，他将得到一样觊觎已久的东西：一个教堂里的铜钟。

奥赫达挥舞着手中的铁铐和脚镣，解释说只有斐迪南国王才能将这些饰品戴在马背上，但是他可以设法让考那波试戴一下，体验一下当国王的感觉。奥赫达让考那波在自己背后骑上战马，接着西班牙人收紧锁链，将后者牢牢固定在马背上。这时，西班牙士兵吓跑了考那波的卫兵，奥赫达策马飞奔，两个人一起穿过河流，从而将考那波绑架。

奥赫达继续前行，只有需要收紧锁链时才停下来片刻，最后一路来到拉伊莎贝拉。如今的考那波成了西班牙人的阶下囚，借用皮特·马特的话来说，他"烦躁不安，咬牙切齿，仿佛一头利比亚的雄狮"。

在西宝，奥赫达继续平定叛乱，围捕了其他顽抗的酋长。不过，其中一名酋长，即考那波的妻舅贝希齐奥逃脱了。行动结束后，哥伦布在被征服的地区举行了一场胜利游行。

西班牙方面对此事的记述来自费迪南德·哥伦布、皮特·马特和冈萨洛·费尔南德斯·德·奥维耶多。但是从印第安人的角度来看，这起事件非常令人不安，因为欧洲人曾对淳朴的泰诺人进行强奸和绑架。就连哥伦布也有其两面性，既关心自己的部下，又对被征服者表示悲悯。然而，这种同情心一旦消散，他就会继续痴迷于黄金、荣誉和征服。

拉斯·卡萨斯在阐述这场冲突中的道德问题时表示："如此可憎的胜利肯定不会为上帝带来荣耀。"为了尽到一己之力，以弥补这些罪过，他将会为自己目睹的恶行作证，后来成了印第安人后裔的代言人。

第 7 章 "探索时代"的终结

据费迪南德称,哥伦布计划将考那波及其兄弟送往西班牙,"因为他不愿意在双王不知晓的情况下,处死一个如此重要的人物"。他认为对其他印第安人的惩罚已经足够。对于哥伦布这样一个睚眦必报的人来说,这无疑是一个奇怪的决定,因为他与考那波之间虽然存在政治和语言上的巨大鸿沟,但后来达成了和解。两人对永恒的生死之谜有着共同的兴趣。哥伦布不仅试图征服印第安人不堪一击的世俗王国,也试图征服他们坚定的精神世界,但结果同样令人困惑。

"臣费尽心力,希望从考那波等人身上了解彼等之信仰及其来世之观念,"在对这位昔日的对手进行重新评价时,哥伦布写道,"他已到盛年,且聪明睿智。"正是他让哥伦布了解了印第安酋长的生活状况:他们享有特权、生活放纵,如在伊甸园中一般。

哥伦布惊叹道:"彼等有美食娇妻,享受着快乐与舒适。"战争爆发前夕,西班牙人对当地人的生活和资源有了更多了解,正如费迪南德所说,他们有"铜矿、蓝宝石、琥珀、巴西木、乌木、熏香、香柏多种树胶及不同种类的野生香料",其中包括肉桂("味道微苦")、生姜和胡椒。除了哥伦布热衷寻找的黄金,这里无所不有。这里甚至还有"长青的桑树,用来养蚕并生产丝绸,还有许多其他有用的植物和树木,而国内对此一无所知"。

这里的生活听起来像田园诗般惬意,但至少对哥伦布来说,情况并非如此。他带领两个兄弟又修建起三座堡垒,用以确保继续向西班牙纳贡,而这种制度此前已经将该岛富于弹性的经济彻底摧毁。

从此以后,每一个 14 岁以上的印第安人都必须向西班牙占领者交纳与鹰铃等重的黄金,而酋长们则需向西班牙人交纳更多物品。生活在黄金匮乏地区的印第安人如果愿意,可以用棉纺织品(不

237

是生棉）代替，但每个人都必须交纳贡品，否则将面临死亡。顺从者会收到一枚铜章或铜币，用以挂在颈间，而这无疑是一种令人难以忍受的耻辱。对于这种制度，拉斯·卡萨斯谴责道："即使是最残忍的土耳其人、摩尔人、匈奴人和汪达尔人，彼等曾经破坏吾等之王国与土地，毁掉了吾等之生活，也会认为这一义务过于繁重，不仅毫不合理，而且令人憎恶。"

随着时间的推移，印第安人用尽了岛上有限的黄金。他们开始在沙地和灌木丛中不懈地挖掘，但这些地方黄金匮乏，越来越难以获得。从某些方面来看，这一制度比奴隶制还要糟糕，它抹杀了印第安人与西班牙合作的任何机会，除了交纳那些毫无意义的贡品。

通过实行这一制度，哥伦布虽然确保自己能够获得一定量的黄金，但是牺牲了他所需要或者本来能够得到的其他一切物品。例如，德高望重的瓜里奥尼酋长提出，这片土地只能提供少量黄金，但是如果用于种植小麦，就能养活整个西班牙的人口，甚至10个西班牙的人口。然而，哥伦布拒绝考虑他的建议，而是决定将贡品减半，使这一罪行得以继续。

在提到这项政策时，拉斯·卡萨斯怒不可遏。他写道："有些人俯首听命，而另一些人拒绝遵从，于是他们陷入了最悲惨的生活。一些人躲进了深山，由于基督徒的暴力、挑衅和伤害从未停止，他们甚至杀死了一些罪恶昭彰的基督徒。"对于反抗者，基督徒们以杀戮和折磨作为回应，"不尊重神意、正义与自然法则，而是打着这些旗号继续作恶"。虽然拉斯·卡萨斯义愤填膺，但印第安人并不像他想象中那样无辜，早在欧洲人出现之前，他们就已经有了奴隶制度。

费尔南德斯·德·奥维耶多指出，印第安部落在交战后，会

"将彼等的俘虏打上烙印作为奴隶。每个主人都有自己的烙印纹样，有些主人甚至会拔掉奴隶的一颗门牙，作为所有权的标志"。

西班牙的纳贡制度让西班牙人一蹶不振，当地的纳贡制度也让印第安人心力交瘁。许多印第安人会设法逃避，因为这是他们唯一的出路。当"有人告诉他，印第安人饱受饥荒之苦，每天都有超过五万人死亡，像生病的鸟兽般随处倒在地上"，哥伦布逐渐意识到这场悲剧对印第安人造成了严重伤害，皮特·马特写道。

现实比饥荒更可怕，而这是他们自己造成的。印第安人毁坏了西班牙人储存的面包，即使这样一来他们和侵略者都吃不到。印第安人跳下悬崖，用树根给自己下毒，甚至饿死自己。为了寻找黄金纳贡，印第安人再也无法耕种，照顾亲人，照看病人、孩子和老人。他们走投无路，集体自杀，以避免被基督徒杀害或俘虏。他们不愿与后者分享土地、树林、海滩、女人，以及自己的未来。他们深深的绝望和自我毁灭之举令人难以承受，而西班牙人根本无法理解。共有5万印第安人自尽身亡。

西班牙人拒绝承担责任，认为印第安人集体自杀是由于"固执"，皮特·马特写道。1495年10月，哥伦布禀告双王："印度人故意破坏了所有用于种植面包（木薯）之土地。为了阻止臣寻找黄金，彼等想方设法设置障碍。"与此同时，他承认"没有什么事情比臣等进入其领地更让彼等伤心和沮丧"。

实际上，印第安人对黄金的兴趣不大，尤其是与哥伦布相比。按照哥伦布的说法，印第安人是在意识到他们无法让他放弃寻找黄金后，才"恢复了种植，因为彼等无法忍受饥饿，但是这次上天未降雨帮助彼等，因此彼等纷纷死亡，其死亡之速度令人不可思议"。哥伦布把他们的死亡归咎于"饥荒"。

幸存者越来越少，仿佛陷入了末日一般。有些人逃往山上避难，但西班牙猎犬对他们发起了袭击，那些躲开了猎犬的人们最终死于饥饿和疾病。虽然吾等现在无法对当时的人口做出准确估计，但其锐减的趋势很明显。1492年哥伦布首次出航时，伊斯帕尼奥拉岛上大约有30万印第安人，其中大概10万人死于1494年至1496年间，而半数死于集体自杀。据拉斯·卡萨斯估计，1496年的印第安人口只有1494年的1/3。（"这一场面无比壮观，彼等杀人的速度竟然如此之快！"他辛辣地写道。）12年后的1508年，人口统计显示当地有6万印第安人，相当于最初的1/5。

1548年，费尔南德斯·德·奥维耶多只发现了500名印第安人，而他们是自哥伦布抵达该岛以后仅存的幸存者，他们见证了一个长期流传的预言。直到现在，这一预言才逐渐变得清晰起来：哥伦布的出现意味着他们的灭绝。

时过境迁，泰诺人与敌人达成了和解。一个由加尼巴人和泰诺人组成的新部落出现了，似乎表明两者可以共存。但哥伦布的船队一波又一波到来，打破了两者之间自发的妥协，给这个动荡不安的社会增加了新的困扰。

哥伦布的对手考那波，这位加尼巴酋长娶了一个泰诺族的妻子，即贝希齐奥的妹妹阿纳考娜。在哥伦布抵达之前不久，加尼巴人放弃了食人恶习，不少泰诺族的女子嫁给了他们，因此两族之间的通婚并不仅限于考那波与阿纳考娜两人。第三个部落叫奇瓜约族，似乎是前两者的混血后代。

拉斯·卡萨斯写道，他们已经忘记了自己的母语，取而代之的是"一种奇怪的、近于原始的语言"，而这种语言可能是将他们的习语与泰诺人的方言结合在一起。像加勒比人一样，他们留长发，

第7章 "探索时代"的终结

在战前会往身上涂抹大量红色和黑色颜料，但与加勒比人不同的是，奇瓜约人不会在弓箭上涂毒。当哥伦布首次来到如今的多米尼加时，奇瓜约人曾向他放了数箭。为了纪念这次袭击，哥伦布将这一战斗地点命名为箭湾。

哥伦布抵达后，这三个部落开始互相通婚，以竭力维护和平，防止相互毁灭。这一策略与西班牙和葡萄牙皇室之间的联姻类似。然而，西班牙人的出现使印第安人的联盟陷入停滞和混乱。

哥伦布的罪恶（至少是那些与西班牙对抗的行动）最终使他饱受困扰。1495年8月5日，在胡安·德·阿瓜多的领导下，一只由四艘帆船组成的船队从西班牙启航。阿瓜多做事一板一眼、纪律严明，他从第二次航行开始就与哥伦布一起出海，但是后来和其他患病的水手及心怀不满的叛乱者在托雷斯指挥下回到西班牙。在布伊尔神父对哥伦布提出指控后，西班牙国内的情绪突然转变，开始声讨舰队司令。于是，阿瓜多及其助手们带着调查哥伦布的命令回到伊斯帕尼奥拉岛。与此同时，他们也带来了大量补给和一些冶金专家，因为黄金对西班牙来说仍是至关重要的物品。

1495年10月，阿瓜多在号角声中隆重登场，接管了这座地处偏僻的小小堡垒。巴塞洛缪目睹了这令人蒙羞的一幕，并向兄长寄去一封警告信，而哥伦布当时已经前往内陆，来到了西宝的金矿。返回拉伊莎贝拉后，舰队司令恭恭敬敬地听取了阿瓜多带来的诏令，此举使众人颇感意外。

按照双王的要求，哥伦布需要将享有王室俸禄的人数减少至500人，以保证每个人都能得应有的口粮。于是在大西洋两岸，人们纷纷抱怨哥伦布偏袒不公。更糟糕的是，尽管当地土地肥沃，但拉伊莎贝拉的其他人都缺少口粮。"这里土地膏腴，呈深黑色，"

241

库尼奥写道,"吾等从西班牙带来了各式种子,发现其中有些能够适应当地土壤,有些则不能。"种植成功的品种包括萝卜、南瓜、洋葱、生菜、西芹、甜瓜和黄瓜。鹰嘴豆和菜豆几天之内就可以发芽,"但是会突然枯萎死亡"。没人知道这是什么原因。

西班牙人最终失去了种植的兴趣,"因为谁也不愿在这些地方定居"。他们到此只是为了攫取黄金,因此宁愿以木薯面包为食,或者从西班牙进口食品。

在听到人们对哥伦布的抱怨后,阿瓜多注意到那些体魄健康的欧洲人正在从事着流氓勾当:小偷小摸、私自寻找黄金及抓捕奴隶。这座西班牙殖民地虽然无比富饶,但他们却难以自给,阿瓜多向世人描述了这一可悲的景象。

岛上的所有人都心怀不满,尤其是拉伊莎贝拉的水手。他们忍受着暴力、饥饿与疾病,但即便如此,他们也只是会说"但愿上帝把余带回卡斯蒂利亚"。除了从皇仓配发的口粮,他们没有任何食物,而配发的口粮不过是一汤钵(约相当于一杯)需要自己碾磨的小麦(很多人会煮熟了吃)、一块腐臭的培根或一块腐烂的奶酪、一些少得可怜的红豆及少得几近没有的葡萄酒。这就是王室规定的限额,而且舰队司令还会命令他们在饥饿、虚弱和生病的情况下劳作(修建堡垒、司令宅邸和其他建筑),人人都痛苦不堪、走投无路,因此他们纷纷向胡安·阿瓜多抱怨,并趁机指责舰队司令,称他危害了王室。

在听到这些刺耳的证词并查看了拉伊莎贝拉的恶劣环境后,哥伦布意识到他别无选择,只能中止对伊斯帕尼奥拉岛的探险,返回西班牙为自己辩护。毫无疑问,王室为他敞开的宠爱和庇护之门正慢慢合拢。哥伦布担心自己会被赶出去,而其他人已经做好了取而代之的准备。他们所需要的只是国王和女王的恩准,届

第7章 "探索时代"的终结

时哥伦布以西班牙名义占领的土地将不再归他所有，而双王曾经承诺给予他的名望和财富也将随之而去。

作为一名终生致力于自学的航海家，哥伦布在思考自己命运的同时，也开始对泰诺人进行研究，尤其是他们的精神世界。在他看来，他们的精神世界要比其简单的世俗生活（小小的渔场、原始的茅屋和狭长的独木舟）复杂精微得多。他发现众多酋长"在远离城镇之住所中供奉着私人神龛，而神龛里除了一些木制雕像外什么也没有"。

哥伦布说，当他们看到有欧洲人靠近时，会把这些东西"藏在树林中，害怕它们会被带走，而且还会窃取他人之'塞米'，这一习俗简直令人啼笑皆非"。不仅如此，这些雕像在他们举行私密而神秘的通灵仪式时必不可少。他补充道，它们还配有"一张圆如木盘之精巧木桌，桌上放有一种粉末。在举行某种仪式时，彼等会将粉末置于'赛米'头顶，然后通过一根分为两支之竹竿将其吸入鼻孔。彼等之语言，臣等无一人通晓。这种粉末会让彼等失去理智，像醉汉般胡言乱语"。

泰诺人利用小小的"赛米"与精神世界交流，还可以操纵部落中尚未加入这一神秘宗教的人们，这一点令哥伦布既惊讶又好笑。他写道，只见一个赛米"大喊一声，开始用彼等之语言说话"。在近距离观察后，他发现"这一雕像做工精良"，底座用管子或"吹箭筒"连接到"房屋之阴面，被树枝和树叶覆盖，可以供人藏身其中，而此人即可为酋长代言（或者通过吹箭筒说话）"。

为了揭露他们的诡计，几个西班牙人掀翻了正在说话的"赛米"。酋长十分尴尬，恳求他们不要告诉其他部落成员，"因为此人可以通过这种欺骗手段，让族人臣服……只有酋长懂得且可以操纵这种骗术，并借此从手下处获得所需之贡品"。（毫无疑问，

243

这种将迷信和骗术结合起来控制信徒的自私做法在西班牙或欧洲其他任何地方都没有发生过。)

考那波详细描述了其他泰诺酋长的埋葬仪式,哥伦布在日志中做了记录。"彼等剖开酋长之身体,用火将其烤干,以保证尸身完好无损。对于其他人,彼等则只保留头部。"在对泰诺人的地下世界有所了解后,思维一向反常的舰队司令开始思考死亡的问题。"为了解彼等之信仰,以及死者会去向何方,臣煞费苦心,"他写道,"臣尤其希望考那波为臣加以讲解。"这位酋长告诉哥伦布,人们死后会"来到一座山谷,与祖先团聚"。

迄今为止,哥伦布对泰诺人的精神信仰和宗教仪式已经有所了解。他委托雷蒙·帕内(探险队的6位神父之一)继续开展深入研究,"对彼等所有仪式进行记录"。帕内神父在与泰诺人一起近距离生活4年后撰写了一篇文章,透露了其宗教习俗及西班牙对其宗教仪式的干涉。由于其中包含了太多令人不悦的事实,哥伦布认为他的文章纯属杜撰,而"唯一可以肯定者,乃印度人对来世存在一种自然之敬畏,且相信彼等之灵魂可以不朽"。

然而,哥伦布在日志中引述了这篇存在争议的文章,其子也或多或少地抄录过,或许费迪南德意识到,这篇文章可以作为西班牙人与印第安人之间关系恶化的最佳解释。

帕内神父是加泰罗尼亚人,学识渊博,自称"圣杰罗姆教派的贫困隐士"。他认为问题在于印第安人的精神信仰与基督教相互对立。他的文章直言不讳,有时被认为是第一篇从人类学角度对印第安人甚至任何一个民族进行研究的文献。在哥伦布航行日志的所有记录中,这篇文章无疑是最奇特也是最有洞察力的。

"彼等相信在天空中存在着某种不朽的生命,但任何人都看不到。这种生命虽然也有生身之母,但是没有源头",帕内神父写道。

第 7 章 "探索时代"的终结

他希望用一种基督徒能理解的方式记录印第安人的神话。帕内神父说，在对这些传说进行记录时，他"下笔仓促，而且没有足够的纸张"。这些世代相传的神话包括海洋是如何形成的（一只巨大的葫芦倒出了其中的水和鱼）、太阳和月亮的起源（它们来自一个岩洞中，岩洞里有两个会出汗的石雕'塞米'），以及死者的来世生活（他们白天隐居，晚上出来消遣，会吃一种特别大的桃子）。

按照帕内神父的观察，印第安人在鉴别死者时"会用手触摸一个人的腹部，如果找不到肚脐，彼等会说那个人是'奥佩里托'，意即死亡"。假如有男人喜欢上一个女人，但是粗心大意，没有检查她是否有肚脐就和她上床，"这个女人就会突然消失，他的臂弯中空空如也"。

在举行所有宗教仪式时，印第安人都会用到"科霍巴"，一种需要用双筒烟管吸入的致幻鼻烟。据帕内神父观察，吸入"科霍巴"的粉末后，他们的意识状态大都发生了改变。"彼等利用'科霍巴'向神像祈祷，或者向神灵求取富贵"，他写道。在仪式开始前，酋长会用某种乐器进行表演。"他低头祈祷，然后仰望天空开口说话。众人会大声回应他，随后表示感谢。在'科霍巴'进入鼻腔和脑中后，他开始讲述自己看到的情形。"在降神期间，他会讲到自己与"赛米"的对话、望风而逃的敌人及即将到来的胜利。

有时候，他也会警告众人饥荒或屠杀即将到来，或者讲述"脑子里出现的任何想法"。对此，帕内神父感到既毛骨悚然又有些好笑。他写道："他说他会看到房屋上下颠倒，有人在空中走来走去。这大概是由'科霍巴'引起的精神投射或灵魂出窍。"

帕内神父相信皈依基督教可以打破这些古老的仪式，并且欢迎印第安人放弃罪恶的生活方式，走进教堂。然而，他的这篇文章无疑向哥伦布表明：印第安人生活在另外一个精神世界，服从

245

的是另外一种观念，因此要想征服并统治他们的精神世界、让他们接受欧洲人的观念极其困难。

帕内神父从哥伦布口中获悉，有一个印第安部落有自己的语言，而这种语言与其他部落的语言截然不同，因此他奉命与这些人及其酋长瓜里奥尼住在一起。惊愕的神父对哥伦布的命令提出了质疑。"在当地的所有语言中，我只会讲玛克利克斯语，大人怎么能让我与瓜里奥尼待在一起？"因此，帕内神父恳求哥伦布为他安排一名印第安同伴。

"他满足了我的愿望"，帕内神父很高兴地表示。他的同伴叫瓜伊卡瓦奴，懂得这两种印第安语言。这个富有同情心的印第安人后来皈依了基督教，改名胡安。"我简直将他当成了自己的好儿子或好兄弟"。

神父和胡安很快开始了这项新工作。他们与瓜里奥尼一起待了将近2年。"在此期间，吾等向他讲解了吾等之神圣信仰和基督徒之习俗"，但这并不容易。"起初他表现很好，吾等以为他会按吾等的希望去做，并且成为一名基督徒，因为他要求吾等教给他有关圣父、圣母玛利亚、基督教信条、祷告及其他基督徒应该知道的事情。"但是后来，"他对吾等十分不满，并背离了这一目标，因为当地的一些要人谴责他只知遵从基督教律法"。因此，两人放弃了瓜里奥尼，转向另一位酋长。"此人对吾等十分友善，并自称希望成为一名基督徒。"这位酋长名叫玛维亚图埃。

"吾等离开瓜里奥尼的村庄，前往拜访玛维亚图埃酋长。次日，瓜里奥尼的村民在教堂旁边建了一个小屋，吾等也在那里留下了一些圣像，以供新皈依的教徒跪地祈祷，并从中求得安慰。"但这个礼拜堂及其中的物品引起了那些放弃基督教信仰的人们的愤怒。帕内神父离开两天后，"有六个人奉瓜里奥尼之命来到教堂，勒令

第 7 章 "探索时代"的终结

新皈依的七名负责人……拿走并销毁余留的圣像,因为拉蒙·帕内神父及其同伴已经离开,彼等不会知道此事"。遭到拒绝后,瓜里奥尼的六名手下将守卫推到一边,"强行闯入,拿走了圣物"。

仿佛这些行动还不够恶劣一样,这几名印第安人把圣像扔到地上,埋了起来,然后在土堆上撒尿,并且说道:"看看这下它会不会开花结果。"

巴塞洛缪·哥伦布听说此事后,觉得有必要证明他在与印第安人打交道时不像兄长那样优柔寡断,而是坚定果敢。"他对几名邪恶之徒进行了审判,在确定罪名后,当众将其在火刑柱上烧死。"巴塞洛缪相信,这一惩罚能彻底吓倒印第安人,但他很快就意识到自己大错特错。"瓜里奥尼及其手下继续为恶,准备在规定交纳黄金的当天杀害所有基督徒。"在他们实施这一阴谋前,西班牙人有所觉察,于是将其关押起来。"但其中几人执意作乱,杀死了四个人和胡安·马修执事及其已经受洗礼的胞弟安东尼奥。"

随着暴行愈演愈烈,基督徒们发现,这场混乱中竟然产生了一个奇迹。

"叛乱者跑到他们藏匿圣像的地方,将其砸成碎片。几天后,田地的主人去挖番薯(类似芜菁或萝卜的块茎食物)时,在圣像被埋的地方发现有两三个番薯长成了十字架的形状。"令人难以置信的是,"这个十字架由瓜里奥尼的母亲发现,而她是余在当地见过的最坏的女人"。然而,"她却发现了这个奇迹,并对康塞普西翁堡的总督说,上帝不知为何让这个奇迹出现在圣像所在地"。无论如何,这至少是个令人欣慰的发现。

帕内神父向哥伦布提出忠告:"在这座岛上,需要有人对那些不让其居民接受神圣天主教教义的印度首领进行惩罚,因为这些居民无力与其首领进行抗争。"在经历过诸多锤炼后,神父放下谦

247

卑，强调"余费尽心力，了解了此事的真相，因此余之所言理当被执行"。

就目前而言，如果哥伦布的任务仅是平定叛乱，那么他似乎已经克服困难，胜利完成了任务。费迪南德称，其父"迫使印度人变得平静恭顺起来，彼等答应每三个月向天主教君主纳贡一次。在金矿所在地西宝，十四岁及以上者均需交纳与大鹰铃等重的金砂，其他人则需交纳二十五磅棉花"。

这就是哥伦布治下的和平条款。

但印第安人开始绝食抗议，甚至奄奄一息。1495年10月，哥伦布委婉地指出："假使彼等能在这场饥荒中幸存，臣希望上帝保佑，能与彼等维持这一协定，并能从中大量获利。"他命令手下对各个领地进行搜查，但是抱怨称他"找到之居民不到四分之一，因众人皆已分散到山中，前往无人之地寻找食物"。每个幸存的印第安人在向西班牙当局进贡后，会收到一枚"铜币，此人必须将其戴于颈间，作为已经纳贡之证据，任何未佩戴这一标志之印度人均会受到惩罚"。

与此同时，许多西班牙人对此满怀愤恨。有些人已经和安东尼奥·德·托雷斯一起回到西班牙，四处散布关于舰队司令冷酷无情的谣言。哥伦布的两个兄弟和他一起，用野蛮的方式处理与印第安人的关系，只会把事情弄得更糟。哥伦布担心自己离开宫廷的时间越长，他的对手就会对双王施加越多不利影响。在第一次航行中，他离开时默默无闻，归来时声名鹊起。在这一次航行中，他离开时宛如一位英雄，但是他有充分的理由相信，除非向双王求情，否则他在归来时一定会颜面扫地。

拉伊莎贝拉的情况混乱，哥伦布花了近6个月才准备好一艘帆船，准备返回卡斯蒂利亚。他"就地取材"，将这艘船命名为

"印度"。据皮特·马特记录，1495年6月，一场来自加勒比海的飓风摧毁了一个由三艘船只组成的船队，人们用这三艘船只的部件造了一艘新船，即现在的"印度"号。印第安人将此归咎于西班牙人的出现，因为他们破坏了当地的环境。在这支小小的返航船队中，另一艘船是"圣克拉拉"号，哥伦布拥有其一半的股份。

这两艘帆船本来每艘只能载25人，但现在共载有235名欧洲人和30名印第安人，其中包括危险的俘虏考那波及其兄弟和侄子。哥伦布洋洋得意地向双王称赞这些昔日的敌人："臣准备将考那波及其兄弟献于陛下。此人是岛上最重要之酋长，也是最勇敢和最聪慧之人。如果他愿意开口，他会向陛下讲述当地之一切，因为他对诸事皆有所了解。"对于哥伦布来说，最重要的是如何让考那波安全抵达塞维利亚，并觐见国王和女王。

船队于1496年3月26日清晨启航，巴塞洛缪随船同行，但他按计划在船队停靠普拉塔港时下船。该港离伊斯帕尼奥拉岛北岸的拉伊莎贝拉不远，巴塞洛缪将从陆路返回伊莎贝拉。随后，船队在哥伦布的指挥下继续前行。

"金羊毛"探险

这次航行极其缓慢。12天后，哥伦布离开了伊斯帕尼奥拉岛最东端，"在风向允许的情况下尽可能继续向东航行"。由于给养不足，他的手下疲惫不堪，情绪低落。4月6日，哥伦布改变航向，向南行驶。3天后，他在玛丽加兰特下锚以稍事喘息。该岛是他在航行之初发现的，并欣然为西班牙占领。第二天是星期天，即休息日，但哥伦布却一反常态扬帆起航，因此众人的抱怨之声不绝于耳。

249

来到瓜德罗普岛后,他派出几艘小艇靠岸,命令手下全副武装前去侦察。然而,"在彼等到达海滩前,一大群身背弓箭、头上插羽毛的女子冲出树林,摆出一副凶悍的姿态"。于是,船上的众人派出两名印第安人前去交涉。当这些女战士意识到他们是来寻找食物而不是进行征服时,她们将众人带往"小岛北岸,在那里她们的丈夫会为众人提供所需要的东西"。缺乏经验的西班牙人上岸后,又两手空空地返回,众人又饿又累,只得继续向北航行。当他们的船只紧靠岸边时,印第安人聚集在水边,一边"高声呐喊",一边向船只发射毒箭。

哥伦布不仅没有被吓倒,反而派人上岸准备迎战。印第安人重新集结起来,准备再次发起袭击,西班牙人开火射击,枪声大作,印第安人四处逃散。匆忙之中,印第安人放弃了他们的住所,"基督徒闯入其中,夺走并摧毁了找到的一切物品",斐迪南写道。彼等最需要的是食物。"由于已经掌握了印度人制作面包的方法,吾等拿走了屋中的木薯面团,然后做成面包,饱餐了一顿。"

他们小心翼翼地对房屋进行搜索,发现了许多"巨大的鹦鹉、蜂蜜和蜡,还有印度人用来做小斧头的铁及一些类似花毯织机的东西,只不过彼等用其织布"。另外一件东西突然映入西班牙人眼帘,那是"一只人手,正在叉子上烘烤"。众人不禁毛骨悚然。

不久,他们开始在瓜德罗普岛周围搜寻,也许进入了一个被称为"船湾"的峡谷,谷内有宁静的小屋,还有一些看起来和善的居民。哥伦布派出几名武装船员,乘小艇向峡谷驶去,但无数箭矢从他们头顶飞过。几声枪响过后,弓箭手四散开来,登陆人员开始搜查小屋,寻找食物和补给,但只发现一只巨大的红色鹦鹉茫然地盯着他们。无奈之下,这支西班牙小队追上印第安人,抓获了3名男童和10个女人,把他们当作人质,用来交换木薯根。

250

第7章 "探索时代"的终结

船队在瓜德罗普岛停泊了9天，有人忙着在烤架上烤木薯面包，有人收集木柴和打水。在这段相对清闲的时间里，有迹象显示，他们也享受到了女性俘虏的"款待"。众人在离开前不久释放了她们，只留下一个好像是酋长妻子的女人和她的女儿，这两人被囚禁在拥挤的帆船上。

1496年4月20日，这艘船终于启航前往西班牙。在狭窄的船舱里，疾病迅速蔓延。事实证明，印第安人相当脆弱。考那波在自己的家乡经受住了种种磨难，最终死在了海上。他听说了许多关于斐迪南和伊莎贝拉的故事，这些故事激发了他无边的想象。现在，西班牙君主再也不可能召见他，或奴役他了。

"由于海风仍在前方，海面十分平静"，费迪南德写道，哥伦布"在风力允许的情况下，尽可能靠近北纬二十二度，因为当时人们还没有学会向北行驶以便赶上西南风的技巧"。在这种情况下，航程进展缓慢，5月20日，他们"极其需要食物，每人每天只能分到六盎司（约170克）面包和一品脱（约0.85升）半淡水"。

更加令人焦虑的是，船队中没有一个领航员清楚他们的实际位置。哥伦布认为他们正在靠近亚速尔群岛，他在日志中证实了自己的推理，因为佛兰德和热那亚的罗盘，或者说指南针发生了偏差。"当天清晨，佛兰德之罗盘像往常一样向西北方偏移一度，而热那亚之罗盘一般与前者一致，略偏西北方向。随后，罗盘指针在东西方之间来回偏移，表明吾等位于亚速尔群岛以西一百多里格处。"他的计算表明，海浪越来越大，他们离家越来越近。据他推测，众人将很快看到"海中散布之马尾藻"。两天以后，即5月22日，星期天，哥伦布发现他们离亚速尔群岛还有100里格。

罗盘上指针显示的位置说明，船队偏离了航线，一头扎进了危险之中。哥伦布"将其归咎于磁石，认为指针已被磁化"。在众人的抗议声及对灾难的恐惧当中，舰队司令继续按照航迹推算法测算出来的路线行驶。所谓航迹推算，是指通过计算船只行驶的速度，以及自船队4月20日离开瓜德罗普岛以来所走过的距离，推算出他们目前所在的位置。

6月7日，星期二夜间，领航员估计他们仍然"离陆地有几天的航程"，但哥伦布警告众人收起船帆，"以免撞上陆地"。他坚持认为，他们当时已接近葡萄牙沿岸的圣维森特角，但八九名领航员嘲笑舰队司令已经偏离航线。

有些人说他们即将靠近英格兰海岸，也有些人说他们离西班牙西北部的加利西亚不远，因此哥伦布应该下令扬起船帆，"因为即使撞到海滩的岩石上，也总比饿死在海上强"。但哥伦布并没有采纳他们的意见。收起风帆后，船只在漆黑浓稠的大海中迅速穿行，摇摆不定。

饥肠辘辘的人们不顾一切，公然讨论起求生办法。加尼巴人建议吃掉船上的其他印第安人，而西班牙人则想把印第安人从船上扔下去，以节省食物。他们准备执行这个计划，舰队司令在最后关头制止了他们，提醒他们说作为人类和基督徒，所有印第安人理应和其他人得到同等对待。

哥伦布整夜坚守航线，直到1496年6月8日星期三，"当所有的领航员都像迷途者或盲人般四处游荡时，他们突然看到了位于里斯本和圣文森特角之间的奥德米拉"。这座小镇亮起点点灯火，就在葡萄牙的海岸上，也就是哥伦布用航迹推算法测算出来的地点。领航员们全都放弃了自己的预测。

"从那时起，"费迪南德注意到，"众水手对舰队司令钦佩不已，认为他才是最出色的航海专家。"他把他们活着带回了家，他们应该表示感激才对。他经历了一场场暴风雨，经历了印第安人用毒

第7章 "探索时代"的终结

矛发起的无数次袭击，经历了叛乱、饥饿及严重的疾病，但他最终活了下来。

现在，西班牙人已经对他发起了挑战，因此众人对他的颂扬和辩护对他来说是一种莫大的鼓舞。他是作为海洋舰队司令意气风发地离开伊斯帕尼奥拉岛的。在准备上岸时，他谨慎地改变了打扮，换上修士的朴素装束，既是出于虔诚和忏悔，也是出于狡猾。当局可能会把某个船长关进监狱，但是面对这个刚从海上回来的虔诚的修士，他们又能如何处理？

自1493年9月25日哥伦布离开西班牙起，西班牙国内发生了很多大事。他热切希望见到的双王正在西班牙北部的布尔戈斯，筹备两人的独子阿斯图里亚斯王子、最尊贵的唐·胡安殿下与奥地利皇帝马克西米利安之女玛格丽特的婚事。到处都可以看见西班牙王室"庄严的盛况"，费尔南多·哥伦布写道。他有幸以王子侍从的身份参加了这场盛会，当时王子只有18岁，以体质虚弱为世人所知。

在布尔戈斯，哥伦布展示了他从西印度群岛带回的纪念品：各种植物、树木、鸟类和其他动物。他还展示了印第安人使用的工具、面具和镶着金色边缘的腰带，以及几把金砂。"在自然状态下，这些金砂有的如菜豆和鹰嘴豆大小，还有一些有鸽子蛋大小。"这些金砂既不能满足哥伦布的贪婪，也无法兑现他为双王带回一捧捧金块的承诺，因此他罕见地"承认迄今为止，其收益小于开采的成本"。尽管舰队司令私自留下了许多物品，但这些战利品还是令在场的人们感到惊讶。哥伦布及其部下仿佛当代的伊阿宋和"阿尔戈"号上的英雄，刚刚结束寻找金羊毛的探险之旅。

1494年4月29日，皮特·马特向红衣主教斯福尔扎夸口："我

253

给你们寄来了各类种子的样本，包括类似肉桂树的树皮和树胶。"他告诫这位红衣主教，"当你把它们凑近嘴唇时，最好不要碰到它们。它们虽然没有害处，但是会产生过多热量，长时间接触会刺激和刺痛舌头。"假如红衣主教品尝之后感到舌头发烫，"喝水可以很快消除这种灼热感"。另外还有一块像是芦荟的"木头"。"如果将其剖开，淡淡的香水味就会随之而来。"

  天主教双王将怀疑抛到一边，准备了一份鼓舞人心的声明，即西班牙在教皇的支持下，占领了一个新的王国。1496年10月15日，即哥伦布在该地区首次登陆3年后，他终于可以向斐迪南和伊莎贝拉禀报："该岛已被完全征服，当地人民知道并接受如下事实，即彼等必须向陛下进贡，且每个人每数月之间均需交纳一定数量之贡品。"这也是官方在哥伦布刚刚完成第二次航行后发布的内容。在这次航行中，哥伦布巩固了他和西班牙对国际贸易的控制。葡萄牙也注意到《托尔德西拉斯条约》使陆地和海洋上的掠夺变成了合法行为。

  仿佛是为了推动西班牙的统治一样，葡萄牙国王若昂二世10天后驾崩。当时他仅有40岁，因此据说他很可能是被毒杀的。葡萄牙国王离世后，斐迪南和伊莎贝拉似乎拥有了地球上的大部分领土。他们再次征服了伊比利亚，并且准备在哥伦布的帮助下继续开疆拓土。

  然而，维持一个海外帝国所带来的问题，远远超出了它所能解决的问题。这些问题不仅令人不安，而且持续不断。首先，这个新获得的帝国究竟位于何处？哥伦布坚称他们再次到达了遥远的印度地区，但其竞争对手和怀疑者认为，哥伦布对其实际位置并不清楚。此外，他们该如何对待岛上人数众多的居民，即所谓的"印度人"？其中有些人乐于助人，为西班牙人提供了救援；

第7章 "探索时代"的终结

有些人奔向岸边,向他们的船只投掷长矛;有些人宁愿自杀也不愿与西班牙人共存。

这些"印度人"还有吃人的惊人行为,但似乎没有西班牙人遭受过这种厄运。哥伦布曾试图与他遇到的印第安领导人结成战略联盟,但他所谓的盟友瓜卡那加利屠杀了许多孤立无助的西班牙侦察兵。事实最终证明,让印第安人皈依基督教不仅费力耗时,而且结果令人沮丧。甚至连帕内神父也承认,想让他们改变信仰,"武力和技巧"必不可少,而且也不能保证受过洗礼的印第安人会在神父离开后继续信仰基督教。事实上,许多印第安人很快接受了基督教,但又同样迅速地脱离了这一信仰。

正因为如此,上述问题暂时没有答案。

正如第一次航行结束时一样,为了确保自己能够再次出海,哥伦布采取了权宜之计,即将部分水手留在当地自力更生,而他可以前往营救或提供支援,并借此开展第三次探险。他的朋友皮特·马特写道,舰队司令"对同伴被杀深感悲痛,因此认为他不应再拖延下去"。哥伦布立即开始游说天主教双王,批准他向动荡的岛屿派遣12艘船只。最终,他的愿望得以实现。

哥伦布及其王室支持者似乎并未吸取前两次航行的惨痛教训,而是决心重蹈覆辙。舰队司令仍然相信,印度和大汗的财富与他已经探索过的岛屿相距不远。这个探索的时代仍然为幻想所驱使,而且即将变为危险的剥削时代。

哥伦布希望立即返航,为那些被困的人们送去食物和武器。"尽管他态度坚决,"费迪南德言辞犀利地写道,"王室的事务往往一拖再拖,十个月或十二个月过去后,他才得到了两艘救援船,由佩德罗·费尔南德斯·科罗内尔船长负责指挥。"

255

1497年2月，两艘救援船从西班牙驶往西印度群岛，以解当地燃眉之急。哥伦布"留了下来，筹备重返印度群岛所需的其他船只"，而这项任务需要一年时间。

在这段时间里，哥伦布发生了显著的变化。"作为圣弗朗西斯的忠实信徒，他从此总是穿棕色的衣服，"拉斯·卡萨斯同情地写道，"他从那里返回时，余在塞维利亚看到他，装束与圣方济会修道士毫无二致。"哥伦布身着宗教服饰，标志着他已经重振旗鼓，准备再次行使天命。

哥伦布离开伊斯帕尼奥拉岛时，拉伊莎贝拉已经变成了一座鬼城。后来，容易激动的拉斯·卡萨斯再次来到此地，对这一定居点未能尽如人意感到哀伤。他写道，拉伊莎贝拉出现了"许多恐怖的声音和可怕的鬼怪，巨大的恐怖和危险导致人数锐减，据说没有人敢从此经过"。接着，他还讲述了一个离奇的故事：

一天，在拉伊莎贝拉的一些房屋里，过路者看到有人排成两列，彼等衣着考究，两侧各佩有一剑，披着当时西班牙旅行者的斗篷，显然都是贵族或官廷中人。看到这一景象的人们感到十分惊讶：这些高雅的陌生人为什么会出现在那里，而且竟然无人知晓？于是众人向彼等打招呼，询问彼等从哪里来。但这些旅者摘下帽子后，竟然没有头颅，接着连身体也消失得无影无踪。那些目睹这一景象的人几乎被当场吓死，随后很多天里都惊恐不安。

事实上，哥伦布离开伊斯帕尼奥拉岛前的最后行动，是指示他的兄弟巴塞洛缪在奥萨马河口修建一座新城。由于巴塞洛缪在

第 7 章 "探索时代"的终结

星期天抵达当地，于是将其命名为圣多明哥（Santo Domingo），意即"星期天"。这个地方似乎很有发展前景，因为他看到"一条清澈的河流注入港口，河内有各种鱼类，岸边景色宜人"，皮特·马特写道。"当地的棕榈树和果树有时会垂到水手的头上，它们的枝干上挂满了花朵和果实，而这里的土壤似乎比拉伊莎贝拉更加肥沃。"圣多明哥的建造始于当年或次年，即 1497 年，不久就有 20 人抵达了西班牙印第安帝国未来的首都。时至今日，圣多明哥仍是西半球最古老的欧洲人定居点。

圣多明哥的兴起意味着拉伊莎贝拉的终结。这个不幸的定居点变成了西班牙殖民者和印第安人的最终安息之地。在他们浅浅的坟墓里，印第安人的尸体依照当地的习俗面朝一侧放置，而西班牙人的尸体则面朝上安放，双臂在肋骨上交叉，眼睛凝视着永恒的天空。

插曲
哥伦布大交换

数百万年前,旧世界和新世界同属于一个巨大的大陆——"泛大陆",意即"所有的陆地"。1596 年,佛兰芒制图师亚伯拉罕·奥尔特利乌斯首次提出大陆漂移说,按照这一学说,各个大洲缓慢分离,最终相距数千英里。

从地质学的角度来看,1 亿 2 500 万年距今并不算长。当时恐龙仍然生活在地球上,北美洲的大部分地区与欧亚大陆相连。一片巨大的、没有固定形状的汪洋及其洋流在地球上任意流动。直到 3 000 万年前,各大洋才逐渐形成了现在的形态,但那时的大西洋是从两极延伸到热带的。新产生的墨西哥湾流是远古时期全球洋流的残余部分,在其范围内对动植物进行了多次分配。泛大陆缓慢分裂后形成的大洲发展出了不同的演进模式,也就是说,各大洲的生物开始自行演化,有时它们的演化轨迹相似,有时则大相径庭。

尽管由于自然界的力量,各大洲之间有过极其短暂的接触,但分离的趋势似乎会无限期地延续下去。然而,1492 年,哥伦布的航行永远改变了这一古老的模式,打破了此前各大洲独立演进的气泡。人们或许很难想象,一支舰队仅凭某个人的远见和决心,便引发了全球持久的变化,但事实确实如此。

插曲　**哥伦布大交换**

哥伦布当时并没有意识到这一点。到达美洲后，面对数量繁多陌生的动植物，他目瞪口呆。他经常叫不上来自己看到的动植物的名称，对于这一点他深感沮丧。船上为数不多的博学者同样感到困惑，其中包括随船医生昌卡。

1492年的世界与现在大不相同。当哥伦布横渡大西洋时，欧洲人还不认识番茄和番茄酱，也不知道什么是巧克力。但早在哥伦布抵达美洲3 000年前，可可树就已经广泛分布于当地。烟草的情况也类似，它们已经是印第安人日常生活和宗教仪式中不可或缺的一部分，但当时的欧洲人并不认识。当哥伦布及其手下遇到这些东西时，他们并不了解其功用。

不过，因为他们将这些物品带回欧洲，并且将船上大如马匹、小如尘芥的动植物留在当地，旧世界与新世界最终以出乎哥伦布乃至所有人意料的方式相互联系起来。

一切都发生了变化。哥伦布大概不会猜到，他的数次航行所造成的最持久和不可逆的影响超越了他对帝国和贸易的追求，因为他在无意间改变了全球环境。与基督教、奴隶、黄金，以及哥伦布和西班牙所竭力争夺的任何其他势力相比，新旧世界之间的双向传播影响更大，它带来了超乎人们想象的巨大变化。这一转变广泛、剧烈又持久，而这种双向传播的影响需要经过数年、数十年甚至数百年才能显现出来。

这个缓慢传播的过程被称作"哥伦布大交换"，由得克萨斯大学奥斯汀分校的阿尔弗雷德·克罗斯比（Alfred Crosby）教授于1972年首次提出。

在随后几十年中，克罗斯比的观点让人们开始以一种新的方式去思考哥伦布的遗产。"在欧洲人第一次踏上美洲海岸之前，"他写道，"旧大陆的小麦、大麦、大米和萝卜等作物从未向西穿越

259

大西洋，而新大陆的玉米、土豆、甘薯和木薯等作物也从未向东传播到欧洲。"

这种巨大的差异也存在于动物方面。"在美洲，当时还没有马、牛、绵羊或山羊。"它们均"来自旧世界"。事实上，在哥伦布到来之前，除了极少数例外，新世界还没有任何家畜，人们既不养鸡，也不养牛。在哥伦布等人抵达之后，他们的存在不仅改变了印第安人的狩猎和饮食方式，而且最终改变了印第安人的迁徙习惯和部落结构，因为西班牙人会对印第安人加以利用，以获得食物、劳力和陪伴。

西班牙人可能不会料到，他们潜移默化地对印第安文化产生了巨大影响。例如，哥伦布带来的马匹最初吓坏了印第安人，因为他们从未见过这种动物。随着时间的推移，这些马向北传播，改变了印第安人的生活。

"马为印第安人带来了速度和耐力，使他们能够利用其优势，获取大量食物，其中尤以北美洲成群结队的水牛和南北美洲草原上迅速繁殖的野牛群为代表，"克罗斯比写道。

此外，马的引进还带来了更多人们意想不到的后果。"印第安人不再耕作，因为与游牧生活相比，耕地不仅艰苦、乏味，而且缺少回报。"于是印第安人骑上战马，在草原上驰骋。他们猎杀的动物超过了以往任何时候，也超出了自己和家人的需要。骑在马背上的印第安人越来越多，甚至成倍增加。由于人口数量剧增，印第安人当中产生了贫富差别、阶级分化和奴隶制度。正如克罗斯比所言，"贫穷的平均主义逐渐消失"。

欧洲人带来的动物对印第安来说可谓福祸参半。与欧洲人一起到来的还有黑鼠和可怕的埃及伊蚊，以及多种致命疾病，比如天花、麻疹、水痘、流感、黄热病和登革热。这些疾病在侵入新世界后造成了诸多痛苦和毁灭。此外，欧洲人还携带了包括梅毒在内的多种病原体。

由于哥伦布航海而开始在新旧大陆之间传播的疾病当中，梅毒是人们最常提及的例子，但是对于这种性病的传播途径，人们尚未达成共识。是印第安人感染了西班牙人，还是西班牙人感染了印第安人？关于梅毒在两大洲自发出现的报道使这一疾病传播方式的问题变得更加复杂。显然，哥伦布手下的一些船员具有类似梅毒的症状，昌卡医生指出过。不过，究竟是他们在与印第安妇女厮混时染上了这种疾病，还是他们将其传染给毫不知情的受害者，或者是不同的菌株在来回传播？在哥伦布大交换中，这方面的问题可谓臭名昭著，但迄今仍然没有得到解答。

哥伦布大交换也有积极的一面，即将土豆、红薯、玉米和木薯等作物引入欧洲，并将小麦、萝卜、大麦、苹果和大米从欧洲带到美洲。在这种双向传播中，鲜艳芬芳的丁香、雏菊、水仙花，以及柠檬、橘子、莴苣、卷心菜、梨、桃子、香蕉和咖啡从旧世界传到了新大陆。与此同时，南瓜、倭瓜、青豆、辣椒、花生、可可豆和红薯从新世界传到了旧大陆。蜜蜂到达了美洲，而火鸡来到了欧洲。

上述作物与人口增长和经济增长息息相关。这些作物产生了积极作用，而且相对无害。但欧洲人也带去了酒和酗酒的习惯，而这是后来造成当地淳朴土著死亡的另一个祸端。虽然欧洲农业和病原体对美洲印第安人及其土地造成了破坏性影响，但这并不意味着新世界的生态环境及其居民更低劣，这主要是由于新物种的突然入侵。随着时间的推移，在双方的最初接触造成破坏很久以后，美洲的动植物和居民逐渐适应了这种入侵。

哥伦布大交换自开始以后就从未停止，而且在不断加速进行。

261

克罗斯比将这种现象称为"自然的剧烈振荡",当一个孤立的地区被纳入更广阔的环境之中时,就会发生这种现象。"这种交换或许再也不会像哥伦布之后的一个世纪中那样壮观,除非有朝一日,各星球之间会出现某种形式的物种交换。"

不管这种交换是好是坏,还是亦好亦坏,它都是哥伦布所留下的长期存在、不可避免、包罗万象的遗产。

第三卷
从总督到囚徒
哥伦布的第三次航行

第 8 章

充满怀疑的惊险之旅

哥伦布骑着一匹骡子,迟疑地沿着遍布碎石的小路和尘土飞扬的平原艰难地跋涉,一路来到西班牙中北部的巴利亚多里德。早在28年前,也就是1469年,斐迪南和伊莎贝拉在这里举行了婚礼。两人偶尔还会回到这里,以管理不断扩张的帝国。哥伦布的同行者中有两人是考那波酋长的近亲。这位酋长为人奸诈,曾经与哥伦布结盟。哥伦布本想将酋长作为战利品献给君主,但后者因病死于海上,只剩下他的亲属随行。

数周前,哥伦布在第二次航行结束后回到西班牙,并将眼下这次陆上旅行当作航海的延伸。一行人在途中跌跌撞撞,笼中的鹦鹉惊恐地尖叫起来。考那波的哥哥虽然已经皈依基督教,取名唐·迭戈,但外表仍然引人注目。他戴着一个黄金项圈和一顶王冠,据说王冠"又高又大,两侧的翅膀仿佛盾牌一般,上面还有一对金色的眼睛,大小如同银杯"。

由于疾病的蹂躏,哥伦布看起来不像46岁,而是像56岁。他已经耗尽了作为一名年轻航海家的精力和毅力。他细软浓密的头发已经变白,视力不断下降,视网膜也因长时间直视阳光照射的海面而被灼伤。只要胯下的骡子一歪,他就浑身骨头疼。他饱受关节炎等疾病的折磨,因此清楚自己的时间十分有限。他没有坐享清福，等着别人凭借他5年来的发现赢得荣耀和财富，而是决心用尽余生，尽可能开展更多探索。

有时候，他会为自己在西印度群岛的惊人发现得不到承认而耿耿于怀。"除首次航行所发现之土地外，臣在东方之尽头为陛下发现了长三百三十三里格之陆地，并命名了七百座岛屿，"他提醒斐迪南和伊莎贝拉说，"臣还为陛下平定了伊斯帕尼奥拉岛，而该岛不仅面积较西班牙更大，且岛上居民不计其数。"在自吹自擂之前，哥伦布应该深思熟虑。既然是西班牙的君主成就了他的今天，只要他们愿意，完全可以将他摧毁，没收他所发现的土地，剥夺他的荣誉、头衔和财富。

然而，哥伦布认为自己为帝国开疆拓土，不仅没有得到应有的慷慨赏赐，而且受到了不公正的惩罚。他冒着生命危险开创的航海事业却"受到诅咒和蔑视"，他对此表示谴责，认为这一切都是因为"臣未能立即让船只满载黄金返回"。没有人愿意考虑他所面临的"巨大困难"。"因为臣之过失，或者更确切地说，因为臣之救恩，臣受到他人厌恶。无论臣说什么或提出任何要求，都会遇到障碍。"

哥伦布提醒两位君主，他过去曾"为陛下带去大量黄金之样品，告知陛下当地有金矿、金块和黄铜，且为陛下送去许多香料，其种类繁多，难以胜记"。但是，他忿忿地表示，"对某些人（他的批评者和宫廷中的对手）来说，这一切毫无意义，彼等已经开始有意诋毁此一事业"。他所履行的职责正是历代探险家们以君主的名义所开展的任务，即"在事奉上帝的同时扩大君主的统治范围"。

然而，"臣越是（为航海事业）辩护，诋毁者们就越是对此进行嘲笑"。他曾恳求斐迪南和伊莎贝拉听取他的辩解，但是"两位陛下对臣报以微笑，劝臣勿要忧虑，因为陛下不会相信或信任那些诋毁航海事业之人"。然而，哥伦布还是担心双王即将背叛他与他们共同开展的神圣事业。

他的很多发现激起了他更大的欲望。他之所以要继续进行探索，部分原因在于贪婪和自大，还有部分原因是他需要为自己的罪责开脱，以向双王证明他遵守了他对他们许下的神圣承诺，只不过他所拿出的证据不仅不够完整，而且常常自相矛盾。更让人不安的是，他拒绝承认自己犯下了可怕的错误，比如他曾让手下发誓古巴属于"印度"大陆、5万名印第安人为了抗议他的占领而自尽，以及他始终未能找到大汗。

为了表现自己的谦逊和虔诚，或许也是下意识地为他的统治给印第安人造成的致命后果赎罪，哥伦布越来越喜欢穿着圣方济会修士用褐色粗布织成的长袍。这个托钵修会的成员遵循亚西西的圣方济各的戒律，很重视忏悔。

哥伦布大概属于其中的第三等级，也就是最世俗的等级。该教派不要求成员生活在教会之中，而是要求他们积极工作以改善生活。从外表上看，他根本不像是飞扬跋扈的大西洋舰队司令、家喻户晓的新大陆发现者及君主的心腹。他小心翼翼地将自己世俗的野心和虚荣隐藏起来，表现得甘于奉献、为人谦卑。

衣着朴素的哥伦布曾与安德烈斯·贝纳尔德斯一起长谈。贝纳尔德斯对哥伦布十分敬仰，从不对他进行质疑。哥伦布把第二次航行的日志交给了这位神父，而后者正在编写斐迪南和伊莎贝拉统治时期的宏大历史。这两位天主教君主曾把异教徒赶出西班牙领土。

哥伦布在这段历史中所占的比例很小，但地位十分重要，这与其说是因为他发现了新的土地和新的民族，不如说是因为他找到了黄金。一个名叫费米恩·泽多的金匠声称，哥伦布运回西班

第 8 章　充满怀疑的惊险之旅

牙的那些核桃大小的金块是合金。不可能，哥伦布坚持认为那些是纯金，并且向贝纳尔德斯出示了样本，以证明自己的观点。

哥伦布将考那波胞弟佩戴的巨大的金项圈递给贝纳尔德斯。"余亲眼看到此物，并将其握在手中"，他大声说道。此外，他还见过印第安人的"头饰、面具、腰带、项圈和许多棉织品"。经过仔细观察，神父认出"猴子或猫头鹰的头或其他更可怕的形象代表"魔鬼。

尽管如此，他还是惊奇地打量着另一种来自新世界的纪念品——"数顶两侧饰有金色眼睛的带翼王冠，尤其是一顶据说属于考那波酋长的王冠，这顶王冠极为高大，两侧饰有盾牌形状的翅膀和银杯大小、重约半马克[①]的金色眼睛，每只眼睛的镶嵌方式都十分奇特而巧妙"。贝纳尔德斯称，这顶王冠虽然十分精美，但"上面也有魔鬼的图案"。他推测，印第安人一定是"将魔鬼当作上帝"。

哥伦布来到巴利亚多里德后，得知两位君主已于 1497 年 4 月 3 日启程，前往布尔戈斯参加唐·胡安和女大公玛格丽特的婚礼。于是他继续前行，因为可以在布尔戈斯见到他的儿子迭戈和费迪南德，然后向国王和女王进献礼物并进行奉承，以确保自己能独占他以两人名义夺取的土地。

尽管他为返回伊斯帕尼奥拉岛所做的准备并不充分，但他的外表足以说明问题。他那圣方济各会的装束、虔诚的表现、忠诚的声明、执着的目标，以及最重要的、他以双王的名义开展的探索，种种因素综合起来对他十分有利。

尽管哥伦布并未完全实现目标，还有人在不断对他进行诋毁，

[①] 马克是古代欧洲的货币计量单位，最初相当于 249 克纯银，后来演变为大约 227 克。——译者注

267

但他仍是为君主开疆拓土、建立帝国的功臣。

数日后，即4月20日，双王批准他第三次出海，授权他率领300人前往殖民地。另外50人需自费前往，因为据说有希望轻易发财，参与者并不难找。精干的水手和工匠每天将获得30马拉维迪的薪水，士兵、劳工（特别是那些愿意掘金的人们）和男侍者每天将得到20马拉维迪。那些准备留在当地开垦土地的人每年能挣6 000马拉维迪。妇女们也获准参加这次航行，只不过哥伦布似乎并不情愿。关于她们的情况，外界知之甚少。人们推测她们应该也需要工作，很可能是从事家务。

为了凑齐出海的人手，双王赦免了狱中那些愿意与哥伦布一起航行的罪犯。这项政策不适用于因谋杀、叛国、鸡奸、纵火或造假被判刑的罪犯，但其他准备前往"伊斯帕尼奥拉岛和印度大陆及群岛"的罪犯如果能在当地工作一年或更长的时间，将获得减刑。此外，在伊斯帕尼奥拉岛，他们会恢复自由之身。

海洋舰队司令需要的是一支经验丰富、训练有素的队伍，但上述因素使他很难如愿。他发现自己身边尽是唯利是图的雇佣兵、业余的掘金者和等待趁火打劫的罪犯，而不是准备为王室尽忠的水手。

双王虽然答应为哥伦布出海提供资助，但兑现这一诺言的过程很缓慢。双王批准为他拨付2 824 326马拉维迪，然而截至1498年2月17日，哥伦布只得到350 094马拉维迪，用以支付航行的费用、购买所有必要的给养和其他昂贵的补给。此外，有人向哥伦布提供了额外的支持，只不过不是来自西班牙，而是来自热那亚银行塞维利亚分行。

多年前，当他前往希腊希俄斯岛经商时，该行曾为他提供过资金。虽然双王为这次航行预留了资金，但哥伦布仍不得不面对西班牙主教丰塞卡。此人以脾气暴躁著称，不仅很厌恶哥伦布，而且故意阻碍或推迟付款。当一船小麦从热那亚运来时，哥伦布竟然无钱可付。

在忍受了长达数周甚至数月的阻挠后，牢骚满腹的舰队司令与丰塞卡的一名代表吉米诺·布雷维斯卡发生了争执，因为后者一直对他前往西印度群岛探险进行奚落。最后哥伦布忍无可忍，将这名官僚打倒在地，还踢了他一脚。但布雷维斯卡是王室的一名军官，所以哥伦布的这通发作损害了自己的名望，尤其是他在双王心中的形象。

事实上，他要面对的问题远不止这场不体面的争吵。他已经失去了过去6年中对西班牙海外殖民地的垄断。尽管《托德西利亚斯条约》规定的边界没有改变，但挑战者不断涌现，其中一些人还获得了斐迪南和伊莎贝拉的支持。哥伦布再也无法独自占有西印度群岛。

"龙口"脱险

哥伦布的探险队由三艘船只组成：旗舰"圣玛丽亚"号，"埃尔科雷奥"号（El Correo，"信使"），由双王与哥伦布共有，"拉瓦克尼奥斯"号（La Vaqueños），据说该船是由西班牙帕洛斯的一名寡妇租给探险队的。哥伦布计划向南航行，抵达佛得角群岛。佛得角群岛位于西非沿岸，由10多座小岛组成。古代欧洲人虽然知道这座群岛，但是对其缺乏了解。

后来，热那亚的安东尼奥·德·诺利以航海家亨利王子的名义，再次发现了佛得角群岛。随后，葡萄牙国王阿方索五世任命安东尼奥·德·诺利为佛得角首任总督。

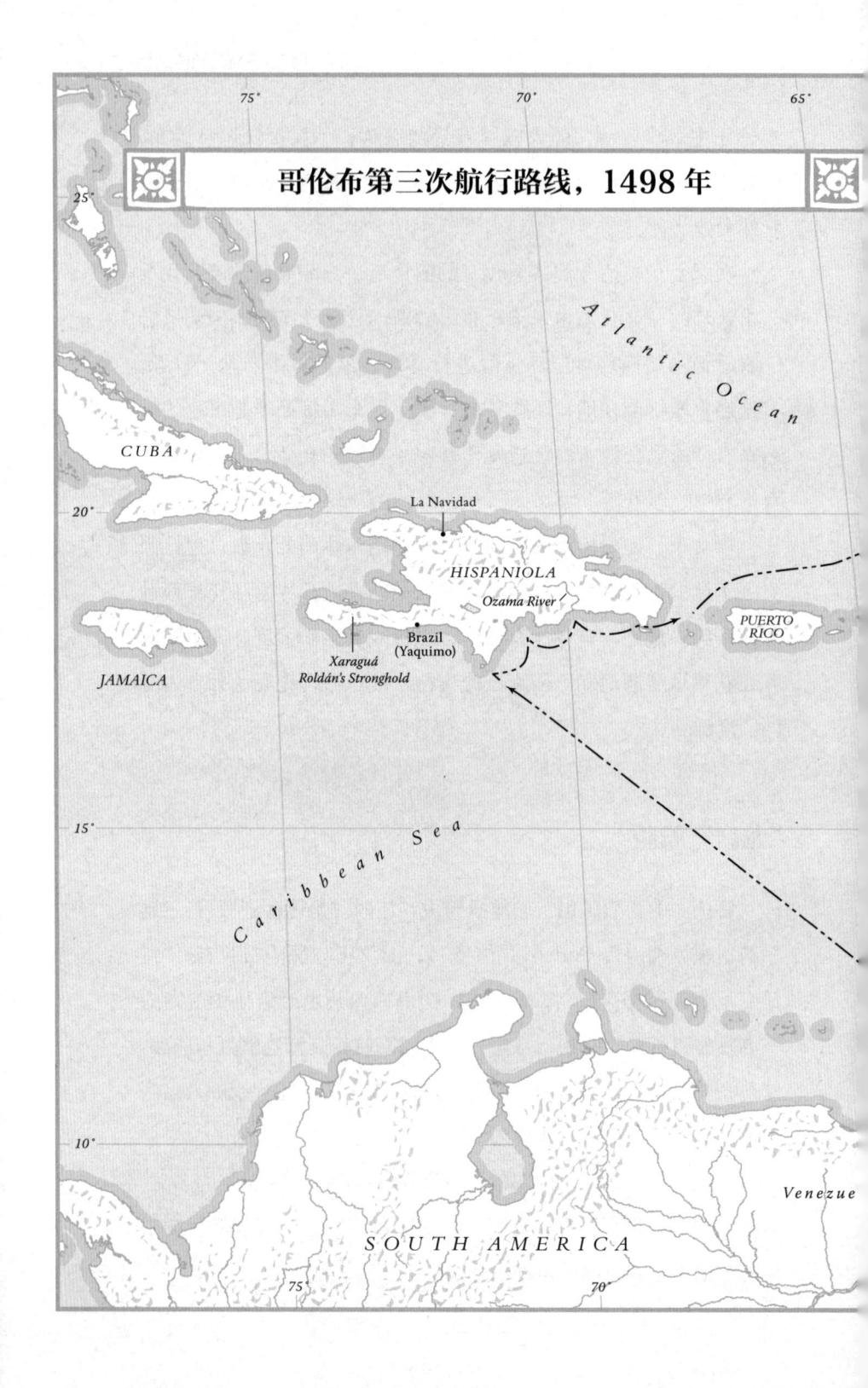

哥伦布第三次航行路线，1498年

60° 30° 15° 0°

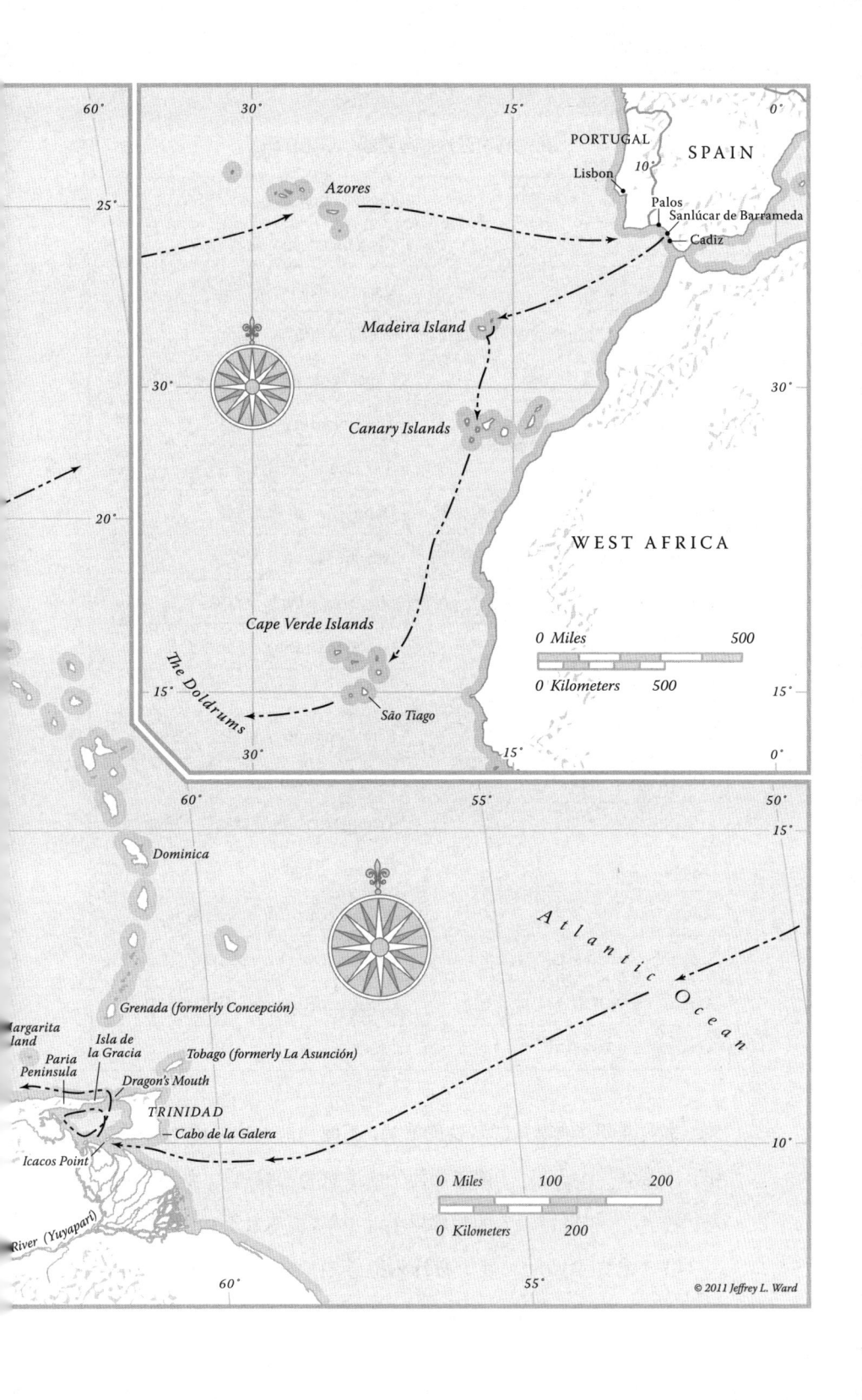

PORTUGAL SPAIN
Lisbon 10°
Palos
Sanlúcar de Barrameda
Cadiz

25°

Azores

30° 30°

Madeira Island

Canary Islands

20°

WEST AFRICA

0 Miles 500
0 Kilometers 500

Cape Verde Islands

15° 15°

The Doldrums

São Tiago

30° 15° 0°

60° 55° 50°

15°

Dominica

Atlantic Ocean

Grenada (formerly Concepción)
Margarita
Island Isla de
Paria la Gracia Tobago (formerly La Asunción)
Peninsula
Dragon's Mouth
TRINIDAD
Cabo de la Galera 10°
Icacos Point

0 Miles 100 200
0 Kilometers 200

River (Yuyapari)

60° 55°

© 2011 Jeffrey L. Ward

海洋征服者与新航路
COLUMBUS

哥伦布第三次航行路线，1498 年

Atlantic Ocean　大西洋	Cadiz　加的斯
CUBA　古巴	Madeira Island　马德拉岛
La Navida　拉纳维达	Canary Islands　加那利群岛
HISPANIOLA　伊斯帕尼奥拉岛	WEST AFRICA　西非
Ozama River　奥萨马河	Cape Verde Islands　佛得角群岛
PUERTO RICO　波多黎各	The Doldrums　赤道无风带
JAMAICA　牙买加	Sao Tiago　圣地亚哥岛
Roldan's Stronghold　罗尔丹的据点	Dominica　多米尼加
Brazil（Yaquimo）　巴西（亚基莫）	Atlantic Ocean　大西洋
Caribbean Sea　加勒比海	Margarita Island　玛格丽特岛
SOUTH AMERICA　南美洲	Isla de la Gracia　格雷西亚岛
Tobago（formerly La Asuncion）　多巴哥（原拉亚松森）	
WEST AFRICA　西非	Paria Pennisula　帕里亚半岛
PORTUGAL　葡萄牙	Dragon's Mouth　龙口
SPAIN　西班牙	TRINIDAD　特立尼达
Lisbon　里斯本	Cabo de la Galera　帆船角
Palos　帕洛斯	Icacos Points　伊卡科斯角
Sanlucar de barrameda　西班牙圣路卡	Orinoco River(Yuyapari)　奥里诺科河
Azores　亚速尔群岛	Cape Verde Islands　佛得角群岛
Venezuela　委内瑞拉	

　　事实证明，佛得角群岛景色单调，不像其他大陆那样林木茂密。由于"佛得"（verde）一词在葡萄牙语中意为"绿色"，哥伦布声称这个名字"大错特错……因为那里土地干旱，根本看不到任何绿色"。

　　进入未知水域后，哥伦布计划继续向南航行，因为他相信越

第 8 章 充满怀疑的惊险之旅

靠近赤道，他的发现就越有价值。这种观念在当时的宇宙学家中广为流传，其中包括杰米·费雷尔。他曾建议哥伦布去往赤道附近，以寻找"宝石、黄金、香料和药物等重要和珍贵物资"。根据费雷尔的说法，印度人、阿拉伯人和埃塞俄比亚人一致认为"多数珍稀物品均来自一个非常炎热的地区，当地居民的肤色为黑色或棕色"。因此，只要哥伦布找到黑色或棕色皮肤的土著，他就能找到他所希求的珍贵物资。

6月21日，哥伦布在盛夏时节启航，驶向加那利群岛最西部的耶罗岛。在短暂的黑夜中，他和另外两艘船只告别了驶向伊斯帕尼奥拉岛的补给船。接着，他们来到贫瘠的博阿维斯塔岛（Boa Vista），在附近的一个港湾停泊。"博阿维斯塔"是葡萄牙语，意思相当于"啊嗬，陆地！"。这座岛屿因麻风病人聚居于此而闻名。

葡萄牙总公证人罗德里戈·阿隆索告诉舰队司令，麻风病人之所以会来到这里，是因为他们相信食用海龟肉并且用其血液沐浴可以治愈这种疾病。岛上的居民会在夜间捕捉海龟，打着灯笼寻找它们的踪迹。发现熟睡的海龟后，人们会把它们翻过来，使之动弹不得，最后将其全部宰杀。

1498年6月30日，星期六，哥伦布再次启程，前往佛得角群岛最大的圣迭戈岛。尽管天气炎热，海面上仍有浓雾升起，白天遮住太阳，夜晚遮住星星。不过，这支小规模舰队还是克服障碍，于7月4日向南航行。哥伦布决定前往新近修改的《托德西利亚斯条约》所规定的边界查看。他最终的目的地是西印度群岛。

为了寻找捷径，他继续向南航行，来到位于北纬8°30′的塞拉利昂，然后向西前往伊斯帕尼奥拉岛。7月13日，星期五，哥伦布的船队进入了一个辐合区，南北半球的风会在此汇聚。风停之后，海面变得异样安宁，气温急剧上升。他们到达了赤道无风带。

273

包括哥伦布在内，几乎没有欧洲人探索过这一地带，更不用说在其中幸存了。

"臣所到之地区温度极高、酷热难当，臣以为甚至能够烧毁船只、烧死水手，"他坦言，"由于热浪滚滚，突如其来，无一人敢到甲板下抢救饮料和食物。"由于无风，船只已停航，哥伦布担忧不已，心中充满了恐惧。拉斯·卡萨斯称，在酷热之中，"他担心船只会被烧毁，船员会死亡"。气温已经对船上的设备造成了损害。葡萄酒桶和水桶纷纷裂开，撑破了桶箍。一捆捆的小麦迅速枯萎。熏肉和咸肉几乎立即开始腐烂。每当有云朵飘过或者偶尔有雨水滴落时，众人才能稍事喘息，避免被热辣辣的阳光灼伤致死。

由于痛风和中暑，哥伦布头晕目眩，难以入眠，几乎无法呼吸。他强迫自己找到一条通向气候更温和地带的航线。在看到黑白相间的秃鹫后，他认为自己已经离陆地不远，因此信心倍增。

7月19日，天气变得更加炎热，众人痛苦不堪。但是随后，一阵西风吹动了船帆。风力起先很小，但很快逐渐加大，吹鼓了船帆。人们顿时再次打起了精神。"八天之后，感谢我主恩赐，有大风从东方刮来，"哥伦布写道，"臣无意改变航线，而是继续向西……沿着与塞拉利昂平行之航线前进，以找到臣认为可能发现陆地并且适合修理船只之地点，如果可能，还需补充船上所需之粮食与饮水。"在随后的17天里，他一直向西航行，认为自己最终会到达伊斯帕尼奥拉岛的正南。

但他首先必须找到陆地。几艘船只的裂缝开始变大，急需修理，而且他们也需要增加粮食储备。7月22日，星期天，几只海鸟从西南偏西飞往东北方向。星期一，更多的海鸟在天空翱翔。到了周末，一只鹈鹕昂然落在旗舰上栖息，说明陆地和水源已经距离很近，但它们究竟在哪里？

第 8 章　充满怀疑的惊险之旅

他转向北方,驶向多米尼加岛。这座岛屿面积庞大,他曾在第二次航行中绕过该岛,选择了回避,因为该岛以遍布食人族而著称。但是现在,他急需淡水,并且需要摆脱大海的折磨、稍事喘息,所以宁愿冒险登陆。在上岸前,他让男仆阿隆索·佩雷斯爬上主桅。佩雷斯从高处俯瞰,"发现西边十五里格开外便是陆地",哥伦布写道。"他还看到了三座丘陵或山脉。"这个意外发现的地方使他们可以不用前往多米尼加岛,以免遭遇食人族。因为此地由三个部分组成,哥伦布将其命名为特立尼达岛[①]。

走近以后,哥伦布发现"三座大山一览无余"。自从在首次航行中发现陆地,他还没有像现在这样如释重负。"臣等在此发现该岛,无疑是一个奇迹",他写道。特立尼达位于加勒比海最南端,距离委内瑞拉和南美洲海岸仅有 7 英里,他刚刚看到的是如今的特立尼达和多巴哥共和国的两座岛屿中的一座。船上的西班牙人欢呼雀跃,唱起了《圣母颂》。其他的人们也纷纷附和。

接着,哥伦布驶向一个引人注目的岬角。该岬角仿佛一艘扬帆起航的大船,他因此为其取名"加莱拉角",即"帆船角"。据他记录,他是晚祷(即一天中最后一次祷告)时抵达该地的。为了找到安全的停靠地点,他缓缓驶过长达数英里的海岸线,只见岸上遍布森林,"一直延伸到海边"。

最后,哥伦布看到了一只独木舟。这是他第一次接触特立尼达的土著,但他既没有感到宽慰,也不觉得好奇,而是对这个乘独木舟靠近的小小部落置之不理。他在航行途中压力重重,浑身酸痛,甚至险些失明。由于独木舟上的并不是他所期望的中国人,他感到十分困惑。无论这些土人是打手势表示友好,还是充满敌意地开弓放箭,他都不闻不问。事实上,他与印度之间的距离像

[①] Trinidad,在西班牙语中意为"三位一体"。——译者注

从前一样遥远。他只是无意间遇到了一个与泰诺人和加尼巴人都有关联的部落。

次日清晨，他的旗舰在分得一桶淡水后继续向南航行，最后在埃林角下锚。在那里，心怀感激的人们终于找到了淡水。他们补充了船上的饮水，并衷心地举行仪式，清洗了自己的身体和衣物。

哥伦布的手下再次登船起航，发现岸上有一些茅草屋。他们驶过这些房屋，沿着特立尼达西南端的伊卡科斯角前进。该海角因遍布"伊卡科斯"（椰李）而得名。椰李树树叶呈蓝绿色，十分坚韧，果实口感柔软，常带紫色。这种树木耐盐性强，是抵御海水侵蚀的天然屏障。

哥伦布看到前方出现一片陆地，认为应该是一座岛屿。船队靠岸后沿着开阔的海岸进行探索，在驶出20多里格后，他对自己的判断产生了怀疑。8月1日，星期三，他抵达了奥里诺科河宽阔的河口。这条河流位于委内瑞拉和巴西边界，是南美洲最长的河流之一。当地的地形使哥伦布相信自己已经到达了大陆。

这片大陆不仅是他在航行中首次看到的大洲，也是他所有航行中最具标志性的发现。至于这片大陆的面积大小和所处位置，无论是他还是船上其他人都无法完全理解或接受。

具有神秘主义倾向的哥伦布更愿意认为，是神意使他接近了天堂的入口。他回避了航迹推算所需的严格的地理计算，他也不知道沿岸那些郁郁葱葱、令人心旷神怡的植物叫什么。"岸边树木丛生"，拉斯·卡萨斯写道。这说明大海十分平静，"假如波涛汹涌，岸边将只有沙滩，根本看不到树木"。然而，一股"汹涌的水流"似乎"自上方"落下，还有一道"激流"在下方涌动。

哥伦布带领船只驶入特立尼达岛以西的半咸水浅水区，即现在被称为帕里亚湾的地方。在历经种种磨难后，这片一望无际的

第 8 章　充满怀疑的惊险之旅

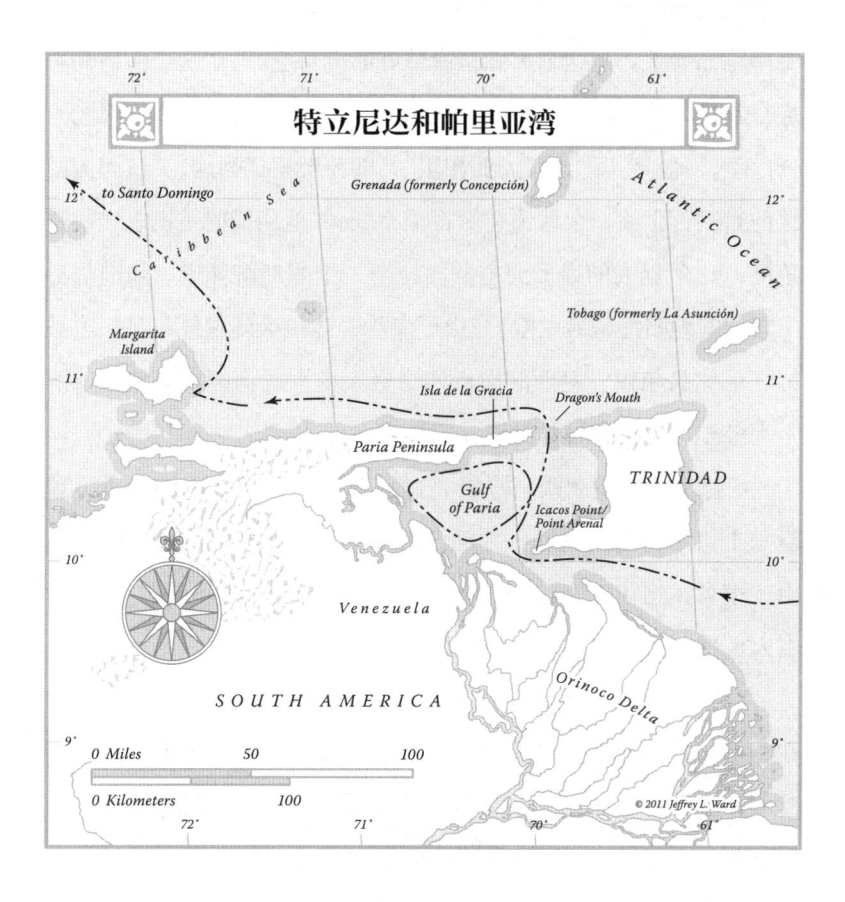

特立尼达和帕里亚湾

To Santo Domingo　至圣多明哥	TRINIDADA　特立尼达
Caribbean Sea　加勒比海	Gulf of Paria　帕里亚湾
Grenada（formerly Concepcion）　格拉纳达（前康赛普西翁）	
Atlantic Ocean　大西洋	Point Arenal　阿雷纳角
Margarita Island　玛格丽特岛	Venezuela　委内瑞拉
Isla de la Gracia　格雷西亚岛	SOUTH AMERICA　南美洲
Dragon's Mouth　龙口	Orinoco Delta　奥里诺科三角洲
Paria Peninsula　帕里亚半岛	Icacos Point　伊卡科斯角

277

海岸宛如天堂,是这个大洲东岸最好的港口之一。"这个海湾简直是个奇迹,"拉斯·卡萨斯评论道,"一条大河注入其中,因此十分危险。"他将其称作"尤亚帕里",即今奥里诺科河。"该河流经之地逾三百里格,余认为有四百里格长。"他所说的是奥里诺科三角洲,一个巨大的扇形河道网。拉斯·卡萨斯解释道,陆地与海洋之间的地带潜藏着危险。"由于海湾一边被大陆围绕,另一边被特立尼达岛包围,对面的河水冲力极大,因此海湾极为狭窄,两方水流相遇后相互激荡、十分危险。"

8月2日,星期四,哥伦布抛锚停船,让疲惫不堪的手下冒险登上伊卡科斯角附近一片泥泞的棕色海滩,在忧心忡忡的航程中"稍事休息和放松"。这里的确令人放松,只不过仿佛与世隔绝、引人惆怅,时间在这里也像潮水般一去不返。

晚些时候,一艘载着24名印第安人的独木舟出现在岸边,停在相对安全的距离之外。印第安人隔空大声叫喊,哥伦布的手下没有说话,而是出示了一些物品作为回应,包括"铜壶和其他一些亮闪闪的东西",以便使独木舟继续靠近,好让双方能够开展友好交易。印第安人又走近一些,尽管哥伦布让手下即兴表演了一支舞蹈以示欢迎,但印第安人仍然保持着距离。"臣非常想与彼等交谈,由于没有更合适的办法吸引彼等,臣只好使出最后一招,令人在后甲板上放一个手鼓,边敲边舞,以期彼等会凑近观看。"

印第安人不明白他们是在嬉戏欢庆,反而认为他们是在为战争起舞,于是纷纷"拿起弓来,举起盾牌,开始射箭。西班牙人连忙躲到甲板下面。哥伦布"下令停止击鼓跳舞",命令手下取出十字弩,向印第安人发射几枚石弹以示警告。但印第安人已经弯弓搭箭,来到一艘船的船尾,仿佛准备占领这艘帆船。

此时,船上的领航员鼓足勇气,从船尾俯身对着独木舟,手

第 8 章　充满怀疑的惊险之旅

中只拿着一件"长袍"和一顶"帽子"作为礼物。印第安人很快接受了他的礼物，示意此人上岸接受他们的馈赠。这名领航员表示同意，但要求先乘船到旗舰上去，好请求舰队司令批准。然而，在他获准之前，印第安人已经离去。

哥伦布以为他们不会再返回，但其中一名首领之后来到旗舰旁边。当这名印第安人向舰队司令行礼时，他手中金光闪闪的王冠、头上深红色的帽子及庄严的举止吸引了每一个西班牙人的目光。他把王冠戴在哥伦布头上，拉近了两人之间的距离。但对哥伦布来说，这种慷慨的姿态好像还不够，他希望得到一匹丝绸或锦缎，仿佛要重现《马可·波罗游记》中的一幕。然而，他并没有得到这些东西，而是发现印第安人正好奇地打量着自己。

拉斯·卡萨斯参考了哥伦布和此次航行其他参与者的记录写道："彼等之皮肤呈棕色，但不像其他人那么深，甚至比印度群岛的其他人更加白皙，而且面容俊美，身材健硕。彼等之头发又长又直，与卡斯蒂利亚之发式相同。"他们头上缠着棉线编织的头饰，哥伦布一心想要寻找自己已经到达东方的证明，于是将这种棉织物当作头巾。其他欧洲人则盯着印第安人的武器，尤其是他们的弓和羽毛箭，箭的尖端都有一个"鱼钩般"锋利带刺的骨头。

经过一番协商后，哥伦布及手下经过印第安人的领地，无意间深入了一片喧闹的地区。这里仿佛是动物们的乐土，随处可见水蛇、巨蛇、吼猴（新世界中嗓门最大的陆地动物）、卷尾猴（它们苦行僧般的形象不禁使这些早期欧洲游客联想起方济各嘉布遣小兄弟会的装束和头巾）、金刚鹦鹉、巨嘴鸟、鹦鹉、鹳、翠鸟和啄木鸟。敏捷的美洲虎和美洲狮在茂密的灌木丛中曲折前行。

哥伦布先是看到一些令人目瞪口呆的"巨大牡蛎"，想要寻找珍珠，接着又把注意力转向形形色色的鱼和鹦鹉身上，而它们也

279

正盯着这些入侵者。据拉斯·卡萨斯称，这些鹦鹉"呈绿色，颜色极为明亮，甚至接近白色，而其他岛上鹦鹉之绿色较为深暗。大陆上所有鹦鹉脖子均为黄色，如同污渍一般，翅膀上长有一些黄色羽毛，尖端还有不同颜色之斑点"。

哥伦布从委内瑞拉北部沿岸的阿雷纳尔角开始勘测，在仔细观察北部岛屿和南部山脉的同时越来越感到好奇。众人看到了动物的踪迹，但只发现了一具尸体。他们以为这种动物是山羊，但实际上是鹿。这里仿佛是"另一个世界"，眼前的景象令他们不知所措。

哥伦布继续前行，想要寻找淡水和一名印第安翻译。他的手下正准备在沙地上挖井时，突然发现了几个洞口。这些洞口显然是渔夫们开凿后放弃的。

随后，哥伦布来到特立尼达岛和格雷西亚岛之间的钳形地带，并将这里命名为"龙口"（Dragon's Mouth）。此时，哥伦布精神焕发，打算向北驶向伊斯帕尼奥拉熟悉的地点，但他惊恐地写道："入口处横流遍布，水势强劲，发出隆隆轰鸣……仿佛波涛撞击岩石之声。"他必须设法绕过汹涌的海水。在水道的入口处抛锚后，他"发现水流昼夜不停地从东向西涌入，像瓜达基维尔河般汹涌澎湃，不停流淌。臣担心船队会因水流无法掉头，或因浅滩而无法继续前行"。他被困在了此地。

8月4日凌晨，"龙口"开始发威。

"当天深夜，"哥伦布后来回忆道，"余在甲板上听到一阵可怕的轰鸣，从南面直奔帆船而来。余直奔过去，只见一股潮水自西向东涌起，如山峰般高涨，与帆船齐平，正逐渐向余靠近。其顶部有一道水线隐约可见，不断前行，发出隆隆轰鸣，与余此前所

第8章 充满怀疑的惊险之旅

述之横流激荡无异,仿佛海浪拍打岩石一般。"但这股潮水的消失和出现一样突如其来和不可思议,众人幸免于难。"潮水最终从余面前流过,抵达入口处,并停歇了相当长一段时间。"

巨大的潮水冲断了"拉瓦克尼奥斯"号的锚链,将船高高推起。骑在"浪头"上的哥伦布惊叹,他还从未有过如此疯狂和危险的经历。据拉斯·卡萨斯记载,哥伦布声称"如果众人得以幸存,就可以讲述自己从'龙口'脱险的故事。正因为如此,这个名称完全有可能永久流传"。哥伦布所取的地名流传下来的不多,"龙口"便是其中之一。

拉斯·卡萨斯生活的时代与哥伦布大致相当。他指出,哥伦布所取的地名大都昙花一现。"在其给所有岛屿和大陆岬角起的名字中,除了特立尼达岛、龙口岛、泰斯蒂戈斯岛和玛格丽特岛以外,其余都未能流传下来或为人所知。"

当海浪涌来时,船只猛地跌向海床,其距离之近甚至可以让人们看清洋底。混乱最终过去,哥伦布平安经过了"龙口"。几个月后,在回忆起这次可怕的事件时,他仍然心惊胆战。"时至今日,"他后来告诉斐迪南和伊莎贝拉,"臣仍恐惧不已,因为船一旦来到海浪下方,浪头就可能将船打翻。"

这股汹涌的巨浪有可能是由一次7.5级或更大的海底地震引起的海啸带来的。当海洋下面的地壳或构造板块突然移动并使海水在垂直方向上错位时,海啸就会发生。这种突然的变化会带来巨大的、快速移动的波浪,然后向各个方向传播。

1498年8月5日,哥伦布在逃过一劫后继续前行,随后在委内瑞拉的帕里亚半岛登陆。他派人去寻找淡水,众人很快就找到了水源。"因为此地是山区,"他解释道,"臣认为如果继续西行,

281

地势会更加平坦，人口也有可能会增多。"不过，这也许只是他所希望看到的情况。哥伦布起锚后，沿着岸边缓缓行驶，"来到山地较低的一侧，在一条河中下锚"。

突然间，"许多人走上前来，告诉臣此地名为帕里亚，再往西去还有更多人口"。至于哥伦布本人究竟于何时登岸，目前尚有疑问。他的年轻助手安德烈斯·德·科拉尔后来证实，舰队司令由于眼睛发炎，不能下船活动。据科拉尔表示，一名船长佩德罗·德·特雷罗斯（Pedro de Terreros）代表哥伦布登岸，并立起一个巨大的十字架，以纪念这一时刻。但另一位船长赫尔南·佩雷斯声称，首先登岸的人是自己。其他人则一致表示，哥伦布当时没有上岸。

后来，"舰队司令一手执剑，一手举旗，率领大约五十人在帕里亚登陆，宣布他以陛下的名义占领该地"，佩雷斯说。上岸以后，哥伦布仔细观察了前来迎接的居民。"彼等之肤色与印度群岛其他人口肤色相同。有些人留着长发，有些人与臣等类似，但没有人与西班牙人之发式相同。彼等皆身材匀称，面容俊美，"他写道，"男子会将生殖器缚住且遮盖起来，女子则浑身赤裸，如初生之赤子。"

哥伦布带走了 4 名印第安人充当向导，在向西行驶 8 里格后，经过一个岬角，他将其命名为阿古亚角。从岬角可以俯瞰当地全景，他再次停船，准备登岸"见见当地人"。"此地风景无与伦比"，他热情地写道。土人们看到他不断靠近，纷纷跳上独木舟，奋力划向船边。哥伦布回忆称，他们"以酋长之名义，恳请臣上岸"。

刹那间，哥伦布仿佛变成了另一个人。在写给君主的信中，他表示自己非常希望与印第安人结交，而不是考虑如何将他们变作奴隶，或使他们皈依基督教。他曾在赤道无风带被阳光灼伤，也曾在龙口被巨浪吓得魂飞魄散。对于自己能够存活下来，他庆幸不已，因此愉快地呼吸着芬芳的空气，将头浸入甘甜清冽的水中。他沉迷其中，将自己看作一个幸运的生还者，是连接神性与人性的大自然的一部分，而不是一个意志坚定的征服者和主宰者。

他虽然看到印地安人身上戴着黄金和珍珠，但没有像过去那样垂涎欲滴。"许多人脖子上挂有金饰，胳膊上戴着珍珠。看到这些珍珠，臣十分高兴，并试图打探哪里可以找到此物。有人回答此物可在当地北部找到。"但哥伦布不得不将自己对财富甚至黄金的痴迷放到一边，转而关心起船舱里即将腐烂的"小麦和酒肉"。"既然臣唯一之目的是探看他人尚未看到之世界，臣不愿因其他任何事情耽误时间。"他最重要的目标发生了变化，至少在眼下，他更关心自己的福祉，而不是设法完成艰巨的任务。但这种平静的感觉很快便消失了，他转念一想，决定还是"试着让人找些珍珠来，因此下令让船只靠岸"。

永远无法抵达的天堂入口

众人登陆后，遇到了"面容英俊、温和驯顺"的土人。他们高兴地带领西班牙人来到一栋房屋前。出乎西班牙人意料的是，这座房屋不是普通的帐篷，而是一座"屋顶呈三角形的大宅"，里面还设有许多座位。

近来，哥伦布变得宽宏大量起来。他称赞房屋的主人彬彬有礼，"身材匀称、形体高大、举止优雅，长发光可鉴人，用花布围在头上……从远处看，这些花布似乎由丝绸和薄纱制成"。他对制作精良的独木舟赞不绝口。"臣看到独木舟中间有一小舱，舱内设有一床，归酋长及其妻妾所有。"院中遍植花木，哥伦布将其称作"贾尔丁"，即花园，"因为此名再贴切不过"。印第安人华丽的黄金首饰吸引了他的目光，他反复打听他们是在哪里找到的黄金，以及怎样才能到达那里，但是印第安人向他讲起了食人族的故事，还提到一种他所不知道的猛兽，劝告他不要前往。他本想寻找珍珠以代替黄金，但"由于食物短缺，臣又患有眼疾，再加上旗舰太大，不适合寻找珍珠，故臣未能开展搜索"。

为了设宴款待他们，印第安人拿出了面包、水果和"白酒"。这种酒使哥伦布感到困惑，因为它们并非由葡萄酿造，而是由某种他不认识的谷物蒸馏而成。哥伦布写道，这种谷物"呈纺锤形，还长着穗子"，名叫"梅兹"。"梅兹"是泰诺人对玉米的称呼。哥伦布准备尽快将这种谷物送往卡斯蒂利亚。

宴会期间，由于男女相互分开，众人陷入了尴尬的沉默，现场的气氛有些压抑。令人赞赏的是，哥伦布镇定自若。"双方都很难过，因为彼此难以理解。彼等想了解吾国之事，臣等亦希望了解当地之情形"，哥伦布写道。他本想在此逗留，但他"最担心食物是否能够安全运抵，以免腐败变质，再加上由于缺乏睡眠，臣身体不适，需要进行治疗"。他推测自己"在抵达大陆之前，整个航程中共有三十三天没有睡觉"，并且声称在此期间，他仍在"丧失视力"的情况下继续前行。的确，他的视力有所下降。他抱怨道："臣双眼从来没有像现在这样充血疼痛。"

越来越多的证据显示哥伦布已经到达了大陆，但他始终不愿接受这一现实。他宁愿认为这只是一座岛屿，并打算向北行驶，朝伊斯帕尼奥拉岛的方向前进。当他派出一艘"形体较轻的快帆船，查看前方是否有出口或河道"时，惊讶和困惑随之而来。这艘帆船并没有找到出口，而是发现了一个"大海湾"、一条"美丽的河流"和"无比充沛新鲜的淡水"。

第 8 章　充满怀疑的惊险之旅

哥伦布意识到他已经被困在此地，既不能向北，也不能向南或向西，因此感到"极为失望"。他别无选择，只能折返，但是当他试图在岸上寻找熟悉的地标时，"水流将臣带离岸边"。到处都是"新鲜清澈的河水，一股大浪将臣向东冲去"。不远处，隆隆的涛声再次响起。他认为这是因为"有大量河水注入并穿过水道，正如淡水与咸水突然混合时，淡水向前推进，竭力冲向大海，但是遭到了咸水阻挡"。

再次来到海上后，哥伦布一反常态，开始沉思起来。"臣从西班牙一路驶向印度，发现在亚速尔群岛以西一百里格之地，天空、星星、气温和海水都会发生巨大变化，"他反思道，"臣以为这段经历极为宝贵。"他还注意到了他在手忙脚乱时所忽略的现象。"这片海中遍布某种野草，类似小型松枝，其果实如同乳香。由于野草过于茂密，臣在首次航行时一度以为此地是浅滩，并担心船只可能搁浅。"不过现在他却惊叹道："臣等连一根树枝也没有碰到。"

四周的环境舒缓了他的情绪。"大海安详静谧，即使大风刮起，海面也没有任何起伏。"天气"温和晴朗"，很适合观星。"臣见北极星位于圆形直径之上五度的位置，而卫兵位于臣右手；此时，该星正处于最低点，随后自此不断上升，直至来到左侧为止。"

哥伦布的视力有所改善。他每天晚上都会观察天体，但这种观察给他带来的安全感是虚无缥缈的。作为一名航海家，他虽然精于航迹推算，但并不擅长使用当时的导航工具和概念，因此他得出了一个奇异的结论。"臣在使用象限仪仔细观察时，"哥伦布写道，"经常看到铅垂线落在同一点上。"

据他推测，当船在平静的海面上缓缓行驶时，垂线会略有改变。事情似乎有些不对劲。"臣认为这是一个未知现象"，他宣称。这一观点使他在貌似冷静地进行反思时，得出了一个极端偏激的

285

假设，这个假设甚至比他误以为自己已经到达印度更加偏激——他相信自己已经找到了通往天堂的入口。

按照这个假设，哥伦布认为船上罗盘指针的变化会将他们带向通往天堂的道路。他相信，他们越往西走，船就会升得越高。对于哥伦布的愚蠢想法，拉斯·卡萨斯极为惊愕，简直忍不住想拍拍他的额头。拉斯·卡萨斯写道："他由此得出了一个与所有占星家和哲学家的常识相悖的观点，即地球不是圆的。"或者说，地球不是一个完美的球体。（与哥伦布同时代的大多数欧洲人都认为地球是圆的，正如古代数学家和地理学家所预言的那样。）

哥伦布的意思并非是说地球这个球体会有轻微的隆起或变形，他的观点要复杂得多。"臣从西班牙一路驶向印度，发现在亚速尔群岛以西一百里格之地，天空、星星、气温和海水都会发生巨大变化，"他写道，"仿佛海面向上倾斜一般。"

向上倾斜？这一观察结果使他困惑不已，因为他"总是看到书上说，由陆地和海洋组成的世界是球形"，然而现在"臣发现其中存在严重不规则之处，因此臣得出如下关于地球之结论：其并非世人所描述的圆球，而是接近梨形，只不过茎的部分突出很长……仿佛妇人之乳头"。这个突出的部分始于"水面的顶峰"，最终通向天堂。在得出这个异想天开的结论后，他又告诫道："臣以为没有人能够登上这个顶峰。"

假如哥伦布在前两次航行中运回的黄金、奴隶和香料不能让他的批评者闭嘴，也许这一发现会让他们无话可说。"臣认为人世之天堂不是一座陡峭之山峰，"他解释道，"只不过山峰之说与臣所述之梨茎类似。"他相信"没有人能够登上顶峰"，因为这个顶峰是水形成的。他之所以做出这种预言，是因为他在委内瑞拉沿海看到河水汹涌奔腾。"臣从未见书中写过有如此大量之淡水深入

第8章 充满怀疑的惊险之旅

内陆,且又如此临近咸水……假使这股水流不是来自天堂,这无疑是一个更大之奇迹,因为臣认为世上其他地方不可能有如此宽广深邃之河流。"

他陷入了长久的沉思,在这种无意识的沉思中,他对天堂的探寻无异于一种象征,暗含着他对地球母亲及对女性的基本观察。他从自己的遐想中得到了慰藉,认为尽管他在面对未知世界时会感到不安,但他所生活的世上仍然不乏奇迹。对他来说,即使明知自己永远也不能抵达天堂,但知道天堂的存在仍足以使人宽慰。

哥伦布仍然喜欢耽于幻想,这种倾向甚至比以往任何时候都更加强烈。其他探险家只是认为他们是在奉行上帝的旨意,并因此深受鼓舞,但哥伦布关于天堂入口的构想却非同寻常、独一无二。

哥伦布的研究者们不难区分事实与愚行、科学与幻想,例如巴托洛姆·德·拉斯·卡萨斯,但是在这位舰队司令的脑海中,这些看似对立的东西始终纠缠在一起。即使从他首次出航迄今已有8年,他依然认为自己即将抵达印度,并且已经来到了天堂的门口。他的经历不仅没有驱散他的幻想,反而助长了它们。

随着航行不断向前推进,他完全陷入了自己的遐想。在思考与地球有关的问题时,他看到的不再是海洋、水流、潮汐、沙洲、暗礁、海湾及其他地貌,而是一系列闪烁不定的图像或幻象,其中隐藏着有关宇宙本质的秘密信息。对他来说,所谓探索即是他竭力破解这些上帝留下的密码的过程。

后来,哥伦布曾根据上述经验和其他神秘幻象宣称:"这个世界很小,其中七分之六是陆地,只有七分之一被水覆盖。经验已经证实了这一点。"然而事实恰恰相反,他的航行足以证明,地球的大部分都被海洋覆盖。为了维护自己的观点,他声称自己"始终认为,世界不如常人想象的那么大"。哥伦布所说的世界包括天

287

堂，但不包括太平洋和南北美洲。他正是根据这一观念得出了上述结论。在他这个小小的世界中，赤道的周长只有 14 000 英里，而实际上赤道的周长约为 24 900 英里。

虽然他的观点令人难以接受，但他仍固执地坚持自己的看法，认为在奉双王之命开展"航海、探索和发现"之后，他可以凭借所遇到人们的肤色来判断他在地球上所处的区域。他坚称，佛得角居民的肤色较其他地方的人"要深得多"，而"愈往南走，人们的肤色就愈深"。当人们的肤色变得最深时，"在夜空之中，北极星仅位于地平线上五度"。

他解释说，在穿过可怕的无风带后，他来到了草木葱茏的特立尼达岛。"当地气候十分温和，地势极其平缓，林木苍翠秀丽，有如巴伦西亚四月之果园；人们身材匀称，皮肤也比印度群岛其他居民更加白皙。"此外，"彼等心灵手巧，头脑聪慧，然并不怯懦。"他认为这是因为此地"温度适宜"，而且正如他此前所述，这里处于"世上最高点"。为了证明这一观点，他表示"在臣等和彼等头上，太阳正处于室女宫"。

和同时代的其他人及古代的托勒密一样，哥伦布始终致力于研究行星运动及其对人类行为和命运的影响。太阳在十二宫中的位置显然有利于他的观点，因此他不无自信地运用自己刚刚获得的纯属空想的数据，"纠正"了亚里士多德及"其他圣人"对地球的"错误理解"。

在寻找天堂的过程中，哥伦布来到委内瑞拉沿岸格雷西亚岛东部的海角。他再次派小船来到岸边。侦察兵在岸上看到熄灭的火堆、空无一人的住所和准备晾干的鱼肉，其他种种迹象也表明有人刚刚逃走，以躲避西班牙的入侵者。士兵们采摘了不少牙买加李，这是一种外皮粗糙的水果，拉斯·卡萨斯称它"外面像橘子，

第 8 章　充满怀疑的惊险之旅

里面像无花果"。他们还看到了几只"野猫"。除此以外，没有什么值得报告的地方。在经过一个又一个港口后，哥伦布对天堂的幻想渐渐消散。更加令人担心的是，他尚未完成此行的任务。

8月6日，星期一，一艘载有4名瓜基里族印第安人的小独木舟向船队靠近。这可能是他们第一次接触欧洲人。他们穿着华丽的衣物，戴着黄金或合金制成的珠宝，这些珠宝是他们在与其他印第安部落交易时获得的。这种闪闪发光的金属很可能是"古安因"，即金、银和铜按不同比例制成的合金。

在前两次航行中，哥伦布曾见过几次"古安因"。当时，泰诺人将其献给哥伦布，哥伦布又将样品送回西班牙进行检测，但检测结果很有意思。西班牙人喜欢黄金，但印第安人的合金中铜的比例很高。纯金的熔点为1000多摄氏度，而含铜量14%至40%的合金，其熔点会降低到200摄氏度。正因为如此，对印第安人来说，铜比黄金更有价值。

交易双方一边交换和检查珠宝，一边喝起了玉米酿制的"吉卡"酒。这种酒略显浑浊，呈微黄色，酒精含量较低，尝起来像酸苹果酒，喝完会微觉耳鸣。一名西班牙领航员向印第安人表示，他想跟他们一起上岸，但他一脚踏上较轻的独木舟后，小舟瞬间倾覆。印第安人纷纷游走，但是由于速度不快，没有躲开领航员，于是此人把他们拉上船，带到舰队司令面前。

"当彼等离开时，"哥伦布在奏书中写道，"臣向这些印度人赠送了铃铛、念珠和砂糖，然后将彼等送到岸边。上岸后，彼等开始奋力争抢。其他人发现彼等受到优待，皆愿到臣船上来。"哥伦布亲切地接待了寻求庇护的印第安人，并收下了他们进献的面包、淡水和"吉卡"。几杯酒下肚，他身上暖洋洋的。他热情地与印第安人攀谈起来，众人又是微笑又是点头，但并不明白对方的意思。

翌日，更多印第安人带着礼物来到船上，尤其是那种令人愉悦、略显混浊的玉米酒。作为回报，他们欣然接受了对方拿出的小铜铃，因为这种金属对印第安人很有吸引力。他们感激地嗅了嗅这些闪闪发光的物品，想要从中嗅出连欧洲人自己都不知道的东西。如果其中真的含有铜，印第安人相信自己能够嗅出它的味道。

土人们向舰队司令献上喳喳尖叫、扭来扭去的鹦鹉和做工精巧、色彩鲜艳的纺织品，而哥伦布更喜欢将印第安人当作俘虏。但夜幕来临前，他想要扣押的土著已经溜走。次日清晨，一艘载有12名印第安人的独木舟驶近旗舰，于是西班牙人立即将他们扣押。哥伦布选出6个自己中意的土人，拉斯·卡萨斯写道，然后"就像他在第一次航行中所做的那样"，"肆无忌惮地"将其他人打发走。在拉斯·卡萨斯看来，此举无异犯罪，足以被判处死刑，但是哥伦布不以为意，而是一心想要扩大自己的帝国。

数日后，哥伦布获悉一名印第安人手中拿着一个苹果大小的金块。看来此地确实藏有黄金。接着，许多戴着金饰及漂亮项链和珠子的男子乘独木舟来到船边。妇女们则在胳膊上戴着各种颜色的珍珠手链。哥伦布大喜过望，立即展开了谈判，希望能向斐迪南和伊莎贝拉进献更多珍宝。他兴高采烈地来到一处印第安人的住地，发现他们极为热情好客，于是众人欣然喝起了印第安人端出的红色和白色的发酵饮料。只是天气让他感到烦恼。"臣虽距离赤道很近，但仍浑身发冷，每天早上都会披上斗篷。"

哥伦布继续前行，以寻找珍珠。在看到有可能为自己带路的印第安人时，他会停船打招呼。他将罗马科学家和历史学家普林尼的《自然史》视作可靠资料。按照普林尼的说法，哥伦布相信珍珠是露珠滴入牡蛎壳后形成的。哥伦布看到了许多露珠、巨大的牡蛎及他觉得像是牡蛎的生物，因此认为珍珠一定无处不在。

即使在红树林的树枝上,他也发现过牡蛎一样的生物。然而他错了,并非所有的软体动物都是牡蛎,珍珠也不容易找到。他的希望、梦想和贪婪的欲望再次破灭。

哥伦布不惜冒着船毁人亡的危险,带领手下进入了极浅的水域。这片水域仅有 4 英寻深,相当于 24 英尺。他手下的船只至少需要水深 3 英寻才能安全通过。幸运的是,据他计算,先后有三股湍流经过"龙口",将他们冲过浅滩,进入较深的水域。

次日,即 8 月 13 日,他继续西行,在经过帕里亚半岛北岸时感谢上帝拯救了自己,并且开始认真考虑如何对待他在抵达此地数日后所发现的土地。

"两位陛下赢得了彼岸世界之广阔土地,基督徒会在其中尽享欢乐,而吾等之信仰终将不断扩大。"哥伦布所说的彼岸世界原文为"otro mundo",该词标志着他的思想产生了变化。他放弃了对马可·波罗笔下的印度的探索及寻找大汗的想法。反之,他无意间发现了某种全新的、令人不安的东西。"臣逐渐相信,这片广阔的大陆迄今尚无人知晓。"

这才是真正的发现,而且这一发现完全出乎人们的意料。但这一事实并不意味着他意识到伊斯帕尼奥拉岛及"印度地区"的其他岛屿距离印度很远,而是意味着他比以前更加困惑。他的信仰之旅变成了怀疑之旅。他本应证实世人所珍视的神话,而不是破除这些说法。

离开委内瑞拉的帕里亚半岛后,哥伦布看到了拉亚松森岛(今多巴哥)和康塞普西翁岛(今格林纳达)。

1498 年 8 月 14 日,他又发现了玛格丽特岛。该岛风景秀丽、地势崎岖，位于北纬 10º 52′ 与北纬 11º 11′、西经 63º 48′ W 与 64º 23′ W 之间的加勒比海地区，长约 50 英里，宽约 12 英里。哥伦布所起的名字是为了纪念奥地利的玛格丽特，而玛格丽特在西班牙语中意为珍珠，因此一语双关，表示该岛如珍珠般散落在加勒比海。

他继续向西航行，直至 8 月中旬，船上有人向他禀报曾经见过宝石。然而，正如其子费迪南德所言，"舰队司令……不能尽述此事，因为长期观测使他双眼充血，故而只能按照水手和领航员之言进行记录"。

8 月底，当哥伦布下令向北方和西方驶向圣多明各时，船员们发现一艘小型帆船正朝他们驶来。这是他们离开西班牙后看到的第一艘帆船。这艘帆船开炮示警，就连大海也随之震荡。直到它抢占上风，来到旗舰旁后，哥伦布才意识到船长是他的胞弟巴塞洛缪，他正在圣多明各岛为西班牙王室效命。于是，两兄弟联合，驶入圣多明各港。后来，哥伦布的另一个兄弟迭戈也加入其中。此时，这位舰队司令开始迫不及待地想象自己将如何向双王陈述他的惊人发现，以及他为西班牙帝国带来的迅速扩张。

8 月的最后一天，哥伦布率领船队沿奥萨马河逆流而上，到达圣多明各岛。他本以为这片殖民地一定欣欣向荣，正等着他归来。然而事实正相反，"臣从帕里亚返回后，发现伊斯帕尼奥拉岛有近一半人叛乱，并且对臣开战，"他哀叹道。叛乱者的头目是弗朗西斯科·罗尔丹，如今人称"叛将罗尔丹"。哥伦布不在时，他一直在制造混乱。

第 9 章
至暗时刻

弗朗西斯科·罗尔丹阻挠了哥伦布对西印度群岛的统治，而像他这样的人的出现，也只是时间问题。伊斯帕尼奥拉岛的局势极端又充满变数，面对各种数不清的诱惑，西班牙王室对其未来的规划却含糊而不切实际，加之起初王室对参与航海的船员的挑选非常随意，在哥伦布长期缺席的情况下，船员们必定会纪律涣散。无论做出什么出格的事情，他们都不会受到惩罚。

此前一段时间，费迪南德写道，圣多明各一度保持着"相当的平静"。岛上的殖民者们一度期望哥伦布能早日从西班牙归来，带回物资、武器和家乡的消息。"但是一年过去了，随着补给日渐短缺，痛苦和疾病不断增加，人们开始对自己的现状感到困惑，对未来感到绝望。"

在被哥伦布任命为殖民地的镇长即首席行政长官后，罗尔丹一直享受着西班牙人和印第安人几乎同等程度的支持。或者正如费迪南德所说："人们听命于他，就好像他是舰队司令本人一样。"然而，这种显赫的地位无疑导致了他与巴塞洛缪·哥伦布之间的矛盾，作为总督，巴塞洛缪认为自己才是最高决策者。

眼看舰队司令的返航遥遥无期，人们开始觉得他似乎再也不会回到这个帝国边陲的小镇了，因此"罗尔丹开始梦想成为岛上的主人"。他对自己的野心几乎毫不掩饰：他打算拔掉巴塞洛缪和迭戈这两个眼中钉。一旦没有了哥伦布兄弟的阻拦，罗尔丹就能顺利上位。除此之外，他还制订了一个拉拢西班牙王室的计划。

当巴塞洛缪前往沙拉古瓦镇压印第安人叛乱并强征贡品时，罗尔丹知道自己的机会来了。沙拉古瓦是伊斯帕尼奥拉岛南部的一个海岬，地缘广袤，大部分地区地势平坦，覆盖着厚厚的灌木丛，四周被一片闪闪发亮、质地细软的沙滩包围。然而在它宁静的外表下，却有暗流涌动。

西班牙叛乱者的到来，让沙拉古瓦成为了邪恶、放荡和懒惰的代名词。对于这些寻求庇护的人来说，沙拉古瓦极具战略优势，因为它不但距离圣多明各有 200 英里之遥，而且一旦有船只靠近，他们在几英里外就能看到船帆。拉斯·卡萨斯向当地的印第安人表示了赞许，和伊斯帕尼奥拉岛其他领地的居民相比，他们"在语言的流利程度上及礼貌水平上，为岛上其他居民所难以企及"。

沙拉古瓦人"身形高大，体型健美。其酋长名叫贝伊奇奥，其妹名为阿纳考娜，意为'金花'"。面对粗鄙贪婪的西班牙人，她"彬彬有礼，在他们垂死之际挽救了他们的性命，并借此向卡斯蒂利亚君主示好"。阿纳考娜也是考那波之妻，而考那波曾与哥伦布交锋，后又与哥伦布并肩作战。

巴塞洛缪·哥伦布委托哥哥迭戈全权负责，并安排罗尔丹作为下属辅佐，但罗尔丹在暗中谋划叛变。巴塞洛缪在拉伊莎贝拉的海滩上发现了一艘小帆船，为此兴奋不已。他打算在必要时乘这艘小船逃离岛屿。

罗尔丹及其支持者们坚持认为，应该让小帆船尽快下水，一旦抵达西班牙，他们就可以对外宣布他们"凄惨的处境"。迭戈·哥伦布却认为小帆船缺少索具和补给，无法远航，双方各执己见。

罗尔丹不顾上级指示，悍然下令帆船起航，他告诉自己的支持者们，哥伦布兄弟想阻止他们回家，企图把所有人都控制住，因为他们害怕让西班牙国民知道他们在伊斯帕尼奥拉岛的统治是多么邪恶和腐败。罗尔丹向众人控诉哥伦布三兄弟的冷酷无情，他们强制西班牙移民在令人窒息的高温中辛苦劳作，毫不顾及他们的意愿，逼迫他们建造堡垒，并将他们暴露于完全不必要的危险之中。罗尔丹的话立即引发了众怒，他趁热打铁，提醒众人道，哥伦布兄弟是外国人，更可恶的是，这三个外国人像使唤驴一样使唤他们，却连一分钱都没有付给他们。现在看来，舰队司令根本不可能带着补给和增援回来接应他们。

最危险的叛乱者

罗尔丹建议众人应该自行分配"岛上的全部财富"，以弥补他们的损失，同时"应该允许众人自由驱使印第安人，不受任何干扰"，费迪南德记述道。许多西班牙人其实已经占有了一个或多个印第安妇女，作为取乐或陪伴的对象，只是还有所收敛。而现在，即使男人们不得不承受因滥交而引发的梅毒，他们反而变得更加肆无忌惮起来。

巴塞洛缪试图控制这种纵欲行为，他坚持要求手下"遵守修道院的三个誓言"，按照费迪南德的解释，三个誓言即服从、坚定（永远守誓）和坚持修道院的生活方式，包括放弃私有财产和严守独身生活。与之相反，罗尔丹则承诺为众人建立一个能够迅速暴富、充满了女人的乐园。

此时，虽然财富仍然不易得到，但是拉斯·卡萨斯写道："每个人都得到了想要的女人，而这些女人有些离开了丈夫，有些离开了父亲，有些被强行霸占，有些是出于自愿，彼等被安排充当用人、洗衣工或厨子。至于印度男人，彼等想要多少，就得有多少人来服侍彼等。"罗尔丹还挑唆众人称，想想哥伦布及其兄弟对待他们的种种恶行，他们不但克扣口粮，而且实施野蛮的鞭刑，哪怕是最轻微的违规，无论真假，他们都会遭到毫不留情又无比屈辱的惩罚。

与哥伦布兄弟的专制统治不同，罗尔丹承诺，只要众人听他指挥，他就会保护大家免受伤害。罗尔丹的煽风点火和坚定的态度立即奏效，他吸引了许多心怀不满的西班牙人，最终大多数人都站到了他的阵营。

等到先遣官巴塞洛缪·哥伦布平定了沙拉古瓦的叛乱，启程归来时，罗尔丹的追随者们已经策划好了行动方案，他们打算刺杀巴塞洛缪，然后用绳子将他绑起来。然而有人走漏了消息，巴塞洛缪立即逮捕了一个名为巴拉奥纳的叛徒。巴塞洛缪起初下令将其处死，但随即改变了主意。

费迪南德认为："如果上帝没有指示殖民地长官撤销巴拉奥纳的死刑，那么叛乱者们也无疑会在当地立即将其杀死。"巴塞洛缪很快获悉罗尔丹阴谋的全部内容，原来叛乱者准备以一个名为康塞普西翁的堡垒作为根据地，然后凭借地理优势，对整个伊斯帕尼奥拉岛发起进攻。

在此之前，罗尔丹就已经对这个要塞了如指掌。为了平定周边的印第安人，迭戈·哥伦布曾把他派驻到康塞普西翁，在此期间，罗尔丹一直假意效命，但暗中策划叛乱。然而，堡垒指挥官米格尔·鲍尔斯特并未被罗尔丹欺骗，他警告巴塞洛缪罗尔丹可能叛乱。巴塞洛缪认为自己能够击退罗尔丹，于是坚守在堡垒之中。出人意料的是，叛乱者们直奔堡垒而来，理直气壮地要求巴

第 9 章 至暗时刻

塞洛缪准备好快艇，选择相对安全的航线，将罗尔丹和他的手下送回西班牙。罗尔丹在流亡之地生活富足，发起叛乱似乎与他的自身利益不符，这让他的上司困惑不已。

听完对方的要求后，巴塞洛缪毫不犹豫表示不可能。无论是罗尔丹本人，还是他的追随者们，都没有能力将帆船开回西班牙。作为一名经验丰富的航海家，巴塞洛缪认为他们也许可以让船下水，但他们不了解海上的情况，注定会船毁人亡。"这些人都是旱鸭子，对航海一无所知"，费迪南德也写道。

巴塞洛缪命令罗尔丹辞去镇长之职。可以想见，罗尔丹声称除非斐迪南国王本人下令，否则他绝不听命，并且声称他"根本不指望先遣官能够公平处置"。他认为，巴塞洛缪只会想办法加害自己。罗尔丹愤怒地坚称自己是一个"通情达理之人"，为了证明这一点，他提出自己可以推迟乘船起航，在巴塞洛缪选择的地方驻扎下来，从此双方相安无事、各自为政。

罗尔丹期望自己的让步可以换取继续担任镇长的机会。但在得知总督打算任命一名皈依基督教并忠于哥伦布的印第安人继任时，罗尔丹立刻改了主意，声称在此地定居缺乏足够的补给。相反，他将自行选择驻扎地点。

双方争执不休，罗尔丹最终愤然离席。

尽管罗尔丹提出请求，要在伊斯帕尼奥拉岛上寻找一处栖身之地，但他仍然希望能够乘船逃往西班牙。于是，他立即回到拉伊莎贝拉，夺走了那艘小帆船。然而，即使有 65 名手下随行，而这个人数足以操纵船只，罗尔丹还是无法下水。相反，他们抢劫了王室的武器库和仓库，为自己配备了足够的武器、粮食、衣服和其他生活必需品。当他们对仓库发动突袭时，巴塞洛缪只能眼睁睁看着，毫无招架之力。他担心自己性命不保，只能带上几名

297

仆人充当保镖，躲在堡垒之中。罗尔丹很快就找到了巴塞洛缪，试图引诱他和自己站到一边，一起对抗舰队司令。但巴塞洛缪当然不会接受。

巴塞洛缪旋即派出军队，以免迭戈遭受更多的攻击，罗尔丹得知消息后迅速召集叛乱者，离开拉伊莎贝拉，并暂时放弃了返回西班牙的计划。他们顺利地穿过茂密的热带丛林，前往巴塞洛缪最近刚刚平定的沙拉古瓦。他们沿途杀牛取肉，必要时还带走其他牲畜。他们之所以选择距离遥远的沙拉古瓦，有自己的理由。"这是岛上环境最好、土地最肥沃的部落，"费迪南德解释道，"住着这个国家文明程度最高的土著，尤其是因为当地的女人以温柔美貌著称，这一点才是彼等选择此地的最大动机。"

罗尔丹不愧是哥伦布在西印度群岛大业的克星，他向众人做出了诱人的承诺，而这些恰恰是哥伦布一直让众人戒除的：财富、女人、轻松的生活及对自己命运的主宰权。他的承诺既没有兑现的可能，也没有官方的首肯，名不正言不顺，不过是对纵情声色的痴心妄想。

在前往沙拉古瓦的途中，罗尔丹的手下策划了最后一次谋杀计划。他们准备占领康塞普西翁这个小村庄，找到殖民地的最高总督巴塞洛缪，把他杀掉。如果找不到，他们就把小镇夷为平地。当巴塞洛缪得知对方的计谋后，费迪南德写道，他立即有了自己的对策。他向士兵们保证，所有支持他的人，都将得到"每个人两个奴隶"的奖励。这是一个走投无路的办法，但他很快意识到，即使是名义上支持他的人，背地里也对罗尔丹的诱惑暗暗动心。巴塞洛缪召集军队，稳定了手下人的军心。如果不能说服对方继续维持自己的统治，他就准备和罗尔丹兵戎相见。

巴塞洛缪集结人马，准备直击弗朗西斯科·罗尔丹的部队，罗尔丹见巴塞洛缪的实力不容小觑,迅速后撤到沙拉古瓦,沿途四处散布反对哥伦布的言论。罗尔丹找了一些证据,声称巴塞洛缪对待印第安人就像对待基督徒一样的血腥和贪婪。他向印第安人征收高昂的贡奉,破坏了当地的文明,还榨干了身边所有人的财富。印第安人如果对现在的苛捐杂税忍气吞声,穷凶极恶的殖民地总督就会更加贪得无厌,即使西班牙国王反对(虽然这几乎是不可能的)。

罗尔丹声称,自己和巴塞洛缪截然相反,可以充当印第安人的保护人,如果印第安人没有能力或是不愿意站起来捍卫自己的权利,他和他的手下可以帮助他们主持公道。尽管这些承诺毫无根据,印第安人还是被说服了,表示愿意反抗纳贡制度。实际上,巴塞洛缪从未对这些偏远的村庄征收贡品,即使是对自己辖区附近的村庄,巴塞洛缪也时常担心征收过多贡品会将印第安人推向罗尔丹的阵营。

罗尔丹找到了一个名叫瓜里奥尼的酋长,作为其强大的盟友,此人和其他部落的酋长结成了秘密同盟,发誓要杀死西班牙入侵者。印第安人对此充满信心,他们觉得只要安排周密,发动几次突袭,就能消灭那些从船上下来的外国人。"印度人无论是估计时间,还是进行其他计算,都只会用手指,"费迪南德解释道,"因此彼等一致同意,在下一次满月后的第一天发动进攻。"

本来一切准备就绪,但没想到一位酋长突然提前发起进攻,从而破坏了整个计划。他这么做最大的可能是为了出风头,以便为自己树立勇猛的英雄形象,但也有可能是因为他"不懂天文,算错了月圆后的第一天"。无论如何,印第安人惨遭失败。为了保命,这位失魂落魄的酋长只好偷偷逃到瓜里奥尼那里,而后者以疏忽大意为由处决了他。

299

罗尔丹和手下一直指望印第安人为他们上前线卖命，这次突然的溃败让他们猝不及防。在和瓜里奥尼达成协议后，他们再次撤回沙拉古瓦。在那里，他们自称西班牙叛乱者，继续鼓吹他们可以保护印第安人免受哥伦布的殖民掠夺。费迪南德提到："实际上，彼等就是一群一无是处、彻头彻尾的窃贼。"然而，这句话也同样可以用来评价克里斯托弗·哥伦布手下的许多人，在过去8年里，他们剥削和侮辱印第安人，而且这种剥削和侮辱仍在继续。

罗尔丹的失策之处在于，尽管他一再声称自己能让印第安人免交巴塞洛缪所要求的贡品，但他向当地人征收得更多。借用费迪南德的话说，虽然当时金砂的储量已所剩无几，他还是强迫玛尼考特酋长"每三个月上缴一个装满价值三马克金砂的葫芦"。为了让玛尼考特屈从，罗尔丹俘虏了他的儿子和侄子当作人质，并且假惺惺地表示，此举完全是出于友谊。

面对令人绝望的局势，眼看各方势力在热带的高温中相互角力，没有印第安人和西班牙盟友的支持，巴塞洛缪及其盟友只得无奈地原地等待。他们越来越感觉到，无论是西班牙叛乱者，还是已经对西班牙人感到幻灭的印第安人，或是这两者的邪恶联盟，都能轻而易举地消灭巴塞洛缪及其部下，占领伊斯帕尼奥拉岛，用暴力终止哥伦布的探险行动。

在重重绝望中，圣多明哥人发现远处地平线上有两艘帆船驶来。这是来自西班牙的补给船，船上载有食物、移民、武器和在西印度群岛生活的必需品。于是，罗尔丹和部下打算尽快抵达圣多明哥，将新来的补给一网打尽，但巴塞洛缪显然更早得到情报，又碰巧离港口较近。为了得到船上的补给，巴塞洛缪在通往小镇的路上部署了哨兵，以阻止罗尔丹靠近。最终，巴塞洛缪成功地将这些补给据为己有。

第 9 章　至暗时刻

即便在这个时候，为了向新来的移民展示岛上的祥和气氛，巴塞洛缪仍试图在表面上与叛乱者达成短暂的和解。他派遣新来的船长佩德罗·费尔南德斯·科罗内尔从中斡旋，借用费迪南德的话说，后者是个"品行端正、重视荣誉的人"。科罗内尔向众人证实，克里斯托弗·哥伦布已安全抵达西班牙，并得到了双王的热情迎接。从这时起，科罗内尔就已经赢得了巴塞洛缪的信任。于是，总督大人派遣科罗内尔将这个消息转告罗尔丹的叛乱者，但这名船长很快就发现自己处于双方的对峙之中，他此前准备的讲话毫无用处。相反，他只能与一些叛乱者私下进行交谈，但他们没有做出任何承诺，就匆匆赶回沙拉古瓦的大本营，等待舰队司令返回伊斯帕尼奥拉岛。

巴塞洛缪的部下得知，罗尔丹等人计划用匿名诽谤信来毁坏哥伦布在西班牙的声誉。后来，作为一个意大利旁观者，皮特·马特写道，"叛乱者对（哥伦布）两兄弟都极为不满，声称彼等缺乏公正、毫不虔诚，是西班牙人的敌人"。他们"滥用酷刑，动辄严刑拷打，绞刑、屠杀和任何方式的杀戮都让彼等感到兴奋"，他继续写道，叛乱者把他们"描绘成野心勃勃、傲慢自大、令人无法忍受的暴君，因此决定弃暗投明，不再跟随这两头嗜血如命、与双王为敌的野兽"。

罗尔丹的士兵声称亲眼看到哥伦布和他的两个兄弟暗中谋划，妄想占领整个岛屿。他们还声称，哥伦布兄弟"除了彼等的亲信以外，禁止任何人靠近或开采金矿"。而在西班牙王室看来，这正是哥伦布应该做的。

叛乱者们抗议称，舰队司令常对他们恶言相向，指责后者"顽劣好斗，是皮条客、小偷、强奸犯、绑架犯、亡命徒、一无是处的笨蛋、不长脑子的伪证者，不是有前科的骗子，就是鬼鬼祟祟

301

的在逃犯"。（这些辱骂之所以恶毒，是因为哥伦布所说的在相当程度上都是事实。）他们听说哥伦布此前称他们"原本是被带来开矿和服务的"，然而他们"却懒到连门都不愿出"。相反，"彼等让可怜的土著抬着彼等在岛上四处周游，就好像自己是高级治安官一样"。哥伦布讲述了叛乱者如何"为了不丧失嗜血之习性，同时为了考验战斗能力，靠杀戮无辜者来获取满足感"。对这些印第安人，"谁能以最快之速度，一刀斩断某个倒霉土著之首级，此人便被视为最强壮之人，并且享有更多荣誉"。甚至连叛乱者自己也意识到，这种骇人听闻的行为，就算在伊斯帕尼奥拉岛上没有人在乎，一旦传到西班牙国内，他们就会声名狼藉。

伊斯帕尼奥拉岛上的争端不断蔓延，哥伦布舰队的数艘船只陆续抵达沙拉古瓦附近的海岸，但他们都不是罗尔丹所期望的船只。

自6月从加那利群岛启航后，3艘补给船一路全速前进，速度甚至快得有些过分。当船队抵达加勒比海时，费迪南德写道，领航员"向西航行得太远，因此被迫在沙拉古瓦海岸登陆，而那里正是叛乱者的大本营"。如果他们能够按照原计划抵达目的地圣多明哥，他们就能得到巴塞洛缪的庇护。但是现在，这些补给船被罗尔丹的叛乱者迅速占领，后者谎称奉总督之命前来，"以确保粮食供给，并维护周边稳定"。

舰队中的一位船长阿隆索·桑切斯·德·卡瓦哈尔看穿了叛徒们的伎俩，试图劝说罗尔丹结束叛乱，宣布效忠巴塞洛缪，但船员们已经受到叛乱者蛊惑。面对种种诱惑，他们的想法开始动摇，越来越多的人开始支持罗尔丹。

桑切斯·德·卡瓦哈尔倍感沮丧，只得与另外两名船长联手，派遣一支由雇佣工人组成的小分队，前往圣多明哥附近的矿山。

此时，将补给船带到沙拉古瓦的海风和洋流仍然势头强劲，由于天公不作美，在这种情况下，补给船还要航行数月才能抵达圣多明哥。因此，他们计划让40名工人在胡安·安东尼奥·科伦坡的带领下徒步前往圣多明哥。佩德罗·德·阿拉纳全权接管了3艘船只，而桑切斯·德·卡瓦哈尔负责继续与罗尔丹的谈判代表斡旋。

然而，大多数工人选择了叛逃，局势急转直下，科伦坡身边只剩下六七个人。科伦坡愤怒不已，他质问罗尔丹，这些人来这里是为了工作，而不该每天只知道喝着印第安人的酒，与印第安女人同床共枕。如果罗尔丹拒绝配合，那么他对舰队司令和西班牙王室的不忠将暴露无遗。老练的罗尔丹一如既往地巧舌如簧，表示自己也爱莫能助。他管不了那些不守规矩的人。他解释道："他那些修道院里的条条框框根本没人能受得了。"

胡安·安东尼奥·科伦坡意识到自己毫无胜算，只得和剩下的几名亲信回到船上，启程前往圣多明哥。由于逆风而行，气候恶劣，船上的食物很快就在高温下腐烂，桑切斯·德·卡瓦哈尔的船又在航行中搁浅，导致船舵折断，龙骨裂开，船身大量进水，千疮百孔的补给船险些葬身大海。从叛乱者驻守的沙拉古瓦出发，沿途经历艰难险阻，三位船长终于如愿见到了舰队司令本人，而哥伦布从特立尼达向北出发，刚刚来到此地。

看得透大海，看不透人心

哥伦布是一名战士，但更是一名水手，在研究了弟弟撰写的有关叛乱者罪状的报告后，他意识到自己不得不惩处这些叛徒，但在此之前，他拟定了一串新的罪名。费迪南德回忆道，父亲起初"决心处理此事时要尽可能温和，叛乱者才可能自愿投降"。为了彻底摆脱那些制造事端的人，他在9月22日承诺，任何想要返回西班牙的人，都可以免费上船并免费用餐。

哥伦布对海风、洋流、珊瑚礁和港口的情况都了若指掌，在陌生海域上长途航行不再像以往那样令他胆战心惊。尽管船只有可能遭遇海难，但每完成一次跨越大西洋的航行，遇险的概率就会降低一些，最终，西班牙到圣多明哥的航行已几乎成为常态。

但接踵而来的是一个令人头疼的问题，即如何管理这个庞大的帝国及其居民，尤其是西班牙人、印第安人与哥伦布兄弟。除此之外，还有西班牙权贵、绅士、雇佣工人及凶恶蛮横的加尼巴人。西班牙王室的管理手段一向简单粗放，或劝其皈依或剥削利用，偶尔也会劝其皈依后再剥削。事实证明，面对各个部落的"印度人"和鱼龙混杂的西班牙人，这样的方法根本不足以维系一个如此庞大的组织。

两天后的9月24日，米格尔·巴莱斯特上报说，罗尔丹准备和另一名叛乱者阿德里安·德·穆吉卡（或姓莫西卡）见面。如果采取行动，舰队司令的手下很可能抓住叛乱者头领。然而和以往一样，哥伦布仍选择按兵不动。

与此同时，罗尔丹及其部队正向圣多明哥袭来。哥伦布让指挥官巴莱斯特负责守卫附近的康塞普西翁。巴莱斯特收到命令后，准备传达舰队司令的指示。这是一封措辞谨慎的和解书，根据费迪南德的记述，哥伦布称他对罗尔丹所遭受的一切"深感遗憾"，并希望"埋葬过去，对所有人都既往不咎"。他要求与罗尔丹见面，开诚布公地共同决定如何最好地实现西班牙君主的意图。他告诉罗尔丹可以完全"不用担心遭到报复"。哥伦布甚至愿意"以对方希望的形式"为罗尔丹提供安全保障。

人们很难确定哥伦布做出这样的让步是否基于善意。巴

第9章 至暗时刻

莱斯特的报告称，他将舰队司令的信息转告了罗尔丹和阿德里安·德·穆吉卡，"但彼等异常顽固，继续厚颜无耻地进行挑衅"。罗尔丹扬言，他对谈判或寻求和解完全没有兴趣。用他的话说，他已将舰队司令"牢牢掌握在手心，既可以对其进行辅佐，也可以随时将其消灭"。他要求哥伦布兄弟释放平定康塞普西翁时俘虏的印第安人，否则他不考虑任何形式的谈判。考虑到他的手下对印第安人的一贯虐待，这个条件真是极具嘲讽意味。

更麻烦的是，罗尔丹坚持只与阿隆索·桑切斯·德·卡瓦哈尔会面，他认为卡瓦哈尔是唯一一个通情达理的人。他的要求立即引起了哥伦布的怀疑。根据费迪南德的说法，舰队司令怀疑桑切斯·德·卡瓦哈尔是一个彻头彻尾的叛徒。毕竟，他享有盛誉，又是西班牙贵族，而且城府颇深。尽管更可能的情况是，他只是想成为一个殷勤的中间人，而不是双重间谍。哥伦布让助手们投票选出最佳方案，并最终决定派桑切斯·德·卡瓦哈尔和巴莱斯特一起出面，与狡诈的罗尔丹进行谈判。

罗尔丹拒绝与两人会面，理由是哥伦布没能按要求释放他所关押的印第安人。桑切斯·德·卡瓦哈尔从中调解，最终说服了罗尔丹同意在几名亲信的陪同下，直接与哥伦布对话。但是罗尔丹的手下对此大为不满，他们团团围住卡瓦哈尔，表示不希望自己的首领与哥伦布秘密达成协议。他们更想以"书面的形式提出和平条件"，费迪南德说，这些条件在他看来"欺人太甚且无耻之尤"。毫无疑问，哥伦布对此也有同样的想法。即使巴莱斯特和桑切斯·德·卡瓦哈尔合力，也未能说服叛乱者进行谈判。

哥伦布派出的代表在使劲浑身解数后，竟突然向叛乱者让步。巴莱斯特更是以哥伦布部队的士气低落、军心不定为由，宣布了投降。尽管哥伦布对自己的仆人和助手充分信任，但在叛乱者的花言巧语面前，他们最终也动摇了。叛乱者的数量与日俱增，效忠哥伦布的人越来越少。在准备与叛乱者作战时，哥伦布身边只有 70 名士兵。除去那些装病装伤逃避服役的人，只有 40 名甚至更少的士兵真正忠于哥伦布。

在战事一触即发的情况下，哥伦布让桑切斯·德·卡瓦哈尔转告罗尔丹一个令人震惊的消息：哥伦布对他的敌手表示了信任，并承诺，对于罗尔丹的种种行为，他可以对斐迪南和伊莎贝拉做出"有利的解释"。哥伦布解释说，所有这些都不会留下文字记录，以免"民众"受到煽动而伤害罗尔丹。相反，他应该直接与哥伦布的代表巴莱斯特沟通，借用费迪南德的话，巴莱斯特可以"全权代表舰队司令本人"。

大约同一时间，即 1498 年 10 月 17 日，罗尔丹及其同伙向舰队司令发出了一封奇怪的和解信，声称他们"之所以背叛先遣官，是因为他想密谋杀害彼等"。他们恳请哥伦布相信他们此举"为他立下了功劳"。为了支持这个荒诞的说法，他们提醒哥伦布称，他们完全有能力诉诸武力，但为了保护哥伦布和他的财产，他们并没有这样做。他们只不过愿意"体面"行事，并希望获得"行动自由"。

由于与罗尔丹的谈判毫无进展，次日，哥伦布向西班牙派出了 5 艘舰船。船上的人们回忆称，这次航行过程中险象环生，而船队中的 600 名印第安人也忍受着这种"巨大考验"。哥伦布还让手下带回两封写给斐迪南德和伊莎贝拉的信。信中，哥伦布情绪激动地控诉罗尔丹等叛乱者："彼等已经对岛上造成了极大破坏，而且暴乱还将持续下去。彼等烧杀抢掠，无恶不作，无缘无故地杀害他人，霸占他人之妻女，种种邪恶行径一言难尽。"

拉斯·卡萨斯认为，伊斯帕尼奥拉岛已经彻底陷入无政府状态，西班牙叛乱者"从一个村庄到另一个村庄，挨家挨户地搜索，

第 9 章　至暗时刻

任意抢夺土人的食物，看到男人就掳来做奴隶，看到漂亮的女人就将其霸占"。他们连路都不愿意走，而是躺在吊床上，让印第安人抬着他们。"彼等让猎人为其捕猎，让渔民为其捕鱼，让数不清的土人像牲口一样为其搬运货物。"但印第安人却始终对剥削他们的西班牙人毕恭毕敬。

哥伦布恳求西班牙国王派遣"虔诚的教徒"来代替这些罪人，在谴责西班牙叛乱者劣迹的同时，舰队司令对这片土地大加称赞，并对其未来的发展充满期待。此地"各种物资均十分丰饶"，他颇为自得地写道，"尤其是面包和肉类"。没有人会挨饿，因为人们轻而易举就能捕到猪、母鸡和类似野兔的动物，而"一个印度男孩带上一条狗，每天即可为其主人捕获十五至二十头猎物"。岛上唯一没有的是葡萄酒和衣服，而这些东西很容易从西班牙运过来。现在最大的问题是，这片富饶的土地吸引了许多"世上最懒惰之人"。

西班牙人毫无奉献精神，这让哥伦布深感沮丧。"臣前来此地时带有诸多部下，以征服这片土地，"他向凡事都想得过于理想化的君主陈述道，"众人一再向臣保证，称彼等定会比其他人更能为国尽忠。"但是事实上，"情况完全相反，彼等之所以来此，是因为相信此处遍布黄金和香料，可以直接用铁锹铲起，且香料已经捆好堆在岸边。彼等以为只需坐船来此即可，因此被贪婪蒙蔽了双眼"。（其实哥伦布自己也是一样，不过他拒绝承认自己的缺点。）

"早在塞维利亚，臣就曾警告彼等。看到愿意前来者如此众多，在了解其中原因后，臣不得不告知彼等，到偏远之地定居要遭受种种考验。"但那时几乎没有人相信他的话。"待彼等到达此地后，才知臣并未夸大其词。由于贪欲无法满足，彼等便希望立即回国，完全不考虑是否有可能征服并统治此地。因臣不同意返程，彼等开始毫无理由地对臣感到憎恨。"他们憎恨哥伦布的原因还在于，后者不允许他们进入岛上舒适宜人的内陆，"因为印度人杀死了许多单独行动之西班牙人，若不是臣加以阻拦，会有更多西班牙人死于非命"。

殖民者们的叛乱已经让哥伦布焦头烂额，而他还不得不同时设法对付偷渡者。哥伦布估计，他的手下有四分之一的人都是随船偷渡来的。除此之外，还有一个问题。他发现伊斯帕尼奥拉岛上的女人"容貌姣好，令人叹为观止，不过臣不应口出此言"。然而，所有人都对岛上的印第安女人议论纷纷，她们褐色的肌肤弥漫着淡淡的芬芳，丰腴的体态撩动人们的欲望，她们的美貌远超出这些殖民者的幻想。对许多欧洲人而言，较之伊斯帕尼奥拉岛上的其他任何东西，这些女人更加让人神魂颠倒。

哥伦布一如既往，希望通过计算成本来向君主证明，他的发现为西班牙带来了不可多得的获取财富的良机。"凡是智者，怎会认为这是在浪费金钱？"这是他的观点，而拉斯·卡萨斯的看法恰恰相反，他不无悲哀地写道："哥伦布虽然发现了这些土人，但并不意味着他们亏欠他或世上其他人任何东西，他原本可以在这片土地上做出伟大的成就，创造不可估量的价值，但很可惜他没能意识到这一点。"反之，哥伦布在岛上建立的制度，迫使印第安人承担了所有辛苦劳作，西班牙却人越来越腐败堕落。

日复一日，哥伦布向殖民者们分配财产，其中许多是印第安人的农场，还有植物和葡萄藤，一个人最多可以种植一万株，而领取人只需填写一份证明财物数量和姓名的证书。哥伦布还在西班牙殖民者中发起了农业合作运动，但不幸的是，这些举动导致印第安人被迫离开家园，到有黄金的地方开荒挖矿，以满足主人贪婪的欲望。

一旦某个出身高贵的西班牙人自认为拥有某处"大牧场"("余认为在塞维利亚,人们将其称为乡间住宅、农场或庄园,"拉斯·卡萨斯注释道),他便会将当地酋长和其他印第安人充作农奴。如果他们不立即服从他的命令,拉斯·卡萨斯写道,他就鞭打他们、割掉他们的耳朵,或是杀死他们。与此同时,他会霸占酋长们的妻女当作情妇。勇敢的印第安人只要试图逃跑,或像西班牙人所说的,"妄图叛主",就会遭到无情的镇压和杀害。另一些印第安人则被作为奴隶出售,或是被装进前往西班牙的轮船上,在偏远之地被再次贱卖。

"舰队司令有什么权力分配西印度人的土地、农场和财产?"拉斯·卡萨斯质问道。凭上天赋予的权力及国王和女王下达的命令,哥伦布可能会这样回答。

西班牙人蜂拥而来,领取哥伦布可耻的馈赠,其中就有弗朗西斯科·罗尔丹。他要求将一个名叫阿巴布鲁科的定居点分给自己,声称该地早已属于他。像以前一样,哥伦布再一次屈服。很快,印第安人祖祖辈辈生活的土地就成了西班牙主人的私有财产。罗尔丹让印第安人为他日夜工作,自己却整日游手好闲。他换掉了印第安语的地名,将阿巴布鲁科改名为"埃斯佩兰萨"("希望"),不过也许改为"罗布"("盗窃")更为贴切。"因为罗尔丹要求饲养牲口,哥伦布又给了他两头母牛、两头小公牛、两匹母马和二十头母猪,这些全都来自王室的供应,"拉斯·卡萨斯写道,"他不敢拒绝罗尔丹的任何要求。"

哥伦布的优柔寡断严重破坏了他在众人心中的威信,并激发了西班牙人卑劣的本能。拉斯·卡萨斯指出,所谓的再分配制度或监护征赋制"让西班牙人学会了懒惰与傲慢,包括所有劳工及那些受雇开荒种地、挖矿掘金的人们。印度人用汗水浇灌了他们的食物，而他们可以随意抓走前者做奴隶，让三个、四个、十个人伺候他们。印度人生性温和，既没能力反抗也不知该如何反抗"。

在拉斯·卡萨斯看来，无论是哥伦布还是罗尔丹和其他叛乱者，都将印第安人视作下等人。他们这么做"是对基督教信仰本身的亵渎和嘲讽"，拉斯·卡萨斯怒斥道，这些西班牙罪人"活该被分尸，不只是一次，而是十四次"。

1498年10月启航的5艘船中，有2艘载着罗尔丹的支持者回到了西班牙。另外3艘听命于巴塞洛缪，等待返回帕里亚半岛，去装载宝贵的珍珠。罗尔丹继续留在伊斯帕尼奥拉岛，以思考下一步计划。

与此同时，哥伦布迎来了探险生涯的谷底。回到伊斯帕尼奥拉后，他再次被阴险狡诈的罗尔丹毫不留情地击败。哥伦布历经千辛万苦才发现了他的"彼岸世界"，而这一切似乎只是为了把它拱手让给罗尔丹这样的骗子和小偷，而后者的主要目的就是羞辱这位司令大人。

拉斯·卡萨斯认为"最让哥伦布苦恼的是他预感到国王和女王会因此震怒，这让他饱受折磨"。由于罗尔丹的背叛，哥伦布在王宫里的对手们肯定会联合起来，借机让西班牙抛弃哥伦布。这并不是因为哥伦布对印第安人的横征暴敛，而只是因为西班牙叛乱者在玩弄权术方面更胜一筹。

10月26日，哥伦布同意会见罗尔丹，并确保他的人身安全。在重申要求后，叛乱者头目没有和哥伦布达成共识，而是返回了自己的领地。哥伦布仍然抱着求和的希望，派出一个名叫迭戈·德·萨拉曼卡的助手陪同罗尔丹返回，想以谈判结束冲突。11月6日，罗尔丹终于开出了正式条件，要求哥伦布签名。他声称这些条款是"他与部下商讨出来的最好结果"。费迪南德写道，

第 9 章　至暗时刻

"如果阁下能够批准,他就会向康塞普西翁那边送信"。

罗尔丹要求哥伦布立即答复。费迪南德称,"在看完这封信中的条件后,舰队司令坚决不肯签名,因为对方傲慢无礼的要求简直是对正义的蔑视,对舰队司令及其兄弟的羞辱"。在克服了挫败感后,哥伦布于 11 月 11 日在堡垒大门上张贴出了一张公告,表示将特赦罗尔丹的叛乱者。叛乱者可以安全返回西班牙,并"继续效忠天主教王室,岛上所发生之事既往不咎"。哥伦布将免费为他们提供回国的船票,并全额支付他们的工资,此通知有效期为 30 天。如果叛乱者不接受这个条件,哥伦布发誓将"依法对其进行追究"。哥伦布的举动再次遭到了叛乱者的嘲笑,他们吹嘘,要不了多久,哥伦布就会反过来求他们宽限自己。

事实上,哥伦布身边值得信赖的人寥寥无几,他的确举步维艰。他的靠山远在大洋彼岸,正如罗尔丹所言,叛乱者都是土生土长的西班牙人,而哥伦布兄弟却是热那亚人——他们始终是外来者。

罗尔丹继续进行挑衅,将效忠哥伦布的巴莱斯特劫为人质,并断粮断水。桑切斯·德·卡瓦哈尔前去营救,解救了巴莱斯特。双方代表陷入了一场马拉松式的谈判,最后奇迹般地签署了一份书面和解协议,即"与镇长弗朗西斯科·罗尔丹及其下属达成的关于前往卡斯蒂利亚之协议"。

根据罗尔丹于 1498 年 11 月 16 日、哥伦布于 11 月 21 日签署的这份文件,舰队司令将为叛乱者准备"两艘好船",并配备适当人员,从沙拉古瓦运送他们回西班牙。"罗尔丹的大多数追随者都在那里,因为它是守卫和准备粮食最方便的港口。"按照哥伦布提出的条件,他们可以领到自己的工资。舰队司令还会"致信天主教双王,表明众人尽职尽责"。

这些条件看起来简直不可思议,但叛乱者赢得的其他特权更加令人愤怒。他们每人都可以获得若干奴隶,"以补偿彼等在岛上所遭受之苦难",如果他们愿意的话,也可以带走"已怀孕或已生育之伴侣"。甚至可以带走他们在岛上出生的孩子,这些孩子一旦踏上西班牙的土地,就可以自由生活。

哥伦布还承诺为叛乱者提供小麦和木薯,以确保他们在航行过程中有足够的食物。他还为叛乱者发放安全通行证,退还他们被没收的货物,并与西班牙国王商讨赔偿他们因回国而不得不丢弃在岛上的、数百只大小不一的"野猪"。而哥伦布从罗尔丹那里得到的唯一让步微乎其微。他和手下同意不再"接受岛上任何其他基督徒加入其行列",不过印第安人仍然可以自由加入他们的队伍。最后,罗尔丹答应在50天内启程返回西班牙。

"舰队司令知道这些人有多邪恶,"哥伦布的儿子解释道,"但他不想给叛乱者任何借口,以免后者指责他不守承诺,没有让彼等免费回国。"他下令各艘船只为返回西班牙做好准备,并派遣桑切斯·德·卡瓦哈尔前往沙拉古瓦,确保叛乱者按计划登船离开。在将圣多明哥交给兄弟迭戈掌管后,哥伦布撤退到拉伊莎贝拉,试图在叛乱者造成的苦难中稍作喘息。

在与镇长的公开交往中,哥伦布展示出了极大的耐心,但在私人场合,这位舰队司令对"那个忘恩负义的无名小卒罗尔丹"痛恨到无以复加。他本来只是个一无所有的穷光蛋,"在短短时间内就获得暴利,敛财多达上百万马拉维迪",而让他和他的同伙名利双收的正是哥伦布。"彼等令臣痛苦不已",舰队司令叹息道。

直到1499年1月,载着所有叛乱者名册的"尼尼亚"号和"圣克鲁兹"号才正式起航。暴风雨来袭,"尼尼亚"号只得停船进行维修,费迪南德只记录称他们来到了"另一个港口"。哥伦布从为数不多值得信赖的助手中,挑选出佩德罗·德·阿拉纳和弗朗西斯科·德·加里为"圣克鲁兹"号导航,带领他们回到沙拉古瓦。3月,"尼尼亚"号再次与其姊妹船在沙拉古瓦相逢。

与此同时,罗尔丹的叛乱者们仍留在沙拉古瓦过着寻欢作乐的生活,身边围绕着奴隶、女人和孩子,他们根本没有为重回西班牙做任何准备。对此,罗尔丹狡辩称是因为哥伦布拖延行期和违反协议。作为回应,舰队司令向罗尔丹和阿德里安·德·穆吉卡发出一封措辞激烈的公函,提醒对方不要忘记他们所做的承诺。此外,身在沙拉古瓦的桑切斯·德·卡瓦哈尔向公证人陈述,称哥伦布已按承诺派出了两艘船只,并敦促罗尔丹遵守协议约定。

4月25日,叛乱者们仍然没有从岛上离开的意思。为了取乐,他们声称舰队司令蓄意拖延船期(并非事实),而且船只的状况不足以抵达西班牙(无稽之谈,除非有船蛆),而且他们在岛上的很多补给已经耗尽(情况属实,但很容易补充)。因此,他们决定撕毁协议,无限期地留在沙拉古瓦。罗尔丹及其部下一再出尔反尔,并不断壮大队伍力量。他们得到的关注越多、变得越重要,哥伦布就越是感到焦虑。

罗尔丹故技重施,毁约之后又试图用和解来争取时间。根据费迪南德的叙述,罗尔丹向中间人桑切斯·德·卡瓦哈尔传话称他将"很高兴进行协商",与哥伦布"达成令人满意之协议"。直到1499年5月21日,舰队司令才做出初步答复,并于6月24日给出了更完整的回复。

哥伦布可能希望通过拖延,让疾病、厌倦、内部分歧或饥饿毁掉叛乱者的意志,但罗尔丹的警戒和抵抗丝毫没有减弱。8月3日,他接待了哥伦布派遣的由7名效忠者组成的代表团,并确认了他在与舰队司令会面期间的安全。双方计划在圣多明哥与沙拉古瓦之间的阿苏阿港见面。

在谈判中，罗尔丹的搭档阿德里安·德·穆吉卡再次叛变，但这一次遭到了逮捕。在举行了简短的听证会后，哥伦布宣布他犯有叛国罪，下令将其绞死。穆吉卡没有像哥伦布期望的那样认罪悔过，而是对判决结果破口大骂。

据拉斯·卡萨斯称，哥伦布命令手下将穆吉卡从关押他的康塞普西翁的城墙上推了下去，但这也可能是哥伦布的效忠者们自作主张。哥伦布对此避而不谈，只是说"我主不会允许此人实现其邪恶目的"。

此外，"余早已下定决心对人秋毫无犯，但此人恩将仇报，即使余有意救他，也爱莫能助。即使余之亲生兄弟妄图加害余，余亦会如此行动"。穆吉卡出身显赫、人脉广泛，因此哥伦布无法对外公布其死因。哥伦布解释说，因为争夺一名印第安女人而得罪罗尔丹的费尔南多·德·格瓦拉应该对穆吉卡的死负责，"并非臣下令将其处死"。

当月底，哥伦布的两艘船只按协定抵达了中立的阿苏阿港口，人数众多的叛乱者代表团前去迎接。叛乱者首领洋洋自得地登船听取了哥伦布的恳求及对财富和荣誉的承诺，但他们鸡蛋里挑骨头，提出了各种刁钻古怪的要求。他们提出，对那些选择留在岛上的叛乱者，应该赠予他们土地，并让他们享有其他特权，同时恢复罗尔丹此前"终身镇长"的身份。哥伦布对叛乱者的骚扰不胜其烦，绝望中同意了对方的所有要求，他甚至还答应宣布双方的误会完全是由于"某些恶人的虚假证词"所致。

此外，叛乱者还提出了一个要求：如果舰队司令无法满足以上这些条件，他们有权使用"任何手段"，包括武力，以迫使他就范。哥伦布对叛军及其贪得无厌的要求越来越感到厌恶。在过去一年多时间里，他们耗尽了哥伦布的资源和威信，他只想快点结束双方的对峙。哥伦布签署了协议，任命死对头罗尔丹为终身镇长，并批准了他的其他要求，从某种程度上给予了这个危险的对手合法的地位。

数日后，罗尔丹开始行使自己新获得的权力。他任命佩德罗·德·里克尔梅为法官，除了"重大案件"需由罗尔丹亲自审讯外，其他都由里克尔梅裁夺。与此同时，里克尔梅宣布将在伯劳修建堡垒，但工程在哥伦布的干预下被迫停止。有了这次小小的胜利，哥伦布倍感鼓舞，暂时将注意力转移到了他管辖的其他地区。费迪南德写道，在伊斯帕尼奥拉岛遭遇挫折后，哥伦布希望返回相对安全的西班牙，下令让一名船长及其手下对该岛进行"巡查和平定"、向印第安人征收贡品、制止叛乱者寻衅滋事，但上述任务均无比艰巨。

在海上，面对暴风雨和珊瑚礁，哥伦布展现了他与生俱来的战略天资及从经验中迅速学习的过人能力。但是在陆地上，哥伦布的行事风格截然相反。在伊斯帕尼奥拉岛，无论面临多少次叛乱者的挑衅，哥伦布都未能适应，也没有掌握必要的领导能力。即使在自己的地盘上，他也要在夹缝中勉强求生。他可以乘风破浪，御风而行，在大海中驾轻就熟，却无法看透自己的同伴。他的研究对象是大海而非人心，他只了解自己内心的高低起伏。在那些危机时刻，他显得十分踌躇，毫无底线地满足叛乱者的要求，从而使对方得寸进尺，最终根本无法平定叛乱，但他不愿承认这一点。

随后，4艘船只突然毫无征兆地出现在地平线上。

哥伦布的领地被冠以他名

9月5日，船队"在基督徒们所称的'巴西港'（当地人称雅基莫）抛锚停船",费迪南德写道。这些船在此地的任务十分简单,即让印第安人为他们砍伐木头,用来维修船体和生火。他们的首领让哥伦布大吃一惊——此人是阿隆索·德·奥赫达,曾经是哥伦布手下一名行事莽撞的助手。1494年4月,在平定某个据点时,他割掉了几名印第安人的耳朵。这一次,奥赫达是由双王派来的。

奥赫达的突然出现,标志着哥伦布对印第安殖民活动垄断的结束。这意味着西班牙国王和丰塞卡主教已经委托哥伦布的对手来完成原本赋予他的诸多任务。拉斯·卡萨斯解释道:"阿隆索·德·奥赫达备受主教嘉许,在舰队司令的账目和海图抵达西班牙王宫后,阿隆索·德·奥赫达便希望沿着舰队司令走过的路线出海,以发现更多土地。一旦掌握了航行路线,他很容易便能抵达目的地。"

根据哥伦布的航行图,狡黠的奥赫达很快就了解到前者第一次航海的基本情况、船队到过的岛屿及从印第安人那里搜集的其他信息。奥赫达发誓要找到哥伦布尚未发现的大陆,因此在塞维利亚找来4艘船只,并装备了相关设施,而他"在当地素以勇敢无畏著称"。

斐迪南和伊莎贝拉不顾与哥伦布之间的约定,向奥赫达提供了补给和指示。他们任命后者为船长,下令他前去寻找黄金和珍珠,而这本来是哥伦布的任务。他们向奥赫达开出了与哥伦布类似的条款,要求他将所得的五分之一上缴王室。而且,像哥伦布一样,双王命令他要本着和平与友善的精神对待沿途遇到的土著。为了给自己寻找助手,奥赫达说服了哥伦布极为重视的制图师胡安·德·拉科萨参加这次探险活动,并从帕洛斯邀请了经验丰富的领航员巴托洛梅·罗尔丹参加远征。

根据拉斯·卡萨斯的说法,双王希望奥赫达能完成任务,而

第9章　至暗时刻

不要像他固执己见的前任那样与王室争吵不休。

1499年，奥赫达的船队驶向南美大陆最北端的瓜希拉半岛。在位于如今委内瑞拉苏利亚的锡纳马卡潟湖，他遇到了当地的印第安人，发现他们把房子建在浮出水面的高架上，并将其称作"帕拉菲托"，即水上木屋。据说，在看到眼前的景象后，他和部下决定将这个地方称为"委内瑞拉"，即"小威尼斯"，该地名在次年便出现在地图上。他们基本沿着向南的航线前行，驶入半咸水湖马拉开波湖，接着看到了现在被称为哥伦比亚的地方。

在返回西班牙的途中，奥赫达的手下发现当地土人均佩戴金饰，而当地盛传在一个名为埃尔多拉多的城市有着取之不尽的财富。于是，这则故事吸引了西班牙探险队接二连三地前往委内瑞拉和哥伦比亚探寻宝藏。他们始终没有找到埃尔多拉多及其宝藏，但在这种幻觉的诅咒下，这个地方最终沦为了西班牙人的殖民地。

在奥赫达发现委内瑞拉的同时，其他人也在挑战哥伦布，试图超越他的功绩。他们似乎觉得，无边无际的新世界正等待着他们去发现、征服与开发。1499年5月，在第一次航行中与哥伦布同行的佩拉隆索·尼诺成立了自己的探险队，去寻找有"委内瑞拉雏菊"之称的珍珠。无论出海还是返航，尼诺在大西洋中的航行都极为迅速，最后成功带着珍珠返回西班牙，将其献给双王。然而有人指控他私吞了本应上缴国王的财产，于是他遭到逮捕，财产也被没收，在审判结束前即病故。

1500年1月26日，曾在第一次和第二次航行中与哥伦布一起出海的维森特·亚涅斯·平松到达巴西的北部地界。平松在一片广袤无垠的海滩上登陆，这片荒无人烟的海滩位于今天巴西的伯南布哥，人称"天堂海滩"。1500年6月23日，平松返回西班牙，由于航行中人员死伤众多，他俘虏了许多奴隶来补充劳力。此后，西班牙航海家迭戈·德·勒普也完成了和平松类似的航行，他也驶入了《托德西利亚斯条约》为西班牙规定的禁区——巴西。

大约同一时间，一位20多岁的公证人罗德里戈·德·巴斯迪达斯也驾驶着"圣安东"号和"圣玛丽亚德格拉西亚"号开始航行。巴斯迪达斯来自塞维利亚，出身高贵。他与哥伦布的制图师胡安·德·拉科萨及瓦斯科·努涅斯·德·巴尔博亚同行，后者后来被视作第一个见过太平洋的欧洲人。他们的队伍巡游了南美州海岸，然后驶过巴拿马沿岸。接着，巴斯迪达斯被迫向北前往伊斯帕尼奥拉岛，以修复被船蛆破坏的船只。他的船在沙拉古瓦海岸遇难，而他被控未经许可即与印第安人开展贸易往来，随后被送回西班牙受审。由于他对印第安人十分尊重，因此在无罪释放后，他被誉为"最高尚的西班牙征服者"，即便如此，印第安人还是很快就消亡殆尽了。

上述的每一次探索既证明了哥伦布的发现，也威胁了哥伦布的航行。他们的行动证明，由于墨西哥湾流和信风的存在，从西班牙或葡萄牙出发，向西航行横跨大西洋，然后在美洲某处登陆其实并不困难。但是在大航海时代初期，就连身为海洋舰队司令的哥伦布也深知，想要准确登陆某个特定的岛屿几乎是不可能的。这场由他发起的庞大行动带着种种希望和挑战，已逐渐凌驾于他本人之上，像一场巨大海啸般势不可挡。

在奥赫达的航行队伍中，有一个45岁的名叫亚美利哥·韦斯普奇的佛罗伦萨人，是当时最具神秘色彩的一位探险家。

早在以探险家的身份出名之前，韦斯普奇曾写下或让人写下一封关于"首次航行"的神秘信件，从而使他备受争议。比如，拉斯·卡萨斯认为他刻意给人留下这样一种印象，即"亚美利哥本人而非其他任何人发现了此地"，"此地"就是后来被称为美洲的大陆。这个名称的由来着实莫名其妙。

由于亚美利哥的"恶意欺瞒",拉斯·卡萨斯讽刺道,"舰队司令克里斯托弗·哥伦布遭受极大的不公"。为了主持公道,这位编年史家写道:"这片大陆应以其发现者的名字命名,因此应被称为'哥伦布''德·科朗'或'科伦坡'才更合理,或者按照哥伦布的命名习惯,将其称为'迪埃拉桑塔'(神圣之地)或'迪埃拉德格雷西亚'(福泽之地),而不是以亚美利哥的名字称其为美洲。"

但事实并未如拉斯·卡萨斯所愿。"美洲"这个名称被用于这片土地,始于1507年4月马丁·瓦尔德塞米勒的大型世界地图《宇宙志》(*Universalis cosmographia*)。同年,这位制图师在平面上用近似三角的形状对地球进行分割。这是世界上第一份使用"美洲"这一名称的地图。

瓦尔德塞米勒及其助手马蒂亚斯·林曼借鉴了包括哥伦布航海图在内的许多资源,但他最终决定将自己的作品归功于韦斯普奇。当他们意识到韦斯普奇的作用被明显夸大时,瓦尔德塞米勒修改了他的地图,并将部分地域重新命名为"未知之地",然而此时,已有大约1 000份旧版地图被分发了出去,想要纠正错误已经为时太晚。

亚美利哥·韦斯普奇虽然成功地将哥伦布发现的大洲冠以自己的名字,却无法抹杀前者的功绩。哥伦布对那个时代产生了不可磨灭的深远影响,人们对他即便缺乏敬仰,但在提到"美洲"这个名称时,也清楚这是哥伦布的功劳,而非韦斯普奇的。

亚美利哥·韦斯普奇的职业生涯并非始于海上,而是源于金融界,他为洛伦佐·德·美第奇及其子乔瓦尼工作。在哥伦布首次航行那年,韦斯普奇被派往位于塞维利亚的美第奇银行工作。他在葡萄牙人和西班牙人中建立人脉的同时,受到了葡萄牙曼努埃尔国王的邀请，随船参加了1499年至1500年之间的多次前往南美的航行。其中一次由佩德罗·阿尔瓦雷斯·卡布拉尔率领，准备驶往好望角和西印度群岛，并于1500年来到如今的巴西。

根据修改后的《托德西利亚斯条约》的规定，葡萄牙拥有这片土地的主权。接着，与哥伦布发现西印度群岛的情况类似，葡萄牙国王想知道这片新发现的土地是否就是哥伦布登陆过的岛屿或大陆的一部分，而想要知道答案，他就必须再次起航。

此时的韦斯普奇年事已高，但是凭借广泛的人脉关系，他仍得以与奥赫达的舰队一起出航，"但余不清楚他是作为领航员，还是作为一名航海和宇宙专家前往，"拉斯·卡萨斯坦承。"尽管亚美利哥强调卡斯蒂利亚国王（即斐迪南）组建了这支船队，并下令船队在他的指挥下前去探险，但事实并非如此"。一小群投资者"反复游说国王和女王，才得到了开展探险和贸易活动的许可"。

有了哥伦布来之不易的航海图及其手下经验丰富的领航员和水手，奥赫达拥有巨大的优势，已经做好准备为帝国开疆辟土。他不但了解了"印度群岛"，而且知道哥伦布最近发现的帕里亚湾、特立尼达和"龙口"。奥赫达极为谨慎，以免对哥伦布首先发现该地区的事实发起挑战。他只希望成为哥伦布的后继者，以便从中牟利，因为此举无疑是一条获得财富的捷径。

然而，由于受到西班牙王室的支持，奥赫达对哥伦布的权威所造成的威胁比诡计多端的弗朗西斯科·罗尔丹更为严峻。奥赫达认为，无论自己如何发起进攻，哥伦布都不会还击，因此他"想方设法制造麻烦"，包括散布谣言，谎称伊莎贝拉女王已经"气息奄奄，而只要她一死，舰队司令就没了任何靠山"。当时，奥赫达几乎"可以为所欲为地对舰队司令进行诋毁"。

奥赫达以为自己对哥伦布下手会得到后者宿敌罗尔丹的帮助，

但令他沮丧的是，已经与舰队司令达成和解的罗尔丹反而纠集了26名士兵，以讨伐两人共同的新敌手奥赫达，并占用了伊斯帕尼奥拉岛上一座村庄驻扎士兵。罗尔丹精神抖擞，连夜动身开展搜索，但他的行动传到了奥赫达耳中，后者立即前来面见这位对手。

奥赫达假意求和，可怜巴巴地解释说他之所以流落到伊斯帕尼奥拉岛，完全是因为补给已经用尽，他无意攻击任何人。为了让将信将疑的罗尔丹放下戒心，他详述了自己的航程，声称他从帕里亚半岛出发，探索了长约600里格的海岸线。在一场与印第安人的激烈战斗中，有20名基督徒受伤，他侥幸活了下来。尽管历经种种磨难，他却只得到了一袋袋"鹿角、野兔、虎皮和虎爪"，并向罗尔丹展示了这些口袋。奥赫达声称他会立即离开，并向身在圣多明哥的哥伦布呈交一份关于自己行程的完整报告。

伊斯帕尼奥拉岛的其他地区也日渐混乱。在1499年的大部分时间里，为了避免危机，哥伦布兄弟在岛上耗尽了精力，这样的状况一直持续到年底。

巴塞洛缪写道："1499年圣诞节后的次日，众人悉数离去，而余遭到了印度人及那些不法基督徒之攻击，处境极其危险。为了求得活路，余乘坐一艘小船出海。"脆弱无助的巴塞洛缪向上帝寻求保护。"幸亏我主保佑，主说：'缺乏信心的人呀，不要害怕，我与你同在。'接着，祂驱散了余之敌人，并向余昭示应如何履行誓言。"

奥赫达与罗尔丹的见面发生于1499年9月下旬，但直到1500年2月，奥赫达才启程前往沙拉古瓦，即罗尔丹昔日的据点。到达沙拉古瓦后，奥赫达不遗余力地排挤罗尔丹，试图说服罗尔丹的部下，他宣称自己是斐迪南和伊莎贝拉派来监督哥伦布的，"以防舰队司令做出有损王室利益之事"。

为了使这种说法更具吸引力,他坚称双王早就要求哥伦布向为王室工作的人们支付薪酬,但哥伦布固执地予以拒绝,因此,奥赫达自称要"带领彼等前往圣多明哥,迫使舰队司令立即支付酬劳;之后,无论是生是死,彼等都会将其丢出伊斯帕尼奥拉岛"。

奥赫达的计谋赢得了罗尔丹手下许多人的支持。他纠集起这群顽固而绝望的人们,在黑夜的掩护下发动了攻击。按照费迪南德·哥伦布的记录,"双方各有伤亡"。那些跟随奥赫达的人认为罗尔丹背叛了他们,而他们现在只听命于奥赫达。他们计划俘虏罗尔丹,但后者获悉这一阴谋后,"率领一支劲旅前去惩处奥赫达,以终结这场叛乱"。奥赫达担心自己性命不保,逃到船上避难。罗尔丹也退到自己的船上,双方开始谈判。然而,这场谈判仿佛一出滑稽的闹剧,他们对于在哪里停船争执不休,因为"双方都害怕进入对方的势力范围"。

奥赫达拒绝下船,但罗尔丹表示只要前者派船来接,他可以到奥赫达的船上。来到奥赫达的船上后,罗尔丹及其部下出其不意地发起偷袭,很快就占领了这艘船只,然后安全登岸。失败的奥赫达意识到,自己只能设法与罗尔丹谈判。两人会面时,奥赫达为自己的过激行为道歉,承诺释放罗尔丹的数名手下。作为交换条件,他恳求罗尔丹为自己提供"一艘船只并配备船员"。

在费迪南德看来,如果没有船,"奥赫达只有死路一条,因为他已没有其他可用船只"。由于罗尔丹也是靠谋反起家,他对奥赫达的心态了如指掌,他只想尽快摆脱后者,让他迅速离开伊斯帕尼奥拉岛。为防止奥赫达回到西班牙后在国王面前搬弄是非,罗尔丹同意了他的要求,条件是奥赫达及其部下必须在某个日期前离开此地。为了确保奥赫达执行规定,罗尔丹"派出重兵严守海岸"。

罗尔丹摇身一变,从僭越者变成领导者。他发现自己正处于

第 9 章　至暗时刻

哥伦布所处的地位，疲于应对奥赫达的谋反，而奥赫达也正扮演着罗尔丹曾经扮演的角色。但是，谁也没有从冲突中吸取教训，反而变得更加谨慎和狡猾。这三方势力的角逐预示着西印度殖民事业的衰落，他们甚至脱下了宗教与政治理想的外衣，开始了赤裸裸的武装对峙。

摆脱了奥赫达后，罗尔丹和哥伦布如释重负，以为所有麻烦都消失了。但是，费迪南德写道，"就像杂草不易除根，还会再长出来一样，奥赫达离开后，那些一贯行为不端之人也很难不再走老路"。一个喜欢惹是生非的家伙很快就对他们构成了新的威胁。

此人名叫费尔南多·德·格瓦拉，由于罗尔丹反对格瓦拉与"沙拉古瓦最高女王"阿纳考娜之女结婚，格瓦拉一直对他怀恨在心。在罗尔丹娶了另一个印第安女人后，格瓦拉越发不满，而对伊斯帕尼奥拉岛上女人的争夺很可能是这场冲突的根源。欧洲人在岛上停留的时间越长，他们就越忠于自己内心的欲望，而不是远在大洋彼岸的祖国。

此时，格瓦拉打算取代罗尔丹"这个暴君"，费迪南德写道。他与另一名坚定的反叛分子阿德里安·德·穆吉卡结成联盟，计划在 1500 年 6 月之前逮捕或杀死罗尔丹。得知这个阴谋后，罗尔丹对叛乱者发起围攻，并通知舰队司令，同时等待后者的指示。

哥伦布一反常态，果断做出回应：这些人对岛上的安全构成了威胁，应该依法对其惩处。因此，罗尔丹以镇长的身份正式审讯了叛乱者，并下令绞死罪魁祸首阿德里安·德·穆吉卡。罗尔丹将格瓦拉关押起来，并驱逐了他的同谋。6 月 13 日，格瓦拉被押往伊斯帕尼奥拉岛内陆，交给舰队司令看管。哥伦布的领地终于迎来了和平。

第 10 章
被上帝和王室抛弃

1500年2月3日，哥伦布从伊斯帕尼奥拉岛内陆回到圣多明哥，准备返回西班牙，亲自向西班牙国王禀报岛上发生的事情。"在骚乱期间，"费迪南德写道，"许多叛乱者从伊斯帕尼奥拉岛写信，或通过其他返回卡斯蒂利亚之叛乱者，不断向天主教双王及宫中传达虚假信息，中伤舰队司令及其兄弟，声称其统治极其残暴和不称职。"原因何在？"因其是外国人，没有与上等人打交道之经验。"

在他们看来，哥伦布是一个陌生人，讲话时带着外国口音，身边带着自己的亲生兄弟。他很少与人交际，是个冷漠、固执、难解的神秘主义者。但是他的成就远远超出了其他任何人，岛上所有人都不得不在他的驱使下辛苦劳作。虽然颜面扫地，但他仍然是西印度群岛最强大的欧洲人。他的批评者们告诫道，如果君主不施加影响，将伊斯帕尼奥拉岛从哥伦布手中解救出来，"印度群岛迟早会被葬送"。他们预言哥伦布会"与某位外国君主结盟，将印度群岛据为己有"。

更荒唐的是，哥伦布在卡斯蒂利亚的对手通过计算得出结论，称哥伦布在西印度岛藏匿了大量属于西班牙王室的财富，并且打算动用他手下的印第安军队对付双王。

第 10 章　被上帝和王室抛弃

费迪南德·哥伦布回忆称，当他造访格拉纳达时，"有五十多个厚颜无耻之人带来一大堆美酒，坐在阿尔罕布拉宫中（这座摩尔人的宫殿后来被西班牙人占领）大声宣布，他们之所以落到如此可怜的境地，完全是因为听信了双王和舰队司令的种种谎言，导致薪酬被无故克扣"。不管这些借口有多么蹩脚，他们的怨恨都已深入骨髓，因此每当斐迪南国王的皇家马队路过时，他们都会将其团团围住，挡住他的去路高喊："要钱！要钱！"

回忆起自己年少时遭遇暴徒的经历，费迪南德仍心有余悸。"每当余和兄长被女王传唤，都会遇上这群人。他们会朝吾等大喊，辱骂和诅咒说：'他们的老子就是舰队司令这个小人，他发现的土地充满了虚荣与欺骗，葬送了多少卡斯蒂利亚绅士！'"

这些人对哥伦布恨之入骨，为了尽量少受他们的羞辱，费迪南德吐露，他和同父异母的兄弟不得不"小心翼翼地躲开彼等"。两人的父亲虽然是西班牙最有影响力、最具开拓性的探险家，但是他们却因为担心性命不保，不得不在乡间小路上绕道行走。

意识到自己在宫廷失宠后，哥伦布回忆说他曾多次向国王祈求，派遣"能够公正执法之人"。他还恳请其他人代替自己提出请求，"因余之名声已尽毁，虽然余只想修建教堂和医院，但彼等仍视余为骗子和强盗"。

流言蜚语传到了西班牙，斐迪南和伊莎贝拉不断接到众人对哥伦布的控诉。像其他政治领袖一样，他们对此事的反应是派遣一位特别检察官。1499 年 5 月 21 日，他们任用了一个资历无可挑剔的人，即弗朗西斯科·德·博巴迪利亚，一名卡拉特拉瓦骑士团的骑士。

卡拉特拉瓦是西多会下属的军事武装组织，而西多会是由修士和修女组成的久负盛名的天主教修会。博巴迪利亚的履历处处

325

显示着对复国运动的虔诚，而他的职务更是印证了这一点，因为他即将出任"印度大陆及群岛之总督"。出于这些理由，博巴迪利亚深信自己（而非哥伦布）很快就会统治西印度群岛。他的任务是让伊斯帕尼奥拉岛摆脱哥伦布所造成的腐败。抵达该地后，博巴迪利亚会对哥伦布展开调查。

西班牙国内的人们早已认为舰队司令就是罪魁祸首，费迪南德写道："一旦发现舰队司令有任何渎职行为，博巴迪利亚应将其送回卡斯蒂利亚，并接管伊斯帕尼奥拉岛。"

包括哥伦布在内的所有人都觉得伊斯帕尼奥拉岛的管理十分混乱，但是除了他之外，没有人愿意为了改善这一状况而离开西班牙。迄今为止，他所开展的三次航行已经证明，他是一位杰出的航海家。虽然对中国充满不切实际的幻想，但他的判断精准、决策果断，能够以惊人的速度从经验和错误中汲取教训。然而，即使是面对他亲自征服的土地，他也不适合出任总督。他的每一次登陆都展现了出色的航海能力，但也暴露了他在领导部署、解决争端和培养心腹方面的劣势。

命运的蓝图被剪断

1500年8月，当博巴迪利亚的舰队靠近圣多明哥时，哥伦布正在康塞普西翁平息刚刚发生的印第安人叛乱。他的兄弟巴塞洛缪作为先遣官与罗尔丹一起在沙拉古瓦逮捕了格瓦拉的盟友，因为对方企图杀害罗尔丹。迭戈·哥伦布留在圣多明哥，下令处决其他叛乱者。

拉斯·卡萨斯解释道："舰队司令和先遣官逮捕了再次叛乱的人们，并下令将其处死。他们甚至一直带着一名牧师，以便能让叛乱者就地忏悔,然后将其绞死。"此时,"他终于迫使印度人屈服,弗朗西斯科·罗尔丹在叛乱期间废除了哥伦布让印度人交纳贡品的政策,但现在哥伦布又恢复了这一做法"。

哥伦布此举只是为了偿还斐迪南和伊莎贝拉的资助,同时也是为了堵住批评者们的嘴巴。拉斯·卡萨斯认为,哥伦布的主要计划之一是在伊斯帕尼奥拉岛的主要城镇和村庄对每个印第安人施洗,以便他们"像卡斯蒂利亚的臣民一样,效忠于陛下"。

据卡萨斯估计,该计划每年可以为西班牙带来6 000万马拉维迪的收入。如果哥伦布的计划得以实现,公元1500年将成为印第安殖民地在经济上的一个转折点,它们从此开始向卡斯蒂利亚上缴岁币。"但是,正当他准备编织这一宏伟蓝图时,上帝却剪断了他的织线",而代替上帝行事的正是博巴迪利亚。

8月23日,星期日上午七时许,博巴迪利亚驾驶着"戈尔达"号和"安提瓜"号出现在海港入口处。"戈尔达"号以船主安德里亚·马丁·德·拉·戈尔达为名。由于风向不断变化,直到将近中午海风朝岸上刮去时,"戈尔达"号才得以驶向岸边。

迭戈派出一艘独木舟,载着3名基督徒和几名印第安人与来者会面。其中一人名叫克里斯托瓦尔·罗德里格斯,是移民中第一个掌握印第安语的水手。另外两名基督徒是胡安·阿雷兹和尼古拉斯·德·加塔。负责划船的印第安人没有被记下姓名。

当独木舟靠近时,"戈尔达"号上的博巴迪利亚"探身对众人说道,他是国王和女王委派的司法检察官,来调查岛上的叛乱"。安德里亚·马丁·德·拉·戈尔达要求对方报告伊斯帕尼奥拉岛的近况,并得知"本周有七名西班牙人被绞死",另有5人在狱中等待绞刑。所有受害者都是西班牙人,这一事实让博巴迪利亚十分震惊。究竟发生了什么样的叛乱?哥伦布是否故意让局面失控?

检察官立即要求与舰队司令及其两个兄弟见面，但当时只有迭戈在附近。哥伦布远在沙拉古瓦，忙着执行死刑。

"请问您是哪位？"克里斯托瓦尔·罗德里格斯询问对方道。

弗朗西斯科·德·博巴迪利亚，司法检察官答道。

独木舟回到岸边后，岸上的人们对西班牙驶来的两艘船寄予厚望。他们希望随船带来的补给、女人、武器或其他物资能为长期在殖民地遭受苦难的他们带来慰藉。

拉斯·卡萨斯写道，当人们得知来的是一位"司法检察官"时，"那些内疚者顿时充满了悲伤和恐惧，而那些对舰队司令及其兄弟感到不满的人则欢喜不已，其中包括那些被迫来到岛上的人们，尤其是国王的佣工。彼等过去在卡斯蒂利亚得不到食物、衣物和必需品，现在仍然苦不堪言"。

海风消散后，"戈尔达"号驶入港口。两个绞刑架顿时映入人们眼帘，"一个在河的西岸，人们正在此地兴建城镇，而另一个则在对岸"。几天前被囚禁并被施以绞刑的两名基督徒的尸体还悬挂在绞刑架上。

在这一令人震惊的景象中，"有人登上'戈尔达'号，向检察官博巴迪利亚致意。双方的寒暄十分拘谨，但在他们获悉即将发生的事后，情况发生了变化"。

第二天，8月24日，博巴迪利亚下船参加弥撒时，才得知这个破败不堪的弹丸之地竟然是西班牙新建立的帝国的首都。但这个帝国的宏伟理想与寒酸的现实之间有着天壤之别。

博巴迪利亚走在摇摇欲坠的茅草房之间，而这里就是欧洲移民居住和储存物资的场所。

该定居点的大部分事务仍必须在船上进行，虽然船上狭小的空间里充满恶臭，人们仍然感觉比暴露在陆地上更安全。因为陆

第 10 章　被上帝和王室抛弃

地上到处都是毒蛇和成群的苍蝇、蚊子，还有捉摸不定的印第安人。

在外人看来，这里似乎更像是一个临时过渡之所，而非基督教和西班牙的居民点。相比之下，印第安人的村庄、小屋、吊床、木鼓、篝火，漂亮的独木舟和精致的塞米雕像，尤其是那些被精心照料的木薯地，显得格外整洁。只有欧洲人停在港口或近海的大型船只才能让人相信，这些远道而来的白人除了暴力、强奸和攫取黄金以外，还有其他事情可做。

国王的书记员也随船远渡重洋来到岛上，视察仪式结束时，检察官下令让他宣读斐迪南和伊莎贝拉的信，信中概述了罗尔丹等人的叛乱，并阐明了派遣博巴迪利亚前往伊斯帕尼奥拉岛的目的："在朕看来，此地曾经是、现在仍然是一个不良示范，必须加以责罚和惩处，而国王、女王和诸贵族必须提供解决方案，因此朕令诸卿前往印度群岛及大陆，并使用必要之手段，收集最准确和完整之信息……以澄清何人出于何种理由反对舰队司令并违背正义，及其实施了何种罪行和掠夺，造成了何种破坏。"完成调查后，博巴迪利亚将"拘留诸卿认为有罪之人，并没收其财物"。

这些命令非常明确，从表面上看也符合斐迪南与伊莎贝拉收到的有关伊斯帕尼奥拉岛情况的报告。"在逮捕彼等后，诸卿可以适用最严厉之民事与刑事律条，对其进行惩处。"任何阻碍博巴迪利亚调查的人都将面临 10 000 马拉维迪的罚款，而这笔巨款除了最富有的贵族外，没有人能支付得起。

次日清晨，博巴迪利亚下令宣读君主的另一封诏书，以提醒在场的所有人，他享有西班牙君主毫无保留的支持，但众人仍对他的合法性持怀疑态度。

博巴迪利亚预料到众人会有这种反应，因此命令书记员诵读斐迪南和伊莎贝拉另一封写给哥伦布本人的信。信中，双王对敏感的舰队司令下达了一系列令人不快的指示:"兹去信告卿不得以任何借口拖延,将……堡垒、房屋、船舰、武器、弹药、物资、马匹、牲畜及岛上之一切"移交"指挥官"博巴迪利亚。如果哥伦布服从命令,他可以保留在岛上获得的全部个人财产,但如果他拒绝,他将招致"朕之不满",并因"公然违抗双王之命"落得悲惨下场。

最后,博巴迪利亚出示了一份王室的证明,证明王室委派他偿还所欠佣工之款项。这分明是在暗示哥伦布未能如约支付欠款,但双王仍决定承担并偿清这项债务。毫无疑问,所有这一切都意味着西班牙王室抛弃了哥伦布,而让博巴迪利亚全权负责。

为了充实自己的力量,指挥官博巴迪利亚召集了所有领受国王俸禄的人,告诉他们从此要开始为自己服务,而他们的第一个目标就是营救几名即将被绞死的囚犯。当他拿出释放文件时,典狱长米格尔·迪亚兹从城垛向下看去,认出了上面国王和女王的签名。博巴迪利亚命他立即释放囚犯。监狱长犹豫不决,要求仔细检查签名。

博巴迪利亚反驳道,他们没有时间为他制作复本,任何延误都可能导致囚犯被推上绞刑架。如果典狱长不立即服从命令,作为指挥官,他将采取一切必要措施释放犯人,而如果因此造成人员伤亡,典狱长将承担全部责任。米格尔·迪亚兹进退两难,但坚称必须亲自请示舰队司令。

在意识到这个多事的监狱长不肯就范后,博巴迪利亚率领手下逼近城堡,命令迪亚兹打开大门让他们进去。监狱长坚守阵地,拔出佩剑,站在城墙上大喊道他已经给出了答复。

拉斯·卡萨斯写道:"这座堡垒的作用更多是震慑,它只能抵御那些赤身裸体、手无寸铁的土著,却无法抵抗博巴迪利亚及部下的进攻。博巴迪利亚带领众人猛击大门,很快就打破了门锁和门板。"正当博巴迪利亚的手下抬着梯子准备从窗户涌入堡垒时,正门突然打开。博巴迪利亚等人命令迪亚兹的士兵带路,面对他们的猛烈进攻,迪亚兹毫无反抗之力,他们很快找到了关押囚犯的房间。犯人们都带着脚镣,博巴迪利亚没有为他们松绑,而是径直将他们交给了治安官。

与此同时,哥伦布一直在内陆忙于平叛。但在博巴迪利亚看来,舰队司令的缺席意味着他自动放弃了伊斯帕尼奥拉岛总督之职。因此,费迪南德写道,他"立即在舰队司令的官邸住了下来,并接管了那里的一切,仿佛他可以合法继承一般"。

面对这一侮辱,哥伦布咆哮道:"他将那里的一切据为己有,这也就罢了,也许他需要这些东西,即使海盗对商人亦不过如此。"哥伦布的私人文件也被没收,那些本可以帮他在双王面前为自己辩护的文件"都被此人小心地藏了起来"。在这个疯子窃取哥伦布的私人财物时,哥伦布正在岛内和沙拉古瓦出生入死,平定叛乱。虽然舰队司令对自己的英勇事迹有些言过其实,但他的说法不无道理:博巴迪利亚表面上为伊斯帕尼奥拉岛带来了秩序,实际上却篡夺了他的地位。

为了赢得少数忠于哥伦布的人的支持,博巴迪利亚宣布"他来此是为了向所有人支付薪酬,甚至包括那些迄今为止效忠不力的人们"。哥伦布目瞪口呆地看着这一切,博巴迪利亚不仅窃取了他的权威,还想让他受到排挤。"此人声称要将余送进牢房、戴上脚镣,还要将余之兄弟也囚禁起来,而且余将再也无法返回",哥伦布回忆道。"这一切都发生在他抵达之次日",而哥伦布当时还在内陆。

博巴迪利亚有恃无恐,有了随身携带的双王的签名信,他就能以王室的名义为所欲为。哥伦布感叹道:"迄今为止,他既未送信过来,也没有派遣信使。"这种态度十分糟糕,哥伦布称他"即使做梦也想不到"。毕竟,他在三次远航中为双王历尽艰辛,却只换来这样的待遇,这远超出他的想象和理解。也许是奥赫达在背后捣的鬼,也许是他与博巴迪利亚谋划了这一切,以便对哥伦布进行羞辱。与此同时,双王却始终保持缄默。

在给多纳·胡安娜·德·拉·托雷的信中,哥伦布吐露了心声。此人与女王关系亲密,并担任过女王的信使和女伴。"尊贵的夫人,请您考虑一下,那个夺走余之职位者在想什么!"舰队司令大声疾呼。"他在对那些篡改陛下旨意并造成巨大伤害和破坏之人表示敬意和赞赏,却让那些为陛下出生入死和遭受痛苦之人蒙受屈辱。"

他承认自己在管理西印度群岛时犯过错误,但"余之过错并非有意,且余相信两位陛下也会认同这一点"。他为自己辩称,博巴迪利亚此举是为了欺骗他和双王,而他与邪恶的博巴迪利亚不同,因为他"要么是犯了无心之失,要么是受到胁迫不得已而为之。为了维护正义及为陛下开疆辟土,余才落入今日之境地"。

但是随后,他却不经意地谴责了自己的统治,声称西班牙人以极高的价格贩卖印第安妇女,其售价足以在西班牙买下一座农场。"此举已变得十分普遍,许多商人开始四处物色年轻女子,其中十之有九会被卖掉,而无论年龄大小,都可以卖得好价钱。"如今的情况十分糟糕,"陛下如派人前来调查,必会惊异不已,因为整座岛屿已陷入其中"。

在哥伦布疑心重重时,博巴迪利亚已建立了自己的政权。他的第一步就是计划在未来20年内暂停不得人心的纳贡制度,并要求哥伦布按照西班牙国王的命令,立即前来拜见自己。博巴迪利亚一如往常,以王室的名义下达这一命令。

第10章 被上帝和王室抛弃

致舰队司令唐·克里斯托弗·哥伦布：

兹派遣此信之持有者弗朗西斯科·德·博巴迪利亚骑士为朕告知卿若干事项。卿务必对其完全忠诚、信任与服从。此信于1499年5月26日于马德里交于此人。

国王及女王

哥伦布别无选择，只能立即动身返回西班牙，迎接他的将是已经失去耐心的双王和对他怀恨在心的对手。他的探索之旅、他为了西班牙的荣耀对财富进行的追求、他对所发现土地和一切新奇生物的惊叹之情，以及他所发现的这片此前尚未被欧洲人涉足的辽阔土地都将烟消云散。

从哥伦布的行为可以看出，他虽然早就意识到西班牙王室会对他的失职进行惩处，但从未想到这一惩处会如此突然而严厉。

成为自己船上的囚徒

时值1500年10月上旬，距哥伦布首次踏上西印度群岛闪闪发亮的白色海滩并以双王的名义将其占领，已过了将近8年。他与弟弟迭戈连忙赶往圣多明哥，与弗朗西斯科·博巴迪利亚会面，而后者将两人捆绑起来，押到船上看守。为了强调诉讼程序的严肃性，博巴迪利亚在逮捕两人后，坚持对外秘而不宣。

接着，他没收了哥伦布的黄金，显然是有意折磨哥伦布。"余从这些黄金中拿出了一些样本，它们形状各异，或大如鹅卵，或小如鸡蛋。"现在这一切都属于博巴迪利亚，他将大部分金子熔化成一块。接着，一条硕大的金链也消失不见。

数日后，博巴迪利亚突击搜查了哥伦布的住宅，将发现的银器、珠宝和装饰品都据为己有。牲畜、书籍、日志及个人物品也都被他一一查收。总之，哥伦布写道，博巴迪利亚"使尽浑身解数对余进行伤害"。让此人"调查余之行为"似乎令人难以置信、啼笑皆非，因为他认为只要向西班牙发回一份"有损于余之报告"，他就可以"继续执掌大权"。如果博巴迪利亚早两年出现，"余也许能免遭可耻之骂名"。

叛乱者已使哥伦布威信大减，面对博巴迪利亚，他毫无还手之力。他坚持认为，对他的裁决标准有失公允。在博巴迪利亚看来，哥伦布管理着"一两座有着稳定政府的城镇，不必担心丧失一切"。

但是，伊斯帕尼奥拉岛让他面临着截然不同的巨大挑战。"余应被视为一名船长，从西班牙远渡重洋来到印度群岛，征服了一个好战且人口众多之民族，而其习俗和信仰与吾等截然不同。该民族生活在高地和山区之中，没有固定居所，与吾等相距甚远。"由于他的努力，"余将这一世界归于国王和女王，即西班牙统治之下，而这片曾经贫瘠之土地如今变得极其富饶"。这就是他为自己进行的辩护，而证明就是他过去三次困难重重的航行。

博巴迪利亚无视哥伦布详尽的自我辩白，下令开展了一场看来"可笑的审讯"。他们"从哥伦布公认的对手及叛乱者口中获取证词，甚至设法赢得公众的支持"。即便是一个盲人，也会觉得这些证词"出自偏见而非事实"，费迪南德写道。

很久之后，当风波过去，西班牙国王也开始同意这一评价，并"最终解除了对舰队司令的指控"，甚至"为委派此人（博巴迪利亚）感到遗憾"。但是眼下，费迪南德·哥伦布指出，博巴迪利亚开始"与岛上最富有和有权势之人结交"，并克扣了印第安人为欧洲人做工所赚的部分工钱，作为对自己的奖励。他愤怒地控诉，博巴迪利亚拍卖了他所扣押的财产，"同时让他的一些亲信以三分之一的低价获得了某些财产的所有权"。

哥伦布并非像他自称的那样是个无辜的受害者。他坚称自己默默忍受了检察官的挑衅，直至最终被捕入狱。但有目击者证明，舰队司令实际上已经集结了一支由西班牙定居者和印第安人组成的民兵队伍来对付博巴迪利亚。如果证词属实，那么哥伦布征召印第安人——异教徒——对抗基督徒，是对西班牙的严重冒犯。

同时，博巴迪利亚的调查仍在进行中。一名牧师作证说，哥伦布下令罗尔丹未经特别许可不得为印第安人施洗。另一位自称马特奥·瓦伦西亚诺的神父曾恳求舰队司令为一名"女性仆人"施洗，但遭到拒绝。相反，哥伦布允许西班牙人把印第安人当作奴隶买卖，但却不能为他们施洗。有传言称哥伦布卖掉面貌较好的印第安男孩和女孩作为奴隶，而不让他们皈依基督教。

另一位证人罗德里戈·曼佐罗声称，他曾听到神父抱怨，没有哥伦布的特许，他们无法让印第安人皈依基督教，哥伦布还坚持认为岛上所有的印第安人都属于他。这一指控得到了哥伦布的反对者奥赫达的附和，后者自称曾主持过集体皈依活动。这一行为令舰队司令愤怒不已，他坚称只有他本人能够决定谁将作为奴隶被卖，谁可以皈依基督教。

据说哥伦布曾经俘获一名酋长及其300名手下，虽然这些人受到罗尔丹的保护，但他仍然决定将这些人送往卡斯蒂利亚，作为奴隶买卖。由于舰队司令认为所有奴隶都属于自己，他要求岛上的定居者每得到两个奴隶，就要分给他一个。印第安人的灵魂已经不再需要拯救，他们成了一种商品，其价值只有哥伦布才能决定。

另一位证人弗朗西斯科·德·塞兹说，在过去的6年半中，有十几个西班牙人被舰队司令下令在公共场合遭受鞭刑。他们的脖子被绑住，双脚也被捆在一起，仅仅是因为他们在饥肠辘辘时，不得已用黄金换了"一些猪肉、葡萄酒和面包"。哥伦布让他们遭受这种极端的惩罚，"只是因为彼等在没有得到舰队司令的允许下，用黄金换取物品"。

更多关于哥伦布残暴行径的事例逐渐浮出水面。在某一起案件中，他下令将一名妇女剥光衣服放在驴背上鞭打，只因她谎称自己已经怀孕。在另一起案件中，他下令割掉一个女人的舌头，因为她"说了舰队司令及其兄弟的坏话"。她对人说，哥伦布的父亲曾当过织工，这其实是事实；他的兄弟是"雇佣工"，这话也许略有冒犯之意，但远构不成犯罪。

一名西班牙官员在拉伊莎贝拉逮捕了一个名叫特蕾莎·德·瓦伊萨的女人。这名官员与另一个西班牙人罗德里戈·佩雷斯秘密对她实施了残酷的刑罚，因为哥伦布和一个与特蕾莎交往甚密的已婚妇女私通，所以他们认为特蕾莎"因为拉皮条而应当受到惩罚"。随后，为了这一真假参半的罪行，他们不经审判，让她赤身裸体，边走边挨了100鞭子，还割掉了她的舌头。事实上，从起诉的背景来看，她很可能只是羞辱了某个西班牙官员。

哥伦布对同性恋的处罚也一样严厉。他下令割断胡安·德·卢桑的喉咙，罪名是"叛徒"和"鸡奸"。被告对第二项指控没有异议，但拒绝承认第一项。

还有证词表明哥伦布下令绞死了几名西班牙人，仅仅因为他们在饥饿时偷过面包。他甚至下令将某个罪犯的耳朵和鼻子割掉，然后在囚禁和鞭打之后，将他从岛上驱逐。有一名船上侍者因为在河中拉网抓到了一条鱼，哥伦布就下令将他的一只手钉在抓鱼的地方，以警示众人。

哥伦布动辄因下属轻微的过失而对他们施以鞭刑，着实令

第 10 章 被上帝和王室抛弃

人震惊。一人因为偷羊,还有一人因为说谎,被哥伦布下令处以100鞭刑,而这一惩罚完全可能致人死亡。还有一个名叫胡安·莫雷诺的倒霉蛋因为未能为哥伦布收到足够的食物供其储藏,就挨了100鞭子。他赤身裸体,边走边被印第安人抽打,而后者则奉命对外宣称莫雷诺是个"恶棍"。

如博巴迪利亚所见,还有人被处以绞刑,其中包括许多哥伦布未曾见过的人。有两名西班牙人把船上存储的面包卖给饥饿的基督徒,哥伦布得知后展开调查和审判,最后下令将这两人绞死,他们便因此丧命。很多被告甚至未经审讯或忏悔便被处以绞刑。

这些证人目睹哥伦布对伊斯帕尼奥拉岛管理不善。尽管岛上有丰富的水果和其他作物,印第安人还会慷慨地与移民分享食物,而且西班牙补给船会定期向岛上输送物资,但仍有50人在拉伊莎贝拉活活饿死,因为哥伦布拒绝将船上的食物提供给他们。船上存储的食物十分充足,没有吃完的食物腐烂后被扔进海中,但任何试图与仓库保管员私下交易的人都会遭到毒打。

在这座物产丰饶、土地肥沃的岛屿上,那些生病和仍在康复期间的人们发现,他们的口粮不断减少。众多证人的叙述让博巴迪利亚深信,哥伦布的管理糟糕透顶、不可宽恕,因此解除哥伦布的指挥权乃众望所归。

审讯结束后,博巴迪利亚担心已与舰队司令结盟的罗尔丹会发动袭击,使哥伦布逃脱法网,但这一情况并未发生。费迪南德写道,在被囚禁期间,哥伦布的两个兄弟都"表现得极为克制"。只有这样,"在抵达卡斯蒂利亚后,彼等才可以轻而易举地让博巴迪利亚受到惩罚",但前提是他们能够渡过难关,幸存下来。

然而,他们的状况每分每秒都在不断恶化。当哥伦布被带到船上时,他甚至相信自己会被人割断喉咙。

337

"您要带我去哪儿？"他恳切地询问绅士阿隆索·德·瓦列霍，后者奉命将哥伦布从拉伊莎贝拉堡押往"戈尔达"号。

"大人，您会被送到船上。"

哥伦布猜测自己也许会免于一死，接着问道："瓦列霍，这是真的吗？"

瓦列霍回答："余以圣母的名义发誓，您确实会被送到船上。"

在意识到自己面对的不是死亡，而是能够活着上船时，哥伦布如释重负。

哥伦布兄弟乘坐"戈尔达"号离开时，目睹了丑恶的一幕。他曾经统治过的岛国居民不仅在广场上对他进行公开侮辱，而且在街头巷尾张贴了许多恶意的告示。在港口，曾经忠于西班牙王室的仆人们吹起号角，嘲笑哥伦布的倒台。

博巴迪利亚担心哥伦布会设法逃脱，因此命令船长安德里亚·马丁·德·拉·戈尔达在回国途中，将其作为囚犯牢牢绑住，直至见到丰塞卡主教，而双王已经委任主教监管西印度群岛。

连哥伦布昔日的敌手都对他的遭遇感到震惊。"这简直荒唐至极，"一向对哥伦布强烈谴责的拉斯·卡萨斯控诉道，"他虽然令人鄙视、可憎又可悲，但毕竟是该地区的总督和永久行政长官，而且还是当之无愧的海洋舰队司令。他被上帝特意选中，历经不计其数的考验，出生入死、不辞辛劳，才发现了这个数百年来不为人知的世界，并赢得了上述头衔。"

即便是为此，斐迪南和伊莎贝拉仍要"永远对他心存感激，而他的地位如此崇高，却受到如此残忍和屈辱的对待，实在骇人听闻且毫无道理"。即使是哥伦布的批评者们，也不得不承认他个性坚定、矢志不渝，在见到他被戴上镣铐后反而对他更加钦佩。

拉斯·卡萨斯说，船上找不到愿意给舰队司令哥伦布上手铐脚镣的人,只有地位卑贱的厨师埃斯皮诺萨捧着手铐,"好像正准备为他呈上一道新做的珍馐"。这意味着在随后数周里,哥伦布将在黑暗、闷热、颠簸的船舱中度过。在海上的狂风暴雨和行动莫测的船员面前,两名囚犯不堪一击,成了船员发泄和欺侮的对象。

10月初的一天,"戈尔达"号启航。堂堂的海洋舰队司令成了自己船上的囚犯,等待着双王的审判。

在海上,船长主动提出要打断哥伦布手腕和脚踝上的镣铐,但费迪南德写道,他的父亲"表示反对,声称这是经王室批准戴在他身上的,因此只有双王才能下令将其打断"。哥伦布从屈辱中汲取力量,在失败中变得更加坚强。镣铐下的探险家仿佛一幅完美的殉道图,而他想尽可能地保持这一场景。哥伦布虽然并不情愿,但还是扮演着赎罪者的角色,并深知这一角色的力量。费迪南德称,"他决心戴着这些镣铐,以向世人证明他的辛苦付出最终获得了怎样的报偿"。

哥伦布从未忘记这次磨难。费迪南德透露:"余经常在他的卧室看到那些铁链,他甚至要求将铁链和他一起下葬。"

在加的斯登陆时,人们好奇地聚集在港口。为了获得众人的同情,哥伦布选择戴着镣铐下船。果然,这位伟大探险家的卑下处境给众人留下了深刻印象。

后来,当镣铐终于被摘下后,他不再遵从方济各会修士的习惯穿衣服,而是挽起袖子,露出手腕上的手铐痕迹,以证明自己受到了羞辱。这一画面也许并不奇怪,至少在西班牙,朝圣者会在复活节纪念活动中露出流血的膝盖,在塞维利亚的街道上游行。哥伦布深知,他公开的忏悔行为和他表现出的虔敬和忠诚会引起怎样的反响。

他戴着镣铐来到塞维利亚附近的拉卡图亚岛上的圣玛丽亚德

拉库埃瓦斯修道院。据传在13世纪时，修道院下方的一个洞穴中曾出现了圣母像。

12月12日，斐迪南和伊莎贝拉下令解除哥伦布的镣铐，向他提供资金，并邀请他前往当时设在格拉纳达的王宫。

5天后，克里斯托弗·哥伦布、巴塞洛缪·哥伦布和迭戈·哥伦布受到了西班牙王室的热情接待。他们告知三人，王室并没有下令逮捕舰队司令，博瓦迪利亚要为自己的越权行事承担责任。这一场景令人鼻酸，"安详的女王使他感到莫大慰藉，认为自己的痛苦没有白受，因为女王给予他的支持和庇护总是大于国王"，难怪"舰队司令会把所有希望都寄托在她身上"。

在压抑了长达数月之后，哥伦布的情绪终于得以宣泄。他跪在女王面前痛哭流涕。最后，双王让他站起身来，他用哽咽的声音表明了决心。"他怀着深深的热爱和渴望，愿意以他始终如一的忠诚继续为双王效力。"他发誓自己从未做过任何违背王命之事，并重述了自己写给双王的信中的内容："臣发誓……臣为效忠陛下所做之努力堪比登天。"

这次见面化解了双方的芥蒂。对于博巴迪利亚查出的不当行为，哥伦布承认自己管理失当，吐露了因为身戴镣铐所受的屈辱与痛苦，表达了对西班牙王室不移的热爱和忠诚。他为自己的种种过失和滥用暴力辩解，声称这是出于自己的热忱而非恶意，并乞求得到宽恕。他希望借此为开展第四次航行打下基础，哪怕机会十分渺茫，哪怕他的前三次航行错误百出。他所获得的荣誉及他在西印度群岛的名望、财富和地位岌岌可危，因此他迫切希望能够将功赎罪，以免一切为时已晚。

斐迪南和伊莎贝拉终止了博巴迪利亚的工作，勒令其交出没收的全部财物，因此至少从官方文件上看，舰队司令拿回了原有的势力和特权。"朕特令指挥官博巴迪利亚归还舰队司令个人及住所中之一切陈设，归还其从后者处查收之面包与葡萄酒，或以市价折算赔偿，其中种种，朕分文不取。"这段文字出自王室于1501年9月27日颁布的授权书。同样的原则也适用于博巴迪利亚在伊斯帕尼奥拉岛上没收的金块、牲畜和薪酬。哥伦布忠实的薪俸官阿隆索·桑切斯·德·卡瓦哈尔将官复原职。哥伦布的书籍和文档也将被退还。最重要的是，舰队司令在伊斯帕尼奥拉岛应得的财富（占该岛财富总额的1/8，在有些情况下为1/10）仍归他所有。

斐迪南和伊莎贝拉虽然以此安抚了哥伦布，但无法满足后者的欲望和虚荣心。他编写了一份"特权书"，列出了他认为属于自己的所有财产、头衔、权利、酬劳和职位，但是没有得到王室的认可。在哥伦布发现了那个庞大的王国后，双王如坐针毡。为了消除哥伦布所造成的潜在威胁，斐迪南和伊莎贝拉决定缩小他的领地。

1501年9月3日，双王宣布哥伦布毋需返回伊斯帕尼奥拉岛。他们挑选了一个名叫尼古拉斯·德·奥万多的年轻人取代哥伦布，担任当地下一任总督兼大法官。这一任命意味着哥伦布不能继续统治他本人发现的土地。为了顾全哥伦布的虚荣心，王室允许他保留诸如舰队司令和总督之类的空衔，并允许他拿回被博巴迪利亚没收的钱财。一方面，西班牙王室给了哥伦布想要的荣誉；另一方面，他们又完全将他抛弃。

哥伦布进入了人生的低谷。他的健康每况愈下，视力不断衰退，类风湿性关节炎也一直折磨着他的身体。他时而雄心勃勃，时而陷入妄想，时而头脑清醒，这一切都是因为他失去了对自己所开创事业的掌控。他曾想象自己像英雄一样赢得赞誉，而不是像如今这样被人视作无赖之徒。

尽管如此，第三次航行还是取得了丰硕的成果。哥伦布再次展现了他无与伦比的航海本领：他能带领舰队迅速横渡大西洋，以至他在第一次航行前难以想象的成就如今看来已司空见惯。在经历了可怕的海啸后，他终于找到了大陆，抵达了委内瑞拉、奥里诺科和特立尼达岛，并且发现了一座盛产珍珠的渔岛。

但实际上，斐迪南和伊莎贝拉已经迫使这位海洋舰队司令退休。他的航海时代似乎已经结束，而下一个迎接他的海岸将是死亡。

1502年6月，哥伦布的仇敌弗朗西斯科·德·博巴迪利亚完成任务后登上了返程的船只。这支拥有30艘船只的舰队将返回西班牙。昔日的叛乱者首领弗朗西斯科·罗尔丹也在博巴迪利亚的船上，曾与哥伦布对抗的凶悍酋长瓜里奥尼很快将作为战利品献给双王。此外，船上还有哥伦布坚定的盟友安东尼奥·德·托雷斯船长。船舱中还载有20万卡斯特拉诺①黄金，相当于8 700万马拉维迪（价值超过1 000万美元），还有一个据说是当地最大的金块，价值3 600比索。

舰队中最不适合远洋航行的小船"亚古哈"号（Aguja，意为"针"），装载着博巴迪利亚被迫上交的属于哥伦布的、价值4 000比索的黄金。

舰队出发时，天气异常恶劣。一股"浓稠腥臭"的巨浪自东南方滚滚而来，而那里也是经常形成飓风的地方。低气压仿佛吸光了空气中的所有能量。高空的片片卷云在落日的映衬下像燃烧的火焰一般，就连海上的微风也无法消除人们心头的不安。不时掠过水面的海豚更让人对即将到来的灾难充满了畏惧。

7月11日，舰队缓缓驶过位于伊斯帕尼奥拉岛和波多黎各之

---

① castellano，西班牙古金币名，1卡斯特拉诺约合1/50马克。——译者注

间的蒙娜海峡。该海峡有大片的沙丘和激流，即使天气晴朗时也很难穿行。眼前，东北风正在积蓄力量，随时都可能转变成飓风。大风冲散了舰队，船只零星散布在海峡各处。在这些倒霉的船上，所有人除了听天由命和祈祷之外，什么都做不了。小小的"圣多明哥"号上薄薄的木板和茅草屋顶已被掀翻。飓风把船猛烈地刮向岸边，海浪重重敲击着船身。最后，这几艘千疮百孔的船只跌跌撞撞靠近圣多明哥，但还没到港口就沉入大海。另外20艘船也在海上沉没，所有人都未能生还。500多名殖民者和印第安酋长、罪犯和贵族、西班牙人和印第安人全部葬身海底。

船长托雷斯、印第安酋长瓜里奥尼、叛乱者罗尔丹和司法检察官博巴迪利亚都与满载黄金的船只一起没入了大海。

在整个舰队中，只有脆弱不堪的"亚古哈"号载着哥伦布的财产，在遭遇飓风后得以幸存。如果上帝偏爱哥伦布的话，这无疑是一个迹象。哥伦布的敌人认为，他一定是召来了暴风雨消灭了异己。

第四卷

漫长的回归

哥伦布的第四次航行

第 11 章
朝圣与流亡

后来，哥伦布在西班牙的财富和地位与日俱增，但他始终未与费迪南德的生母比阿特丽斯·德·阿拉纳（Beatriz de Arana）成婚。随着时间的推移，费迪南德表现出的耐心和稳重使他成为一位著名的学者和书籍收藏家，而这两种品质是他矫揉造作的父亲所不具备的。他从父亲那里继承了一大笔财富，并且用这些带血的金钱买下了一座有 15 000 册藏书的图书馆。以当时的标准来看，这一数字相当奢侈。

哥伦布向来酷爱读书，并花了很多年学习秘术。他的兄弟巴塞洛缪也有相同的爱好，在被任命为先遣官前，他最大的爱好就是读书和研究地图。在生命的最后 30 年中，即 1509 年至 1539 年，费迪南德·哥伦布闻名于世的图书馆吸引了来自西班牙和欧洲各地的学者，其中包括荷兰人文主义者和天主教神父德西德里乌斯·伊拉斯谟（Desiderius Erasmus）。

费迪南德对他的藏书视若珍宝。每本精心挑选的书籍上都有他的个人注释及购买价格。作为收藏家，他做出过非凡的决定。相较于插图精美的手稿，他更偏爱当时最新出现的印刷书籍。他收集了上千本价值连城的古版书，这些书的出现要追溯到 1501 年以前，是世界上最早的印刷书。

他的图书馆还收藏了舰队司令本人的藏书和论著，页脚写满了注释，是哥伦布知识世界的完整体现。在逝世前，费迪南德在每本书中都加上了声明，大意是说发现印度大陆的舰队司令唐·克里斯托弗·哥伦布之子唐·费尔南多·哥伦布留下此书，供大众使用和受益。如今，图书馆的相当一部分库存（约有 7 000 册藏书）仍完好无损地收藏在塞维利亚大教堂的哥伦布图书馆中。

陷入帝国野心的狂热家族之旅

勤奋好学的费迪南德自 13 岁起，就开始和身为舰队司令的父亲一起远航。他们的身边围绕着各色的人物，包括盗贼、绅士、野心家、杀人犯、叛乱者、强壮的水手、神父和领航员。他们曾前往加勒比海和中美洲探险，还在牙买加岛上像鲁滨孙·克鲁索那样待了整整一年。

除了哥伦布本人以外，没有人会料到他能开展这次航行，这也是他所有航行中最疯狂、最野蛮、最可怕的一次。这次航行代表了他在过去 12 年中为斐迪南和伊莎贝拉所获成就的巅峰，但同时也让他所有的努力功亏一篑。他痴迷于这个看似无边无际的殖民帝国，感到自己必须返回遥远的彼岸，仿佛受到了印第安人马约瓦坎和玛圭鼓声的召唤。

地图上的任何地方（无论是真实的还是传说中的），哪怕是马可·波罗笔下的王国，也无法取代这个帝国。"彼岸世界"这一名称也无法囊括他所发现的耀眼又凶残的一切。他永远都在流亡和朝圣的路上，他不再属于意大利、葡萄牙或西班牙。

尽管他被继任者尼古拉斯·德·奥万多驱逐出境，但他仍属于伊斯帕尼奥拉岛。在哥伦布看来，他只不过是暂时偏离了航线，而他决心让一切重回正轨。此时的哥伦布已有 51 岁，是个几乎半瞎的老人，并且饱受类风湿性关节炎和"沼毒"（即疟疾）的折磨。他经常情绪紧张，比以往任何时候都更加反复无常。他回到了圣玛丽亚德拉斯库瓦斯的天主教加尔都西会①修道院，在那里的一个小房间里过着简朴如隐士的生活。

在这个加尔都西会修道院中，哥伦布每天只在房间里吃两顿饭，在斋戒时一天只吃一顿。餐食和其他必需品都由人用一个小转盘送往他的房间，因此他不用接触甚至看见送东西的人。如果他需要面包等其他物品，可以通过写信提出要求。修行期间，即使在节日里他也不能说话。

在一位名为加斯帕·高里奇奥的加尔都西会修士的帮助下，哥伦布编写了一部名为《预言书》(*Libro de las profecías*) 的著作。这本书用拉丁语和西班牙语写成，主要内容是从古代权威那里收集来的关于《圣经》的文字、评论和观察。这本书大部分由修士执笔，哥伦布的儿子费迪南德也有所贡献，但其中多少出自哥伦布本人之手，如今尚不得而知。然而，这本书折射了哥伦布对他一生事业和命运的期许。

借用这位探险家的话说，它汇集了"寻找圣城和锡安山，以及发现印度群岛及所有其他国家和种族并传播福音的资料、记录、观点和预言"，而哥伦布则是书中神圣的主人公。在这本书中，他不是一个狂热追求黄金、珍珠和其他财宝的探险家，也不是靠着印第安人的辛勤劳动而名利双收的殖民者，而是上帝虔诚的仆人。"上帝使余相信有可能从此地航行至印度群岛"，他沉思道，"是祂激发了余之毅力，以完成这一行动。"

哥伦布将自己描绘成一个因为理想而遭到敌对船员、官僚、

---

① 天主教隐修院修会之一，又称苦修会。——译者注

科学家和学者冷嘲热讽的人。只有伟大的西班牙双王接受了他的请求。他引用《圣经》来印证自己的观点，认为基督徒应该发动新的十字军东征，重新夺回圣墓，并在全世界引发皈依基督教的潮流。他宣称："余以为已有证据表明，我主正在加速行动。"根据他的计算，150 年后便是世界末日。

《预言书》反映了哥伦布当时的处境，它既是一种自我辩护，也是为了向宫中的批评者及子孙后代表明，他所做的一切、采取的所有暴力及所有逝去的生命都是为了实现一个更加宏伟的计划。他既追求苦行僧般的心境，也追求伟大与显赫。在做好上述准备后，他渴望开展第四次航行，但在他的有生之年，也许已经无法完成这次航行。

受马可·波罗随其父亲及叔父游历亚洲的启发，哥伦布决定带着儿子费迪南德共同开启前往新世界的第四次航程。马可·波罗踏上亚洲之旅时大约 17 岁，而费迪南德更年幼，只有 13 岁。在与家人同行时，费迪南德和马可·波罗都积累了丰富的人生阅历，成功延续了家族精神。

成年后，费迪南德意识到，作为一个年轻人，他有幸参与了当时的一起重大事件，即对新世界的探索。他不仅仅是个宣传家，作为一名学者和业余历史学家，他将父亲描绘成一个决心创造和重塑历史的人物。他通常会避免对父亲做出判断，并巧妙地漏掉父亲最严重的过失。

每当出现问题时，费迪南德宁愿将其归咎于船上那些声名狼藉的西班牙人，也不愿承认是他父亲的失职，哪怕这些问题在航行中屡次出现。在《舰队司令唐·克里斯托弗·哥伦布之生平与事迹》(*Historie Concerning the Life and Deeds of the Admiral Don Christopher Columbus*) 一书中，他既为父亲做出了辩解，也控诉了西班牙殖民者的残酷和荒谬。

哥伦布的船队只有王室租给他的4艘普通船只。旗舰船名叫"拉卡皮塔纳"号（La Capitana，意为"船长"），由哥伦布忠实的拥护者迭戈·特里斯坦（Diego Tristan）指挥，后者因此可以获得每月4 000马拉维迪的报酬。

这艘船的船主是安布罗休·桑切斯（Ambrosio Sanchez），他的兄弟胡安（Juan）则是首席领航员，两人的薪水是船长的一半。他们手下共有34名船员，其中包括14名水手，每人每月1 000马拉维迪，以及20名打杂的船上侍者。船上的专业人员包括修桶匠（负责管理水桶和酒桶）、填缝匠、木匠各一名，两名小号手（负责吹号警戒或是演奏海上活动需要的音乐）及两名炮手。在上次航行中患上的痛风和视力衰退一直折磨着哥伦布，因此他没有给自己安排明确的角色，以免再次丧失行动能力，但他毫无疑问仍是船上的头号人物。

体型更小的"圣地亚哥德帕洛斯"号（Santiago de Palos），因其船主弗朗西斯科·贝穆德斯（Francisco Bermúdez）而被昵称为"百慕大"号（Bermuda）。巴塞洛缪·哥伦布担任船长，不领薪水，而名义上的船长弗朗西斯科·波拉斯（Francisco Porras）月薪为3 666马拉维迪。他的兄弟迭戈·波拉斯（Diego Porras）收入略低，担任王室的审计官兼船上代表。

哥伦布本不想让波拉斯兄弟上船，但是面对王室财务官阿隆索·德·卡斯蒂尔（Alonso de Castile），他不得不就范，因为波拉斯的姐姐是卡斯蒂尔长期以来的情妇。该船有11名水手和一名水手长（负责船员和设备），此外还有大约12名侍者及修桶匠、填缝匠、木匠、枪手各一名，以及6名绅士。这些人均为自愿上船，他们或是出于贪婪和欲望，或是出于对冒险的渴望。

第 11 章　朝圣与流亡

"加列加"号（Gallega，意为"加利西亚人"）由佩德罗·德·特雷罗斯担任船长，他率领着一队可靠的船员，每月报酬为 4 000 马拉维迪。特雷罗斯是哥伦布忠实的拥护者，这是他第四次与舰队司令一起远航。副船长胡安·昆特罗（Juan Quintero）的薪水只有船长的一半，他曾在第一次航行中担任"平塔"号的水手长。但作为该船的船主，他的影响力至少相当于船长。此外，船上还有经验丰富、训练有素的水手、水手长、侍者和一名乡绅。

舰队中最小的船只是"比斯开"号（Vizcaína），其船长巴托洛梅奥·菲斯基（Bartolomeo Fieschi）来自一个久负盛名的热那亚家族。哥伦布决心要把船队掌握在自己手中，因此航行开始后，他就从船东手中买下了这艘船，船上载有几名热那亚人、一名教士和一名男侍从。

这支船队虽然规模不大、人数较少，但是个个雄心勃发。

"1502 年 5 月 9 日"，费迪南德写道，"众人从加的斯港起航，驶向圣卡塔利娜。"圣卡塔利娜是该港口外的一座堡垒。"当月 11 日，星期三，吾等从当地驶往阿齐拉（Arzila）。"阿齐拉此前还有一个名称阿塞勒姆（Asylum），即"庇护所"，此地位于摩洛哥北部、大西洋沿岸，以耸立在海面上的白崖而闻名。1471 年，葡萄牙从阿拉伯人手中夺回了这座城市。

在斐迪南国王的鼓励下，为了修复西班牙与葡萄牙之间业已受损的关系，哥伦布愿意支持这座城市抵御敌人，但当他抵达时"摩尔人已经停止了围攻"，哥伦布之子写道。对他们来说，用一种文明和平地取代另一种文明几乎是不可能的。"舰队司令派遣其兄弟、先遣官唐·巴塞洛缪·哥伦布、余本人及其他船只的船长，拜访了在摩尔人的袭击中受伤的阿齐拉首领。后者对舰队司令的好意及提供帮助的态度表示感谢，并派出部下上船致意。"其中几人据称是多娜·菲莉帕·莫尼兹的表亲，而菲莉帕·莫尼兹是舰队司令在葡萄牙的妻子，也是费迪南德同父异母的兄弟迭戈之母。

拜见过阿齐拉首领后，船队于5月20日抵达大加那利岛。按照哥伦布的习惯，他们开始在接下来的4天里"砍伐木材和补充淡水"。"次日夜晚，吾等调整航线前往西印度群岛"，费迪南德写道。虽然疾病缠身，但哥伦布仍然为船队导航，精准观测信风和东风带的方向。

6月15日清晨，"在汹涌的风浪中"，他们抵达了加勒比海特立尼达岛北部的马提尼克岛。众人仅用20天就穿越了大西洋，即使现代航海家也很难做到，因此这一壮举完全可以证明哥伦布没有失去出色的导航技能和观察气象的本领。

即便如此，哥伦布也没有料到他们会抵达这个弹丸之地。该岛位于北纬14°40′0″西经61°0′0″，方圆逾400英里，到处都是沙滩和灌木。此前的航行证明，只要从加那利群岛向西航行，在海上东风和墨西哥湾流的推动下，他们就能抵达美洲的某个地方。但是，想要到达某个特定港口或岛屿，可能性却很小。除了暴风雨，在开阔的海面上几乎没有什么力量会影响船只的航向。但是沿海岸线航行完全不同，船队很容易错过目的地。因此，哥伦布只是意外地发现了这个小岛。

上岛后，众人开始忙于各种杂务，补充淡水，砍伐木材，清洗已经发臭的衣物。星期六，他们在驶出10里格后抵达多米尼加岛。"在到达该地前，天气不出余之预料，一直十分晴好"，舰队司令在数月后写道，但其后灾难接连不断。"当晚遇暴风雨侵袭后，天气一直非常恶劣。"对于拉斯·卡萨斯等新手水手而言，大海中的颠簸尤其令人痛苦，他和船员们唯一能做的就是继续忍受，等待暴风过去。他抱怨道："船员们疲惫不堪、人心涣散，众人开始

第 11 章 朝圣与流亡

生病，完全放弃了挣扎。看到大自然如此残酷地折磨彼等，彼等宁愿一死，也不想再经受这样的痛苦。"

从暴风雨中死里逃生后，哥伦布途经波多黎各，最后抵达伊斯帕尼奥拉岛的圣多明哥。他不但失去了原有的地位，其至根本不该出现在那里，因为他已经被新任总督尼古拉斯·德·奥万多取代，而奥万多一向与哥伦布针锋相对。费迪南德小心翼翼地解释道，哥伦布急需在圣多明哥的安全港"替换一艘船只，因为该船不仅状况不佳、难以操作，而且速度很慢，扬帆后海水几乎没过船舷"。

费迪南德说，若非如此，哥伦布本打算"勘察帕里亚海岸，然后沿海岸巡航，直至抵达海峡"，最终到达西印度群岛。（当时据说他们发现了一个海峡，但该海峡实际位于他们南部数千英里之外，直到 18 年后的 1520 年才被葡萄牙航海家斐迪南·麦哲伦发现。麦哲伦代表西班牙，在与叛乱者和对手艰苦战斗后终于将其征服，这段经历与哥伦布类似。）

然而，费迪南德写道，哥伦布与尼古拉斯·德·奥万多发生了正面冲突，后者"是岛上的总督，拉雷斯骑士团指挥，由天主教国王委任，负责调查博巴迪利亚的行政状况"，正如博巴迪利亚曾奉命调查哥伦布一样。

比哥伦布年轻 10 岁的尼古拉斯·德·奥万多出生于埃斯特雷马杜拉。该省与葡萄牙接壤，是西班牙征服者的摇篮，其中包括瓦斯科·努涅斯·德·巴尔博亚、埃尔南·科尔特斯、弗朗西斯科·皮萨罗、贡萨洛·皮萨罗、胡安·皮萨罗、埃尔南多·皮萨罗及埃尔南多·德索托，还有那些妄图一夜暴富者、冒险家、征服者和哥伦布的那些目光短浅的后继者，他们都醉心于冒险和开发新领土。

353

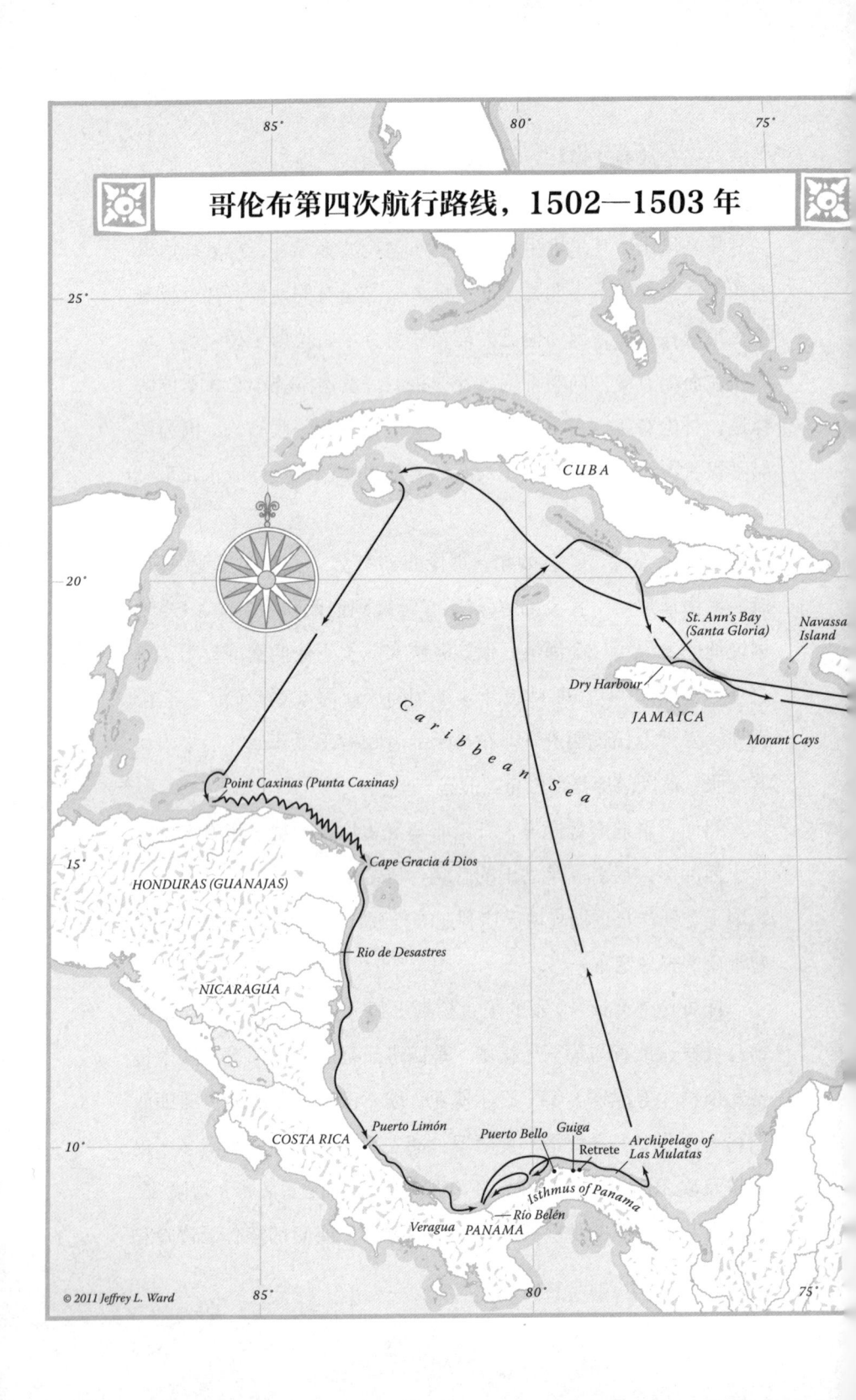

哥伦布第四次航行路线，1502—1503 年

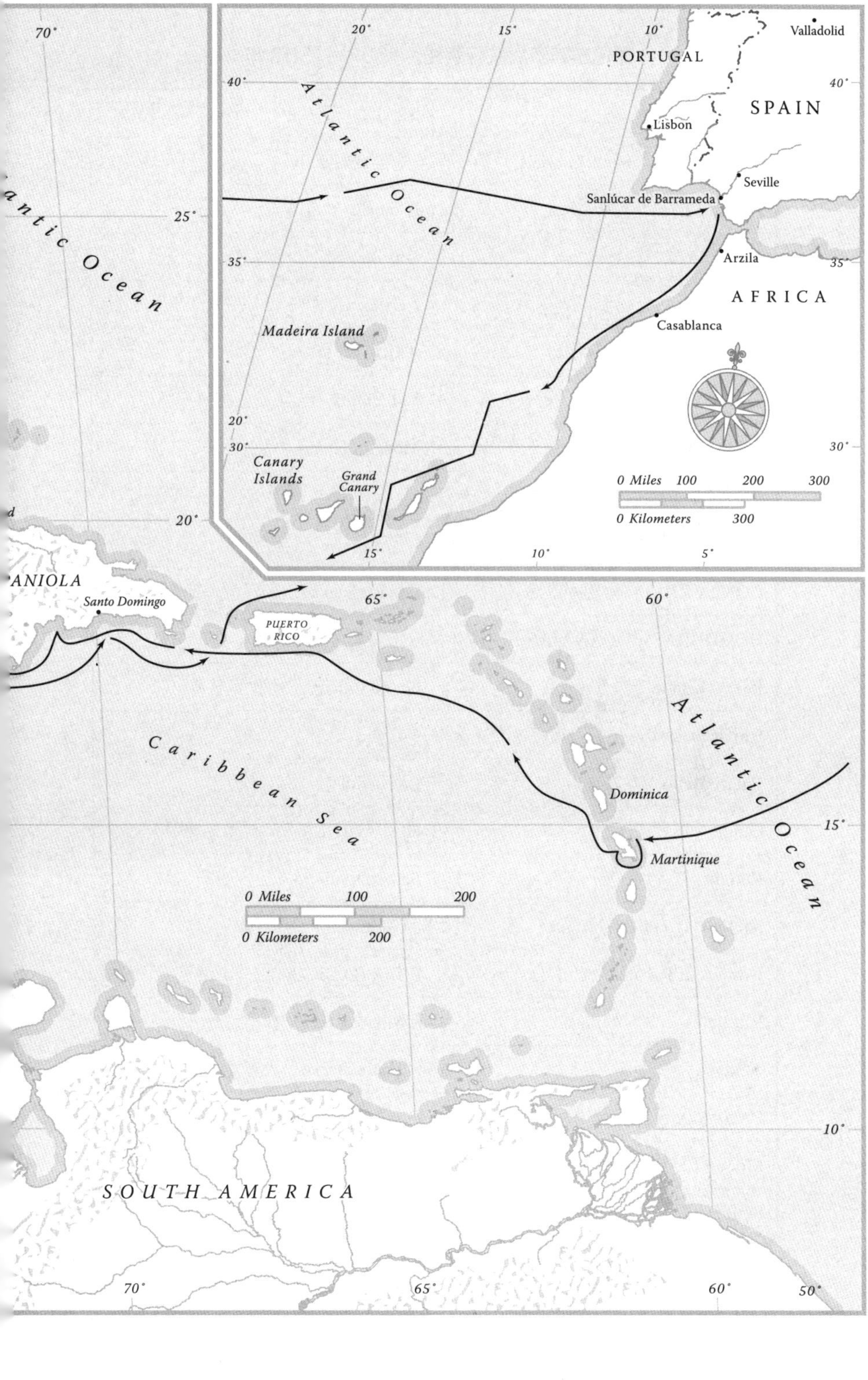

70°
25°
20°
antic Ocean
d
ANIOLA
Santo Domingo
20°
15°
10°
Valladolid
PORTUGAL
40°
40°
Atlantic Ocean
SPAIN
Lisbon
Seville
Sanlúcar de Barrameda
35°
Arzila
35°
AFRICA
Casablanca
Madeira Island
20°
30°
30°
Canary Islands
Grand Canary
0 Miles 100 200 300
0 Kilometers 300
15°
10°
5°
65°
60°
PUERTO RICO
Atlantic Ocean
Caribbean Sea
Dominica
15°
Martinique
0 Miles 100 200
0 Kilometers 200
10°
SOUTH AMERICA
70°
65°
60°
50°

哥伦布第四次航行路线，1502—1503 年[①]

CUBA　古巴	SPAIN　西班牙
St. Ann's Bay（Santa Gloria）　圣安湾（圣格洛利亚）	
Navassa Island　纳瓦萨岛	Lisbon　里斯本
Dry Habour　德赖港	Serville　塞维利亚
JAMAICA　牙买加	Arzilla　阿尔齐拉
Caribbean Sea　加勒比海	AFRICA　非洲
Sanlucar de Barrameda　西班圣路卡	Valladolid　巴利亚多利德
NICARAGUA　尼加拉瓜	Madeira Island　马德拉岛
Point Caxinas（Punta Caxinas）　卡西纳斯角	
Cape Gracia a Dios　格拉西亚阿迪奥斯角	
COSTA RICA　哥斯达黎加	Canary Islands　加那利群岛
HONDURAS（GUANAJAS）　洪都拉斯（瓜纳哈岛）	
Puerto Limon　利蒙港	Grand Canary　大加那利岛
Rio de Desastres　德萨斯特斯河（灾难河）	
Puerto Bello　贝略港	La Navidad　拉纳维达
Guiga　吉加	HISPANIOLA　伊斯帕尼奥拉岛
Retrete　雷特雷特	Santo Domingo　圣多明哥
Archipelago of Las Mulatas　拉斯穆拉塔斯列岛	
Isthmus of Panama　巴拿马地峡	PUERTO RICO　波多黎各
Rio Belen　伯利恒河	Caribbean Sea　加勒比海
Veragua　维拉瓜	Atlantic Ocean　大西洋
PANAMA　巴拿马	Dominica　多米尼加岛
Morant Cays　莫兰特礁	Martinique　马提尼克岛
PORTUGAL　葡萄牙	Casablanca　卡萨布兰卡

[①] 哥伦布于 1503 年 6 月在牙买加弃船登岸，1504 年 11 月 7 日返回西班牙。——译者注

第11章 朝圣与流亡

凭借父亲的政治关系，奥万多加入了阿尔坎塔拉骑士团，而该骑士团致力于镇压异教徒，并执行严格的清规戒律。由于杰出的才能和高度的忠诚，奥万多赢得了国王的信任，接替哥伦布担任总督，收拾弗朗西斯科·德·博巴迪利亚留下的烂摊子。

奥万多担任总督期间，实施了一系列影响深远的政策：将政府权力从哥伦布手中移交给西班牙王室、建立教堂、促进经济发展、使所有劳工和城镇归于西班牙的统治之下，并让印第安人皈依基督教。也就是说，他要教会伊斯帕尼奥拉岛上的印第安人像西班牙人那样生活。

尽管他的目标十分明确，但执行起来困难重重。伊斯帕尼奥拉岛的许多殖民者是跟着哥伦布来到此地的，他们仍然忠于这位海洋舰队司令，而其他殖民者则在印第安人中娶妻或结交了情妇。恶劣的气候、蔓延的疾病及陌生的环境都给奥万多带来了挑战。他给后人留下的除了用石头建造的公共建筑，还有一座为自己建造的奢华宫殿，这让该岛变得比西班牙更像西班牙。像此前的哥伦布和博巴迪利亚一样，奥万多一踏上这片土地，就认为自己是岛上的主宰，是所有岛民的统治者，因此他下令禁止海洋舰队司令上岛。

哥伦布沮丧地总结了自己的处境："西班牙方面命令余不得接触或登陆该岛。"但6月29日，星期三，他还是在圣多明哥登岸了。

哥伦布派出一位船长佩德罗·德·特雷罗斯会见骑士指挥官奥万多，表达自己的敬意，并告之后者自己停留的原因：他必须更换一艘船只，否则水手们的生命将受到威胁。为了说明情况紧急，他还告诫奥万多，称"大风暴"即将过境，为此他"希望能在港口避难"。此时，运送博巴迪利亚返回西班牙的船队正在港口做最后准备。哥伦布知道，其中一艘单薄的小船"亚古哈"号载

357

着他的私人财物。因此，他以躲避暴风雨为由，想要回到圣多明哥，监管自己的财产，同时发出必要的警告。他根据经验建议奥万多："由于巨大的危险即将来临，八天之内，不要让返航的船队出发。"

奥万多固执地不肯相信哥伦布的劝告，认为他是出于私利而且过于紧张。他"将禁止舰队司令入港"，费迪南德写道，即使船上载有弗朗西斯科·德·博巴迪利亚和弗朗西斯科·罗尔丹这样的重要人物，"以及其他曾对舰队司令造成巨大伤害的叛乱者"，奥万多也"不会改变开往卡斯蒂利亚的船队的航期"。如果奥万多等人听从哥伦布的劝告，情况就会完全不同，船队仅会比原计划晚几天到达西班牙。但不幸的是，灾难还是发生了。

奥万多无视哥伦布的劝告，下令舰队启程。费迪南德写道，这些船只"抵达伊斯帕尼奥拉岛最东端时，受到狂风暴雨的侵袭，载有博巴迪利亚和大多数叛乱者的旗舰葬身海底"。

哥伦布援引《圣经》中的内容，回顾了这场灾难："暴风雨异常可怕，当晚余之舰队被打散。众人均失去希望，以为其他人已被淹死。怎样的凡人，哪怕是约伯本人，才不会死于如此绝望？在这种天气下，虽然只是为了余子及兄弟、朋友及余本人之安全，余却遭到禁止，不能登陆或入港，更何况此乃余出生入死为西班牙赢得之土地。"与此同时，"'加列加'号船身被击碎，失去了大部分物资"。在重重危险中，他惊讶地指出，"余所乘之船虽遭到暴风雨袭击，却得到我主拯救而毫发无伤"。

每逢此时，哥伦布都感到这是上帝对自己的垂青，但他的获救其实毫无神秘可言，因为他只是明智地将船抛锚在岸边。舰队成员们发现自己躲过了暴风雨，但面对傲慢的奥万多及其漠视，他们还是感到"悲伤和惊愕"。如果灾难再次发生，"彼等完全不能指望岸上的人会给予救助"。他们远离故土，又被人拒之门外，

第 11 章　朝圣与流亡

最终只能沦落为亡命之徒和海盗。

"他凭借娴熟的技术和良好的判断力,使船队一直撑到次日",费迪南德继续写道,"暴风雨不断侵袭,夜幕降临,四周一片漆黑,有三艘船从锚地上脱锚后被风吹散。所有人都面临着同样的危险,每个人都以为其他人的船即将沉没……奔向大海的'百慕大'号最为危险,巨浪滔天,海水很容易就没过甲板。见此情景,余才明白舰队司令为什么要改乘其他船只。"所有人都认为,如果没有巴塞洛缪,那艘船肯定会沉入大海。

翌日,哥伦布舰队中幸存的船只在阿苏阿港集合。"船长们讲述了各自的不幸遭遇,经验丰富的航海家巴塞洛缪通过出海躲过了大风暴,而舰队司令仿佛一位神圣的占星家,能够预言即将到来的危险,及时在岸边抛锚从而保住了船只。"哥伦布的对手们则认为,是他操纵了星象、天气和大自然,"利用魔法引发了风暴,以报复博巴迪利亚及其同伴"。事实上,面对飓风,哥伦布只能依靠自己的生存本能和来之不易的航海经验。

风暴过去后,众人均疲惫不堪,纷纷前去钓鱼,而"这是海上闲暇时为数不多的乐趣之一"。壮丽的风景让他们暂时忘却了痛苦,突然有巨大的蝠鲼滑过海面,鱼鳍像飞鸟的翅膀一样优美,将动态与美丽奇妙地融合在一起。在哥伦布最年幼的儿子看来,那条蝠鲼"就像一张普通的床那么大"。

"比斯开"号上的船员等到这条蝠鲼在海面睡着,用鱼叉向它刺去,"以免它逃脱"。他们用绳子把它绑在救生艇上,但紧接着"它像箭一样,迅速将小船拖入港口"。有好长一段时间,"比斯开"号上的人们"不知道发生了什么事情,只是目瞪口呆地看着一艘没人划桨的小船在海面来回穿梭"。蝠鲼最终死掉了,人们的嬉闹也到此结束,他们"用吊重物的滑轮把它拖到了船上"。

随后，他们又偶遇了一头海牛，或称海象。费迪南德小心翼翼地凑近细看。"欧洲还没有这种动物，"他写道，"它的个头和牛犊差不多，口感和颜色也很像小牛，但味道更好，脂肪含量也更高。"这种体型浑圆的动物不仅外观奇特，而且闪着微光，从而进一步向人们证明，他们已经走进了一个充满神秘同时危机四伏的世界。

偶遇玛雅文明

1502 年 7 月中旬，加勒比海地区风暴不断，因为此时正值飓风季节。在完成了船只的维护、补充了给养、休息整顿之后，为了躲避风暴，哥伦布和同伴们准备全力开赴相对安全的雅基莫水域，即今海地。

7 月 14 日，他们出发后，"突然驶入一片无风的海域，以至他无法再沿原路航行，洋流将他带到了牙买加附近的一些小沙岛上"。费迪南德此处所说的可能是莫兰特礁，这是一些底部是珊瑚礁的小岛，岛上植被稀疏，风景优美，但在其间航行却异常危险。哥伦布将其称作"水塘"，因为"他的手下很快就能从沙坑中挖出淡水来，足够彼等使用"。

他们顺利地驶过洪都拉斯海岸偏南的地方。费迪南德警告称"地图制作师们从未到过这个地方"。他继续写道，"彼等犯了一个严重的错误"，将格拉西亚角与洪都拉斯角画在了两处，而事实上它们是同一个地方。

正如费迪南德所言，这一错误其实是一场骗局，目的是窃取其父的探索成果。两位心怀嫉妒的探险家胡安·迪亚兹·德·索利斯和维森特·亚涅斯·平松（后者曾在哥伦布的第一次航行中指挥一艘船只）于 1508 年前往尼加拉瓜，因为舰队司令认为尼加

第 11 章　朝圣与流亡

拉瓜开发潜力巨大。在抵达洪都拉斯海岸后，他们将附近的岛屿称为"瓜纳加斯"，并无视领航员佩德罗·德·勒德斯玛的建议，错误地宣称这是他们新发现的岛屿。佩德罗·德·勒德斯玛之所以认出眼前的地形，是因为他曾与舰队司令一起来过这里。

他们的声明再加上虚假的地图蒙骗了许多人，但欺骗不了费迪南德，于是后者决心揭露他们的阴谋，以维护父亲的声誉。借用费迪南德的话说，这幅地图明显在不同的位置"将该岛画了两次"。然而在这个偏远而又不为人知的地方，面对这一骗局，哥伦布和费迪南德一时都束手无策。

在瓜纳哈，哥伦布派两艘小艇将一向忠心耿耿的巴塞洛缪送到岸边。在那里，众人"遇到了与其他岛上长相类似的土著，但彼等的额头更窄"。他们在松林间小心翼翼地前进，"脚下的土壤被印度人称作'卡西德'，可以用来制铜"。一些人误以为那是金子，因此捡了很多装进口袋。

他们还看到了一条长度接近帆船、宽 8 英尺的独木舟，船身是由一根巨大的树干挖空的。费迪南德写道，独木舟里"装满了从西班牙新帝国西部地区运来的商品"。人们通常认为，哥伦布及其手下发现的是阿兹特克人的遗物，而阿兹特克是印第安部落中的一支，在国王阿维索特尔统治时达到顶峰。

这些欧洲人遇到的更有可能是高度发达的玛雅文明。当年马可·波罗在中国见识了远远领先于欧洲的东方文明，现在哥伦布也面临相似的情况。

古老的玛雅文明等级制度森严，拥有深层的精神追求，而且军事力量完备。他们的文明孕育了极其先进的数学、天文学、建筑学和文字。他们在树皮制成的古书中记录了天体的运动。公元前 1000 年后的几年中，当罗马人和凯尔特人试图统治支离破碎且发展缓慢的西欧时，玛雅文明却在美洲中部的乡村和城市蓬勃发展。玛雅人的史书记载了他们领袖的生平及其执政成果。

公元250年，玛雅文明进入古典期，古典期以不同王朝的兴起为特征，每个王朝的事迹都被用符号或文字记录了下来。玛雅帝国的人口和城市迅速扩张，直到公元900年左右，玛雅文明突然衰落，原因不明。这种衰落虽然并非发生在一夜之间，也非处处相同，但一发不可收拾，直至玛雅文明土崩瓦解。玛雅文明的消失伴随着连年内战、自然资源枯竭、长期干旱和其他灾难，而玛雅人也几乎突然从地球上消失。在此期间，仅仅一个地区的居民人口就下降了99%，甚至更多。

曾有数百万玛雅人居住的地方，现在只剩下几千处断壁残垣，许多建筑因地形变化被掩埋大半，连同玛雅文化的起源也一起消失在历史的迷雾中。哥伦布及其手下见到的，可能就是这一伟大文明的遗迹。与玛雅人相比，他和这些欧洲船员仿佛来自"新"世界，而他们在贝拉瓜目睹的玛雅遗民却属于"旧"世界。

哥伦布曾在日志中暗示自己偶然发现了一个强大而古老的文明，但玛雅人的出现未能引起他的兴趣，仍是由于那个压倒一切的原因：他们不是中国人。玛雅人唯一让哥伦布欣赏的是他们卓越的航海技术和他们建造独木舟的工艺。鉴于玛雅人在航海方面的实力，人们不禁要问，为什么技术先进的玛雅人没能在哥伦布抵达美洲之前发现欧洲？答案与信风有关，因为信风一直向南和向西吹，导致人们很难进行反向航行。哥伦布从信风中获益良多，而玛雅水手却无法借此远航。

西班牙人仔细研究着玛雅人的船只。"船的中间有一个用棕榈叶搭的遮阳篷，类似威尼斯的'贡多拉'，用以抵御雨水和海浪的冲击。这个遮阳篷下坐着女人和孩子，放着全部行李和货物。船

第 11 章 朝圣与流亡

上有二十五名桨手,当吾等的船停在彼等面前时,彼等毫无敌意",费迪南德写道。在遭遇了尼古拉斯·德·奥万多的冷遇,又险些在飓风中丧生后,玛雅人的接待显得尤为热情。当旗舰靠近独木舟时,哥伦布表示要"感谢上帝在片刻之间向他展示了该地区的所有物产,吾等既没有经过任何磨难,也没有受到任何危险"。在航行期间,他多次遇到逃亡的印第安人和荒废的小村庄,有时还会看到盛着或插着人肉的炖锅和烤肉杆。但是这一次,他终于找到了长期梦寐以求的富庶之地。

哥伦布声称,"这批货物中最昂贵最美丽之物是绣着不同花样、颜色各异的棉质披风和无袖衬衫;精美的披肩和独木舟里的妇女所着相同,就像格拉纳达的摩尔人妇女所穿的一样;还有与披肩材质相同的腰布;双侧刻有凹槽的木制长剑,将绳子放入凹槽后即可将木剑投掷出去;像钢铁般锋利的石制小刀;一些类似其他印度人使用的石斧,但由上好的铜制成。"在这一船货物中,甚至还有用来熔化铜的坩埚。

费迪南德不经意地提到了另一件物品——可可叶,但它其实比其他任何东西都更有价值。当几颗被用来充当货币的干可可豆掉到地板上时,他描述道,"所有印度人都急忙俯身去捡,就好像它们价值连城一般。贪婪让彼等忘记了恐惧和危险,甚至没有意识到自己正面对着吾等这些看似凶残的陌生人"。

哥伦布及其手下是最早见到可可的欧洲人,历史上,可可一直与美洲的贸易和货币有着千丝万缕的联系。比如,1 000 枚可可豆就可以买到一个奴隶。但可可本身不只具备货币价值,玛雅人称可可为"可考"(ka'kau),将其视若珍宝,认为它是众神的发现。

西班牙语中"可可"(cacao)一词也源自另一个玛雅名词"巧克拉"(chocol'ha)或动词"巧克拉哈"(chokola'j),后者的意思是"一起喝巧克力饮料"。玛雅人将可可用在各种医疗领域和祭祀场合。他们烘烤过的可可豆与香料和水混合，然后加热，直至混合物变成滚烫的巧克力。在玛雅人中，喝巧克力饮料是王室成员、富有的贵族、高贵的祭司和艺术家才能享有的特权。

由于西班牙国王对奴隶制的反对，哥伦布不再将眼前尊贵的主人视为可以送回国内邀功的奴隶和战利品，而费迪南德则认为对方代表着某种杰出的、具有高度造诣的文明。哥伦布被玛雅人的文明程度深深折服，"只扣留了一个名叫尤姆比的老者，因为此人似乎是彼等中最聪明的和拥有最高权威的人物"，他知晓"这片土地的秘密"，并能说服其他族人与这些远方的来客交流。费迪南德满意地写道，这位老者"十分忠诚，主动提出"为他们服务。

实际上，此人甚至有些过分主动。按照拉斯·卡萨斯的说法，哥伦布出示的物品越多，"印度人就表现得越热情，告诉彼等可以在哪里找到这些东西，仅仅是因为……这样做能使人高兴，哪怕众人向彼等展示或询问的东西，是彼等从未见过或听过的"。

他们甚至异想天开地向来者描述，"住在那里的人们也有船只、大炮、弓箭、佩剑和胸甲，只要基督徒有的，彼等也全都有"。听到这些描述，哥伦布感到眼花缭乱，幻想着眼前出现了成群的马匹，而马匹在这个地方简直和独角兽一样，不可能出现。继续交谈时，印第安人热情洋溢，让哥伦布误以为他们"只需十天即可抵达恒河"，也就是印度最大的圣河。

他对这一发现激动不已，立即向双王寄去奏书。

除了哥伦布过于丰富的想象力和根深蒂固的错误地理知识之外，造成这一误会的原因其实很简单。借用拉斯·卡萨斯的话说："全部交流都是用手语完成的，要么是印度人有意捉弄他，要么是他并没有听懂彼等的言辞，而只是选择相信自己想听到的话。"

第 11 章 朝圣与流亡

舰队司令为此欢欣鼓舞，认为自己终于找到了曾向双王承诺的"伟大的文明、巨大的财富和庞大的产业"。他一度以为自己回到了古巴，但他认为古巴不是岛屿而是半岛。由于该地区十分富饶，他以为自己找到了一条通往印度的贸易路线，因此"决定继续寻找一条纵贯整个大陆的海峡，为通往南海和香料之地开辟道路"。按照哥伦布固执而神秘的思维定势，这种在地理上无法实现的情况完全合乎逻辑，而这个结论与他对《圣经》《马可·波罗游记》和其他古代著作的理解完全一致。从整体来看，一切似乎都很合理。

他就这样继续向前驶去，费迪南德写道，"仿佛始终在黑暗中摸索一般"。

根据费迪南德的话，哥伦布可能不再认为自己身处亚洲，但他相信自己会找到或者意外发现一条直达亚洲的陆路。大概是为了附和舰队司令，费迪南德郑重其事地将这条通道称为"西班牙进入诸多海域的门户"。为了寻找这条想象中的道路，哥伦布来到了洪都拉斯海岸，"他按照当地一种树木的名字，将这片大陆命名为'卡西纳斯'，这种树的果实形似橄榄，长着皱巴巴的外皮和柔软的果核"。但是上岸后，他才发现当地除了穿着得体的印第安人，"没什么值得一提"。

费迪南德回忆称，"与独木舟里的那些人一样，彼等也穿着染色的上衣，裹着各色腰布"，印第安人缠在腰间的腰布，前后两面都带有襟翼。"彼等还穿着如同胸甲般厚重的棉质短上衣，足以抵挡飞镖的袭击，甚至连剑也无法刺穿。"这一描述无疑说明，欧洲人和印第安人之间爆发了某种冲突，也许是肉搏战。

费迪南德没有对这些印第安人做出褒贬，但是批评另一群土人"面目丑陋、皮肤黝黑"，赤身裸体，"从各方面看都很野蛮"。

船队俘虏的印第安向导告诉众人，这些人不仅吃人肉和生鱼，还在耳朵上打洞，耳洞大到足以放进一颗鸡蛋。

1502年8月14日，星期日清晨，哥伦布认为环境相对安全，可以与船长和水手们一起上岸。他们在平静的洪都拉斯海滩上做弥撒，船上的西班牙横幅在潮湿的空气中迎风飘扬。岸上的所有人，包括舰队司令在内，也许都没有意识到，这是他们第一次在美洲，或哥伦布所坚持认为的"印度"土地上做弥撒。

3天后，舰队司令派遣兄弟巴塞洛缪率领几艘小艇，到海上主持另一场弥撒，接着"以天主教双王的名义正式占领这片土地"。印第安人虽然并不理解，但目睹此景，"有上百名土著带着食物来到岸边，船只靠岸后，彼等便将这些礼物赠给先遣官"，费迪南德写道。先遣官下令"用鹰铃、念珠和其他小饰品进行回赠"。

这些印第安人比其他任何人都更让年轻的费迪南德感到害怕。他们的语言难以理解，"彼等的手臂和身体上都有类似摩尔人的图案，这让彼等看起来十分奇怪。有些人身上的图案是彩色的狮子，有些人是鹿，有些则是塔楼状的城堡"。在看到他们独特的耳洞后，哥伦布称此地为"奥里哈滩"，即"耳滩"。他们的脸上还蒙着红白相间的布条，这些布条反复出现在费迪南德的噩梦里。他写道："这些人看起来形同鬼魅。"

巴塞洛缪试图进一步了解该地区的资源，但是经验不足的翻译（一个伊斯帕尼奥拉岛上的土著）听不懂当地语言。但巴塞洛缪至少可以看出，印第安人对于这些远方来客赠送的礼物感到十分高兴，并在第二天进行回赠。"两百余人纷纷前来，带来了各种吃食：比吾等之食物口感更好的鸡肉、鹅肉、烤鱼、类似菜豆的红豆和白豆，以及其他一些物品。"这些礼物足以证明，当地十分富饶，美洲狮、雄鹿和牝鹿在山间自由穿梭，河里的鱼类品目繁多。

与宇宙的较量

舰队司令率队离开洪都拉斯海岸，一路逆风而行。费迪南德记录道："众人历尽七十天，才驶过六十里格，驶出卡基纳斯角。船队仿佛被海风钉在了海面上，只能偶尔前行寸步，但更多的时候则被海风吹向岸边，能否前进完全取决于风力大小。"

据哥伦布回忆，这段漫长的路程既是对他航海技术的考验，也是对他理智的挑战。"余在逆风和狂暴之逆流中行驶与抗争了六十日，期间勉强驶出七十多里格。与此同时，余既无法进入任何港口，而暴风雨也从未离开。暴雨、雷声和闪电接连不断，仿佛世界末日一般。"

他认为自己正行驶于《圣经》中令人敬畏的原始世界之中，而这次的海上考验正是针对他的。大自然成了他致命的敌人，准备夺走船上所有人的生命。他的痛苦伴随着虔诚验证了他的发现：

> 八十八天来，狂风暴雨始终不肯离去，以至于遮天蔽日，使余无法在海上辨别方向。余之船体受到重创，船帆被撕裂，锚具、索具及缆绳均已失去，还遗失了数艘驳船和大量补给。众水手皆极为不适，众人均在忏悔，有些人发誓将献身上帝，有些人发誓会前去朝圣。众人甚至多次互相倾听忏悔。余历经各种风暴，但未有哪一次持续如此之久，又如此可怕。许多平素勇敢无畏之人一次又一次地丧失了所有希望。

在狂风暴雨中，面对即将到来的死亡，至少有一名船队成员的命运让他格外感到忧虑：

> 余之子在余身边，令余忧虑不已，因他仅有十三岁，尚且年幼，却要经历如此长久之苦难，更使余心如刀绞。上帝赐予他如此大之勇气，以至于其他人都会受到他的鼓舞。他工作起来，仿佛已在海上航行了五十年般老练，还总是反过来对余进行安慰。余抱病已久，数次险些丧命，因此下令在甲板上建造一个小舱，在里面指挥航行。余弟所驾之船条件最差、状况最危险。令余尤为焦虑的是，余不顾其反对把其带到这里。而余心中之另一个痛处即长子唐·迭戈，是余将其留在西班牙，使其形同孤儿。

9月12日，船队终于来到一个海角，哥伦布对自己能够驶出风暴感激不已，将这里命名为"格拉西亚阿迪奥斯"，即"感谢上帝"。"假如岸边没有合适的锚地，吾等肯定要花更长的时间，幸亏此地十分安全，距离岸边仅半里格，水深约两英寻，"费迪南德平静地回忆道，"到了晚上或是风力减弱时，吾等很容易靠岸。"

年轻的费迪南德沉着冷静的语气与他父亲的夸张记录形成了鲜明对比。舰队司令详细描写了自己在暴风雨中所遭受的沉重打击，而这个让他忧心忡忡的幼子却或多或少地讲述了真实的情况。哥伦布总是义无反顾地投身暴风雨之中，而他的儿子则会退后一步，冷静地进行审视。

9月16日，根据费迪南德的记录，"舰队司令派出几艘小艇，向前方一条河流驶去，该河河水较深，看似容易通行。但当小艇返回时，吹向岸边的风突然变得强劲，海面乌云沉沉，滔天巨浪涌向河口，掀翻了一艘小艇，使众人落入水中"。由于有两人在河中丧生，哥伦布将其命名为"德萨斯特斯河"（Rio de Desastres），即"灾难河"，河岸两旁长满了"粗如男人大腿的藤条"。

9天后，船队在一个名为基里比的小岛暂时停靠，接着前往哥斯达黎加沿海的卡里亚（很可能是如今的利蒙港）。卡里亚位于哥斯达黎加岸边，这里美丽的风景在小费迪南德心中留下了不可磨灭的印象。"在这里，吾等遇到了迄今为止见过的最美好的国家和最善良的人民。岛上地势较高，河水充沛，树木参天，郁郁葱葱，棕榈树随处可见。"

此外，这里"人口众多，很多都身负弓箭，有些人手持棕榈树做的长矛，其色黑如沥青，硬如石块，尖端还装有鱼骨。另一些人手握'玛卡纳'，即木棍"。费迪南德用他一贯镇定自若的口吻接着写道："彼等看起来像是要阻止吾等登陆。"

哥伦布的部下打着手势，告诉岸上的人们，他们为和平而来，不准备打仗。印第安人见状跃入水里，向船队游去，原来他们是想与来者"开展交易，售卖彼等的武器、棉质斗篷和衬衫，以及挂在颈间的'古亚宁'吊坠"。

舰队司令一向喜怒无常，为了证明他和手下"并非贪图彼等的财产"而拒绝了印第安人。为了强调自己的态度，他下令向印第安人分发从西班牙带来的礼品。欧洲人越对交易不感兴趣，印第安人就显得越发热情。他们连比带划，大胆邀请来访者上岸，"像举旗一样扬起彼等手中的斗篷"。但欧洲人听从舰队司令的命令，待在船上不动，让印第安人很是扫兴。作为回应，印第安人将收到的所有物品整齐地扎成一捆放在船上，等西班牙人自己去取。

9月25日，哥伦布在卡里亚写道："余停下来修理船只，补充粮食，令船员休整。船员们病得很重，而余正如此前所言，已多次徘徊在死亡边缘。"即使疾病缠身,"在听说西亚姆巴地区有余所寻找之金矿后,两名印度人带余前往卡拉巴鲁,当地土人赤身裸体,颈间挂一金盘,但彼等不愿出售或交换黄金"。对黄金的痴迷让哥伦布忘记了他在海上遭受的痛苦,开始向印第安人打听有关黄金和金矿的消息。

印第安人对待欧洲人十分谨慎。"印度人以为吾等不信任彼等,于是派出一位德高望重者登船,其人手执木棒,木棒上绑着一面旗子。同行者是两名女童,一名八岁,一名十四岁",费迪南德写道。作为回应,哥伦布派出一只小艇靠岸取水。

在他们返回船上之前,"印度人用手势比划,让彼等带走那两名女童"。出于各种原因,哥伦布礼貌地接待了她们,下令给她们穿上衣服,为她们拿来食物,然后将她们送回岸边。上岸后,两个女孩立即投入了迎接她们的老者怀里,欢迎的人群里还有其他50多个印第安人。当天晚些时候,印第安人归还了欧洲人赠送的所有礼物,包括鹰铃和其他一些小玩意。

次日清晨,巴塞洛缪和一名书吏准备上岸。他一踏上登陆船,印第安人就用双臂抱住他,让他坐在海岸上又高又密的草丛中,在那里,他们可以清楚地看到船队的全貌。巴塞洛缪询问了他们几个问题,正在书吏准备记录他们的回答时,"印度人看到他手上的纸笔后大惊失色,多数人逃之夭夭,原来彼等害怕被文字或符号所蛊惑"。

然而,费迪南德写道:"其实在吾等看来,彼等才是真正的巫师,在靠近基督徒时,他们向空中撒了一些粉末,还在香炉中焚烧同样的粉末,香炉中的烟雾朝基督徒弥漫开来。"哥伦布等人对印第安人的焚香仪式已经习以为常,但眼前的印第安人不愿接受礼物的行为却使费迪南德感到费解,"彼等怀疑吾等被魔鬼附体,

第 11 章 朝圣与流亡

正如一句格言所说,无赖看所有人都是无赖"。在印第安人和基督徒相互了解的过程中,他们都认为对方世故、聪慧、不同寻常。

10 月 2 日,星期天,船队仍停在利蒙港附近,哥伦布再次派遣精力旺盛的胞弟上岸,"以了解印度人的住宅、习俗和生活方式"。

巴塞洛缪和他的同伴遇到了一座宏伟的地下墓穴。这是一座用藤条覆盖的"木制宫殿",里面有数座坟墓。其中一座里面有一具"干燥后做过防腐"的尸体,另一座里面有两具尸体,"均用棉布包裹,没有难闻的气味。每座坟墓上都有一块刻有野兽雕像的墓碑,在象征死者的雕像上还装饰着许多念珠……以及其他一些为印度人珍视之物"。这些陪葬品既诠释了他们的短暂一生,也象征着他们不朽的灵魂。

哥伦布一如既往,虽然对印第安人的智慧表示尊敬,但正如费迪南德记录的,他捉来几名土人,"以便吾等了解该地区的秘密"。在七名俘虏中,有两人被选为向导。"其他人带着礼物被送回家中,以免激起土人叛乱。"像往常一样,哥伦布依靠翻译与印第安人交流,他告诉被捉来的两人,他需要他们的帮助才能沿海岸航行,还承诺航行一结束就放他们回家。

印第安人误解了他的意思,他们认为哥伦布扣押他们是为了索要赎金,而这种想法也不无理由。这出闹剧一直持续到次日,几个印第安人代表本部落给欧洲人送来"两只小而凶悍的土生野猪",以换取族人。这两头野猪和其他面目丑陋、毛发坚硬的矛牙野猪(即新世界的野猪)一模一样。哥伦布不肯让步,但还是为"野猪"付了钱,礼貌地将他们打发回去。临行前,他又将他们上次拒收的那些毫无价值的小礼物送给了他们。

野猪短暂地分散了哥伦布的注意力,很快他就迷上了一只蜘蛛猴。这只动物"只有小灰狗大小,但是尾巴更长,而且非常有力。

如果它们用尾巴缠住某个东西,那尾巴就像绳子一样牢牢系在上面"。费迪南德形象地描述道:"这些动物像松鼠一样在树上跳来跳去,能用手或尾巴抓住树枝,并且在休息或活动时,常常倒垂身体,将尾巴挂在树上。"费迪南德不认得这些四肢颀长、行动敏捷的动物,因为蜘蛛猴只存在于新世界,因此将其称为"猫"。它们的嬉戏打闹最终演变成一场残忍的捕猎,令费迪南德终生难忘。

"一名弓弩手在林间射下一只这种猫,想把它带出森林,但它十分凶猛,为了靠近它,此人用刀砍掉了它一条腿。这只动物的出现不仅令船上那只勇敢的猎犬惊恐不已,也吓坏了印度人送来的一头野猪,它在恐惧中不断后退躲藏。这让吾等大为惊讶,因为迄今为止,这头野猪已经攻击过船上的所有人和那条狗。舰队司令将野猪和猫扔到一起,只见猫将尾巴缠在野猪的鼻子上,用没有被砍断的前爪紧紧抓住野猪的脖子不断撕咬,野猪发出惊恐的嚎叫。由此众人得出结论,这种猫就像西班牙的野狼和灰狗一样,也会捕猎其他动物。"

在 1502 年 10 月剩下的日子里,人们仍然沉浸在对此次航行的热烈幻想中。

10 月 5 日,船队来到佐罗巴罗湾,此处"有三四条水路,进出方便,不用担心风向。船队从两座岛屿间驶过,就像在街道上行走一样畅通无阻,两岸的树枝甚至能够擦到船上的索具"。有 20 只独木舟靠近了他们,舟上的印第安人"赤身裸体,如初出娘胎一般"。他们想要用黄金换取鹰铃⋯⋯

10 月 7 日,哥伦布俘虏了两名印第安人,因为后者拒绝将金镜卖给欧洲人。"这些印度人的脸上和身上涂着白色、黑色和红色的颜料",拉斯·卡萨斯写道。据领航员佩德罗·勒德斯玛回忆,他们受到了热情的接待。80 只独木舟上"全都载有大量黄金",

第 11 章 朝圣与流亡

向西班牙舰队靠近,但"舰队司令拒绝接收任何礼物"。

拉斯·卡萨斯对此不置可否,因为他了解舰队司令对黄金的痴迷。要么是这 80 只满载黄金的独木舟从未出现,要么是哥伦布认为对方的货物来路不明。

几天之后,西班牙人再次登程。

10 月 17 日,舰队司令在奇里基潟湖靠岸。随后,上百名印第安人冲入齐腰深的水中。"彼等挥舞长矛,吹起号角,敲打木鼓,不断向基督徒身上泼水,还把口中嚼着的某种草药汁喷向欧洲人。"印第安人平静下来以后,哥伦布的手下从他们手上换来了 16 面纯金做的镜子,价值 150 达克特,令众人兴奋不已。

10 月的最后几天,哥伦布和手下发现了"房屋的迹象"。费迪南德所说的房屋,是指由石头而不是木头、藤蔓或茅草建造的大型住宅。对欧洲人来说,石材代表着先进的文明,而他们看到的其实是玛雅人的遗址。玛雅的建筑成就比欧洲的更令人瞩目,因为与后者不同的是,玛雅人不使用动物或水力来进行辅助,一切工程都靠人力完成。

费迪南德称,这一大片坚固的灰色建筑"看起来由石头和石灰制成"。舰队司令十分惊讶,因此"下令带回去一块,以作为这一古代遗物的纪念"。玛雅文明名副其实,众人的确仿佛置身幻境之中[①],哥伦布一直想要对其进行深入探索和研究,但相比之下,他还是更希望找到马可·波罗笔下的中国,因此决定继续前行。

11 月 2 日,船队驶入巴拿马的一个港口,哥伦布将其称作贝略港[②],"因为此港地势宽阔、风景秀丽、人口稠密,四周环绕着耕地"。费迪南德对它的位置赞不绝口,因船只既可以停在近

---

① "玛雅"一词的本意为"幻境"。——译者注
② Puerto Bello,在西班牙语中意为"美丽的港口"。——译者注

373

海处，又可以很快驶离。"港口之内整洁美观，房屋井然有序，相隔不过一箭之地。此地宛如一幅油画，乃余生平所见最美之景象。"见此美景，船上众人打算逗留一段时间，结果却遇到了大雨和恶劣天气。

一周后，被大雨浇透的船队再次向东航行。他们在甲板上看到岸上有玉米田，于是停在了一个小海湾里休息。这群入侵者的到来吓坏了当地的印第安人，他们疯狂地向岸上游去。当欧洲人试图追上一个逃跑的印第安人、把他拖到船上逗乐时，费迪南德回忆道："此人像水鸟一样潜入水中，然后在一箭甚至两箭开外的地方浮出水面。印度人在受到追逐后拼命划桨，因此水手们不得不无功而返，场面十分滑稽。"

当地白昼的平均温度接近90华氏度（32.22摄氏度），夜间会稍凉爽些。在高温和潮湿的折磨下，众人忘记了时间。转眼已是11月23日，他们开始"修理船只和木桶"，这是箍桶匠发挥作用的时候。随后，船队来到距离巴拿马地峡不远的吉加。他们并不知道，自己所处的土地分隔了两个大洋。

数百名印第安人聚集在岸上，耳朵和鼻子上都戴着金饰。众人见此情景并没有感到欣慰，反而更加不安起来。

11月26日，星期六，船队再次登程，随后驶入一个逼仄的港湾，众人将其称为"雷特雷特"，意即"壁橱"或"厕所"，"因为港口极小，只能容纳五六艘船只"。该港约有70英尺宽，"两岸岩石突兀，像钻石般锐利"。在狭窄的入口处，一次只能有一艘船进入，而且船身紧贴着岸边，船上的人们很容易就能从甲板上跳上岸去。

"由于天气恶劣，吾等在该港停留了九天"，费迪南德遗憾地回忆道。和以前一样，印第安人开始和他们开展交易，但是这一

第 11 章 朝圣与流亡

次,印第安人发现水手们会"从船上偷偷跑到岸上"。看到入侵者后,印第安人会立即逃回自己的住所,因为"这群骄奢淫逸之人实施了无数暴行"。

印第安人终于丧失了耐心,在包围了被困在港口的船队后,"双方爆发了几次冲突"。"舰队司令试图通过耐心和劝解对彼等进行安抚",但为时已晚。为了给土人一些教训,或者像费迪南德所言,"打消彼等的威风,让彼等不敢轻视基督徒",哥伦布下令向暴露在山顶上的一群印第安人开炮。炮弹击中了他们,这下他们知道"这种雷声后还藏着闪电"。这一次,武力威胁取得了效果,因为"从此以后,彼等再也不敢从山后窥伺"。

从此次事件中,拉斯·卡萨斯看到了印第安人的可悲和愚蠢,而罪魁祸首只有一个——哥伦布。"如果从看到彼等的那一刻起,就按照惯例,以正义和公平的方式对待彼等,"他解释道,"尤其是以基督教的方式对待彼等,吾等就应该能从这些人手中获得所有的黄金和财富。此地甚为富庶,而彼等又愿意为换取吾等那些不值钱的小玩意而慷慨解囊。显然,吾等与彼等本可以维持和平与友爱,而在此基础上,让彼等皈依基督教则易如反掌。"但是舰队司令的做法再次让情况变得更糟。

此外,该港口遍布"大型蜥蜴或鳄鱼,它们会爬到岸上睡觉,并且散发出浓烈的气味,仿佛全世界的麝香(一种众所周知的春药)都被放在了这里"。可以想见,这一景象有多么令人不安和恐惧。"这些动物极为凶残,一旦发现有人睡着,它们就会将其拖入水中吃掉。在受到攻击时,它们会迅速逃跑。"但是第二天晚上,这些散发着强烈气味的猛兽会再次来到岸上。

在土著和猛兽的双重威胁下,哥伦布于 12 月 5 日向北逃离,沿原路返回海上。

375

"余还从未见过如此诡谲的天气,"费迪南德写道,"风时而吹向维拉瓜,时而突然转向,把吾等带回贝略港。在吾等以为马上就要进入港口时,风向再次改变,还夹杂着可怕的电闪雷鸣,以至于人们不敢睁开眼睛。船只仿佛即将沉入海底,天空仿佛即将倒塌。"有时,轰隆隆的雷声持续不断,以至于他们认为是"船队中的某艘船只正在发出求救信号"。暴雨打湿了船帆,冲击着甲板。

尼加拉瓜沿海的这一地区经常出现暴风骤雨,海上的船只九死一生。"众人身处痛苦与绝望之中,甚至连半小时的休息时间也没有。一连数日,他们身上的衣服都是湿的。风向变换不定,人们在狂风暴雨中苦苦挣扎,惊恐不已。"一切都显得如此可怕:"闪耀的雷电、狂暴的飓风、汹涌的海浪,以及遍布珊瑚礁和岩石的海滩,有时雷电会径直冲向在港口附近躲避的人们。"但水手们也会视而不见,继续前行。面对大自然的怒号,费迪南德心惊胆战,而哥伦布既要竭力保持头脑清醒,又要发号施令指挥船队。

仿佛这些灾难还不足以打败他们一般,一股"海龙卷风"(费迪南德对小型龙卷风的称呼)在12月13日朝他们袭来,搅动着两艘船之间的救命水道。费迪南德站在起伏不定的甲板上,看到海水在空中形成了漏斗状。他写道:"海水被猛地卷入一股比水桶还粗的水柱中,像旋风般迅速转动。"绝望中,他们唯一能做的就是祈祷。"要不是水手们像圣约翰那样背诵福音书化解了这场灾难,龙卷风一定会吞噬它所击中的一切。"

由于风暴毫不停歇,人们担心"比斯开"号可能会永远消失在迷雾中,但它最终再次出现。"在这暗无天日、险象环生的三天里,它失去了船上的小艇,一度在岸边下锚,后来不得不割断了缆绳。"但是眼下,"比斯开"号暂时安全了。飓风虽然有所缓和,但是蛇一般的船蛆正从船身内部慢慢将其摧毁。

第 11 章 朝圣与流亡

"船队遭受风暴重创,损失已经过半。"经过片刻缓和后,飓风再次来临,并且带来了新的威胁。在波涛汹涌的海面下,一群鲨鱼(可能是加勒比礁鲨)汇合成漩涡,看起来阴森可怖。这些鲨鱼包围了船只,让迷信的水手心惊胆寒,因为在他们看来,鲨鱼就是海上的秃鹫、死亡的预兆。

"这些野兽会用牙齿咬住人腿或胳膊,咬痕像刀切一般整齐,因为它们有两排锯齿状的牙齿",费迪南德厌恶地写道。水手们竭尽全力,想要杀死这些身体呈流线型的捕食者,但"它们仍然跟着吾等在水里转来转去"。他所描述的这种现象现在被称作"鲨鱼示威",是鲨鱼在感知到危险后所做的行为。在示威时,它们往往会夸大平时的动作。例如,灰礁鲨会猛地将坚硬的鳍插入水下,然后拱起背部,将尾巴甩向侧面,以类似 8 字的路线游来游去。做出这种行为的鲨鱼要么准备出击,要么准备逃跑。

费迪南德回忆说,这些鲨鱼非常贪婪,连腐肉也不放过,因此"只要在鱼钩上绑上一块红布就可以抓住它们"。它们的贪欲远远超出他的想象。"余看到有人从一条鲨鱼的肚子里取出一只活龟,这只乌龟后来就住在船上。"另一条鲨鱼被剖开后,人们从它腹中取出一个完整的鲨鱼头。这个鲨鱼头是船员们之前丢弃的,"因为鲨鱼头不适合食用",但这条鲨鱼却将其一口吞下。

众人虽然不喜欢这些滑溜溜的怪物,但"还是将其吃掉,以免浪费,因为那时吾等已经在海上航行了八个多月,吃光了从西班牙带来的所有肉和鱼"。鲜血、黏液、泡沫、恶臭及在波涛汹涌的海面上翻滚颠簸的船只,所有这些让人们既感到饥饿,又觉得恶心。由于进食太少,他们不住干呕。"天气又热又潮,连饼干都长满了虫子。上帝保佑,余看见许多人等到天黑以后才会去喝用它做的粥,以免看到虫子。也有人习惯了,懒得把虫子挑出来,因为如果过于挑剔，他们就会没饭可吃。"

12月17日，船队在抵达巴拿马戈多港后，终于得以稍事喘息。"该港就像一条大运河，吾等在此休息了三天。"

由于历尽磨难，众人十分虚弱，步履蹒跚地来到岸边，发现眼前的景象令人称奇。"当地土人像鸟一样住在树顶，彼等将木杆架在树枝上，然后在架子上建造小屋或木棚。"西班牙人无法解释这一现象，认为这是出于"土人对狮鹫的恐惧"。狮鹫是神话传说中的一种怪兽，长着狮子的身体、鹰的头和翅膀。不过，当地人住在高架之上还有一种更简单的解释，那就是为了防范敌对的部落。

12月20日，船队再次起航，但"吾等刚一出海，狂风暴雨就再次来袭，因此吾等只得驶入另一个港口"。2天后，哥伦布认为情况好转，准备再次启程，"但是天气就像埋伏在暗处的敌人，突然对吾等发起了袭击"。12月22日，面对暴风骤雨，无助的船队返回港口避难。由于圣诞节即将来临，人们一边忙着修理"加列加"号，往船上装载玉米、木材和饮用水，一边渴望着酒肉。1503年1月3日，船队再次出海，却遇到了"恶劣的天气和逆风，每当舰队司下令改变航向，情况都会变得更糟"。

哥伦布认为暴风雨是针对自己而来，是他与宇宙神力之间的较量。在这场较量中，他注定要与恶劣天气短兵相接。因此，即使看到邪恶的天使从巨大的积雨云中钻出，伴随着电闪雷鸣，准备将他摔到海底，他也不会感到惊讶。

"九天来，由于看不到生的希望，臣感到十分迷茫"，他回忆道：

> 臣从未见过大海如此波涛汹涌，如此邪恶丑陋，如此沸沸扬扬。狂风骤起，臣等既不能前进，亦不能逃跑或到

第 11 章　朝圣与流亡

岬角下躲避。臣被困在大海之中，海水仿佛鲜血在熊熊烈火之上的巨鼎中沸腾。天空阴云密布，危机重重。整整一昼夜，空中电闪雷鸣，仿佛着火一般，臣无时无刻不在查看桅杆和船帆是否被击中。闪电怒不可遏，从天而降，臣甚至以为船只会被彻底摧毁。

与此同时，大雨如注，始终没有停歇，与其说是在下雨，不如说是洪水泛滥。船员们早已精疲力竭，宁愿一死，以求从磨难中解脱。所有船只已两次失去驳船、铁锚和索具，就连船帆也被悉数摧毁。

1月6日，遭受重创的船队来到今天的巴拿马，在一条河的河口停靠。哥伦布将这条河命名为伯利恒河（Rio Belen）。在随后3天里，他们虽然遇到了印第安人，但双方很难理解彼此的意思，再加上寻找黄金的探索无果而终，哥伦布的旗舰"拉卡皮塔纳"号和"比斯开"号趁涨潮越过沙堤，沿伯利恒河溯流而上。

成群结队的印第安人看到这些形状奇怪的船只后，纷纷前来兜售所捕之鱼，其劲头不亚于热那亚或塞维利亚码头的商贩。费迪南德惊讶地得知，这些鱼儿竟然会逆流而上，游过来送死。哥伦布四处搜罗黄金，拿出鹰铃和念珠作为礼品，以换取这种贵金属的样品。次日，另外两艘船只也越过了沙堤。船队集结完毕后，哥伦布准备占领维拉瓜的矿山，因为他认为其中蕴藏着黄金。

"到达该地后第三天，先遣官乘船沿海岸向基比安村驶去，"费迪南德写道，"基比安是当地印度酋长之名。"在得知有客从远方来后，基比安立即划着独木舟来到下游迎接。两人的会面也许是整个航程中西班牙人与印第安人最庄重得体的一次接触。"两人彬彬有礼，彼此友好相待，并赠予对方自己最珍视的东西。在长久交谈后,先遣官与基比安和平作别,各自登程。"次日,这位友善的酋长来到旗舰上,向舰队司令致意。两人交谈了一小时之久,不带任何仇恨或敌意。

1月24日,星期二,暴风雨突然来袭。片刻之前,西班牙人还感到平静和安全,但是在暴风骤雨中,伯利恒河的河水淹没了河堤。"吾等还没来得及拿出缆索,将其固定在岸上,"费迪南德屏住呼吸写道,"惊涛骇浪就冲向旗舰,冲断了两根缆绳中的一根。旗舰猛地撞向'加列加'号,使其船尾朝下,并撞飞了后者的博纳文图桅杆(大三角帆船上第四根较短的桅杆)。接着,两船相互纠缠、漂浮不定,所有人都有可能葬身海底。"如果两艘船同时沉没,哥伦布和儿子也会一起落海,届时他将失去一切。

最终,这两艘船终于脱离对方,顺流而下,漂向大海。"海上风暴肆虐,船队有可能会在河口被打成碎片。"除了等待和祈祷,他们别无选择。哥伦布决定不去海上避难,结果证明他的选择虽然充满风险,但无疑是正确的,因为海上仍然危机重重。

数日后,天空放晴,他派遣兄弟巴塞洛缪"征服此地并在此定居"。哥伦布半途而废,放弃了寻找通往印度的海峡,准备返回西班牙,面见双王。这一突兀的决定表明,他的疾病十分严重,程度远超出任何人(甚至费迪南德)的想象,因此他现在最大的希望就是回国治疗,否则他必定会死在途中。

第 12 章

天堂的弃儿

2月6日,巴塞洛缪率领68人乘划艇沿海岸行驶,来到伯利恒河以西的维拉瓜河口,然后逆流而上前往基比安村。他们在当地停留了一天,好让船员们稍事休息,同时向土著打听如何穿过丛林到达金矿。基比安人十分友好,为他们派出向导指路。来到金矿几个小时后,众人开始收集黄金。对其中许多人来说,这还是生平头一遭。当天晚上,他们回到了船上,既觉得十分疲惫,又感到无比满足。

这些人后来才得知,他们所到的金矿并非位于维拉瓜,而是在与其毗邻的乌里拉,后者当时正与维拉瓜交战。这大大出乎他们的意料。"基比安故意将基督徒带到那里,以骚扰彼等的敌人。"更糟糕的是,"彼等希望基督徒们能够前往该地区,从而离开彼等的领地",费迪南德写道。原来持重庄严、彬彬有礼的基比安要比欧洲人想象的狡猾,并且已经开始暗中对付他们。

印第安人的报复

当哥伦布准备返回西班牙时,先遣官巴塞洛缪再次出征,寻找黄金。只要欧洲人不在这件事情上玩弄诡计,无论走到哪里,他们都会被当成大使或贵宾对待,而不是被视作令人畏惧或遭人唾弃的征服者。2月24日,他们冒险深入内陆。巴塞洛缪开始担心自己是否离船太远,于是决定重新规划探索路线。

费迪南德曾在此过程中及事后偶然表示,先遣官巴塞洛缪·哥伦布为欧洲人新的殖民地奠定了基础,而这也是该地区的首个定居点。巴塞洛缪将众人分成8组,每10人一组,"来到伯利恒河的河岸上,开始在距离河口大约一箭远的地方修建房屋。河口下方有一座溪谷,溪谷的底部是一座小山",费迪南德回忆道。西班牙帝国就是这样一点一点、一步一步扩展到了中美洲(当然,当时的人们不会把维拉瓜称作中美洲)。

没过多久,密林中就出现了"十几幢房屋"。它们虽然无法与玛雅人精巧的建筑相提并论,但至少可以证明修建这些房屋的欧洲人准备留在当地。"这些房屋由木头搭建而成,上面还铺着岸边棕榈树的树叶。此外,彼等还修建了一所大型房屋,用作仓库和弹药库,里面存放着许多军械、火药和食品。"然而,"诸如酒、饼干、大蒜、醋和奶酪等生活必需品,即西班牙人所有的食物"仍储存在"加列加"号上,以最大限度地保证安全。哥伦布执意将这艘船只留了下来,以备先遣官不时之需。

费迪南德诧异地记下了自己对维拉瓜印第安人的第一印象,譬如他们背朝对方交谈的奇怪举止及不停咀嚼草药的习惯("吾等认为这一定是彼等牙齿腐烂的原因")。此外,他们还会用"龟壳锯成的"鱼钩钓鱼,然后把鱼裹在树叶里晾干。

随着费迪南德对印第安人风俗习惯的了解不断增加,这个年轻人开始从一个与其父截然不同的角度来看待当地人。舰队司令哥伦布在对印第安人的才能进行评价时,表现得极其功利,首先考虑的是他们的作战能力、他们是否可能皈依基督教及如何利用他们。费迪南德则对他们优雅的举止和对周围环境的掌控感到叹服。与其父不同的是,费迪南德从未忘记这里是印第安人的故乡,而不是西班牙人的。

在他的记述中,印第安人大都性情良善,但总是表现得十分神秘。对这个年轻人来说,他们只是"印度人"而已,既不是潜在的奴隶,也不需要皈依基督教。他们已经十分健全。

费迪南德发现,维拉瓜的欧洲人在河道旁定居,也在河道旁死亡。"这条河流曾因泛滥让吾等险遭不测,如今由于水位急剧下降,致使众人陷入了更加困苦的境地,"他笔调沉重地写道,"因为此地自一月起就不再降雨,河口被沙子淤堵,沙洲之上水深已不足四英寻,只有半英寻,根本无法通行。

这样一来,吾等就被困在此地,毫无离开的希望。"他们不可能把船从沙滩上拖到海中,而且"即使吾等拥有此类设备,大海也从来不会波澜不惊,哪怕最小的浪头也会把船打得粉碎,更何况吾等的船只已经被船蛆腐蚀得千疮百孔"。众人唯一能做的就是祈求下雨,如果降雨量足够大,船只就能漂过沙洲,进入海中。

他们宁愿面对海上的风浪,也不愿面对陆地上的危险,因为他们曾经的盟友基比安"对吾等在河岸定居非常恼火",现在"计划放火烧毁房屋,杀死基督徒"。作为报复,西班牙人准备设法把基比安及"当地所有要人"带回卡斯蒂利亚,并且迫使留在此地的土人"接受基督徒的主宰"。

尽管哥伦布背叛当地酋长的计划听起来很不现实,但他的手下拥有战马、猎犬和火器,希望借此胜过印第安人。因此,义愤填膺的基督徒与受到威胁的印第安人再次展开对峙,战争一触即发。

3月30日,先遣官率领74人来到维拉瓜的一个小村庄,与基比安展开对抗。酋长从山坡上的木屋中发出警告,要求西班牙人离开。他不想让亲属看到他和外来者待在一起,也不想让他们侵犯自己的神圣领地。为了防止酋长逃跑,巴塞洛缪带着一支仅有 5 人的小分队前往,认为对方伤害不了自己。

与此同时,其他欧洲人拉开距离,两人一组消失在丛林之中,准备设置埋伏。"在来到一枪就能命中屋中之人的地方后,彼等将房屋包围起来,以防任何人逃跑。"他们试图把印第安人软禁在自己的村庄里,这种做法愚蠢至极,但巴塞洛缪执意如此,其顽固的态度不亚于兄长。

当他走近小屋时,"基比安派人传话,不让先遣官进屋。虽然他身受箭伤,但会亲自出来商谈。此举是为了防止基督徒看见他的妻妾,因为印度人妒忌心很强。于是他走出屋子,在门口坐下,让先遣官过去说话。先遣官边走边吩咐其他基督徒做好准备。他一旦抓住基比安的胳膊,他们就立即发起进攻"。

巴塞洛缪知道手下有数十人藏在暗处,因此佯装查看酋长胳膊上的伤势,然后伸出手去将其紧紧抓住,直到小分队中的 4 名西班牙人跑进屋中,将基比安活捉。"接着,在第五个小分队成员开枪示意后,众基督徒冲出树林,包围了房屋。"他们在里面找到 50 名印第安人,不费一刀一枪就俘虏了所有人,其中包括基比安的妻妾和孩子。

目睹酋长被俘的场景后,印第安人目瞪口呆,没有进行任何反抗。他们"拿出丰厚的赎金,用以换取自由,并且表示会交出藏在附近树林里的财宝"。先遣官对此置若罔闻,命令手下将基比安及其妻妾、孩子和氲从关押到船上,以免其他印第安人设法营救。("当天,先遣官在当地完成了数场壮举,这便是其中之一",拉斯·卡萨斯不无讽刺地写道。)当印第安人被带离时,巴塞洛缪及其部下跟在后面,对基比安的盟友和家人进行安抚。

第12章 天堂的弃儿

西班牙人的计划并不周全,因为众人开始争论应该由谁将几十名被俘的印第安人押到正在河口等候的船上。最后,费迪南德写道,这项任务落到了加的斯的胡安·桑切斯身上。此人德高望重,是船队的首席领航员。他主动提出在押送酋长时要"捆住其手脚"。

先遣官表示同意,但告诫桑切斯要时刻保证基比安的安全。桑切斯发誓,如果酋长胆敢逃跑,他"一定会将他的胡子一根一根拔出来"。说完,他一面严密监视着基比安,一面顺流而下。当他们接近河口时,酋长开始抱怨自己被绑得很疼。出于怜悯,桑切斯松开了他的绑绳,只留下他手上的绳索。

基比安小心观察着看守的举动,在领航员走神时立即跳下了船。桑切斯之前将基比安和自己绑在了一起,为了避免被逃亡的酋长拖入水中,他只好割断了绳子。"这时天已经黑了,因为众囚犯大声喧哗,基督徒们既听不见酋长的声音,也没有看到他游上岸。他仿佛石沉大海般消失得无影无踪。"当桑切斯懊恼地意识到自己无法兑现誓言时,基比安已消失在夜色之中。至于他的胡子是否真的被拔了下来,没有人提到此事。

先遣官态度坚定,勇敢无畏,在葱茏的山丘上四处搜寻逃走的印第安人。直到4月1日,他才开始感到怀疑。人们已经离开了村庄,山上散布的空荡荡的茅屋宛如一个个沉默的哨兵。他也承认,一旦遭到攻击,他们很难安全返回。不过,他还是在没有损失一兵一卒的情况下回到了等在岸边的船上。

他向哥伦布呈送了"价值约三百达克特的战利品,其中包括金色的镜子和老鹰、印度人系在双臂和双腿上的合股金线及头上戴着的类似花冠的金绳"。众人拿出其中五分之一,准备向双王进贡,然后"把剩下的东西分给了探险队员,又将其中一顶王冠作为胜利的象征送给先遣官"。事实证明,这是一场毫无价值的胜利。

命运之神终于眷顾了舰队司令的航海事业。众人认为，在他们的热切祈祷下，雨水再次降临，河水不断上涨。船只终于可以越过沙洲，驶入大海。哥伦布抓住时机，率领3艘"能够尽快返回定居点的"船只返航。该定居点只有8到10所房屋、为数不多的西班牙人及不计其数的等待征服的印第安人。显然，舰队司令准备采用他在第一次航行中采用过的暧昧策略（正是这一策略使他得以再次出海），即将少数脆弱无助、装备破旧、不够忠诚的部下留在敌方占据的荒野中，而这些人将来无疑需要他来营救。

虽然事实反复证明，哥伦布在横渡大西洋时指挥若定，能够迅速、安全地在其间行驶，但是这一次，船队似乎从一开始就陷入了危险之中。为了越过移动的沙洲，水手们必须先装上压舱物，然后再将其卸下，以减轻船只的重量。就连费迪南德也开始怀疑起父亲的航海技术。"当吾等来到河口一里格开外一处开阔的海岸，准备出发时，"他回忆道，"舰队司令不知道怎的，让旗舰放下一艘小艇靠岸补给淡水……后来，不仅小艇没有返回，人们还从岸上和海中救起许多水手。"他的父亲究竟是怎么了？

在这次判断失误后，情况发生了变化。

"当印度人和基比安看到帆船已经起航，吾等不能再帮助留在此地的水手时，"费迪南德写道，"彼等在小艇靠岸之际，对镇上的基督徒发起了进攻。在密林的掩护下，印度人悄悄爬上山坡，来到离房屋不足五十英尺的地方，竟然没有一个人发现。彼等一边大声呼喊，一边向每一个基督徒投掷飞镖。"哥伦布的手下大为震惊，在巴塞洛缪的带领下奋力还击。由于哥伦布已年老体衰，巴塞洛缪逐渐填补了他留下的权力真空。

先遣官抄起长矛，再次鼓足勇气，向印第安人发起了进攻，于是印第安人退到了小镇附近的森林里。双方都向对方掷出飞镖

第 12 章　天堂的弃儿

或投枪，仿佛"在比试武艺"，费迪南德写道。西班牙人"挥舞利剑，并放出猎犬对彼等穷追不舍"，终于击退了印第安人。战斗的结果是，"一名基督徒死亡，七人受伤，其中包括先遣官，他因胸部中镖而负伤。"不过，他最终还是活了下来。

费迪南德在近距离观察后，似乎对行动结果十分满意，但拉斯·卡萨斯在提到西班牙人刚刚的野蛮举动时却怒不可遏。"与以往一样，可怜的印第安人赤身裸体、手无寸铁，因此处于劣势，而西班牙人却挥舞佩剑大开杀戒，砍掉彼等的双腿和胳膊，剖开彼等的肚子，斩断彼等的头颅，然后放出猎犬追捕彼等，并且将彼等撕成碎片。"

不过，有一件事虽然令人痛心，但拉斯·卡萨斯也许会略感欣慰。许多西班牙人四散奔逃，试图躲开独木舟上的印第安战士，但最终被飞镖击中身亡。一名幸存者是塞维利亚的铜匠，名叫胡安·德·诺亚。他从水下游到岸上，直奔丛林中躲避，最后来到欧洲人的小型定居点。在那里，他警告众人印第安人发起了袭击，造成大量伤亡。"听到这个消息，众人魂飞魄散"，费迪南德写道。他们寡不敌众，又有许多战友死亡，而"舰队司令的旗舰虽然在海上，但是没有了小艇，无法向彼等提供援助"。

他们别无选择，打算在被杀之前逃离定居点。"如果不是天气突然变糟，致使河流无法通行，他们也许已经挤作一团，逃之夭夭。"汹涌的海水漫过沙堤，他们无法开动留在当地的帆船，"甚至也不能派出小艇，向舰队司令禀报刚刚发生的事情"。由于船只搁浅，他们成了天堂里的弃儿。

他们被困在哥伦布急切寻找并想要彻底探索的"印度"。他们没有能够出海的航船，也没有获救的希望，因此注定要默默无闻地死去。绝望中，他们发动兵变，"纷纷挤上船只，企图驶入公海，

387

却被沙洲挡住了去路"。在波涛汹涌的大海中，他们也无法派船向哥伦布报信。

舰队司令同样身处险境，将船停在遍布岩石的岸边。船上的小艇已经被毁，他的部下遭到了印第安人屠杀。更糟糕的是，被困在陆地上的西班牙人看到下游被血染成红色，同胞们的尸体伤痕累累，感到极为痛苦。在他们的头顶上，狂风暴雨肆虐，乌鸦和秃鹫"一边呱呱地叫着，一边四处盘旋"，然后猛冲下来啄食尸体，"如同魔鬼附体一般"。

与此同时，费迪南德写道，这些人悄悄搬到"河东岸的一块空地上"。在那里，他们用木桶和火炮搭建起一座临时堡垒。这座堡垒可以保护他们的安全，因为印第安人害怕炮弹，所以会与他们保持距离。

大屠杀与海上风暴

雷雨给哥伦布造成了惨重损失。对他来说，呼啸的狂风和汹涌的巨浪仿佛宣告着世界末日的来临。更为糟糕的是，他担心印第安人会杀害那些被他留在当地的部下。因此，他一直待在船长的卧舱内，而这所谓的卧舱只有壁橱大小。他身体虚弱，病入膏肓，再也不能与天灾人祸展开斗争。

哥伦布为斐迪南和伊莎贝拉记述了自己所受的创伤，两人如果真的能听到他的叙述，一定会认为他已经神经错乱。他在日志中写道，随着每一道闪电划破天空，他的处境都变得更加艰难。"臣弟及其余船员仍在船上，而船被困在沙洲之内。在荒芜的海岸上，臣孤身一人，高烧不退，病体奄奄，已无望康复。"然而，接着发生了一件不可思议的事情。登上旗舰"拉卡皮塔纳"号后，哥伦布

第 12 章　天堂的弃儿

听到了来自天堂的声音，这个声音赐予了他一段全新的经文：

>　　臣饱受折磨，因此爬到船只最高处，用惊恐之声求救、呼喊，竭力恳求两位陛下之战神、东西南北四风，但无人回应。臣疲惫不堪，呻吟睡去。此时只听一个仁慈之音：
>
>　　"愚昧之人哪，汝这信奉上帝万有之神之人哪，祂又为祂的仆人摩西或大卫做了什么。自汝出生，祂就始终眷顾于汝；当祂认为汝已长到合适之年纪，就使汝之名蜚声世界。印度群岛乃世上最富庶之地，祂将其赐予汝；汝按照自己认为之最佳方式将其分开，祂亦恩准汝之举动。又将打开海洋屏障之钥匙赐予汝，因为这道屏障系用坚固之锁链封起，众多地区之人皆臣服于汝，汝在所有基督徒中获得如此荣耀之名……"
>
>　　臣仿佛是在晕眩中听到这一切，但面对如此笃定之辞，臣无言以对，唯有为一己之过失而哭泣。无论是谁在对臣说话，臣最后只听到：
>
>　　"不要害怕，要有信心。"

没有人知道，哥伦布是否真的爬上了旗舰的"最高处"。他的儿子和其他人都提到他不能离开小屋。也许他只是在想象中爬了上去。但无论身在何处，他都相信自己听到了上帝的声音。

按照哥伦布的说法，他的信心在九天后（即 4 月 15 日）得到了回应。天气转晴后，大屠杀和风暴中的幸存者们集结起来，准备开展最后一次航行。无论如何，哥伦布决意返回西班牙，并为自己辩解称："假如臣有办法通知陛下，臣会和所有人一起在殖民地驻扎。"

389

4月16日，在向两位君主遥遥致歉后，他在复活节之夜离开。他的船被船蛆严重毁坏，已不适于航海。于是，他在伯利恒河抛下脆弱的"加列加"号，"比斯开"号即将解体，随后也被抛弃。他哀叹道："如今只剩下两艘船，它们情况类似，都既无小艇，也无粮食，如果不能渡过七千英里的大海与河流，臣就只能和许多人一起在途中死去，而他们也许是某人的儿子，也许是某人的兄弟。"对于那些胆敢质疑他的决定的人，哥伦布回答："真希望彼等也能参加这次航行！"

虽然哥伦布在发泄过情绪后仍然信心笃定，但"百慕大"号上的局势迅速恶化。基比安酋长早已挣脱绳索，在守卫胡安·桑切斯的眼皮底下逃之夭夭。他的妻妾、孩子和其他亲属蜷缩在臭烘烘的牢房里，也决定逃走。

一天夜间，睡在甲板上的水手们忘了用锁链固定舱盖。下面的印第安人把船上的压舱物（也就是那些零散的石头）堆在一起。他们小心翼翼地在站在石堆上，用肩膀抵开舱口，在上面熟睡的水手们被推到一边，四仰八叉地躺在地下。船上的欧洲人尚未做出反应，几名印第安要人便迅速爬出船舱，跃入海中。水手们终于醒来，意识到眼前的情况后，他们连忙关上舱门，并且用铁链锁好。众人清楚，他们在值守期间最好不要再次睡着。

甲板下的印第安人失去了重获自由的希望。他们可能因溺水或窒息客死异乡。在绝望之中，他们系好绳子，吊在甲板的横梁上，"由于头顶空间不够，他们只好弯曲膝盖"，然后一个接一个自缢身亡，费迪南德写道。当水手们发现时，一切都为时已晚。

费迪南德麻木不仁地表示："彼等的死对船队没有太大损失，但严重恶化了岸上人们的处境。"他认为，把基比安的孩子们扣为人质，酋长就不敢轻举妄动，但现在这些人质已经自杀，印第安

第 12 章　天堂的弃儿

人很可能对陆地上和海上的欧洲人发起报复。舰队司令之子哀叹的不是印第安人的死亡，而是这些"不幸和烦恼，因为吾等命悬一线，又完全不清楚岸上的情况"。船上的西班牙人在对待无辜的俘虏时如此冷酷无情，难怪岸上的印第安人会发起自卫。

当岸上的印第安人包围了临时堡垒时，船上的西班牙人意识到他们必须将同胞救出，否则他们一定会遭到杀害。几名身强力壮的水手自告奋勇，愿意乘小艇越过沙洲。现在，整个船队只剩下唯一一艘小艇。哥伦布别无选择，只得"接受了这个提议"。他们乘坐"百慕大"号上的小艇，来到"离岸边一箭远的地方，由于海浪冲向沙滩，彼等一直划到划不动为止"。随后，塞维利亚的领航员佩德罗·德·莱德斯马"勇敢地跳出船外，越过沙洲，游向定居点"。

上岸后，滞留在那里的水手恳求他将他们从"绝望的境地"中解脱出来，并"乞求舰队司令让彼等登船，因为把彼等留在当地无异于将彼等判处死刑"。有人甚至威胁要发动兵变，也有人表示如果需要，他们准备从土著那里偷来一条独木舟，因为他们宁愿"铤而走险，也不愿等着死在印第安人残忍的屠刀下"。

听完莱德斯马和其他人的凄惨叙述，再加上众人的叛变威胁，舰队司令心肠一软，决定同意他们的请求，即便这意味着"一旦天气变糟，他就只能停在岸边，既无力自保，也无法搭救彼等"。在随后 8 天中，他们的命运"完全掌握于船首的缆绳之上"，费迪南德写道。也就是说，船只仅靠一个铁锚停泊，随时都有可能遭遇灾难。

接着，天气渐渐转晴，被困的欧洲人"把唯一的小艇与两只大独木舟绑在一起，以免翻船，然后携带随身物品越过了沙洲"。转移的过程十分艰难，整整花了两天时间。自此以后，"除了'加列加'号被虫蛀的空壳，岸上空无一物"。

1503年4月16日，幸存者们如释重负，兴高采烈地沿着海岸向东航行。人们在导航问题上产生了争执。几名领航员根据手中简略的海图，认为伊斯帕尼奥拉岛位于北面，但哥伦布兄弟"知道，在穿越大陆与伊斯帕尼奥拉岛之间的海域前，船队必须沿着海岸航行相当一段距离"。两人的决定让水手们心怀不满、牢骚满腹，认为"舰队司令准备在装备短缺和粮食不足的情况下，走直线驶向西班牙"。

这支小型舰队继续前进，一直回到贝略港。在那里，"吾等不得不丢下'比斯开'号，因为船身严重进水，船板也被蛆虫啃噬得千疮百孔"。剩下的两艘船只——"拉卡皮塔纳"号和"百慕大"号沿着原路绕过雷特雷特和贝约港以东130英里处的穆拉塔斯列岛，驶向一个遍布杂色岩石的海角。哥伦布称之为"马尔莫里奥"，因为该词在葡萄牙语中意为"杂色花纹"。

哥伦布的船队虽然暂时从厄运中脱身，但船只已所剩无几。在信风的推动下，他们于5月1日抵达哥伦比亚的鲨鱼角，之后继续向北进发。"由于风向和洋流均为东向"，他们"始终尽量靠风行驶"。领航员再次试图告诉情绪反复无常的哥伦布，"吾等已经驶过加勒比海群岛东侧，但舰队司令担心他将无法抵达伊斯帕尼奥拉岛"。5月10日，星期三，众人看见一座遍布海龟的小岛，"与周围海域的情形一样，看起来就像满地都是小石块"。因此，哥伦布将其命名为"龟岛"，这里就是今天的开曼群岛。接着，他们很快离开了那里。

5月13日，哥伦布在接近古巴后深感绝望。费迪南德详细描述了他们的艰难处境："吾等饥肠辘辘，只得在离古巴十里格之地下锚，因为船上除了饼干及一些油和醋之外，什么食物也没有。

第 12 章　天堂的弃儿

此外，为了让船漂在海面上，众人需要不分昼夜开动三个水泵，否则船蛆蛀出的洞眼足以使船沉没，因此众人全都十分疲乏。夜幕降临后，暴风雨突然来临，'百慕大'号抵挡不住，冲向吾等的船只，撞毁了船头，并且动弹不得，船尾挂在了吾等的舵轮上"。狂风暴雨撼动着桅杆、船帆和索具，两艘船在汹涌的海面上不停颠簸。最后，人们终于将两艘船分开，避免了更大的损失。

暴风雨将连在锚上的绳索扯到了极限。次日清晨，船员们只找到一根完整的缆绳。众人估计，假如风暴再持续一小时，连这条缆绳也会被扯断，接着，船就会撞向岩石。但是，这条细绳牢牢拴住了他们的船只。费迪南德感激地写道："当时一定是上帝保佑，让吾等得以获救。"

在暴风雨来袭的整个过程中，哥伦布似乎镇定自若，但几周后他所写的一封信证实了手下领航员们的疑虑。他现在一半是疯子，一半是瞎子，还出现了幻听。

哥伦布的地理知识常常源于《圣经》，借用他的话说，他坚持认为自己已经"到达了契丹附近的曼戈地区"。因此，他必须设法从这个子虚乌有的地点去到伊斯帕尼奥拉岛。

他下定了决心，如果他能够向北到达更高的纬度，就可以赶上信风，安全抵达西班牙。但哥伦布承认，"波涛汹涌的大海占了上风，臣不得不收帆返回。在一座岛屿抛锚时，臣一次失去了三只铁锚。子夜时分，当整个世界似乎都陷入黑暗后，另一艘船的缆绳被打断，直奔臣而来。但船只并未被撞成碎片，这不能不说是一个奇迹。是上帝让锚拖住了船只，从而使臣得救"。

随着天气稍有好转，这支不堪一击的舰队又回到公海。哥伦布哀叹道："由于所有索具均已失去，船蛆密如蜂群，众水手担惊受怕、情绪低落，臣只比上次驶出稍远。"恶劣的天气接踵而至，迫使他回到他刚刚离开的小岛，在另一个港口停靠。不过，现在很难确定哥伦布所到的是哪个岛，因为他始终认为自己正在接近中国。他在那里焦急地等了8天之后，终于在6月底来到牙买加，但他们"总是遇到逆风，船只的状况也越来越糟"。由于船只大量进水，即使三个水泵同时运转，也无法阻止水位上升。水手们甚至用水壶和水桶舀水，但这一切都徒劳无功。这支船队似乎注定要遭遇灾难。

哥伦布前途未卜、苦不堪言，因此在船队驶向伊斯帕尼奥拉岛时，他坦承"真希望自己从来没有启程"。在加勒比海逗留的数年中，这是他遇到的最不利的情况。"另一艘船已经一半没入水中，正匆忙寻找港口，而臣仍在暴风雨中与大海搏斗。当臣之船只即将沉没时，上帝奇迹般地将臣送到了陆地上。"写到这里，他不禁搁笔反问："有谁会相信余所记之情况？"

马可·波罗有句名言，即他在游记中所记录之事不足他所经历之事的一半。哥伦布比照他的说法，表示"在此信中，臣所禀报之事仅有所发生之事的百分之一，且舰队司令之同行者均可作证"。虽然他的遭遇大部分出自他的想象，但是在他看来，这些遭遇无疑不可胜记。

流落荒岛后绝望求生

面对种种可怕的情况，哥伦布再次改变了航向。这一次，船队向牙买加驶去，因为"海风自东方而来，强劲的洋流向西方奔涌，加之船身遍布蛆虫，吾等绝不可能抵达伊斯帕尼奥拉岛"，费迪南

第 12 章　天堂的弃儿

德解释道。船员们继续不分昼夜地开动三个泵排水。然而，在 6 月 23 日施洗约翰节前夜，"船上积水甚高，几乎要涨到甲板之上"。尽管船只破旧不堪，只能进行最基本的操作，但它仍然漂浮在海面上。船员们不肯放弃，求生的本能使他们克服了巨大的困难。"在这种状态下，吾等历尽艰辛，终于在黎明时分来到牙买加的布埃诺港。"这个港口位于牙买加北岸，后来被称为德赖港，意即"干旱之港"。

人们站在即将下沉的船上，看见该港地势宽阔、环境宜人。但是，他们没有发现淡水资源，也没有看到可以让他们充实补给的印第安村庄。哥伦布不顾船只脆弱不堪，决定冒险在船上多待一天，向东驶往另一个港口。他将该港命名为圣格洛里亚，即今圣安湾。这个海湾包括一系列浅水湾、冲积扇和沼泽地。

靠近海岸后，哥伦布及手下看到了芳香的雪松、紫檀、乌木、红木、棕榈树、椰子树和高檀，后者可以长到 60 英尺，其木材略带蓝色、绿色或黄色，花朵的颜色会从黄色变为橙色，再变为深红色。人们在树林中看到色彩鲜艳的鹦鹉、彩虹色的蜂鸟和布谷鸟。此外，体型丰满、类似翠鸟的小鸟和绿翅红颈的金刚鹦鹉也不安地在树枝间飞来飞去。

水手们把船头对准海滩。"由于船只不能再浮于海面，臣等只能尽量向岸边靠拢，将两船甲板相连停在一起，然后撑住两边，以免它们移动。"众人登岸时，船只险些被涨潮淹没，但他们幸免于难，至少眼下仍然安全。

这两艘在海上被消耗殆尽的船只成了他们的临时堡垒。疲惫的人们在船头和船尾临时搭建起几座小屋，并且"坚守阵地，以免遭到印第安人伤害，因为当时岛上尚没有基督徒居住，也没有被基督徒征服"。

一种孤寂宁静之感油然而生，人们只觉微风习习，在听到远处海浪撞击岩石发出的低沉声响和隐约可闻的鸟鸣后，才略感安慰。在"距离陆地一箭之遥"的地方，哥伦布、费迪南德及其他船员被困在正在腐烂的船上，面临着另一场生死考验。

"事实证明，该地区的印第安人是一个和蔼可亲的民族。他们不久就携带货物和粮食，乘独木舟前来交换"，费迪南德写道。面对热情的东道主，哥伦布派出两名手下，以监督双方的交易过程。为了监视这一小队幸存者，防止有人从中作梗，哥伦布竭力让他们留在海滩的沉船上，而不是到树林中游荡。他从以往的经验中得知，"臣之部下天性粗野，任何惩罚或命令都无法阻止彼等四处游荡，闯入印第安人家中，窃取一切所见之物，对土著人之妻儿实施暴行，从而引发口角与争执，使其与臣等为敌。"作为舰队司令，他要求众人留在船上，如果想要上岸，他们必须签字才行。

印第安人似乎对这项规定十分感激，因此拿出水手们所需的一切东西，"以换取臣等之物"。彩色念珠、蕾丝花边、红帽、鹰铃、剪刀和小镜子为饥肠辘辘的水手们换来了硬毛鼠肉和大量木薯蛋糕。

在获得了急需的物资后，哥伦布多次召集手下，商讨如何返回西班牙。海上不可能出现任何船只将他们接走，他们也缺乏建造新船或修复旧船的手段。如今，这两艘破败不堪的船只已经成了他们遮风挡雨的住处。考虑到他们在返程途中所要面对的天气、海风和洋流，一艘木筏或简陋的小船远远不够，更何况他们也"没有建造船只所需之工具与匠人"。

哥伦布决定派信使返回伊斯帕尼奥拉岛，紧急请求死敌尼古拉斯·德·奥万多派船救援，并为他们提供给养和弹药。信使将不得不与奥万多展开唇枪舌剑，因为后者在获悉海洋舰队司令绝

第 12 章　天堂的弃儿

望无助、被困牙买加时，一定会幸灾乐祸。然而，这些落难者别无选择，他们不能无限期地与印第安人交换物资，只能向他求助。

眼下，封闭的海湾保护了他们的安全。白天微风习习、阳光灿烂、波澜不惊，令人略感宽慰。到了夜晚，天空浩瀚无比，仿佛悬浮在一望无垠的大海之上。他们也像所有的水手一样，凝视着闪烁的星星和幽暗的月亮，追踪着偶尔划过夜空的流星。在港口以外，月光在浪头上闪烁不定。在天地之间，他们显得那样无足轻重，他们的一切都是上帝的安排。

哥伦布敦促他们返回故乡，但此时故乡比以往任何时候都更加遥远。他们虽然暂时不缺食物，但如果印第安人改变想法或产生敌意，这些落难的西班牙人很可能会饿死在不知名的原始沙滩上。他们的白骨可能会在 100 年后被人发现，或者永远不会被发现。他们及他们在蛮荒之地开展的小规模探险既会被支持者歌颂和铭记，也会遭到对手谴责，但很快就会被世人遗忘。只有生存下来，他们才能暂时躲开这些不可避免的事情，度完自己的余生。

"余之部下均未意识到吾等处境之危险，"哥伦布对其首席书记官迭戈·门德斯·德·塞古拉坦承，"吾等势单力孤，而印度人生性野蛮、数量众多，故彼等未必不会改变态度。有朝一日，彼等一旦情绪激动，便有可能前来此地，放火烧毁两船。"由于屋顶系茅草做成，这两艘船会立即着火，"将众人活活烧死"。

哥伦布提议派遣"一人"乘独木舟冒险穿越伊斯帕尼奥拉岛，购置一艘大船，然后乘船返回牙买加营救众人。门德斯知道舰队司令指的是自己。恪尽职守的门德斯认为，如果他能扮演英雄的角色，前去执行这项任务，那么他就会成为哥伦布及这次航行的救星。门德斯表达顾虑时，哥伦布耐心倾听，并坚定地说服门德斯，他是执行这项任务的不二人选。

门德斯担心,"阁下将最光荣的责任托付给我",其他人会对他心生嫉恨。他建议哥伦布召集手下,看看是否还有其他人愿意执行这项任务。不过,他怀疑不会有人挺身而出。"如果彼等全都畏葸不前,我一定不惜再次冒着生命危险为您效命。"

哥伦布向众人解释过这项任务后,没有人愿意自告奋勇、牺牲自己的生命。他甚至无意间听到有人声称,在恶劣的天气里,谁也不可能乘独木舟在公海上驶出40里格。此时,门德斯站起身来说道:"我的主人,我只有一条性命,但为了在座众人的安危,我宁愿冒死为阁下效命。"

哥伦布走上前去,亲吻了他的双颊,然后宣布:"余深知除你之外,这里无人敢承担这项任务。"以上是门德斯对此事的回忆,但更有可能的是,当时哥伦布一共派出12或14人执行救援任务。这些人乘坐两艘独木舟前往,其中一艘由迭戈·门德斯指挥,另一艘由哥伦布的故交、来自热那亚的巴托洛梅奥·菲斯基指挥。

门德斯开始改造他们即将乘坐的独木舟,因为这两艘小舟既有可能让他们获救,也有可能让他们遭遇不幸。他为脆弱的独木舟安装了简陋的龙骨,以确保其在公海上的稳定性,接着用沥青和油脂涂抹船体,并且"在船首和船尾钉上木板,以防止海水进入"。由于干舷(船身吃水线以上的狭窄部分)较低,独木舟确实有可能进水。其他改造包括增加了一个简易桅帆和一些补给。每只独木舟将搭载6名西班牙人和数名印第安桨手,它们将驶过大约124英里的水路。

门德斯告别舰队司令后启程,来到牙买加的最东端。在驶向伊斯帕尼奥拉岛之前,门德斯在海角逗留了一段时间,等待海面恢复平静。他看到印第安人聚集在一起,"妄图加害于我,夺走我的独木舟和船上的物资"。他们甚至"为我的人头抓阄",以决定

第 12 章　天堂的弃儿

由谁来执行这项行动。于是，门德斯等人悄悄返回舟中，在数英里外靠岸，然后扬帆返回哥伦布所在的德赖港。

由于门德斯等人躲过了一劫，舰队司令如释重负，命令先遣官率70人护送，将众人送回岬角。这支队伍等了4天，海况才变得适宜出行。"在看到大海变得风平浪静后，我极为悲伤地与护送人员互相道别"，门德斯回忆道。

费迪南德记得，当勇敢的西班牙人带着"配剑、盾牌和粮食"回到船上后，印第安人也拿着一瓢瓢淡水和当地的食物，灵巧地坐在独木舟上。门德斯等人启程后，巴塞洛缪将他们护送到岛的东端，以防遭到印第安人攻击，但印第安人并没有出现。先遣官一直等到天黑，望着独木舟在地平线上变成了两个黑点。门德斯等人消失以后，巴塞洛缪回到部下当中，"准备结交途中遇到的印第安人，并与彼等交换物品"。

门德斯等人在独木舟上划了五天四夜。他回忆称"当所有同伴都在划桨时，我一边操纵方向一边划桨，从未停手"。他们是为自己的生命拼搏，也是为那些与哥伦布留在一起的同胞拼搏。这是一次漫长的航程，在最后两天里，由于食物和饮用水已被耗尽，他们只能不吃也不喝。

在抵达伊斯帕尼奥拉岛后，门德斯会前往其小小的都城圣多明各，向奥万多求助，而菲斯基会即刻返回牙买加，"以免吾等担心他会死亡"。据费迪南德所知，"如果海上波涛汹涌，乘坐这种脆弱的船只很容易发生此类情况。"事实上，他们即将踏上一段极为艰难的旅程。

两艘独木舟沿着海岸向东行驶，印第安人奋力划桨，全程只遇到"几座岩石大小的小岛"。事实证明，从此地到伊斯帕尼奥拉岛的最后一段航程最难以预料。"只有等到大海完全平静下来以后，他们才有可能乘坐如此不堪一击的小舟,驶过漫长的距离。"仿佛是接到了上帝的旨意一般,大海为他们变得光滑如镜。

救援队离开后,那些留在牙买加的人们在临时搭建的堡垒中垂头丧气。由于无所事事,众人迅速变得士气低落,其速度之快令人吃惊。这些人在航行之初便对哥伦布缺乏忠诚,现在更是满腹牢骚,密谋叛变。对于这位神秘莫测、喜怒无常的舰队司令,他们精心编造谎言,以证明他无意返回伊斯帕尼奥拉岛,因为他被禁止在当地登陆。

在这种情况下,门德斯和菲斯基将返回西班牙,以游说双王保住哥伦布的财富。为了使谎言符合逻辑,他们自圆其说,声称在这片宽阔壮丽的海滩上,印第安人对哥伦布唯命是从,因此他愿意继续"在当地流亡",直到问题在国内按照他的意愿被解决。

对牙买加那些被人遗忘的落难者来说,他们是在虚度时光。菲斯基在哪里?此时他应该已经返回。他是否已在海上丧生?如果门德斯死了怎么办?如果菲斯基和门德斯都死了,他们该如何是好?他们已经失去了一切获救的希望,只能暂时依靠印第安人生活。

哥伦布被困在破旧不堪的船上,而他也像这艘船一样,身心交瘁,因此很难给予众人任何信心。他几乎不能下床,更不可能乘坐独木舟长途跋涉,前往伊斯帕尼奥拉岛。他病骨支离,精神受到重创,准备孤注一掷,踏上最后一段航程,但在这段航程中,他很可能有去无回。他已向世人证明,这个世界的丰富多彩要远超出任何基督徒的想象,但现在他已大限将至。

7月,他致信双王,坦承自己的遗憾、自怜和自责。"每念及伊斯帕尼奥拉和帕里亚等地,臣都不禁潸然泪下,"他在提到自己失败的探险时写道,"臣一直认为,这两地足以为其他地区树立榜

第12章 天堂的弃儿

样,但与此相反,两地皆一蹶不振。这两地虽尚未失去,然其弊端将长期难以改变。假使那些使其衰落至此之人果有办法,臣请令其进行补救。然人人皆擅长破坏。"当然,哥伦布所说的"人人"不包括他自己。"那些离开印度、逃避工作、中伤臣及该地之人,后来均被委以重任返回。

如今,维拉瓜也将出现类似情况。"他早就预见到这一切,并试图"以陛下之名义"进行管理。他在千里之外郑重提醒双王,"陛下曾接受此事,同意授予臣特权,并加盖印章和许下誓言;任命臣为其总督、舰队司令及所有地区之长官,并在亚速尔群岛和佛得角群岛一百里格之外为臣划定边界,该界限从北极延伸至南极,且令臣今后在此范围内全权为陛下发现土地。"

尽管哥伦布成绩斐然,西班牙双王及其身边的人们却正试图剥夺他的权力。"七年前,臣在陛下之王宫中谈及此事",他写道,当时"所有闻言者无不认为臣愚不可及"。他为双王带来了新的土地、新的财富和新的世界,而他们的回报是终止他独一无二的地位,致使整个事态变得荒诞不经。"如今就连裁缝也想发现土地,"他抱怨道,"人们会以为彼等要前去制衣,因此得到获利之许可,从而极大损害了臣之名誉,并严重破坏了当地经济。"

哥伦布认为,他应该比商人得到更多尊重和慷慨的赏赐。他所发现的土地"比基督教世界之任何地区都更广阔和富庶",而且是他将这些土地"置于陛下的非凡统治之下,并使其能够产生巨大利润"。

在牙买加的海滩上,他向双王重述了自己身处困境的创伤。他的船队"无往不胜,带来了关于黄金之捷报",因此他准备接受君主的"重赏",但是作为舰队司令,当他"信心十足、充满欢喜"之际,却"未经依法传唤或指控",突然毫无征兆地"遭到逮捕,

401

与两兄弟一起戴上镣铐,被浑身赤裸地关在船上,并且遭受虐待"。这里他显然是在强词夺理,因为当抓获他的人想要摘下镣铐时,他坚持不允。

哥伦布开始大肆发泄心中的不满:

> 臣作为一贫困之外邦人,既无其他君主援助,又被陛下之诸侯与子民包围,且臣子仍在陛下之宫中,谁会相信,在这种情况下,臣会孤身一人无缘无故反抗陛下?臣自二十八岁起为陛下效命,如今须发皆白,老弱残病。臣及二弟一切随身之物皆被夺走售卖,连臣与弟之衣物亦不例外,但既无人听臣辩白,也无人予以接待,使臣大感蒙羞。臣只能相信,此举并非王室之所作愿。

哥伦布告诉双王,他们可以对"做出如此勾当并窃取臣之珍珠之人"进行惩罚,以弥补自己的过错。显然,他所说的人就是叛徒阿隆索·德·奥赫达,因为此人曾到哥伦布在委内瑞拉沿岸发现的采珠场窃取财物。如果双王能够纠正错误,他们就会"获得无上之美德与垂范之美名"。在大发议论之后,他坦言"臣已彻底绝望"。

> 臣过去常为他人落泪,故而愿上天予臣怜悯,大地为臣哀痛。至于尘世之俗务,臣身无分文,无可施舍;至于灵魂之救赎,臣被困印度群岛……孤独疲病,饱受折磨,为臣之仇敌及无数残忍野蛮之人所包围,每日都有可能丧命,且臣距圣礼与教会如此之远,以至臣之灵肉如果在此分离,臣之灵魂定会被遗忘。唯愿拥有慈悲之心、真理和

第 12 章 天堂的弃儿

正义之人为臣哭泣。可以肯定,臣启程出海并非为获得名利,因为这种希望已经破灭。臣曾满怀真诚之意愿与善良之热情觐见陛下,臣没有说谎。如果上帝愿意将臣释放,臣恳请二位陛下允许臣前往罗马或其他圣地朝拜。愿至善之圣父、圣子、圣灵保佑,为陛下增寿添光。

一五零三年七月七日,写于印度群岛之牙买加岛

第 13 章
最后的航程

哥伦布躲在住所内,为自己的事业遭受重创感到苦恼和幻灭。其他被困在牙买加的人们同样孤立无援、极度绝望。他们想象着那些乘独木舟离开此地的船员一定吉星高照,在抵达西班牙后受到王室欢迎。在那里,他们将"得到胡安·德·丰塞卡主教和卡斯蒂利亚财务大臣的青睐",费迪南德写道。

在众人不堪一击的时刻,两名落难者——弗朗西斯科·波拉斯及其兄弟迭戈——决心不再忍受哥伦布的无能和暴虐。由于生命危在旦夕,他们必须尽快采取行动。这两个叛徒都颇有影响力,一个是"圣地亚哥"号的船长,另一个是船队的审计官。他们诱骗了48人在兵变书上签名,并且将暴动时间定在了1504年1月2日上午。

弗朗西斯科·波拉斯船长闯入哥伦布临时搭建的小屋,质问后者道:"你为什么不设法返回卡斯蒂利亚?难道你想让大家留在这里等死吗?"

哥伦布尽可能用平静的语气说,没有人比他更想离开这座岛屿,但他们需要一艘大船。如果波拉斯还有其他办法,他应该向其他船长说明,让大家权衡,而哥伦布会在必要之时召集众人进行商议。哥伦布一提到开会,波拉斯立即大为光火。他说,要么哥伦布立即下令离开此地,要么众人就会将他抛弃。接着,他极为轻蔑地背对舰队司令并喊道:"我选择返回卡斯蒂利亚,你们谁同意?"众叛乱者齐声喊道:"我们同意!"

随后,他们登上两艘沉船,占领了临时搭建的小屋和桅顶平台,大声喊着"杀死他们!"和"我们要回国!我们要回国!"

哥伦布的几名心腹问:"司令,我们该怎么办?"但他们的声音迅速被叛乱者疯狂的喊声淹没。

哥伦布患有严重的关节炎,几乎站不起身来。费迪南德写道,他"一瘸一拐地向兵变现场走去,但是他的奴仆和三四名心腹担心他会被叛乱者杀害,因此费尽力气,强迫他回到床上"。

暂时保住了哥伦布的安全后,他的心腹们直奔先遣官处,后者正手执长矛与袭击者搏斗。心腹们夺过了他的武器,把他关进哥伦布的小屋。然后,他们恳求波拉斯赶快离开,不要再唆使众人暴动,因为"这不仅会害了大家,也无疑会让他受到惩罚"。如果波拉斯同意,"没有人会阻止他离开"。

谈判结束后,暴动者的情绪有所缓和。哥伦布曾在岛上四处搜寻独木舟,以防印第安人使用。现在,波拉斯及其手下征用了这些独木舟,"彼等兴高采烈地上船,像是刚从卡斯蒂利亚的港口出发。"当他们开始撤离时,许多"没有参加暴动的人们想到那些身强力壮的水手已经离去,只有他们被遗弃在这里,因此备感绝望,也纷纷挤上独木舟"。

见此情景,少数选择留在哥伦布身边的人与患病的人们感到更加伤心,因为他们认为自己"注定会死在当地"。几乎所有人都抛弃了舰队司令,是他让他们卷入了这场冒险行动。这一幕无疑令人颜面扫地,因此始终在费迪南德的脑海中挥之不去。他伤心地写道:"如果人人都身体健康,我怀疑能留在舰队司令身边的不会超过二十人。"众人的士气极其低落，那些留下来的人看到舰队司令跟跄着走出小屋，尽力宽慰和安抚部下。事实上，他根本不能给予他们任何安慰，因为弗朗西斯科·波拉斯带领满载逃兵的独木舟，已经来到了牙买加最东侧的海岸，而门德斯和菲斯基就是从那里出发开展营救任务的。

当这些叛乱者准备前往伊斯帕尼奥拉岛时，费迪南德描述了一出龌龊的场景。"无论走到哪里，他们都会抢夺印度人的粮食和财物，从而激起后者的愤慨。他们还让这些土著向舰队司令索取酬劳，并且告诉他们，如果舰队司令拒不支付，就可以将他杀掉。"为了煽动印第安人的不满，波拉斯等叛徒向后者灌输，称其他基督徒都对哥伦布十分憎恶，因为他曾经写过一篇题为《伊斯帕尼奥拉岛印第安人之苦难》的文章；如果他们不杀掉哥伦布，他就会"给彼等带来同样的痛苦"。

叛乱者从牙买加沿岸出发，向目的地驶去，但不清楚自己是否取得了进展。在驶出4里格后，由于"风向反转"，他们担心汹涌的海浪会淹没超载的小船。不久，海水就漫过舷缘，众人只好把所有的东西都扔进海中，只留下武器和食物，以便返回刚刚离开的牙买加沿岸。

随着海风越来越大，叛乱者胆战心惊，他们认为自己别无选择，只能杀掉船上的印第安人，将其抛入海中，仿佛他们是多余的补给一样。当他们杀死数名印第安人后，其他印第安人纷纷跳入水中，想要离开独木舟，但没游出多远就精疲力尽。在绝望之中，他们游回独木舟旁，死死抓住舷缘，直到叛乱者砍断他们的双手。

费迪南德不无尖刻地记下了这些"基督徒们"的所作所为。"彼等用这种方式杀死了十八个人，只留下数人驾驶独木舟。

印第安人听信了彼等虚情假意的承诺和请求援助的借口，而这就是彼等对印第安人的报答。"

叛乱者返回牙买加泥泞的岸边,就下一步打算发生了争执。有些人准备逃往古巴,认为"来自东方的洋流和海风"会把他们带到目的地。他们以为自己一旦到了古巴,就能"轻而易举"地抵达伊斯帕尼奥拉岛,却没有意识到两个岛屿之间相隔数十英里。(费迪南德承认古巴是一座岛屿,不过他的父亲却坚持认为,古巴是"印度"大陆向东延伸的一个海角。)

也有叛乱者希望返回他们刚刚离开的沉船上,因为那里相对安全。届时,他们要么与舰队司令和好,要么收缴后者的武器。另外一些人则主张等待天气转好后,再次尝试前往伊斯帕尼奥拉岛,最终这一派的意见胜出。

绝望的叛乱者在一个被费迪南德称作"奥马基克"的村庄里度过了一个多月,一边依靠印第安人提供食物,一边等待海上出现顺风。当他们认为条件合适时,他们屡次尝试,又屡次失败,每次都受到逆风阻挠,只得灰心丧气、步履艰难地回到港口。几只独木舟和剩余的水手仍在原地等候,他们只能靠土地维生,并伺机偷窃印第安人的食物。

这次荣耀之旅最后沦落至此,他们变成了一群拾荒者和强盗。他们既不能保全自身,也不能得到灵魂的救赎,更无暇顾及其他人的安危。

控制天气的巫师

哥伦布虽然身体虚弱,但仍然掌管着两艘搁浅的船只以及船上临时搭建的破旧房屋,并且悉心照料着支持者中患病的水手。同时,他命令手下在与印第安人进行交易时给予对方尊重。他的许多心腹逐渐从病痛中康复,开始重振旗鼓。印第安人一直为他们提供食物,但这一模式后来趋于崩溃,因为西班牙人提出了不平等的要求。费迪南德在一篇文章中揭示了事情的真相,他冷酷地写道:"这些人生性懒惰,不会进行大规模耕种,吾等一天消耗的食物比彼等二十天消耗的还要多。"

更糟糕的是,印第安人虽然愿意通过物物交换的方式从欧洲人那里换取物资,但"渐渐受到叛乱者言论的影响",为哥伦布等人带来的粮食变得越来越少。1504年1月至2月,局势进一步恶化。

哥伦布的支持者们进退两难:如果他们放弃临时住所去攻打印第安人,以获取更多木薯、水果和淡水,"舰队司令在船上就会岌岌可危"。这些欧洲人终于意识到,印第安人"认为吾等可以任凭其摆布",正打算将他们慢慢饿死。

对此,费迪南德老实地承认:"吾等不知道该如何是好。"

多年来,在对从地中海到大西洋的广大海域进行探索时,哥伦布展现出极高的求生天赋,无论是在葡萄牙沿岸遭遇海难,还是寻求西班牙双王的支持;无论是抵挡叛乱者,还是试图从对手那里夺回土地。

现在,由于没有船只可用,印第安人又蓄谋慢慢将他们饿死,他的部下所剩无几,他病体支离,甚至站不起身,因此他正面临着最大的挑战。为了迎接这一挑战,他想出了一个绝妙的计策。长期以来,人们一直担心他其实是个巫师,而他也打算将计就计。众人认为,舰队司令可以控制潮汐甚至天气。如今,为了生存下去,他暗中策划,准备展示自己控制天气的能力。

哥伦布具有一种潜在的优势,即渊博的航海知识。他找来自己收藏的海图和书籍,研究了1496年出版的、由亚伯拉罕·查库托拉比编纂的《万年历》。在宗教裁判所将他逐出西班牙后,这位犹太天文学家和数学家转而为若昂二世效忠。葡萄牙的船长们会经常查阅这本著作,其中包括数百页能够精确预测天象的天文图表。哥伦布可能还参考了雷格蒙塔努斯著于1474年的《天文学大成》星历表,其中恰好包含了1475年至1540年间的月蚀时间表。过去,他只是依靠这些参考书籍计算经纬度,其结果往往对错参半,而现在他将利用它们来挽救自己的生命。

根据雷格蒙塔努斯的说法,1504年2月29日,天空将出现月食的吉兆。这是一种奇怪的天象,届时月亮会经过地球的本影或内阴影,转为越来越深的橙色,接着变成血红色,最后恢复正常。这一景象足以使迷信的水手们感到不祥,而哥伦布希望单纯的印第安人也会产生同样的感受。

雷格蒙塔努斯在书中写下了月食的日期,并用图表阐释了月亮每个小时的变化。不过,他的计算仅适用于德国纽伦堡,因为月食发生的时间在世界各地不尽相同,所以哥伦布无法确定它何时在牙买加发生,也不清楚雷格蒙塔努斯预测的日期1504年2月29日是否准确。但他别无选择,只能根据自己的判断冒险一搏。假如他预测成功,他就能向印第安人证明,自己具有某种超自然的力量,并且能够影响他们的行动。假如他失败了,他和他的手下很可能会被饿死或者惨遭印第安人屠杀。

随后,哥伦布召集当地几位酋长前来赴宴。费迪南德记录道:"他通过翻译告诉众人,吾等是基督徒,吾等信仰上帝……而上帝会惩恶扬善。因此上帝才会对叛乱者进行惩罚,不准彼等像门德斯和菲斯基一样前往伊斯帕尼奥拉岛,并且使彼等遭受诸多苦难和危险。"哥伦布警告印第安人,"上帝对彼等感到极为愤怒,因为吾等向彼等提供货物作为报酬,彼等却疏忽大意,未能给吾等送来食物,因此上帝决定用饥荒和瘟疫对彼等施以惩罚"。

当众人听明白这位年老体弱的舰队司令的话，他们哄堂大笑，起先还有些犹豫，后来索性对他不屑一顾。面对他们的怀疑，哥伦布表示"上帝会从天堂向彼等示警，而彼等即将受到惩罚。因此，当晚月亮升起时，彼等应多加留意。月亮会愤怒地燃烧起来，表明上帝将要对彼等实施惩罚"。他停顿片刻，稍作喘息，发现"在听到他的威胁后，印度人有的起身离去，有的战战兢兢，有的嗤之以鼻"。

不出他所料，月食开始了。地球的阴影不断扩大和加深，直至掩盖了整个月球，使后者变成一个淡红色的圆盘，悬挂在夜空之中。大多数月食都可以通过肉眼看见，而根据费迪南德的描述，2月29日的月食尤为引人注目。

在这一神奇变化的影响下，人们更加相信哥伦布具有某种巨大的力量。他即使不能控制天象，似乎也可以预知。"印度人惊恐不已，高声哀号着从四面八方直奔船边。彼等送来大量食物，祈求舰队司令向上帝陈情，不要降怒于彼等，并且承诺今后一定会想方设法，满足他的一切需求。"

哥伦布尽可能对这一情绪加以利用，以便从中获益。他向众人宣布他要与上帝交谈，然后消失在摇摇欲坠的小屋深处，俨然一位法力无边的老巫师。在一片漆黑中，面对头顶那轮邪恶的血红色月亮，印第安人又是高喊又是尖叫。哥伦布独处内室，用沙漏计算出月食剩余的时间。"当舰队司令意识到月亮即将从新月变为满月，重新照耀大地时，他从屋中传话，声称自己已经恳求上帝，为彼等进行祈祷，并且以彼等的名义向上帝保证，从今以后彼等将循规蹈矩，善待基督徒，为后者送去食物及其所需之一切物品。"当然，最后一句话才是关键所在。

哥伦布鼓足余勇，告诉满怀敬畏的印第安人，上帝赦免了他们，

第13章 最后的航程

"彼等很快就会看到月亮消除愠怒,不再发红"。印第安人既感到惊恐,又如释重负,不用任何人继续劝说,便一起向舰队司令致敬,感谢上帝宽恕了他们。"从此以后,"费迪南德写道,"彼等毫不懈怠,不仅为吾等提供一切所需,而且高声赞美基督教之上帝。"

显然,这个年轻人与其他流落荒岛的欧洲人一样,清楚印第安人畏惧月食,而且"对其形成原因一无所知"。他们从未想过"地球上的人们能够了解天上发生的事情"。哥伦布假借上帝之名实施了一场巨大的骗局,但无论是哥伦布、费迪南德,还是他们身边的任何人,都没有为此感到不安。他们现在安全了,这才是最重要的事情。上帝终究会原谅他们。

迄今为止,菲斯基和门德斯前往圣多明各执行营救任务已有8个月之久。此时,他们应该已经返回,或者派人告知他们的下落,但是人们没有看到独木舟和印第安人,也没有看到西班牙的幸存者,更没有看到地平线上有船只驶来。

人们纷纷传言,他们已被淹死或被印第安人杀害,或者用费迪南德的话说,他们可能"中途死于辛劳和疾病,因为众人清楚,由于逆风逆流,从牙买加最东端到伊斯帕尼奥拉岛的圣多明各镇,海上航行十分困难,而且登岸后还要翻山越岭"。据印第安人所说,有人发现一艘幽灵般的沉船"正漂向牙买加岸边",但此言是否属实,人们不得而知。

接着,另一场叛乱突然爆发,其首领出乎人们意料,竟是药剂师弗纳尔。直到1504年3月底,有人看见地平线上出现船帆时,这场叛乱才得到控制。原来尼古拉斯·德·奥万多派来了一艘小帆船,停泊在哥伦布支离破碎的船只旁边。

"船长迭戈·德·埃斯科瓦尔登船通知舰队司令,拉列斯二级爵士、伊斯帕尼奥拉岛总督向他致意,不过遗憾的是,总督没有

411

足够大的船只运载此地的所有人马。"不过，总督希望能尽快再派船过来。为了表示善意，埃斯科瓦尔船长献给哥伦布"一桶红酒和一块腌猪肉"。在这个与世隔绝的居所里，这两样东西堪称奢侈。随后，船长回到船上，于当晚起锚驶离，"根本没有替任何人捎信"。

这艘帆船的出现让被困的水手们大为震惊，更不用说埃斯科瓦尔送来的酒肉了。叛乱者立即"掩盖了正在策划的阴谋"，但埃斯科瓦尔船长急于离开此地的表现又引发了一系列阴谋论。人们猜测尼古拉斯·德·奥万多无意营救哥伦布，因为后者是他所鄙夷的对手，他想让哥伦布死在牙买加偏远的避难所中。

在费迪南德看来，奥万多"害怕舰队司令会回到卡斯蒂利亚"，并担心双王会"恢复舰队司令之职，并剥夺他（奥万多）的管辖权"。费迪南德据此推测，奥万多派出这艘小帆船不是为帮助哥伦布，而是为了"对其进行监视，并向他报告舰队司令最终如何彻底毁灭"。

拉斯·卡萨斯提到，有人传言哥伦布正在策划一场"反抗国王和女王的叛乱，并且准备把印度群岛交给热那亚人或卡斯蒂利亚以外的国家"。然而，就连卡萨斯也认为这一指控"无中生有，是他的敌人捏造和散布的邪恶流言"，但是这位编年史作家还是忍不住对这一问题进行讨论，尤其是因为西班牙双王开始听信这些流言。

哥伦布不知道自己是否会获救，也不知道自己的言辞是否会传到斐迪南和伊莎贝拉耳中，但是为了驳倒这种说法，他激动地为自己辩白："臣作为一介贫困之外邦人，既无其他君主援助，又被陛下之诸侯与子民包围，谁会相信，在这种情况下，臣会孤身一人无缘无故反抗陛下？"

即使上述辩解能打消双王的疑心，哥伦布仍不得不安抚对手奥万多，因为他同样需要劝说和讨好此人。"当余离开卡斯蒂利亚之际，两位陛下欢欣鼓舞，曾对余做出美好承诺，尤其承诺会确保恢复余之所有资产并赐余更多荣誉，上述之承诺既见于口头，亦见于书面。"在告知奥万多此事后，哥伦布换了一副口气。"余请求大人不要对此有任何怀疑，请相信余会完全服从大人之命令和指示。"此外，哥伦布表示，他还从埃斯科瓦尔口中获悉，"大人对余之事务如此热心、不知倦怠，令余对大人满怀感激"。

最后，哥伦布无比虚伪地感叹道："自从遇见并结识大人以来，余内心一直深知，无论遇到何种情况，大人定会为余不遗余力。"他知道奥万多一定会"不惜一切代价，甚至牺牲生命，救余于危难之中"。

即使上述言辞能够成功地安抚奥万多，使哥伦布免于客死异乡，这位舰队司令仍要面对部下的恐惧。他不得不说服大家，他之所以下令让帆船离开，而没有将他们带走，不是因为居心叵测，想要将众人置于危险之中，而是因为船只太小，根本容不下所有水手。因此，他们要么全部离开，要么全部留下。

基督的传承者，命运的人质

在奥万多派来的帆船上，还有一样东西尤其引人注意，那就是门德斯的来信，只不过后者本人并没有返回。从牙买加出发后次日，门德斯就开始写信。当时天气十分晴朗，船只行驶得也很平稳，他和菲斯基"敦促印第安人奋力划桨，只不过彼等是将木棒作为船桨"。

为了避暑，印第安人纷纷跳进水里，并很快恢复了精力。"到日落时分，彼等已经看不见陆地。"当晚，一半印第安人继续划桨，而西班牙人负责守夜。次日黎明，所有人都精疲力尽，就连船长也要轮流划船。众人不分昼夜，一直划到第二天拂晓。最后，他们四周"只能看到海水和天空"。没过多久，印第安人因体力劳动感到口渴，很快耗尽了独木舟上的淡水。每到中午，毒辣的阳光仿佛折磨着所有人。为了缓解干渴，船长们会从自己的"小木桶"中一滴一滴倒出水来，但这一点点饮水"带来的凉爽也只能维持到傍晚"。

两艘独木舟在波涛汹涌的海面上艰难前行。在吃水线以上，小小的桅杆和颤动的船桨几乎看不见踪影。船上的人们浑身湿透、极度疲乏，希望能够尽快看见大约8里格外的纳瓦萨岛。然而，他们逆流而上时，即使持续不断地奋力划桨，独木舟在24小时内也仅能驶出10里格远。

无休止的劳动使桨手面临脱水的危险。这是加勒比海地区的一种常见疾病，即使在海上也是如此。次日夜晚，一名印第安人丧生，其他人则精疲力尽地躺在独木舟底部。还有人虽然想要划动船桨，但是已经累得抬不起胳膊。他们虚弱无力地拍击着水面，缓缓前行，不时用海水打湿干燥的舌头。第二天夜幕降临时，他们仍然没有到达岸边。

费迪南德从门德斯的信中得知，月亮升起后，他们看到了纳瓦萨岛白色的悬崖。这座悬崖方圆两英里，上方发出微弱的闪光，下面则是波光粼粼的浪涛。岛上荒草丛生，白色的微光来自这座无人岛之外的裸露的珊瑚和石灰岩。他们距离古巴关塔那摩湾以南仍有100英里。尽管如此，门德斯仍"兴高采烈"地指向纳瓦萨岛，并小心翼翼把淡水分给桨手。天亮时，他们终于来到岛上。

他们发现"方圆半里格只有光秃秃的岩石"。没有印第安人拿着水和食物来迎接他们，或者为他们指路。他们匆忙地感谢上帝

第 13 章 最后的航程

让他们活下来，但很快意识到这座岛上几乎没有树木。更糟糕的是，岛上似乎也没有他们急需的淡水。为了寻找溪流，他们手脚并用，从一个悬崖爬到另一个峭壁，用葫芦收集起涓涓细流。最后，他们终于发现了水源。虽然有人警告他们不要喝得太多，但是一些印第安人还是不加节制地饮用，导致身染重病甚至死亡。

在当天剩余的时间里，一切相对平静。人们一边嬉闹，一边"吃着在岸上找到并煮熟的贝类，因为门德斯带来了生火用的燧石和钢片"。但恶劣的天气随时可能到来，他们不能在此停留。当天晚上，他们连夜前往距此最近的伊斯帕尼奥拉岛圣米格尔角，并于次日，即离开牙买加后的第四天拂晓抵达。由于精力耗尽，他们花了两天时间休整，但还有种种挑战在前面等着他们。

菲斯基希望按原计划返回，向哥伦布报告他们已安全抵达伊斯帕尼奥拉岛，但包括欧洲人和印第安人在内的同行者们"不是过于劳累就是喝了海水，全都精疲力尽，纷纷病倒"，不愿跟他一起返回，"因为基督徒们认为彼等就像先知约拿一样，在经历了三昼夜的磨难后，刚刚被鲸从腹中吐出"。

但门德斯的想法不太一样。虽然饱受"三日疟"（古代对疟疾的称呼）的折磨，他还是带领手下"穿过崎岖的小路，翻过陡峭的山岭"，来到西部的沙拉古瓦地区。那里曾是罗尔丹及其手下的避难所，也是尼古拉斯·德·奥万多镇压印第安人第二次叛乱的地方。当哥伦布的使节突然出现时，这位冷酷的总督装出一副高兴的模样，但是秉承自己一贯的反对哥伦布的宗旨，迟迟不愿批准这些疲惫的旅者前往 70 里格以外的圣多明各。

在接下来的 7 个月里，门德斯等人被扣留在沙拉古瓦，他更是目睹了总督的暴行。"他烧死和绞死了八十四位当政的酋长"，其中包括阿纳考娜。"此人是该岛最杰出的首领之一，受到其他酋

415

长的拥戴。"她还创作了许多"阿里托斯",即叙事诗,并且被公认对西班牙人十分友好。

在一场八位酋长为她举行的宴会上(奥万多也受邀参加),他不仅放火烧毁了会堂,还逮捕了阿纳考娜和其他印第安首领,并将其全部处决。其中多半被枪杀,阿纳考娜死于绞刑,时年39岁。她的丈夫考纳波曾被阿隆索·德·奥赫达俘虏,在前往西班牙的途中死于海上。由于这些印第安人十分友善,就连西班牙人也对奥万多的暴行感到震惊,但是他们对此无能为力。

当总督终于认为自己已经平定了沙拉古瓦后,不屈不挠的门德斯获准步行前去都城,在那里,他利用哥伦布提供的"资金和资源"买下一艘小型帆船,并购置了相应设备。"近一年多来,没有一艘帆船来过此地,"门德斯回忆道,"不过感谢上帝,在余逗留期间,共有三艘帆船陆续抵达。余买下其中一艘,然后在船上装满补给,包括面包、红酒、肉、腌猪、绵羊和水果。"西班牙的这片殖民地虽然地处偏远,但只要有钱,这些东西都能买得到。

在为帆船准备了足够的补给后,门德斯于1504年5月下旬派船驶往牙买加。如此一来,舰队司令"及其部下即可乘船前往圣多明各,然后从该地返回卡斯蒂利亚"。门德斯也将率两艘船返回,"向国王和女王讲述航行过程中所发生的一切"。他要讲述的事情会有很多。

大约与此同时,西班牙女王伊莎贝拉在坎波城病重。该城距离巴利亚多里德20多英里,以商品展销会而闻名。"医生对她的健康已经失去了一切希望,"皮特·马特绝望地写道,"疾病已蔓延到她的静脉,浮肿会逐渐显现。她高烧不退,浑身刺痛,日夜口渴难耐,一看到食物就恶心。致命的肿瘤开始迅速在她的皮肉间生长。"

第 13 章　最后的航程

她日渐虚弱，神思恍惚，因此大幅削减了处理公务的时间。

哥伦布及其"所有同伴"被困在牙买加这个草木葱茏但令人不安的无名之地已整整一年，因此"很高兴看到有船只到来"。后来，门德斯与哥伦布在西班牙叙旧时，回忆起这次救援行动。"司令大人告诉我说，他生平没有哪天如此快乐，因为他从未想过自己能活着离开牙买加。"

眼下，哥伦布仍不得不安抚波拉斯兄弟率领的叛乱者，而他们对门德斯的英雄事迹几乎无动于衷。为了使他们回心转意，他派出双方都认可的两名代表带着礼物前去游说。费迪南德只提到这两人"德高望重"。他们的礼物令人垂涎，就是奥万多送给哥伦布的腌猪肉。

波拉斯船长警惕地单独与两位来使商谈，因为他担心两人"如果提议实行大赦，他的部下就可能被说服，并且接受这一提议"。即使波拉斯刻意隐瞒，消息还是走漏了出去。叛乱者得知有帆船到来，他们有可能安全返回西班牙，甚至还会得到哥伦布的宽恕。

叛乱者开始讨价还价，表示如果再给他们一艘船，他们就会离开。如果做不到这一点，至少也要确保在奥万多送来的小帆船上为他们留出一半空间，他们或许会考虑离开。

此外，他们还希望有权使用哥伦布的补给，因为他们已经失去了所有储备物资。哥伦布的使节变得不耐烦起来，向他们解释这些要求是"不合理和不可接受的"。

于是波拉斯的手下扬言，如果得不到想要的东西，他们就会前去抢夺。说完，他们不再理睬这两名代表，放弃了和平解决此事的可能。他们回到叛乱者当中，谴责哥伦布"手段残忍、报复心强"，并且告诉其他人不要害怕，他们在法庭上的朋友会站在他们一边，反对舰队司令。（费迪南德联想起罗尔丹的叛乱："看看

417

他们的行动最后如何收场,这些人的下场肯定也一样。"当然,他所说的"这些人"是指波拉斯及其追随者。)

波拉斯不惜捏造事实,以反驳眼前的有力证据,即帆船的到来和门德斯的回归。他告诉众人,不要相信自己的眼睛,那艘船并不存在。那不过是"魔法制造的幻觉,而舰队司令最擅长玩弄此术",费迪南德回忆道。这种说法不禁使人联想起哥伦布利用月食在印第安人当中制造的恐惧。"很明显,假如真的有帆船,船员不可能与舰队司令的部下毫无交涉就迅速离开。"假如真的有帆船,"哥伦布及其兄弟早就已经扬帆出海了"。

正是哥伦布在过去11个月的行为引发了人们这种不着边际的猜测。他躲在小屋内,嘟嘟囔囔地下达命令,让印第安人以为他能控制天象。他的头顶仿佛有光环,即使他并不具备超自然能力,但他至少不乏预言和神启的天赋。

当西班牙开始将他视作新大陆的发现者时,他却相信自己是代天行命的工具。当其他人开始认为哥伦布正在创造历史时,他却希望自己的事迹能被铭刻在《圣经》中,希望这些文字闪耀着火焰,甚至浸满了鲜血。其他探险家,特别是那些希望后来居上者只可能昙花一现,而他的成就将像丰碑般屹立不倒。不过,这也许只是他一厢情愿的想法。他所到之处无不是在创造历史,仿佛时空只是他所追寻的同一个目标的两个方面。为了这个目标,他在马可·波罗的指引下,在《圣经》的启发下,以及在黄金的驱使下,已经苦苦追寻了12年。

波拉斯赤裸裸的谎言虽然不能完全令人信服,但足以使叛乱者怀疑自己亲眼看到的东西,从而增强了他们的决心。叛乱者准备包围舰队司令的船只,收缴他们的货物,甚至俘虏哥伦布本人。他们有恃无恐地占领了一座名叫迈玛的印第安村庄,接近岸上的

第 13 章　最后的航程

两艘船只，准备发动进攻。哥伦布的做法一如往常。他派遣巴塞洛缪对叛乱者"进行安抚，使他们清醒过来"。为了防止叛乱者发起袭击，他还派出了 50 名武装亲兵。

5 月 17 日，先遣官在距离村庄一箭之地的一座山顶驻扎，然后派遣两名助手与波拉斯再次谈判。由于上次谈判失败，叛乱者甚至拒绝与他们讲话。六名叛乱者密谋干掉哥伦布的兄弟，认为一旦将其杀死，哥伦布的其他支持者就会投降。

他们排好队形，一边高喊"杀！杀！"，一边对先遣官及其部下发动了袭击。这六名叛乱者行刺未果，其中五人倒在哥伦布亲信的面前。

先遣官发起了猛烈还击，至少派出了两人应战——胡安·桑切斯和胡安·巴巴拉。前者因基比安逃走而耿耿于怀，后者立即拔出佩剑，引发了一场混战。不少叛乱者受伤，但最重要的是，弗朗西斯科·波拉斯被俘。用费迪南德的话来说，其他叛乱者"纷纷掉头，拼命逃跑"。巴塞洛缪穷追不舍，直到助手小声提醒他"惩罚未尝不可，但是要适度"，于是他压下了复仇的欲望。

如果他们赶尽杀绝，那么在一旁作壁上观的印第安人可能会伺机与哥伦布的支持者展开较量。因此，巴塞洛缪做出让步，把波拉斯等俘虏护送到岸边的船上。哥伦布满怀感激地起身迎接，祈祷并"感谢上帝让吾等取得大捷"。他的支持者们虽然大获全胜，但并非毫发无损。哥伦布的一名仆人丧生，先遣官一只手负伤，不过后来康复如初。

双方激战时，叛乱者中的领航员佩德罗·德·莱德斯马趁人不备，翻过一座悬崖，一直躲到天黑。几名印第安人发现了他，很好奇他如何躲过了欧洲人的利剑。他们用"小木棒"戳开他的伤口，发现"他头部有个深深的伤口，甚至可以看清他的大脑"。

419

他们还注意到，他一边肩膀几乎被削掉，大腿的伤口露出了骨头，还有一只脚的脚底被从前到后割开大半，看起来"如同穿着一只拖鞋"。每当有印第安人靠近，他都会喊道："当心，我要站起来了！"他们就会像见鬼了一样纷纷逃走。

最后，西班牙人救出了莱德斯马，把他送到"附近的一个搭着棕榈草的小屋中，仅是里面的湿气和蚊子就足以使其毙命"。随船医生花了8天时间治疗莱德斯马的伤口，那伤口"极其可怕，其恐怖和严重程度超出了人类的想象"，拉斯·卡萨斯写道。出人意料的是，他竟然得以康复。"后来余在塞维利亚遇见了他，在经历过这一切以后，他身体健康，仿佛什么事也没发生过"，拉斯·卡萨斯写道。不过，没过多久，"余听说他被人用匕首刺杀"。无论如何，叛乱者的精神已经崩溃。

5月20日，星期一，丧失了斗志的叛乱者向哥伦布派出使者求饶。他们全都签字画押，承认自己抗命不遵，实施了残忍的暴行，因此请求舰队司令原谅，并且表示悔过。他们"面对十字架和弥撒经书"再次宣誓效忠；如果他们食言，任何牧师和基督徒都不得听取他们忏悔，他们将被视作放弃了天主教的圣礼。也就是说，作为邪恶的基督徒，他们不得葬于任何祝圣之地，而是会"像异教徒那样，被埋在无人之地"。

看到他们的申诉和忏悔，哥伦布感到满意和宽慰。除了波拉斯，叛乱者会被赦免，而他则被囚禁了起来，以免他"再次制造事端"。

现在的问题是将把这些人安置在哪里。两艘船上的空间仅是容纳哥伦布的支持者都很勉强，而他们与叛乱者的关系始终十分紧张，因此哥伦布在岸上为这些前叛乱者指派了一个营地，让他们等待船只将其送回西班牙。他们可以"按照他的命令在岛上自由行动和交换货物，直至船只抵达"，拉斯·卡萨斯写道。"天知

第13章　最后的航程

道这群人会给印第安人造成什么伤害,对彼等犯下何种暴行。"

数日后,他们到达此地已满一年,当天无事发生。哥伦布大概忘了他刚刚发誓要效忠奥万多,对自己不得不忍受后者的拖延感到愤怒。他"声称奥多万有意耽搁,是希望舰队司令死在那里"。不过,哥伦布并没有死去,而是活了下来,一心准备洗刷冤屈。

几天后,迭戈·门德斯的帆船停在了海湾。这些身处困境的人在经历过一次次挣扎求生和互相争斗之后,早已丧失希望。现在,登上这艘能将他们带离此地的船只,他们与其说是感到兴奋,不如说是如释重负。"无论是朋友还是敌人,众人纷纷登上了帆船",费迪南德言简意赅地写道。当天是1504年6月28日。

在从牙买加驶向圣多明各的途中,风向和洋流始终与航向相反,因此他们直到8月13日才抵达目的地。接着,他们来到伊斯帕尼奥拉海岸附近的比塔岛时遭遇洋流阻挡。哥伦布不得不停止前进,像往常一样,在无所事事时,他就会倾吐心事。在写给奥万多的一封信中,他描述了自己为结束兵变而采取的行动,以及波拉斯兄弟的罪恶行径。哥伦布再次宣誓会效忠总督,并在信末署上了自己独特而神秘的签名:

这是他个人创造的语言,意为"哥伦布,基督的传承者"。在给予某人特许时,他会采用这个签名。他还力劝继承者们也"采用余现在所用之签名,即在 X 上写下 S,在 M 上写下罗马字母 A,

接着是 S，最后在希腊字母 Y 上写下 S，且保持点线之间的连接"。

虽然哥伦布的说明十分具体，但这一签名无疑出自他丰富的想象力，其含义尚未被完全破解。不过，它很可能与《圣经》和航海文献存在联系。仅从外形来看，有人觉得它像桅杆，有人觉得像十字架，还有人觉得其中隐含着祈祷词和赞美诗。

在抵达圣多明各时，哥伦布始料未及地受到了尼古拉斯·德·奥万多的"极为盛大和热情"的欢迎，而后者显然是最不可能对他表示欢迎的人。在阴影中生活了一年之后，哥伦布终于再次出现在灿烂的阳光下。总督出人意料地大发善心，让哥伦布住进了自己新建的府邸，"并下令对他好好款待"。

奥万多好客的表现掩盖了伊斯帕尼奥拉岛现任总督和前任总督之间长期的不睦。哥伦布很容易对别人的轻视感到不快，觉得这种做法是"对他尊严的侮辱和冒犯"。费迪南德认为，奥万多的举动仿佛"蝎子之吻"般虚伪，其中必定隐藏着毒液。

随后，在哥伦布在场的情况下，奥多万竟然释放了公认的"叛乱头目"弗朗西斯科·波拉斯，这一举动无疑是在羞辱他的前任。"他甚至提议对那些拿起武器保卫舰队司令的人们进行惩罚。"后来，哥伦布在对迭戈提到波拉斯兄弟时抱怨，"彼等恶行昭彰，其残忍前所未闻。假使国王和女王不对其进行惩罚，不知道还会有多少人为彼等卖命"。波拉斯兄弟的叛乱不仅被宽恕和遗忘，他们的薪俸、职位和头衔也被一并奉还。

出于同样的原因，奥万多极力阻拦海洋舰队司令与斐迪南和伊莎贝拉的书信来往。此举让哥伦布意识到，他更像是一名囚徒，而不是受人尊敬的贵宾。由于奥万多拒绝承认他作为整个舰队"总司令"的地位，他不仅深感羞辱，而且危在旦夕。奥万多甚至宣

第 13 章 最后的航程

称，哥伦布的善意与他无关。人们很难想象，像哥伦布这样虚荣心强的人物竟会沦落至此，被困在他所开拓的帝国的都城，成为一个附庸。虽然奥万多使他颜面扫地，但他别无选择，只能由费迪南德替他表达愤慨之情。

一个月后，即 9 月 12 日，哥伦布、费迪南德和众仆人乘坐一艘租来的帆船，在另一艘船只的陪同下驶向西班牙。哥伦布手下的其他船员虽然已经在牙买加海滩度过了凄惨的一年，但还是被留在了伊斯帕尼奥拉岛上，而这些人中有许多曾经参与叛乱。拉斯·卡萨斯顺带指出，"后来，彼等当中有些人长途跋涉来到波多黎各，并居住在该岛——或者更准确地说，彼等毁掉了该岛"。

天气变得恶劣起来。在哥伦布小小的船队中，一艘船的主桅很可能因为遭遇狂风而在离岸 2 里格处"从上至下"裂开。他命令这艘受损的船只返回圣多明各，并乘坐另外一艘随行船只继续前往卡斯蒂利亚。但是，"在天气晴朗时，吾等仅驶出近三分之一航程"，费迪南德写道，"随后遇到一场可怕的风暴，众人身处险境"。次日，这艘船的主桅"断成四截"，但更多险情还在后面。

他们最终得以脱险，费迪南德将其归功于"先遣官的胆识和舰队司令的才智，后者当时因痛风不能从床上起身"。尽管如此，两兄弟用"三角帆桁（三角帆的粗杆）设法制作了一个临时桅杆"，作为替代。"吾等用绳索及从船尾和艉楼拆除的木板，将其牢牢固定在中间。"只要风雨不对其造成破坏，这艘船就可以继续航行。

但转眼之间，另一场暴风雨突然来临，桅杆再次开裂。

经过多次修理后，船只还需航行 700 里格，才能到西班牙南部的桑卢卡尔-德巴拉梅达港。哥伦布两年半前就是从这里离开的。现在他虽然病骨支离、虚弱不堪，但只要他还活着，就有希望获得双王恩准，为自己缔造一个庞大的帝国。尽管牙买加的德赖港

423

宁静美丽，但他却感到异常沮丧，因为他不得不把时间花在治疗自己身体和精神的创伤上。

他在海滩上度过的一年并不愉快，他始终不愿对现实妥协，并一直对"印度群岛"耿耿于怀，因此那片海滩对他来说充其量只是一个避难所。

在与哥伦布一起登程的140人中，许多人没有活着抵达目的地。少数人在伊斯帕尼奥拉岛离队，还有30人死亡，或死于溺水，或死于疾病，或死于与印第安人或叛乱者的冲突。面对疾病、哗变、充满敌意的印第安人及自己的种种妄想，哥伦布与儿子和兄弟最终得以幸存。

哥伦布所在之地是如今的巴拿马和哥斯达黎加，尽管他对海岸进行了仔细侦察，但他始终没有弄清自己究竟身处何方。然而哥伦布意识到，他所发现的地方十分广阔，似乎还在随着他的探索不断扩展。他看不到这个地方的明确边界，古代作家们关于此地的描述很少，就连《圣经》也鲜有提及此地。

这里土地丰饶，蕴藏着不可估量的财富。后来，他声称其中部分财富归他所有，尽管他并不需要那么多财富。在西班牙期间，他并没有出入王宫或妓院，而是在虚荣与责任这两个恶魔的双重驱使下，要么待在简朴的修道院里，要么骑在颠簸的骡背上，沿着陡峭的山路迤逦而行。

对于忠心耿耿的费迪南德来说，父亲的成就绝非命中注定，也并非一帆风顺。混乱始终笼罩着他的一生及他开展的冒险活动，而他总是试图凭借自己的意志获胜。在费迪南德的叙述中，面对突发奇想的君主、反复无常的印第安人、威力无比的潮汐和风暴，以及情绪不稳的部下，哥伦布显得脆弱不堪。在欧洲人这场风险重重的扩张游戏中，他成了命运的人质。费迪南德试图让读者相信，

第 13 章 最后的航程

假如不是因为哥伦布独具慧眼，他就很可能一次又一次遭遇挫折。这场冒险活动也刺激了他日后的才智与想象。

在哥伦布的兄弟、先遣官巴塞洛缪看来，这次航行是一个展示英雄气概的舞台，至少在西班牙人的眼中是如此。如果不是因为他谨小慎微，哥伦布及其支持者就不会在海滩待上一年。然而，最英勇的壮举并非出自哥伦布兄弟，而是一向自谦的迭戈·门德斯。他不仅乘坐小舟经历了一次危险的航行，而且被扣在尼古拉斯·德·奥万多的王国一年之久，他最后终于驾船来到牙买加，将哥伦布及其手下救出。

尽管历经了种种困难与挫折，哥伦布仍对出海远航情有独钟，或许是因为这给了他前所未有的机会，以展示自己的航海技能，并且建功立业，令那些尚未取得任何成就的探险家们瞠目结舌；或许是因为这次航行的艰难困苦及九死一生的经历，使他更加亲近上帝和次子费迪南德，更加坚定了使命感。

1504 年 11 月 7 日，哥伦布计划返回塞维利亚调养身体，然后再次启程，以便向支持他出海 12 年之久的女王将功赎罪。然而，正如他的其他许多期望一样，这一次他也未能如愿以偿。

伊莎贝拉女王仍在坎波城，病情每况愈下。仅在数周前的 10 月 4 日，她签署了一份遗嘱，告诫丈夫和女儿一定要征服非洲（在某些人看来，它属于西班牙帝国）并完成十字军东征。此外，她还提出了其他一些要求：她要按照圣方济各会的习俗下葬，并任命女儿胡安娜为她的"全球继承人"；对于斐迪南国王，她感谢他的付出；至于哥伦布，西班牙从他为双王发现的帝国（西印度群岛）所得的收入，其中一半将归他所有。

除此之外，她还在遗嘱的附录中主张，"朕之主要目标是向当地传播神圣之天主教信仰，确保当地居民能够接受，并派遣教士、僧侣、神父及其他敬畏上帝之学者，以教导彼等皈依天主教，并以良好之风俗对其进行教化"。

虽然她在遗嘱中同意再次派人前往西印度群岛进行探索，但人选并非哥伦布或其兄弟，而是制图师胡安·德·拉科萨。后来，她任命阿隆索·德·奥赫达担任如今哥伦比亚和巴拿马之间的乌拉巴湾的总督，但哥伦布认为此人只不过是窃取了他的土地。这次行动的支持者鱼龙混杂，既有改宗者也有贵族，但进展十分缓慢。不过，仅是行动本身就足以使哥伦布心生警惕。他抱怨称："举国之贵族预计政权将有巨变，眼下如同野猪般，已磨尖牙齿。"

尽管在狂热的想象中，哥伦布已经勾画出另一次航行的蓝图，但他年老体衰，显然不足以在海上生活。他的病情不断恶化，就像一艘布满蛆虫的旧船，再也无法经受狂风暴雨。

11月26日，也就是哥伦布抵达桑卢卡尔-德巴拉梅达19天后，卡斯蒂利亚和莱昂女王伊莎贝拉一世在坎波城驾崩，享年53岁。哥伦布为下一次航行争取支持的希望也随之破灭。尽管伊莎贝拉一世在位期间手段残忍，但她始终是一位强大的君主，不仅将贵族置于其控制之下，而且让卡斯蒂利亚秩序井然，尽管可能只是表面上。

皮特·马特在反思那个时代的传统观念时，称她是"美德的镜子、善行的慰藉者、恶行的克星"。然而，她最终将被作为宗教裁判所的资助人和克里斯托弗·哥伦布航行的支持者，而被世人永远铭记。

"她的死给舰队司令带来了巨大悲痛，"费迪南德写道，"因为她一直给予他帮助且宠爱有加，而国王却总是对他的计划有所保留和缺乏同情。"两位君主对待哥伦布的方式的确存在差异，而费

第 13 章　最后的航程

迪南德不是唯一注意到这一点的人。"余不知道为什么，也不知道出于何种动机，"

拉斯·卡萨斯写道，"天主教之王不仅没有从物质上对他表示感谢，而且竭力阻止他的晋升，尽管曾在口头上对他表示赞赏。"这位编年史家诧异地大摇其头，突然一反常态地开始为哥伦布辩护。"除非国王对那些妒忌他的人们在法庭上所作的伪证格外信任，"他坦承，"否则余始终不明白他何以如此憎恶此人。"与此同时，针对哥伦布的流言蜚语有增无减。

哥伦布与斐迪南国王展开最后一轮谈判的痛苦可想而知。像尼古拉斯·德·奥万多一样，国王承认了这位探险家的成就和对王室的贡献，却没有对未来做出任何承诺。哥伦布拒绝接受这一现实，一再恳求君主确认他的头衔，甚至支持他继续开展航行，尽管他几乎已经不能在陆地上跋涉，更不用说横渡大西洋了。也许他活得太久，足以目睹属于他的时代已逝去，成为过眼云烟。

现在，他与国王之间的讨价还价就像与死神之间的讨价还价一样，只是为了争取更多时间、金钱和荣耀。在恢复了一定体力后，他计划前往西班牙行宫觐见，并猜测国王仍在巴利亚多里德。他本打算乘轿前往，但这顶华丽的轿子曾将一名红衣主教的尸体运往塞维利亚大教堂，因此他放弃了这项计划，转而打算像往常那样，骑骡在陆地上旅行。

1505 年 5 月，经过数次耽搁，他终于在兄弟巴塞洛缪的陪同下出发。他的当务之急是最后一次说服君主洗清他的冤屈，恢复他的特权、财富和荣誉。他在次月写给国王的信中直截了当地表明了意图："臣曾经拥有之官署和职务乃臣最高之荣誉"，他始终对这一点执迷不已，"但臣遭到不法驱逐，故臣谦卑地请求陛下，令臣之子掌管曾属臣之官署。"

两人见面后，国王"礼貌地接见了他，假意表示要恢复其所有权利和特权，而他真正的意图是将其全部夺走"，费迪南德写道，"若不是国王为此感到羞愧，这恐怕已经成为现实，而高贵者的羞耻之心皆十分强烈"。既然哥伦布所发现的西印度群岛满足了他们的期望，"天主教之王极不情愿地按照他与王室之间的协定，将其中很大份额赐予舰队司令"。

在最初的协定中，哥伦布曾经承诺找到一条与马可·波罗商路相当的海上航线，并与大汗国建立贸易关系，以造福西班牙。双王几乎不假思索地同意由哥伦布掌管他中途发现的土地及其财富，认为这只是他所开展的商业探索的副产品，但这位舰队司令却对西印度群岛的管理极其重视，认为自己正在履行一项上帝赋予的使命，甚至是正在代天行命。有鉴于此，哥伦布相信自己将千古留名，其荣耀将超越俗世的法律和凡人的记忆。

当双王意识到哥伦布未能兑现他最初的承诺，而且他发现的土地极其广阔时，他们改变了协议的条款，以确保哥伦布安分守己，继续充当他们的臣仆，而非成为他们的对手。在双王看来，他们有权按自己的意愿对待哥伦布；而在哥伦布看来，双王无缘无故违反了双方的协定。哥伦布鼓足精神，竭力劝说斐迪南保留自己的地位和头衔。"臣虽然日子已不多，但仍将在余生为陛下效命。"据拉斯·卡萨斯所称，哥伦布发誓，他将来的贡献"定会百倍于臣迄今为陛下所做之一切"。

对于蒙受不白之冤的舰队司令来说，上述承诺使他得以再次与斐迪南开展谈判。费迪南德意识到，国王"希望重新获得对印度群岛的绝对控制权"，并"按照自己的意愿处置本来只应授予舰队司令之职位"。

国王清楚哥伦布仍有一定的利用价值，并有权占有他在西印

428

第 13 章 最后的航程

度群岛所发现的部分土地,因此提出了一个新的协议,并提出为此任命一名仲裁人。

哥伦布立即中计,提出由他在朝中的好友迭戈·迪扎担任此职。迭戈·迪扎是前圣方济会修道士,现任塞维利亚大主教,也是西班牙宗教裁判所的托马斯·德·托尔克马达的继任者,他是全西班牙的大检察官。后来,就连教皇本人也指责他过于狂热。这位大主教确认哥伦布有权担任总督,但是将此事交给律师解决。拉斯·卡萨斯不无讽刺地写道:"在这个问题上,国王开始含糊其辞,于是舰队司令再次上书请愿,提醒国王自己为他所做的贡献、他所遭受的非法监禁及他被无缘无故剥夺了国王曾经赐予他的尊严、地位和荣誉。"

后来,在塞维利亚,哥伦布一如往日,不屈不挠地对国王表示,"他不想诉诸法律,也不想在法庭上讨论此事。他只是想要陛下……给予他应得的东西"。哥伦布解释说,他"已经病骨支离,只想独自前往某处休息一下"。两人的会面毫无结果,耗尽了他的耐心和体力,他变得越来越虚弱。在一份正式的请愿书的末尾,哥伦布写道:"臣的确认为,由于此事迟迟得不到处理,臣痛苦不堪,故而导致现在身心交病。"

赋闲在家时,他不禁为自己失去了西印度群岛的收入感到烦恼,并且表示印第安人"无论过去还是现在,都是岛上真正之财富"。他们种植粮食、烘烤面包、开采黄金,而这些正是"基督徒们"赖以生存的东西。

然而,他听到了一些令人不安的消息,"每七个印第安人中就有六个因遭到残害而死于非命,有人被剑砍成碎片,有人被棍棒活活打死,还有人死于虐待、饥饿及可怕之生存环境,而彼等却不得不在其中生活"。尽管他表示深感痛惜,但可想而知,没有

429

人为此表达歉意。只不过，这一严峻的形势意味着西班牙（及哥伦布）将损失大量收入。

他曾将满载奴隶的船只送回西班牙，并且为此找出了一个同样肤浅的借口。如今他解释说，这纯粹是一种权宜之举。当时他曾经准备让他们皈依神圣的基督教，学习西班牙人的风俗和技艺，然后再将他们送回伊斯帕尼奥拉岛。在那里，他们可以把自己学到的一切再教给他们的亲属。

两人陷入了无休止的辩论和请愿之中，就连哥伦布也开始意识到他已经别无选择，耗尽了时间和运气。他虽然锲而不舍，但最终徒劳无功。他在病榻上写信给塞维利亚大主教说，既然国王似乎已经下定决心，不打算兑现"他和女王（愿她的灵魂安息）在口头和书面所做的承诺，余不过一介匹夫，继续争执无异于以卵击石"。

一代传奇落幕

伊莎贝拉女王之死在西班牙及其不断扩张的帝国内引发了强烈反响，导致政局不稳，甚至有可能爆发内战。斐迪南与伊莎贝拉之女胡安娜嫁给了菲利浦·菲尔。由于情绪反复无常，她被称为"胡安娜·拉洛卡"，即"疯子胡安娜"。在贵族们的拥戴下，其夫菲利浦取代岳父成为卡斯蒂利亚的国王。尽管胡安娜身体羸弱，她似乎一度要登基统治，但是她清楚斐迪南会长期摄政。

为了使这一计划成为现实，斐迪南在铸币时印上"斐迪南和胡安娜，卡斯蒂利亚、莱昂和阿拉贡国王与女王"字样，因为掌控政府的捷径就是控制货币。与此同时，菲利浦也试图与"疯子胡安娜"结盟，以便与斐迪南抗衡。1505年秋天，由于庄稼歉收，小麦价格暴涨，进一步加剧了西班牙的混乱。

当54岁的斐迪南准备与18岁的热尔曼·德·弗瓦成婚时，这一危机进一步加深。更令人不安的是，长期以来，这位法兰西国王的侄女在西班牙外交界一直不受欢迎。考虑到热尔曼的年龄，继承人的问题突然出现。斐迪南和伊莎贝拉所建立的旧秩序、阿拉贡和卡斯蒂利亚的王国，以及两人所代表的稳定和显赫，似乎都已在过往的历史中烟消云散。

1506年3月22日，斐迪南迎娶年轻的新娘，为内战埋下了伏笔。菲利浦和胡安娜想方设法维护自己的权威。9月的一天，菲利浦在参加回力球赛时由于过度劳累而病倒，但后来似乎逐渐康复。几天后，9月25日，他再次在比赛中病倒，当天傍晚一命归西。人们怀疑他是被毒死的，而罪魁祸首就是斐迪南，只是找不到任何证据。这一事件引发了骚乱，让精神脆弱的"疯子胡安娜"深受打击，她不肯说话，也拒绝进食。斐迪南与热尔曼却趁机赢得了教会中当权者的支持，或者说至少教会没有疏远两人。这一支持对他们来说必不可少，斐迪南也因此继续担任摄政王。

正是在这一动荡的时期，哥伦布开始想方设法，希望王室能够永远恢复和确认在他看来自己应有的权利。

斐迪南国王离开巴利亚多里德后，召见了哥伦布。费迪南德称其父"不仅深受痛风等疾病之苦，而且看到自己的地位一落千丈，不禁悲从中来"。这位年迈的航海家即使没有名誉扫地，也无疑已经失宠，但是他的一举一动仍足以引起国王的关注。从伊莎贝拉出资支持哥伦布首次出航起，到哥伦布的两个儿子在王室担任侍从，他与王室可谓相交已久。

数年后,哥伦布终于在法庭上获胜。尽管他雄心勃勃,希望西班牙及其统治者能够接受他的壮志宏愿,但他身上还有一种更为深刻和超凡的东西,这种东西有别于他一向的虔诚和神秘,驱使他不断前行,也使他饱受折磨,但并不能使他感到安慰。他的信仰使他永无宁日。他已将自己逼迫到极限,远远超出了他所能忍受的程度,因此心力交瘁。

哥伦布身体虚弱,无法从床上起身面见国王,因此让忠诚的兄弟巴塞洛缪带着一封书信,代替自己前往。在信中,哥伦布称自己"处境艰难,为疾病所苦",并为未能亲自谒见国王致歉。

费迪南德希望揭露那些针对父亲的阴谋,以挽回父亲的名誉,但他的叙述足以说明这位年迈的水手正日渐衰弱。哥伦布最关心的事情与其说是探索行动,不如说是自己的名誉和权利,而与此同时,他还毫无必要地将许多部下置于危险之中。他制造危机,是为了证明自己有能力从危机中逃离,或者向世人展示自己的殉道精神。他假借地理发现、神意与双王之名制造冲突,固执地曲解领航员或印第安人的话语,然后通过自己的人格力量诱使他们说出他想听到的内容。

只有在危难当中(比如在海滩搁浅或者遭到暴风雨侵袭),哥伦布才能一心一意地求生,否则他总会沉浸于自己宏大的幻想,似乎有意制造机会将自己置于危险之中,先是对魔鬼进行试探,然后高声赞美上帝使他脱离苦海。他丰饶的心智既为他制造了严重的问题,也为他带来了伟大的发现,从而使他青史留名。

尽管哥伦布的航行带来巨大的发现,但他并不为此感到高兴。他仍坚信,中国就在远处的某个地方,可以从海上抵达天堂,而他已经来到了"印度"的边缘。他的道德观念仍然一成不变。可以说,在他开展的四次航行中,他发现了一个新世界,但又一无

第 13 章　最后的航程

所获。他的成见也许曾经受到经验的挑战，但在这个因他而发生了变化的世界里，他仍像一座信仰和意志砌成的大厦般岿然不动。

事实上，这个世界已经将他抛在了后边，并将他的发现带往一个新的领域。在这个领域里，他所说的"彼岸世界"成了众所周知的"新世界"。

虽然人们公认他发现了一个新的大陆，但他并不清楚自己究竟身在何方，就连这个大陆的名称也源自另一个人——阿美利哥·韦斯普奇。地理发现的方式就是如此迂回曲折、错综复杂，而功劳往往不知道会被记到谁的头上。

哥伦布在巴利亚多里德的陋室中日渐衰弱，但是与众人的说法相反，他既非与世隔绝，也非一贫如洗。他的儿子费迪南德和迭戈，还有航行中的同伴（尤其是英雄迭戈·门德斯）都陪伴在他身边。人们清楚，他已经奄奄一息。

对于他临终前所患的疾病，人们众说纷纭，但他所描述的和其他人所证实的症状都与关节炎和疟疾相符。前者令人十分痛苦，会严重损害健康，被哥伦布称为"痛风"；后者由疟蚊传播的寄生虫引起，症状包括高烧、发冷和贫血，头痛、恶心、呕吐和腹泻也是常见症状，如果他真的患有疟疾，他应该会经常感到难受。

从他的症状来看，一些现代的医生认为他患上了某种过去被称为"赖特综合征"的反应性关节炎。这种疾病由感染引起，会导致严重的眼部炎症（如结膜炎）和关节疼痛肿胀。

多年来，这两种症状一直折磨着哥伦布。假如他感染了反应性关节炎，他很可能还患有泌尿生殖系统和胃肠道炎症。他的身体状况时好时坏，但无疑深受上述症状的综合影响。

在接下来的冬天，哥伦布的病情持续加重。5月19日，他宣布了遗嘱，指定长子迭戈为遗嘱执行人，并规定为次子费迪南德

433

之母比阿特丽斯·德·阿拉纳提供膳食，因为她是"余良心上之沉重负担"。不过，他没有详细说明，只是表示"个中原因余不能加以解释"。

1506年5月20日，哥伦布在巴利亚多里德去世。"接受了天主教会的隆重礼遇，并在临终前说道：'上帝，请以你最大的慈悲和仁慈，接受他归于荣耀。阿门。'"

他终年54岁。

拉斯·卡萨斯评论说："他依靠自己的努力，发现了另一个世界，这个世界比吾等之前所了解的世界更广阔、更美好，而他本人则在悲痛、怨恨和贫困中离开了人世，正如他所言，他在临终前没有一处属于自己的、能够让他避雨和休憩的安身之所。他就这样无依无靠地死去，被剥夺了一切他通过不懈努力和一次又一次冒着生命危险的英勇壮举而获得的职位和荣誉。"

哥伦布朴素的葬礼队伍蜿蜒穿过巴利亚多里德，来到一座圣方济各会修道院，他的遗骨被埋葬在教堂地下室中。这并不是他最后的安息之地；相反，一场关于他的遗骨和遗产的无休止的激烈争论就此开始。

1509年，也就是哥伦布死后的第3年，他的遗骨被转移到塞维利亚附近的圣玛丽亚德拉斯库瓦斯修道院的圣安娜教堂。在第三次和第四次航行之间的一段时间里，他曾在这座教堂静修和沉思。他的儿子迭戈成为西印度群岛的第二任舰队司令，迭戈在1526年去世后，也被葬于拉斯库瓦斯。10年后的1536年，第三任舰队司令路易斯·哥伦布将两人的遗骨，连同哥伦布的兄弟巴塞洛缪及其妻子菲莉帕·莫尼兹的遗骨，转移到伊斯帕尼奥拉岛圣多明各的圣玛利亚拉梅诺大教堂。

路易斯·哥伦布后来放弃了家族的行政职务，用它换来了韦拉瓜公爵的头衔和一份年金。数年后,他因重婚罪被判刑,需要在北非服10年兵役。即使身处偏远的殖民地,长期拈花惹草的路易斯也能买通卫兵,找来一个情妇。尽管他的前三任妻子仍然活着,他还是娶了这个女人。因此,他再次遭到流放,而这次的流放地是阿尔及利亚的大型港口城市奥兰。1572年,他在奥兰去世,享年50岁,随后被安葬在圣多明各大教堂哥伦布家族的墓地中。

1697年,西班牙将伊斯帕尼奥拉岛(今海地)的一部分割让给法国,后来又将该岛的其他部分也割让给了法国。为了防止哥伦布家族成员的遗骨流落到法国人手中,1795年,它们被转运到古巴的哈瓦那,埋葬在另一座大教堂里,显然是准备永远安葬在那里。

1877年,圣多明各大教堂的一位牧师发现了一个装满骨头的铅制棺材和一枚铅弹。有人说这就是"美洲的发现者、第一任舰队司令"哥伦布的遗骨。一年后,经过进一步挖掘,人们发现了另一个标志,上面写着"第一任舰队司令、发现者、父亲大人克里斯托弗·哥伦布之最后遗骨"。至于是谁放置了这些标志以及那枚铅弹有何意义,迄今尚无人知晓。

后来,人们确定哈瓦那的遗骨实际上是舰队司令之子迭戈·哥伦布的,而哥伦布本人仍葬在圣多明各大教堂。1879年,西班牙皇家历史研究院编写的一份报告中列出了至少5处哥伦布遗骨的埋葬地点。

1898年美西战争结束后,西班牙用一个铅制棺材把哥伦布的遗骨运到加的斯,然后转往瓜达尔基维尔河上游。1899年1月19日,这口铅制棺材被重新安葬在塞维利亚大教堂,也是第三座安放有哥伦布遗骨的教堂。正如他生前一样,这位海洋舰队司令再次将三个国家和两个大洲连为一体。

今天，西班牙认为塞维利亚是哥伦布遗骨的最后安息之地。多米尼加共和国则坚持认为，哥伦布及其行为不端的孙子路易斯被葬在圣多明各，而塞维利亚只有其长子迭戈的遗骨。

人们对这些遗骨进行了 DNA 检测，其结果仍不明确。这一争议大概不会在短时间内得到解决，也没有人知道在哥伦布遗骨中发现的铅弹是怎么回事。他的遗骨被反复挖掘和安葬，始终没有一个最后的安息之地。人们不禁怀疑，这位航海家的灵魂是否尚未安息，是否注定难以离开他生前探索过的海岸。

后记

哥伦布,英雄还是罪人?

世人对哥伦布的严厉贬低似乎是近年才发生的现象,但实际上,这种现象自哥伦布出航时就已经开始了。西班牙司法调查员弗朗西斯科·德·博巴迪利亚曾给哥伦布戴上镣铐,将他送回国内。斐迪南国王对他不屑一顾。丰塞卡主教对他的憎恶更是众所周知。

在人们的印象中,新世界的发现者是亚美利哥·韦斯普奇,而不是哥伦布,就连这个大陆的名称也来自前者。哥伦布的前部下阿隆索·德·奥赫达将他首先发现的土地据为己有。尼古拉斯·德·奥万多接替哥伦布成为伊斯帕尼奥拉岛总督,不仅对他的生死置之不顾,而且对他大加讥讽。波拉斯兄弟、弗朗西斯科·罗尔丹以及其他一些曾与哥伦布一起出航的人们虽然发起了叛乱,但几乎没有受到任何惩罚。

巴托洛姆·德·拉斯·卡萨斯对哥伦布的声誉造成了最严重、最持久的损害。1502年,新总督尼古拉斯·德·奥万多抵达伊斯帕尼奥拉岛时,拉斯·卡萨斯只是一名奴隶主。

1510年,他成为美洲第一位被任命的神父,常被后人称为

"印第安人的使徒"。在他1542年所著的《印度地区毁灭短记》（*Brevísima relación de la destrucción de las In- dias*）中，他讲述了跟随哥伦布抵达新大陆的西班牙殖民者对印第安人的残酷折磨和种族屠杀。

在这场暴行中，印第安人几乎灭绝殆尽，拉斯·卡萨斯为他们做了辩护。在提到泰诺族的印第安人时，他写道，他们是"世界上最淳朴的民族，彼等长期受苦、为人谦逊、逆来顺受……毫无恶意，不懂得诡计，绝对忠诚和顺从"。简言之，他们是西班牙王室最理想的臣民。

然而，西班牙人并没有对这些生性温和、头脑聪慧的人民进行教化。"可以肯定，由于我们同胞的残忍和邪恶行径，这个曾经拥有十数个王国的地区人口锐减、趋于荒芜，而其中每一个王国都比伊比利亚半岛更大。"西班牙人屠杀了印第安人的孩子，"有时会一剑刺穿母亲和婴孩的身体"。西班牙人对待印第安人首领的手段更加残忍，他们会"把几个干草叉插在地上，在上面支上木棍做成烤架"，然后用鞭子将这些人赶上去，"用小火烘烤，让彼等在痛苦和绝望中大声号叫，直至慢慢死去"。

拉斯·卡萨斯目睹了这一切。他估计，"在过去的四十年里，基督徒残忍暴虐的行径导致1 200多万人毫无来由地死于非命，其中包括许多妇女和儿童"。

事实上，他认为，更为准确地说，当地共有1 500万人被基督徒折磨、屠杀和奴役，而这种奴役是"人类有史以来为同类设计出的最严酷、最邪恶、最残忍的制度"。

拉斯·卡萨斯提供的数字一直备受争议，但即使是保守的估计数字也同样骇人听闻。在西班牙统治下的25万印第安人中，15年后只有4万人幸存，数十年后只有几百人幸存。许多人死于由欧洲人及其牲畜所携带的细菌引起的传染病，而新大陆的居民对此毫无抵抗力。

那么，造成这场悲剧的原因何在？借用拉斯·卡萨斯的话来说，"纯粹是出于贪婪"。

拉斯·卡萨斯的指控正中英国人下怀，因为英国是西班牙的新崛起的对手。在英国，这些指控被视作西班牙的"黑色传奇"而生根发芽。

"黑色传奇"的阴影不仅笼罩着哥伦布，也笼罩着其他来自西班牙的探险家。此后的几个世纪里，西班牙及那些受雇于西班牙的探险家受到了广泛谴责，被当作杀人犯和小偷，因为他们惯于采用毫无人性、极端残忍的手段。

拉斯·卡萨斯的记述无意间成了一篇檄文，号召西班牙的竞争对手（大部分是新教国家）拿起武器，拯救新世界于水深火热之中。幸存的印第安人成了双方开展地缘政治斗争的棋子，而这已经超出了他们的理解能力。在帝国扩张过程中，对于探险者们的行为，宗教几乎没有起到任何指引作用。拉斯·卡萨斯和西班牙虔诚的统治者都相信，上帝会站在他们这边，而英国也一样。

1510年，在到达伊斯帕尼奥拉岛8年后，拉斯·卡萨斯成了古巴泰诺人的传教士。他一度剥削过印第安人劳工，但后来放弃了这种做法。

1514年，他宣布反对西班牙在西印度群岛殖民，尽管他也鼓励印第安人皈依基督教。

晚年，他提出了民族自决学说。简言之，该学说认为一切权力来自人民；人民将权力赋予统治者，所以后者便为人民谋利益；政府的重大行为需要得到人民的认可。他断言："没有该国居民的明确许可，任何国家、国王或皇帝都不得让渡领土，或改变其政治制度。"拉斯·卡萨斯卒于1566年7月17日,享年92岁。

并非每个人都对哥伦布怀有敌意,或者对他的苦难和成就漠不关心。他最忠实的朋友迭戈·门德斯一向把前往伊斯帕尼奥拉岛执行营救任务视作自己平生最伟大的一次冒险活动。当时,他曾经孤注一掷,驾驶一艘经过改造的独木舟,穿越茫茫大海。

1536年6月19日,他立下遗嘱,指示遗嘱执行人用最好的石头为他树立一块墓碑,以纪念这一事件。他要求在墓碑中央"刻上一个独木舟,也就是被印度人当作航行工具的被挖空的圆木,因为余曾经乘坐这种小舟驶出三百里格,在独木舟上只需要让人刻下'CANOA[①]'字样即可。"

如今,探险家哥伦布的身影无处不在。他的雕塑、纪念碑和纪念馆遍布热那亚、巴塞罗那、马德里、墨西哥城、塞维利亚,以及加勒比海和美洲的城市。这些遍布大街小巷的雕像有的英勇,有的怪诞,有的可怕,大都是建筑物上的滴水嘴,代表着征服。为了纪念哥伦布,许多河流、城市、城镇、街道,甚至连哥伦比亚这个国家都以他的名字命名。

哥伦布树立的榜样及其开展的航行迎合了人们对自我定义和身份认同的持久需求,尤其是在美国。

从18世纪开始,南卡罗来纳州的首府、俄亥俄州的首府,以及太平洋西北部浩瀚的哥伦比亚河均以他的名字命名。1871年,根据国会法案,美国首都所在地被命名为哥伦比亚特区。纽约市还有哥伦比亚大学、哥伦布环形广场和哥伦布大道。

他的大理石雕像就矗立在哥伦布环形广场上,坐落在一根高达70英尺的花岗岩柱上。这座纪念碑由盖塔诺·鲁索于1892年设计,大理石底座上写着:

[①] CANOA为西班牙语,意即独木舟。——译者注

后 记

致

克里斯托弗·哥伦布

这位美洲的意大利旅客，

过去，曾被人嘲笑，

旅途中，曾受到威胁，

之后，又被锁链缚住，

而他像被压迫者一样宽宏，

他给了这个世界一个世界。

哥伦布仿佛向旧世界举起了一面镜子，揭露和放大了它的冷酷和贪婪，它的虔诚、好奇和繁荣。哥伦布的航行也揭示了关于人类认知极限的许多残酷事实，但是要想消除这些后果为时已晚。如今，那一道道深红色的航线已经与欧洲乃至全球的历史深深交织在一起。

虽然许多人对哥伦布十分鄙夷，但他所开展的四次航行成了有史以来最伟大的冒险故事之一。尽管他不是第一个看见或到达美洲海岸的探险家，但他的发现将新世界永久地植根在旧世界的想象和政治阴谋之中。哥伦布永远地改变了世人心中欧洲帝国的概念。他既富于远见卓识，也不乏痴心妄想，因此他敢于想象并说服自己和其他人相信他发现了一个无比广阔、无比重要且永远存在的地方。

无论哥伦布的航行是功是过，这一切都只是一个开始，而它所引发的政治、文化和科学后果一直延续至今。他的经历既错综复杂又充满矛盾。在当今这个充满争论的时代，我们比以往任何时候都更加迫切地需要引以为鉴。

海派阅读 × READING YOUR LIFE

人与知识的美好链接

20年来，中资海派陪伴数百万读者在阅读中收获更好的事业、更多的财富、更美满的生活和更和谐的人际关系，拓展读者的视界，见证读者的成长和进步。

现在，我们可以通过电子书（微信读书、掌阅、今日头条、得到、当当云阅读、Kindle等平台）、有声书（喜马拉雅等平台）、视频解读和线上线下读书会等更多方式，满足不同场景的读者体验。

微信扫一扫
海派阅读

关注微信公众号"**海派阅读**"，随时了解更多更全的图书及活动资讯，获取更多优惠惊喜。读者们还可以把阅读需求和建议告诉我们，认识更多志同道合的书友。让派酱陪伴读者们一起成长。

也可以通过以下方式与我们取得联系：

📱 采购热线：18926056206 / 18926056062　　📞 服务热线：0755-25970306

✉️ 投稿请至：szmiss@126.com　　🌐 新浪微博：中资海派图书

更多精彩请访问中资海派官网　　www.hpbook.com.cn